99% 성공하는 인공지능 부동산 투자법

부동산 투자, 인공지능이 답이다

99% 성공하는 인공지능 부동산 투자법

부동산 투자, 인공지능이 답이다

초판 1쇄 인쇄 | 2019년 03월 20일
초판 3쇄 발행 | 2019년 03월 29일

지은이 | 이건영
펴낸이 | 최화숙
기 획 | 엔터스코리아(책쓰기 브랜딩스쿨)
편집인 | 유창언
펴낸곳 | **이코노믹북스**

등록번호 | 제1994-000059호
출판등록 | 1994. 06. 09

주소 | 서울시 마포구 월드컵로8길 72, 3층-301호(서교동)
전화 | 02)335-7353~4
팩스 | 02)325-4305
이메일 | pub95@hanmail.net | pub95@naver.com

ISBN 979-89-5775-197-8 03320
값 15,000원

* **이코노믹북스**는 도서출판 집사재의 임프린트입니다.

99% 성공하는 인공지능 부동산 투자법

부동산 투자, 인공지능이 답이다

이건영 지음

이코노믹북스

PROLOGUE

부동산 투자, 중요한 건 데이터다

"연세대학교 외식 경영 최고위 과정에서 (중략) 자본이 부동산에 최대한 묶이지 않도록 해야 한다고 한다. 이름을 대면 알 만한 외식업계의 고수들 역시 부동산을 살 돈이면 임대로 다섯 배 이상 식당을 할 수 있고, 그런 현금흐름으로 사업을 확장해 나갈 수 있음을 강조했다. 대부분의 경영학 교수들도 그렇게 강조했다. 부가가치가 최소한 투자 대비 연 30% 이상 나오는 사업이라면 그 사업을 통한 수익 극대화가 맞을 것이다."

그러나 15년이 지난 지금 당시의 고수들이 운영하던 매장들은 대부분 사라졌고, 그 자리에는 초고층 주상복합, 전자회사의 대리점, 외제차 전시장, 아파트 단지 등이 들어섰다. 부동산의 효용가치가 외식 산업의 부가가치를 넘어선 셈이다. 10년 넘게 한자리에서 있는 식당을 잘 살펴보면 대부분 자신의 건물에서 영업을 해오고 있다.

《식당 부자들》이라는 책에 나오는 내용이다. '부동산 책에서 웬 요식업 책?'이라며 이상하게 생각할 수도 있다. 하지만 이 책이 다른 사업과 관련해 부동산의 핵심을 잘 짚어주고 있다고 판단해 이 글을 서두에 실었다. 일단 부동산 가격은 장기적으로 보면 계속 상승하고 있다. 실제 2016년 6월 16일, 한국은행이 발표한 〈우리나라의 토지 자산 장기시계열 추정〉 보고서에 따르면 한국의 토지 자산 가격 총액은 1962년 1조 9,300억 원에서 2013년 5,858조 원으로 늘어났다. 50년 사이에 3,030배가 된 것이다. 이는 국내총생산(GDP) 증가율인 1,933배보다 높은 수치다.

부동산 투자에 부정적인 반응을 보이는 사람들도 많다. 일본의 사례를 들어 인구가 줄어들고 있으니 부동산 투자를 하면 안 된다고 생각하는 사람들도 있다. 하지만 조금만 조사해 보면 이는 전혀 상식적이지 않다. 세상의 모든 경제는 수요와 공급을 기본으로 하는데, 인구는 수요의 한 요소일 뿐이다. 수요가 되는 인구가 감소한다 해도 공급이 되는 아파트가 더 감소하면 가격 상승 가능성은 높을 수밖에 없다.

일본에서는 주택의 과잉 공급과 버블로 부동산 장기 불황이 나타나고 있지만, 똑같이 노령화와 인구감소를 경험한 유럽 선진국에서는 오히려 부동산 가격이 계속 상승했다. 유럽 선진국의 경우 주택이 남아돌자 더 이상 짓지 않았기 때문이다.

1990년대 말, 일본의 경기 불황이 시작되었다. 당시 디플레이션이 진행되면서 돈이 돌지 않았다. 그때 일본 정부가 타개책으로 내놓은 것이 '케인즈의 방식'이다. 즉, 대공황 시절의 미국처럼 사회간접자

본을 확충하는 것이었다. 하지만 미국은 댐을 지었던 반면, 일본은 주택과 도로를 지어서 주택을 과잉 공급했다. 한마디로 주택의 과잉 공급이 일본의 부동산 장기 불황의 주된 원인이 된 셈이다. 가까운 나라 일본과 고령화, 인구감소 등의 현상이 유사하다는 이유로 우리나라 부동산 시장이 장기 불황에 시달릴 것이라고 추측하는 것은 어불성설이다.

"부동산이 최고의 재테크 수단이다"라고 말하고 싶지는 않다. 다만 자본주의 사회에서 부동산을 무시할 수 없는 것은 사실이다. 부동산은 재테크의 좋은 수단이다. 돈의 가치가 점점 떨어지는 지금과 같은 자본주의 체제에서 무시했다가는 자칫 큰 손해를 볼 수 있다. 시대를 앞서 가지는 못할지언정 최소한 뒤처지지는 않아야 한다.

재테크 관련 책을 읽다 보면 부동산 투자는 '투잡'으로 해도 괜찮다고 언급하는 경우가 많다. 필자의 주변에도 투잡으로 부동산 투자를 하는 사람이 거의 70%~80% 수준이다. 더구나 시간당 돈을 버는 일은 대부분 평생토록 하기 어렵고, 이로써 돈을 모으는 것은 거의 불가능하다는 측면에서 봤을 때 부동산 투자는 더욱더 메리트가 있다.

여러 가지 투자법은 시기와 장소에 따라 또는 시대적인 상황에 따라 도움이 되기도 한다. 그리고 어떤 시기에는 쓸 수 없을 때도 있다. 부동산 투자를 하려면 끊임없이 책이나 강의를 통해 공부하는 습관을 들여야 한다. 부동산 투자를 만만하게 보고 발을 들였다가 끊임없이 공부를 해야 하는 것에 부담을 느껴 포기하는 사람들도 많다.

필자가 부동산 투자를 시작한 무렵인 2013년은 부동산 투자를 하기 참 좋은 상황이었음에도 그중 5%만 살아남았다. 2013년도만 해도 뉴스에서는 여전히 부동산 불황이라고 떠들어댔고, 정부에서는 여러 가지 정책으로 부동산 시장을 살리려고 애쓰던 시기였다. '5%'는 필자가 부동산 투자를 시작하는 후배들에게 꼭 하는 이야기다. 수많은 투자자들 중에서 5%만 살아남을 거라고. 그만큼 부동산 투자는 결코 만만치 않다. 하지만 사업이나 영업 분야에서 성공한 사람들이 쏟는 노력에 비하면 부동산 투자는 정말 쉬운 축에 속한다고 이야기하기도 한다. 그럼에도 5%만 살아남는, 결코 만만치 않은 시장이다. 그래서 흔히 여기서도 못 살아남는다면 그냥 돈 벌 생각을 하지 말라고들 이야기한다. 돈 때문에 스트레스받지 말고 그냥 편하게 사는 편이 나을 수도 있다고 이야기한다. 그러는 것도 나쁘지 않다고 말이다.

필자는 20년 경력의 데이터베이스 전문가로서 6년 정도 부동산 투자를 해본 경험을 바탕으로 인공지능 프로그램을 만들었다. 보통 부동산 투자를 결정하기까지 수요(인구수, 가구수), 공급, 매매가, 전세가, 거래량 등 많은 데이터를 이용한다. 일부 투자자들은 그 많은 정보들을 최대한 분석하여 투자를 하고, 강의도 한다. 여러 부동산 투자 관련 프로그램에서 그러한 정보를 차트 등으로 보기 쉽게 제공하기도 한다. 하지만 필자는 접근 방식을 조금 달리하여 필자가 데이터를 공급하면 컴퓨터가 이러한 요소들을 분석하여 예측하는 인공지능 프로그램을 만들었다. 인공지능 프로그램은 수많은 정보를 종합 분석해서 현재 어떤 지역, 어떤 아파트에 투자하면 좋을지 제시해준다. 무엇보다 수많은 정보 중에서 어떤 정보가 특히 중요한지를 알려준다.

중요한 건 데이터다. 어떤 데이터의 경우 여러 부동산 투자 고수들이 중요하다고 입을 모아 말했지만, 그것을 인공지능 프로그램에 넣었을 때 실망스러운 결과가 나타나기도 했다. 필자는 인공지능 프로그램이 많은 데이터를 수치로 인식할 수 있게끔 수많은 응용을 했고, 그 수많은 응용 데이터를 통해 결과를 도출해냈다. 쉽지 않은 작업이었다. 응용한 데이터가 괜찮다 싶어 인공지능 프로그램을 돌리면 2박 3일 동안 계속 컴퓨터가 돌아가면서 결과를 냈다. 메모리 카드가 16G인데도 그랬다. (요새 메모리 카드 가격은 왜 이렇게 비싼지…….) 가끔 2박 3일 동안 프로그램을 돌리다 보면 처음에 어떤 의도로 데이터를 집어넣었는지 가물가물할 때도 있었다. 나중에는 프로그램을 6시간 정도 돌리는 것으로 개선했다.

인공지능 프로그램의 결과가 100% 맞아떨어지는 것은 아니다. 우선 데이터 중에서 제일 중요한 매매가와 전세가는 KB 시세지만 KB 시세도 실제 현장의 시세와 차이가 있다. 하지만 인공지능 프로그램은 어떤 정보가 얼마큼 중요한지 알려주기 때문에 투자하는 데 분명 많은 도움이 된다. 그리고 현장의 시세와 차이는 있지만 KB 시세는 은행에서 대출을 받을 때 기준이 되는 시세이기도 하며, 지역의 분위기를 파악하는 데 제일 기초가 되는 자료임이 확실하다.

다시 한번 강조하지만 부동산 투자 시장이 투자자 중 5%만 살아남고 또 점점 더 어려워지고 있다. 그렇다 해도 다른 사업에 비해 돈을 벌기는 훨씬 수월하다. 필자는 약 15년 정도 사업을 하면서 성공한 사업가들을 많이 만나보았다. 그들은 대부분 정말 처절하게 노력하고 철저하게 준비하고 남들과 다른 관점에서 생각하고 자기 자신과의 싸움에서 이겼다. 그런데 부동산 투자는 자본주의(생산의 3요소인 토지, 노동, 자본) 시대에 딱 맞는 방법인 만큼 그 정도로 처절하게 노력할 필요는 없는 것 같다. 물론 부동산 투자 또한 5% 정도만 살아남는 만만치 않은 시장이기는 하지만.

2012년 겨울, 함께 시작한 경매카페 기초반 동기들 중에서 지금까지 부동산 투자를 하고 있는 사람은 필자 혼자뿐이다. 부동산 카페 등에서 3~4년 이상 투자를 계속 하고 있는 이들은 공통적으로 말한다. 시작할 때는 여럿이 같이 열심히 해보자고 뛰어들었지만 결국 한두 명 정도만 살아남았다고. 부동산 투자를 한다면 반드시 5% 안에 살아남기를 바라며, 이 책이 조금이나마 도움이 되기를 바란다.

2019년 어느 이른 새벽에
부동산 투자 시장에서 살아남은 자 중 한 명

contents

CHAPTER 3 인공지능은 어떻게 예측했을까? –연도별 분석

CHAPTER 4 악마는 디테일에 숨어 있다. 디테일한 세부조건으로 투자를 완성하자

CHAPTER 1

부동산 투자, 인공지능으로 해야 하는 이유

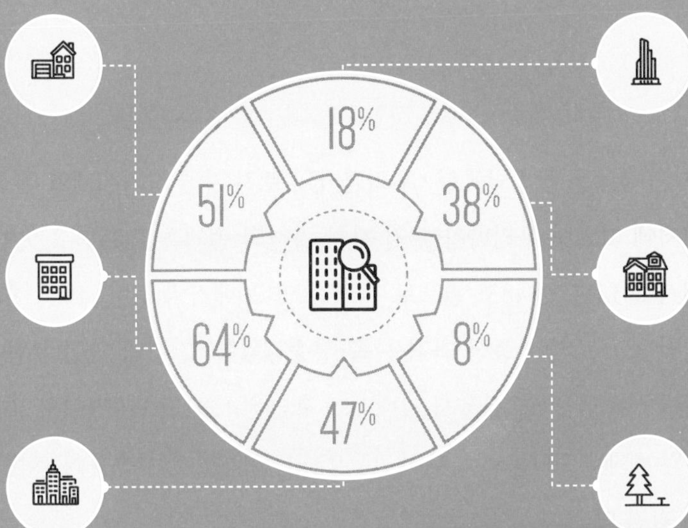

01

그래도 부자들이 부동산에 돈을 묻어두는 이유

최근 한국은행이 발표한 〈우리나라의 토지 자산 장기시계열 추정〉 보고서에 따르면 우리나라 토지 자산 가격의 총액은 1985년 299.9조 원에서 2013년 5,848조 원으로 28년간 약 20배가 뛰었다. 10년 이상 장기적으로 보면 부동산 가격은 쭉 상승해왔다. 그런데 과연 부동산 가격만 상승했을까? 서울시 시내버스 요금은 1991년 170원에서 2015년 8월 현재 1,200원으로 무려 705.9%나 상승했다. 상승률이 부동산보다 훨씬 더 크다.

모든 물가는 상승한다. 왜 그럴까? 1971년 금본위제(金本位制)가 폐지된 이후 자본주의는 계속해서 화폐 가치가 떨어지는 시스템으로 바뀌었고, 이로 인해 통화량이 계속 늘어나고 있기 때문이다. 이는 자본주의 관련 자료를 보면 쉽게 확인할 수 있다. 구글에서 '금본위제'를 검색해보면 쉽게 이해할 수 있다. 간단히 설명하면, 금이 있는 만큼만 화폐를 발행하는 것이 자본주의 초기의 금본위제였다. 금본위제 초기에 세계의 기축통화는 영국의 파운드였다. 그러다 제1차 세계대전이 끝난 뒤 영국이 전쟁 비용으로 재정이 파탄 났다며 1914년 금본위제를 포기하겠다고 선언했다. 이후 1944년 세계 금의 80%를 보유하고 있던 미국이 금 1온스당 35달러(현재는 1,800달러)로 고정하는 국가 간의 통화정책을 조절할 목적으로 '브레튼우즈 협약'을 체결하면서 기축통화는 달러가 되었다. 하지만 베트남 전쟁 등 30년간 3조 달러 이상의 막대한 재정 적자로 달러 가치가 급락하자 일부 국가들이 금태환을 요구하였고, 결국 1971년 8월 15일 닉슨대통령이 금태환 정지 선언을 했다. 하지만 미국이 사우디아라비아의 국가 안보를 보장해주는 대신 사우디아라비아는 석유 가격을 달러로 책정하는 오일 달러 협정을 맺었는데, 이것이 '신의 한 수'가 되어 미국은 달러를 아무리 많이 찍어내도 하이퍼인플레이션에 빠지지 않게 되었다. 그 후 달러는 석유뿐만 아니라 모든 물품의 국제 거래에서 통용되었다. 이것이 달러가 현재까지 기축통화를 유지하게 된 과정이다. 신흥국이 물품을 미국에 주면 미국은 윤전기를 돌려서 찍은 달러를 줘도 되는 것이다. 세계의 기축통화인 달러가 계속 늘어나니까 인플레이션이 되는 것은 당연한 현상이다.

그렇다면 우리나라의 화폐 가치는 어떨까? 직접 확인해보자. 한국은행 경제통계시스템 홈페이지(ecos.bok.or.kr)에서 상단 메뉴 중 '통계검색'을 클릭해 '간편검색'을 선택한 후 기간을 1980년~2017년으로 선택해서 M1(협의통화, 평잔)과 M2(광의통화, 평잔)를 검색해보면 다음과 같은 차트를 볼 수 있다.

| 한국은행 M1(협의통화, 평잔) |

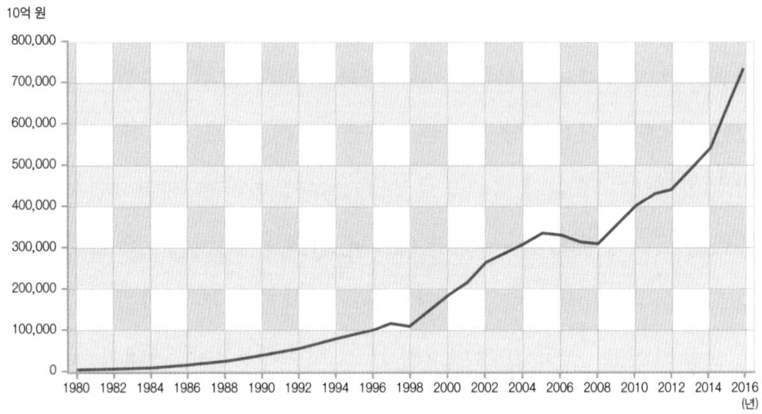

| 한국은행 M2(광의통화, 평잔) |

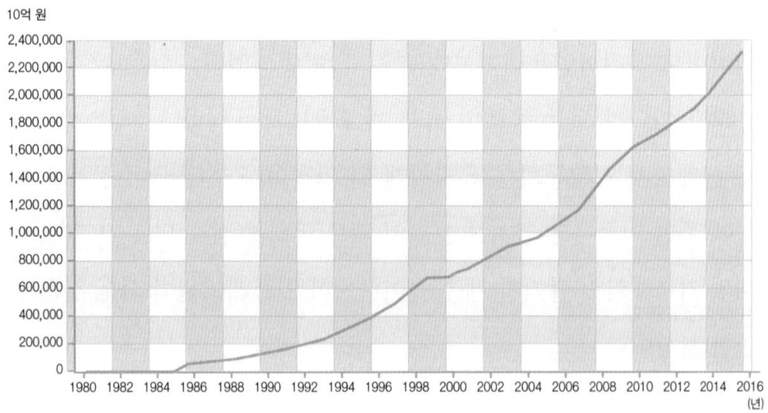

위키피디아에는 통화량에 대한 설명이 다음과 같이 나와 있다. 마찬가지 방법으로 본원통화도 검색할 수 있다.

M1(협의통화)

시중의 현금에 요구불예금과 수시입출식예금을 더한 것이다. 현금이야 말할 것도 없고, 요구불예금과 수시입출식예금은 예금자가 원하기만 하면 곧바로 현금화할 수 있기 때문에 현금과 거의 동일한 유동성을 가진다. 즉, M1은 유동성이 가장 높은 통화만을 의미하는 통화량이다.

M2(광의통화)

M1에 정기예 · 적금, 시장형금융상품, 실적배당형 금융상품, 금융채 등을 더한 것이다. M1을 제외한 정기예 · 적금 등은 예금자가 현금화하고자 할 때 약간의 손실을 감수하여야 하므로 M1에 비해서는 유동성이 떨어지는 편이다.

통화량의 결정

중앙은행이 돈을 발행하면 바로 통화량이 되는 것이 아니라 일련의 신용 창출 과정을 거쳐 통화량이 결정된다. 즉, 발행한 통화를 저축하였을 때 은행이 저축한 돈을 대출해줌으로써 본원통화보다 많은 돈이 시중에 유통되는 것이다. 예를 들어 중앙은행이 100만 원을 발행하여 시중은행에 내보낸 경우 시중은행은 지불준비금 10만 원을 제외하고 90만 원을 대출해주게 되며, 경제 주체는 다시 90만 원을 저축, 은행은 다시 81만 원을 대출하는 과정을 반복한다. 그러면 시중에는 '100 + 90 + 81 + …… = 900만 원'이 풀린 것과 같은 효과가 있다. 이때 900만 원이 바로 통화량이 되는 것이다.

통화량, 은행의 지불준비금 등 자본주의 화폐에 대해 보다 상세하게 이해하기 위해서는 유튜브에서 '다큐프라임 자본주의'를 검색해서 시청해 보는 것도 좋다. '다큐프라임'으로 검색하면 제일 상위에 자동 완성될 만큼 그중에서 제일 인기 있는 동영상이다. 참고로 〈다큐프라임〉은 EBS가 제작한 다큐멘터리다.

부동산 투자를 해야 하는 이유를 알기에 앞서 자본주의의 화폐 가치에 대해 먼저 이해해둘 필요가 있다. 화폐 가치가 계속해서 떨어지니 상대적으로 화폐가 아닌 것의 가치가 점점 오르고 있는 것처럼 보인다. 자본주의 시스템에서 모든 가치의 척도는 화폐이고, 상대적으로 화폐가 아닌 것의 가격은 점점 상승한다. 즉, 인플레이션이 발생하는 셈이다.

일단 점점 가치가 떨어지고 있는 화폐를 가지고 있으면 손해다. 화폐가 아닌 것을 가지고 있어야 한다. 자본주의 시스템에서 '돈의 가치는 점점 떨어진다'는 사실을 아는 정도로 시작해 보자. 버스 토큰같이 당시에만 이용하는 게 아니라 현재까지도 가치가 있어야 한다. 기업이 계속 존속한다면 주식도 그중 하나이고, 부동산도 마찬가지다.

02

전국 갭투자 수익률 분석

'인공지능 투자법'은 책으로 보면 재미가 없을 수도 있다. 데이터를 살피고, 차트나 표를 눈으로 읽어가면서 이해한다는 것이 쉽지는 않다. 인공지능 프로그램까지 언급하니 무슨 어려운 수학 공식을 접하는 것 같을 수도 있다. 그래서 본론으로 들어가기에 앞서 책으로 설명하기도, 이해하기도 어려운 인공지능 프로그램에 보다 흥미롭게 접근하도록 하기 위해 다소 충격적이고 재미있는 방식을 도입했다. 바로 전국의 연도별 평균 '갭투자' 수익률을 살펴보는 것이다.

갭투자는 부동산을 사서 전세를 놓고 2년 혹은 4년 뒤 계약 만기가 되었을 때 매도하는 것을 말한다. 매매가와 전세가의 차이, 그 갭(차이)만큼 투자를 한다고 해서 갭투자라 칭하며 투자자들 사이에서 은어로 사용되었다. 그러다 2015년~2016년 언론에서 보도되면서 일반인들에게도 친숙한 단어가 되었다.

갭투자의 수익률은 그렇게 갭투자를 했을 때 남은 돈을 말하며, 공식으로는 '(매도가 – 매입가) / (매입가 – 전세가) × 100'이 된다. '매입가 – 전세가'가 투자금이 되며, '매도가 – 매입가'가 양도차익이 되는 셈이다. 이러한 공식에 따라 전국 아파트를 대상으로 연도 · 분기별 수익률을 구한 것이 전국 연도별 평균 갭투자수익률이다.

2005년 9월부터 KB 과거 시세 데이터를 이용해 만든 '전국 연도별 평균 갭투자수익률' 표(22p)를 보자. 여기서 수익률은 2년 뒤의 매도가 기준이며, 세금 등의 비용은 제외했다. 이를 총 네 부분(①, ②, ③, ④)으로 나눠서 살펴보자.

①(전국의 기준 데이터, 평균수익률, 평균 갭, 전세가율, 전체 단지수, 전체 세대수)에서는 전국 평균 갭투자수익률, 평균 갭, 평균 전세가율을 확인할 수 있다. 평균 갭(매매가 – 전세가)과 전세가율의 흐름도 재미있는 요소다. 평균 갭은 1억4천만 원 정도가 2009년~2010년쯤 최대치를 기록하다 점점 낮아지고 있으며, 전세가율 역시 2009년 이후 꾸준히 증가하다 2014년 말 이후 평균 70%가 넘고 있다. 통계치에서 전국의 평균 전세가율이 70% 이상된 경우는 처음으로 심각한 상황이다.

전세가율은 60% 정도의 자가 주택 거주자를 제외한 40% 정도의 임대수요자와 투자자에 의해 변화되는 수치다. 전세는 향후 부동산 시장의 분위기가 좋지 않을지언정 실제 거주를 해야 하는 사람들이 이용하므로 '실수요'라 하고, 매매는 실제 거주와 상관없이 부동산 시장의 분위기가 좋을 때에도 거래하여 '가수요'라고 칭한다.

전세가율이 70%로 역대 최고점을 찍은 것은 부동산 시장을 좋지 않게 생각하는 임대 수요자에 의해 전세가율이 점점 높아진 결과다. 이들에 의해 전세가가 올라가면 실수요 시장의 매매가도 같이 올라간다. 매매 가격이 전세 가격보다 낮을 수는 없다. 전세 가격이 안 오르려는 매매 가격을 밀어 올리는 형국이다.

필자는 개인적으로 전세가율이 80%를 넘지는 않을 것으로 본다. 그전에 가수요시장이 형성되어 전세가가 계속 올라 결국 자기 소유의 집을 마련하거나 아니면 월세로 전환하는 분위기가 형성될 듯하다. 그러면서 전세가율은 다시 낮아지게 될 것이다.

가수요 시장이 형성되면 향후 부동산 시장을 매우 좋게 보고 일반인들까지 투자에 동참하면서 매매 가격이 급격히 상승하게 된다. 더 나아가 거품까지 형성되어 다시 하락 혹은 폭락하는 상황이 발생할 수도 있다. 부동산 시장이 하락했던 2011년이 바로 그런 시기였다.

갭투자의 전국 평균수익률은 적게는 10%, 많게는 54%까지 보이고 있다. 사실 이 수치만 봐도 왜 부동산 투자가 주식 등의 다른 투자에 비해 유리한지 알 수 있다. 세계 최고의 투자자 워런 버핏의 평균수익률은 22%다. 전국 연도별 평균 갭투자수익률 도표는 2년치 평균수익률을 보여주고 있는데, 갭투자의 1년 수익률은 5%~27%가 될 것이다. 물론 전세가 우리나라에만 있는 특별한 제도이긴 하지만, 평균수익률이 이 정도라니 정말 놀랄 일이다. 하지만 이 수치는 '평균수익률'일 뿐이다. 만약 부동산 투자 공부를 해서 투자의 고수가 되어 더 나은 방법으로 투자를 한다면 수익률이 어떻게 달라질까?

| 전국 연도별 평균 갭투자수익률 |

전국								
						전체		
기준일	평균 수익률	평균 갭	전세가율	전체 단지 수	전체 세대수	대상 단지 수	평균갭	평균수익률
200509	48.1	10,834	57.6	12,199	8,744,170	2,450	2,148	41.8
200512	51.1	10,510	58.3	12,972	9,200,013	2,794	2,134	47.8
200603	54.3	11,454	58.1	13,517	9,561,857	3,055	2,183	57.4
200606	58.3	12,353	57.6	13,970	9,863,711	3,173	2,194	67.2
200609	62.0	12,380	57.7	14,312	10,147,364	3,353	2,216	78.5
200612	35.2	14,087	55.6	15,005	10,586,974	3,174	2,185	44.4
200703	27.8	14,146	55.6	15,339	10,826,477	3,260	2,191	36.2
200706	26.1	14,007	55.6	15,637	11,053,343	3,347	2,181	33.9
200709	25.1	14,039	55.4	15,903	11,245,538	3,336	2,181	32.8
200712	22.2	14,095	55.0	16,196	11,459,104	3,370	2,191	34.1
200803	17.9	14,395	54.3	16,719	11,890,383	3,441	2,211	37.4
200806	12.6	14,818	53.3	16,956	12,042,008	3,400	2,223	42.1
200809	10.7	14,859	53.0	17,169	12,188,680	3,362	2,256	45.6
200812	18.6	14,435	52.8	17,497	12,440,232	3,413	2,255	67.3
200903	32.5	14,265	52.9	17,863	12,758,457	3,496	2,264	107.6
200906	43.5	14,349	53.1	18,025	12,878,963	3,527	2,276	143.6
200909	50.7	14,466	53.5	18,317	13,101,246	3,657	2,300	167.2
200912	54.3	14,365	53.8	18,531	13,261,903	3,762	2,332	175.5
201003	54.5	14,232	54.3	18,766	13,458,012	3,867	2,407	173.4
201006	52.0	14,157	54.7	19,150	13,720,704	3,919	2,484	163.8
201009	49.3	13,879	55.4	19,422	13,972,441	4,064	2,557	154.8
201012	43.3	13,638	56.4	19,707	14,209,671	4,301	2,679	135.7
201103	32.4	13,254	58.2	20,103	14,530,012	4,818	2,877	106.4
201106	22.3	13,235	58.6	20,384	14,712,100	4,878	3,098	81.5
201109	13.4	12,852	59.5	20,783	14,996,594	4,923	3,341	58.1
201112	11.2	12,809	59.9	21,102	15,203,887	5,014	3,435	53.0
201203	11.4	12,665	60.4	21,479	15,460,315	5,320	3,526	50.8
201206	12.5	12,459	60.8	21,763	15,655,584	5,646	3,532	50.2
201209	16.2	12,219	61.6	22,333	16,038,997	6,059	3,559	52.9
201212	19.8	11,804	62.4	22,730	16,312,506	6,538	3,625	55.4
201303	26.0	11,369	63.3	23,053	16,519,232	7,183	3,724	60.8
201306	31.5	11,113	64.1	23,574	16,868,733	7,766	3,862	63.4
201309	39.1	10,434	65.9	23,955	17,122,113	9,293	4,249	67.1
201312	42.3	9,943	67.4	24,320	17,375,006	10,923	4,658	65.0
201401	42.6	9,802	67.7	24,410	17,433,332	11,289	4,749	64.2
201403	40.9	9,548	68.5	24,731	17,645,538	12,336	4,958	58.4
201406	40.7	9,434	69.0	25,142	17,912,924	13,056	5,064	55.4
201409	41.9	9,437	69.4	25,458	18,179,965	13,737	5,251	54.1
201412	43.8	9,233	70.1	25,857	18,472,860	14,807	5,492	54.2
201503	40.7	8,942	71.1	26,231	18,770,898	16,239	5,802	48.6
201506	35.0	8,815	71.9	26,649	19,105,964	17,261	6,012	40.5

① ②

전세가율 70% 이상 대상										
수익률 100% 이상개수 (Best City)										
대상 단지 수	평균갭	평균수익률	수도권 (200)	충청권 (100)	전라권 (300)	경상권 (300)	강원권 (50)	제주권 (20)	부산 (100)	대구 (100)
392	1,989	169.4	171	2	56	157				4
516	2,028	184.8	260	3	57	188	1	1		4
658	2,108	215.7	410	3	67	168	1	1	1	2
723	2,109	250.5	465	5	89	129	2	1	1	
829	2,154	270.8	541	10	102	135	2	1	2	
473	1,803	230.8	216	11	92	104	3	1	3	
471	1,793	198.4	192	11	97	108	2	3	4	
449	1,767	184.0	151	11	111	95	3	3	4	
413	1,707	169.5	67	15	126	96	10	2	8	
411	1,699	162.7	30	15	124	93	15	2	12	
461	1,605	154.1	13	24	128	108	21	3	21	
528	1,648	157.5	2	39	116	129	19	2	36	
609	1,707	158.9	2	51	131	144	2	2	50	
934	1,888	178.4	1	100	182	205	5	4	85	2
1,417	2,000	213.2		201	284	318	7	3	139	34
1,967	2,025	225.3		282	484	393	19	9	180	137
2,427	2,075	228.3	2	334	605	474	42	11	193	274
2,742	2,123	221.8	1	394	703	573	59	13	216	318
2,945	2,182	210.5	2	431	771	629	73	14	229	355
2,967	2,221	197.7	5	425	746	686	81	17	214	386
3,010	2,216	187.9	15	443	713	700	92	15	212	423
2,754	2,183	177.2	15	394	659	633	99	15	160	470
2,240	2,010	170.6	20	294	550	542	106	14	81	476
1,632	2,014	166.4	15	202	313	487	87	13	18	461
1,101	2,089	160.9	4	112	142	397	37	10	4	388
1,066	2,269	159.2	2	90	104	360	14	4		488
1,064	2,378	164.3		67	85	333	10		2	567
1,140	2,441	162.0	4	70	81	342	4	2	3	635
1,272	2,583	162.2		74	105	359	6	2	3	723
1,423	2,807	162.6	4	66	133	390	8	1		820
1,676	2,945	167.9	27	71	230	412	11	3	1	912
1,844	3,253	163.7	85	73	345	401	15	8		894
2,313	3,449	165.3	374	74	439	405	23	12	1	936
2,485	3,653	160.5	527	59	480	375	44	26		871
2,524	3,666	157.9	551	60	484	391	53	28		845
2,372	3,697	151.3	535	50	455	352	85	29	1	746
2,350	3,820	144.1	652	43	453	282	98	29		640
2,416	4,083	142.4	831	33	452	221	141	35		468
2,672	4,382	142.8	1,143	14	408	200	185	35		255
2,407	4,407	143.1	1,112	6	319	165	197	42		95
2,054	4,784	139.5	1,118	2	203	101	174	37		13

③ ④

수치로 간단하게 보여줄 수 있는 방법으로, 전세가율 70% 이상의 아파트에만 투자했다고 가정한 결과가 ②이다.

②(전세가율 70% 이상의 전체 대상 단지수, 평균 갭, 평균수익률)에서는 전세가율 70% 이상의 아파트를 비교하기 위해 ①에 전체 단지수를 추가했다. 전체 단지수의 대략 20% 정도는 전세가율 70%의 아파트이며, 2013년부터 점점 늘어나서 2015년쯤엔 60%가 넘어갔다. 이때가 전국의 평균 전세가율이 70%에 육박한 시점이다. 평균 투자금도 2천만 원대에서 4천만 원, 5천만 원으로 점점 커졌다. 2013년은 수도권 아파트 가격이 올라가기 시작한 시점으로, 수도권 아파트는 지방에 비해 상대적으로 비싸 전세가율이 높아 투자금이 커진다.

역시 놀라운 것은 수익률이다. 2년 평균수익률이 낮을 때에는 2007년 9월 32.8%, 높을 때에는 2009년 12월 175%를 넘어갔다. 1년 평균수익률은 16.4%~87.5%다. 세계 최고의 투자자 워런 버핏의 평균 투자수익률이 22%인 것을 생각하면 놀라지 않을 수 없다.

전세가율 70%는 투자를 할 때 알 수 있는 아주 기초적인 투자정보다. 우선 매매할 때 전세가가 얼마인지 알아볼 수 있다. 전국 어떤 아파트의 전세가율이 70%가 넘는지는 구글에서 '전세가율 높은 아파트'로 검색해보면 찾는 방법을 소개한 글을 확인할 수 있다.

주의할 점은 '평균'이라는 사실이다. 평균이 최소 16.4%라는 것이지, 특정 아파트의 수익률이 16.4%라는 것은 아니다. 전세가율 70% 이상의 아파트에 투자해도 손해가 나는 경우가 있다. 물론 평균수익률이 16.4% 정도로 낮을 때보다는 87.5% 정도로 높을 때 투자 손실이 발생하는 경우도 적을 수밖에 없다. 또 낮은 평균수익률도 16.4% 정도라는 점은 왜 부동산 투자가 돈을 버는 좋은 수단인지 입증하기에 충분하다.

③(수익률 100% 이상 개수(Best City)의 대상 단지수, 평균 갭)에서는 2년 수익률이 100% 이상 되는 아파트 단지를 정리해 보았다. 전세가율 70% 이상 단지에서 적게는 11.9%(2015년 6월), 많게는 76.2%(2009년 12월)의 비율을 보여주고 있다. 부동산 경기가 안 좋을 때에는 전세가율 70%의 아파트 중 10% 정도만 2년간 100%가 넘는 수익률을 보여주지만, 경기가 좋을 때에는 무려 76%의 아파트가 높은 수익률을 내고 있다. 전세가율이 70% 넘는 아파트의 4채 중 3채가 100% 넘는 수익률을 보이고 있다. 또한 그때의 평균수익률은 100% 정도가 아닌 200%에 육박하고 있다. 물론 이런 아파트를 찾기가 쉽지는 않다. 부동산 시장 상황이 좋은 시기에나 50%를 넘지, 대체적으로 10%~20% 수준이다.

마지막으로 2년에 수익률 100% 이상을 내는 아파트 단지의 지역적 분포표를 나타내는 ④(평균수익률, 수도권, 충청권, 전라권, 경상권, 강원권, 제주권, 부산, 대구)를 살펴보자. 2010년 상반기, 하락장이 시작된 시점에 수도권에서는 수익률을 낸 경우를 거의 찾기가 어렵다. 하지만 오히려 그때 지방에서는 2년에 100% 이상의 수익률을 내는 단지수가 늘어나기 시작했다. 그중 경상권과 대구는 오랫동안 그 상태가 지속되었고 강원권, 충청권, 전라권은 2011년 말쯤 중단되었다.

그렇지만 강원권, 전라권은 2013년 말부터 다시 단지수가 늘어나기 시작했다.

이렇듯 부동산 시장에는 시기별, 지역별로 추세라는 것이 존재한다. 부동산 투자를 하려면 이 시기와 지역을 어떻게 찾아내고, 어떻게 예측할 것인지 지속적으로 공부해야 한다. 그렇다면 과연 빅데이터를 기반으로 하는 '인공지능 부동산 투자 예측 프로그램'은 이러한 답을 찾아내는 데 얼마나 도움이 될지 살펴보도록 하자.

03

인공지능 투자법의 놀라운 세 가지 장점

인공지능 투자법은 컴퓨터 프로그램으로 투자 지역과 투자 물건을 선별하는 새로운 투자법이다. 인공지능 투자법이 추천하는 지역과 물건은 제법 신뢰할 만하다.

필자는 아파트 투자에 관련된 컴퓨터 프로그램을 2016년 초부터 본격적으로 연구, 개발하기 시작했다. 데이터베이스 전문가로서 일종의 직업병이라고 생각한다. 물론 그전부터 개인적으로 부동산 투자를 할 때마다 어떤 데이터가 중요한지 끊임없이 연구했으나, 결국 고수들의 조언에 따라 투자 결정을 하곤 했다. 당시의 프로그램은 사람의 판단력을 보조하는 정도였다. 사람이 어떤 조건을 제시하면 그 조건 값에 따라 투자 지역, 아파트를 추천하는 식이었다. 반면 인공지능 투자법은 인공지능 프로그램을 통해 그런 값을 찾아내는 방식이다. 전에 개발한 프로그램이 투자 고수의 경험을 보조해 주는 데 그쳤다면, 새로운 인공지능 프로그램은 100% 프로그램에 의지해 결과를 보여준다. 그런데 그게 꽤 신빙성이 있다.

물론 추천 지역을 100% 믿고 따라도 되는 수준은 아니다. 추천 지역을 추출하는 과정에서 만든 데이터 중 인공지능 프로그램에서는 중요하지 않은 것으로 치부하지만, 실제 투자를 할 때에는 중요한 경우도 있다. (지역이란 시 · 도 단위 아래의 구 · 시 단위, 예를 들어 서울이나 서울시 강남구 서초동이 아닌 서울시 강남구를 일컫는다. 대략 230여 개 정도의 지역이 있다.) 대표적인 요소로 미분양률이나 예정 공급량 등이 있다. 인공지능 프로그램에서는 이 두 가지를 그다지 중요한 요소로 보지 않는다. 그 결과는 나도 의외여서 잘못된 부분이 없는지 수십 번 체크했다.

예를 들어 과거 10년 동안 20개 지역, 즉 200개의 지역에서 미분양률이나 예정 공급량 수치가 좋지 않았지만 투자 결과 수익률이 좋은 경우가 90% 정도였다고 하면, 다시 말해 180개 지역에서 두 요소의 수치가 나빴어도 좋은 결과를 보였다면 인공지능 프로그램은 두 요소를 중요하지 않은 요소로 분류해 버린다. 그런데 투자자의 입장에서는 100% 확신이 있어야만 투자를 할 수 있다. 적게는 수백에서 수천만 원이 오가는 만큼 반드시 100% 확신이 있어야 한다. 그래서 인공지능 투자법에서 추천 지역은 참고 사항 중 하나일 뿐이다. 가령 미분양률과 예정 공급량은 수도권이 아닌 지방에서는 중요한 요소다.

물론 인공지능 프로그램이 수도권과 지방을 분류해서 알려주면 100% 확실한 결과를 얻을지도 모른다. 하지만 현재의 여건상 그렇게 하기는 어렵다. 그럼에도 신빙성이 있다고 이야기하는 것은 몇 가지 유용한 점이 있기 때문이다.

첫 번째, 인공지능 프로그램이 추천하는 지역을 고수의 눈으로 한 번 더 걸러내면 매우 유용하다. 간혹 생각지 못한 의외의 지역을 추천하는 경우도 있기 때문이다. 아무리 투자의 고수라고 해도 모든 지역을 다 꿰뚫고 있을 수는 없는데, 생각지 못한 의외의 지역을 알게 되면 투자 지역을 더 넓힐 수 있다.

두 번째, 투자 공부가 된다. 앞에서 설명했듯이 인공지능 프로그램에서는 미분양률이나 예정 공급량을 중요하지 않은 요소로 본다. 수치 자체만 봐서는 그렇지만 자세히 들여다보면 사실이 아니다.

인공지능 프로그램은 대체적으로 전세가율을 중요한 요소로 본다. 그런데 전세가율이란 것이 결국 미분양률이나 예정 공급량의 영향을 받는다. 현시점의 미분양률이나 2년 뒤 시점의 예정 공급량 수치는 2년 뒤 투자 결과와 딱딱 맞아떨어지지 않을지도 모른다. 하지만 그 요소들은 결국 현재의 전세가율에 영향을 준다.

예를 들어 예전부터 공급이 너무 부족한 지역에서 2년 뒤 공급량이 조금 풀렸다면 인공지능 프로그램은 2년 뒤 공급량이 많아도 별 영향이 없다고 판단한다. 만약 해당 지역의 현재 수요 및 공급이 얼마나 부족한 상태인지를 보여주는 수치가 있다면 예정 공급량의 중요도에 대해 인공지능 프로그램은 다르게 판단할 수 있다. 물론 해당 지역의 현재 수요 및 공급 정도를 연구해 볼 수도 있을 것이다. 하지만 전세가 한국에만 있는 특수한 경우이기는 해도 전세가율처럼 비슷하게 그 정도를 가늠할 수 있는 요소가 있으므로 우선은 그런 요소를 활용해 결과를 빨리 내는 데 초점을 맞췄다.

세 번째, 빅데이터 요소가 될 만한 것들의 중요도를 알 수 있다. 전세가율의 경우 역시 많은 빅데이터 요소를 생각해 볼 수 있다. 간단하게 전세가율 상승률, 그것도 6개월 전과 비교한 상승률, 1년 전, 2년 전과 비교한 상승률, 또 상승률의 상승률(상승률 자체가 얼마큼 상승하고 있는지)도 생각해 볼 수 있다. 뿐만 아니라 지역 내에서 아파트를 선정할 때 해당 아파트의 전세가율이 과거에 비해 어느 정도 수준인가도 중요한 요소다. 예를 들어 '과거 80%까지 갔었는데, 현재는 70% 수준이다'와 같은 것은 '전세가율의 위치'라 칭하고 있다. 전세가율 하나만으로도 이렇게 많은 데이터를 만들 수 있다.

빅데이터, 인공지능 프로그램 투자법은 실제 투자 고수들의 실력에 비하면 조족지혈, 새 발의 피다. 하지만 나름 유용한 부분도 있다. 그러한 부분을 여러 고수들을 통해 검증받았고, 또 그 과정을 통해 인공지능 프로그램은 더욱 발전했다. 무엇보다 전국의 모든 지역과 아파트를 동시에 비교하는 다른 차원의 접근법이며, 추후 성장 가능성은 무궁무진하다. 이제 겨우 한 걸음마를 떼었을 뿐이다. 겨우 한 걸음인데 비하면 결과는 매우 놀랍다.

사실 필자의 부동산 데이터 연구는 2016년부터 시작되었다. 또 필자는 데이터베이스 분야에 거의 20년 가까이 몸담고 있다. 무엇보다 컴퓨터는 시간적으로 부족한 인간의 경험치를 보상해준다. 그렇게 생각하면 이 투자법도 고수로 인정받을 수 있지 않을까?

04

신뢰할 수밖에 없는 인공지능의 예측 정확성

자세한 설명에 들어가기 앞서 조금 더 상세한 설명을 하도록 하자. 이 설명은 또한 조금 더 흥미를 느끼도록 유도하기 위함이기도 하다.

인공지능 투자예측 프로그램은 기본적으로 매매가, 전세가, 전세가율, 인구수, 세대수 등의 각종 변동 데이터를 근간으로 한다. 거기에는 핵심적인 인공지능 프로그램이 있다. 해당 인공지능 프로그램은 예측이 얼마나 잘 맞는지를 알려주는 수치이다. 우리는 그것을 '투자 알고리즘 수치'라고 명명했다.

우선 오른쪽 표를 보자. 2007년도 추천 지역 선정 결과치이다.

전국 아파트가 있는 150여 개의 시군구 단위별 인공지능 추천 순위와 실제 결과 순위이다. 제일 우측이 결과 순위이며 그전 컬럼이 예측 순위이다. 예측 순위별로 정렬되어 있다. 제일 우측 컬럼 배경 색깔을 통해 가시적으로 확인할 수 있으며 투자 결과가 좋으면 녹색이, 나쁘면 빨간색으로 표시된다. 고로 녹색 부분이 위쪽에 많고, 아래쪽에 빨간색 부분이 많으면 예측을 잘한 것이 된다. (2007년의 경우 중간에 빨간색도 꽤 있고, 제일 아래 부분에 녹색도 꽤 보인다. 예측률을 수치로 뽑아내는데, 2007년의 경우 75.28점이다. 2007년은 다른 년도에 비해 예측 결과가 좋지 않은 편이다)

참고로 이번 챕터 내용은 유튜브 영상으로 만들었다.

https://youtu.be/1IQbaYoRJIk로 영상을 보고 넘어가도 좋겠다.

나머지 2008년부터 2016년까지 결과를 보자. 녹색 부분이 위쪽에 많고 2008년도부터 예측결과가 괜찮은 편이다. 그리고 '투자 알고리즘 수치'를 통해 얼마나 예측을 정확하게 하는지 보자.

| 2007년~2008년 지역 선정 결과치 |

2007년　75.28

일자	지역	가구증가	미분양	전세동향	수요공급종합	거래량 증가	주변입주량	추천 순위	과거결과 순위
2007-01-01	전북 전주시	28		224.7	43.33	7.8	-5	1	61
2007-01-01	광주 북구	42	50	233.1	41.89	3	-5	2	46
2007-01-01	제주도 제주시	63		151	99.36		10	3	44
2007-01-01	광주 서구	7	40	220.6	52.87	-10.8	0	4	86
2007-01-01	울산 동구	14	-20	223.9	73.22	-1.2	0	5	3
2007-01-01	부산 사상구	-28	60	200	73.6	-11.4	-5	6	62
2007-01-01	전남 목포시	21		209.9	-15.83	24.9	-5	7	58
2007-01-01	경북 구미시	63	50	167.6	-43.88	0.9	-5	8	47
2007-01-01	경북 포항시	14	40	221.2	-40.21	-17.1	-5	9	23
2007-01-01	광주 광산구	35		239.1	-20.56	1.5	-5	10	73
2007-01-01	강원 속초시	0	60	162.8	58.7	30	10	11	115
2007-01-01	대구 북구	-7	40	206.2	-4.68	-11.4	-5	12	80
2007-01-01	전남 순천시	14		156.28	64.04	30	0	13	12
2007-01-01	경남 김해시	49		155.25	67.52	-12.9	-5	14	14
2007-01-01	경기 평택시	63	40	144.9	49.97	23.1	-5	15	15
2007-01-01	경기 의정부시	63	60	129.26	-2.28	30	0	16	17
2007-01-01	부산 금정구	-21	-20	177.5	83.98	2.1	5	17	40
2007-01-01	울산 울주군	49	-40	160.54	-48.55	30	-5	18	27
2007-01-01	경남 통영시	35	-40	166.3	64.76	18	-5	19	6
2007-01-01	전북 익산시	0		152.49	59.22	-0.6	-5	20	10
2007-01-01	인천 계양구	42		131.07	56.93	26.7	-5	21	7
2007-01-01	부산 북구	-21		153.41	77.55	4.5	0	22	50
2007-01-01	강원 원주시	63		142.6	-3.67	0	-5	23	141
2007-01-01	부산 사하구	-7		159.39	-21.07	-1.2	-5	24	70
2007-01-01	전북 군산시	14		221.8	-25.33	30	-5	25	1
2007-01-01	서울 중랑구	28	60	124.66	80.16	30	2	26	26
2007-01-01	대전 유성구	63	-40	147.2	-1.43	29.4	2	27	113
2007-01-01	전남 광양시	21		156.63	75.4	26.4	-5	28	13
2007-01-01	서울 도봉구	7	60	125.35	96.98	30	10	29	24
2007-01-01	서울 노원구	14	60	122.59	81.66	21.9	0	30	16
2007-01-01	강원 춘천시	21		155.48	-26.52	-13.2	0	31	75
2007-01-01	서울 관악구	49	60	114.54	94.36	27.6	5	32	119
2007-01-01	부산 영도구	-28		149.96	105.82	14.7	7	33	106
2007-01-01	전북 남원시	-35	50	195.8	-17.62	30	10	34	128
2007-01-01	충남 천안시	35		143.29	51.7	5.1	-5	35	83
2007-01-01	부산 해운대구	63		145.36	67.04	0.3	-5	36	2
2007-01-01	부산 동구	-21	-40	137.77	95.05	30	10	37	112
2007-01-01	충북 청주시	14	50	151.34	58.8		-5	38	43
2007-01-01	경기 시흥시	14	60	123.28	53.67	30	-5	39	8
2007-01-01	경북 경주시	7	-40	158.7	38.28	30	-5	40	18
2007-01-01	경남 창원시	0	-20	145.13	73.54		-5	41	29
2007-01-01	서울 성북구	35	60	121.44	75.73	29.7	-5	42	39
2007-01-01	경기 안산시	42	60	115.23	92.53	-8.7	-5	43	53
2007-01-01	서울 서대문구	21	60	127.19	47.36	27	0	44	31
2007-01-01	경기 동두천시	63	60	118.45	-0.61	30	2	45	55
2007-01-01	인천 부평구	21	50	125.35	67.52	-5.4	-5	46	5
2007-01-01	부산 부산진구	0	-40	152.95	81.17	18.3	10	47	77
2007-01-01	서울 금천구	-14	60	111.78	80.18	30	0	48	90
2007-01-01	서울 구로구	35	60	110.63	68.01	29.1	-5	49	66
2007-01-01	서울 강북구	0	60	125.12	84.96	8.4	0	50	95
2007-01-01	경기 부천시	28	60	106.26	79.56	30	-5	51	49
2007-01-01	경북 경산시	42		144.21	64.03	-5.1	-5	52	101
2007-01-01	경북 안동시	0	50	147.2	61.85	13.2	2	53	45
2007-01-01	충남 서산시	42	-20	138.23	81.96	30	0	54	81
2007-01-01	경남 사천시	42	-40	138	69.46	20.4	-5	55	28
2007-01-01	경북 칠곡군	63	40	151.57	-39.04	30	-5	56	127
2007-01-01	부산 수영구	21		126.96	80.56	20.7	2	57	105
2007-01-01	서울 동대문구	7	60	117.76	75.22	12.6	-5	58	67
2007-01-01	부산 서구	-28	-40	149.27	83.78	-9.6	7	59	78
2007-01-01	대전 서구	-14	50	133.63	76.01	-7.2	2	60	107
2007-01-01	경기 용인시	63	60	89.47	-1.89	28.5	-5	61	135
2007-01-01	인천 동구	-35	60	131.33	-11.05	30	0	62	42
2007-01-01	부산 동래구	42	-20	141.45	64.05	-2.4	10	63	122
2007-01-01	경기 이천시	42	-40	139.15	54.67	8.4	-5	64	20
2007-01-01	전북 정읍시	-28	60	124.2	75.13	30	5	65	41
2007-01-01	서울 마포구	35	60	100.51	69.52	4.2	0	66	120
2007-01-01	충남 공주시	-7	-20	139.15	48.7	23.4	-5	67	87
2007-01-01	인천 서구	63	-40	106.95	47.46	5.7	0	68	57
2007-01-01	경기 고양시	35	60	93.84	75.12	19.2	0	69	22
2007-01-01	대구 달성군	21	50	148.12	-64.7	30	-5	70	125
2007-01-01	충북 충주시	21	40	144.44	-54.78	9.6	2	71	100
2007-01-01	충남 당진시	63		153.41	-44.71		7	72	30
2007-01-01	충남 홍성군	-7	-40	148.12	43.75	30	0	73	99
2007-01-01	경기 안성시	63		131.33	67.2	30	-5	74	121
2007-01-01	부산 연제구	-14	-40	152.03	66.71	-15.6	5	75	123
2007-01-01	대전 대덕구	-35	-40	148.35	68.43	9.6	0	76	71
2007-01-01	경북 상주시	-14		127.19	111.87	30	7	77	63
2007-01-01	경기 남양주시	63	-40	104.65	-4.04	9.3	-5	78	132
2007-01-01	강원 강릉시	0		148.12	42.61	-4.2	7	79	74
2007-01-01	서울 용산구	49	60	78.43	53.57	-21	-5	80	131
2007-01-01	대구 동구	-14	-40	140.76	38.08	30	-5	81	72
2007-01-01	인천 남구	7	60	135.7	-64.61	30	-5	82	4
2007-01-01	서울 동작구	14	60	101.2	74.83	2.4	0	83	118
2007-01-01	경북 영주시	-14		141.91	68.85	30	10	84	89
2007-01-01	서울 영등포구	21	60	94.99	72.03	-10.8	0	85	35
2007-01-01	경기 구리시	35	-40	98.44	68.96	30	-5	86	69
2007-01-01	경기 포천시	35		135.93	92.27	-7.8	-5	87	104
2007-01-01	부산 기장군	0		150.42	-55.28	23.4	-5	88	94
2007-01-01	경남 거제시	63		153.41	-34.96	0.3	-5	89	9
2007-01-01	경북 김천시	0		138.92	58.18	30	-5	90	51
2007-01-01	경기 광주시	63	60	95.91	-8.22	-17.1	-5	91	68
2007-01-01	인천 중구	-14	60	85.33	-0.05	9.6	0	92	111
2007-01-01	서울 강남구	49	60	66.47	75	-6.9	-5	93	117
2007-01-01	서울 성동구	7	60	90.39	59.57	8.7	-5	94	91
2007-01-01	경기 양주시	63	-40	116.38	-2.49	30	10	95	134
2007-01-01	경기 오산시	63		132.25	-10.54	-9.6	-5	96	109
2007-01-01	경기 안양시	7	60	96.83	77.28	-3	-5	97	56
2007-01-01	경기 파주시	63	-40	117.07	72.53	-22.2	0	98	93
2007-01-01	경남 양산시	42		146.28	-25.86	11.1	-5	99	126
2007-01-01	서울 서초구	28	60	72.45	85.21	-11.7	-5	100	136
2007-01-01	경북 영천시	0	-40	128.8	46.46	30	-5	101	76
2007-01-01	경기 수원시	42	-40	115.23	45.58	-14.4	-5	102	38
2007-01-01	충남 아산시	49		133.4	-27.87	30	-5	103	88
2007-01-01	강원 동해시	-14	-40	116.61	25.36	19.8	10	104	98
2007-01-01	경남 밀양시	0		135.7	-21.99	30	-5	105	84
2007-01-01	대구 남구	21	-20	-190	-13.74	14.7	-5	106	108

2008년　81.53

일자	지역	가구증가	미분양	전세동향	수요공급종합	거래량 증가	주변입주량	추천 순위	과거결과 순위
2008-01-01	전남 목포시	42	10	207.7	78.64	30	5	1	56
2008-01-01	울산 울주군	63	50	109.25	-0.67	30	-5	2	20
2008-01-01	부산 사하구	7	-20	180.81	94.17	30	10	3	14
2008-01-01	광주 서구	0	30	223.7	47.86	13.8	0	4	53
2008-01-01	부산 사상구	-28	-40	204.6	63.67	-0.6	2	5	18
2008-01-01	전북 전주시	28	-20	234.4	43.4	30	-5	6	3
2008-01-01	울산 북구	63	50	172.2	-12.91	30	-5	7	27
2008-01-01	전북 익산시	0	60	153.87	51.57	30	-5	8	5
2008-01-01	제주도 제주시	21	20	147.66	91.49	-3.9	10	9	29
2008-01-01	경북 포항시	35	-40	214.5	-39.59	3.3	-5	10	13
2008-01-01	전북 군산시	35	30	243.9	-29.44	-12	-5	11	2
2008-01-01	광주 북구	42	-80	231.6	51.12	-6.6	0	12	49
2008-01-01	대구 북구	-21	-40	203.3	-4.24	30	0	13	124
2008-01-01	광주 동구	-28	-20	158.01	51.91	-3.3	0	14	63
2008-01-01	경북 구미시	28	50	164.1	-41.31	-13.2	-5	15	119
2008-01-01	울산 동구	-35	-80	221.4	63.81	20.7	-5	16	16
2008-01-01	강원 춘천시	42	0	157.09	-22.02	5.7	7	17	8
2008-01-01	경남 통영시	49	50	158.93	62.77	30	-5	18	7
2008-01-01	부산 영도구	-28	50	152.49	71.84	-11.1	10	19	15
2008-01-01	부산 남구	14	-40	181.3	61.03	-3.3	10	20	60
2008-01-01	대전 유성구	42	-20	151.11	-4.75	6.3	2	21	40
2008-01-01	부산 북구	-28	-80	157.09	73.97	30	2	22	23
2008-01-01	경남 창원시	0	-20	149.27	73.73		-5	23	12
2008-01-01	전남 순천시	7	10	158.33	53.24	8.1	7	24	11
2008-01-01	경남 김해시	49	-80	154.33	70.53	17.1	-5	25	6
2008-01-01	대전 동구	42	50	146.51	71.01	20.4	7	26	36
2008-01-01	울산 중구	0	-40	190.8	59.9	-3.9	-5	27	35
2008-01-01	부산 기장군	49	50	158.47	-63.59	0	2	28	33
2008-01-01	강원 속초시	0	60	160.77	52.57	-14.4	10	29	126
2008-01-01	충북 충주시	35	-80	145.82	56.9	30	2	30	65
2008-01-01	부산 서구	-35	50	149.96	62.75	-1.8	10	31	123
2008-01-01	부산 동구	-21	50	137.31	87.79	-18.3	10	32	111
2008-01-01	대전 중구	0	40	146.28	73.43	6.9	2	33	135
2008-01-01	경남 양산시	63	20	149.04	-2.14	18.9	-5	34	99
2008-01-01	충북 청주시	28	-20	151.8	54.97		-5	35	59
2008-01-01	광주 남구	21	-40	192.5	-30.06	20.1	0	36	94
2008-01-01	경북 안동시	28	50	144.9	43.08	22.8	10	37	57
2008-01-01	전북 남원시	-14	50	201.5	-20.83	-11.7	10	38	88
2008-01-01	부산 금정구	-21	-80	184.3	76.11	0	0	39	10
2008-01-01	강원 원주시	42	10	143.75	-9.63	8.7	0	40	51
2008-01-01	경기 연천군	35	40	122.82	131.24	30	-5	41	133
2008-01-01	부산 해운대구	28	-40	147.89	61.08	4.5	0	42	1
2008-01-01	경기 의정부시	63	60	112.24	-0.91	-16.2	-5	43	105
2008-01-01	서울 관악구	35	60	117.76	88.89	-11.1	2	44	50
2008-01-01	전남 광양시	42	-40	149.73	65.51	30	-5	45	17
2008-01-01	부산 부산진구	0	-80	155.48	81.69	-12.3	0	46	9
2008-01-01	경기 포천시	42	40	141.22	89.67	27	-5	47	142
2008-01-01	충남 천안시	35	-20	145.13	-6.26	3.3	-5	48	97
2008-01-01	서울 강서구	49	60	92	81.61	30	-5	49	90
2008-01-01	인천 계양구	0	50	119.6	75.35	-0.9	-5	50	134
2008-01-01	부산 동래구	21	-20	144.44	64.38	-11.1	0	51	21
2008-01-01	대전 서구	-7	-40	141.22	66.03	-3.6	2	52	22
2008-01-01	서울 노원구	14	60	113.85	73.65	-3.9	-5	53	45
2008-01-01	경남 밀양시	14	30	136.62	110.63	-20.7	-5	54	115
2008-01-01	경남 거제시	63	50	152.26	-41.62	11.1	-5	55	4
2008-01-01	부산 연제구	0	-80	152.95	65.73	3	2	56	28
2008-01-01	경기 평택시	42	-40	141.22	39.06	-13.2	-5	57	19
2008-01-01	서울 도봉구	14	60	113.39	94.93	-11.1	0	58	101
2008-01-01	서울 중랑구	35	60	119.6	60.86	-13.2	0	59	42
2008-01-01	서울 종로구	42	50	121.67	61.39	-5.1	-5	60	106
2008-01-01	대전 대덕구	-21	-40	152.03	67.24	3	2	61	52
2008-01-01	경북 칠곡군	49		156.63	-39.15	9	-5	62	71
2008-01-01	경기 안산시	21	60	110.86	85.17	-8.4	-5	63	131
2008-01-01	대구 달성군	63	-20	147.43	-43.76	30	-5	64	143
2008-01-01	강원 강릉시	0	30	149.04	50.05	-10.8	2	65	136
2008-01-01	경북 경산시	7	-20	144.21	-0.2	-10.5	0	66	118
2008-01-01	서울 광진구	21	60	91.77	88.23	9.3	-5	67	127
2008-01-01	경기 동두천시	63	60	100.28	66.38	-6.3	-5	68	103
2008-01-01	경북 영천시	14	50	132.25	42.46	-0.9	-5	69	66
2008-01-01	경기 양주시	63	60	109.94	-1.33	-18.6	0	70	132
2008-01-01	충남 서산시	49	-80	148.51	86.92	-18.9	-5	71	64
2008-01-01	경기 안성시	63	-40	136.85	62.31	20.1	-5	72	140
2008-01-01	서울 금천구	-7	60	109.02	71.73	-13.8	-5	73	100
2008-01-01	경남 사천시	28	-20	135.24	58.39	-6	-5	74	54
2008-01-01	경기 파주시	63	60	110.4	-8.07	-18	-5	75	85
2008-01-01	서울 용산구	42	60	58.19	59.22	28.5	-5	76	83
2008-01-01	경북 상주시	-7	60	120.29	105.9	-27	10	77	96
2008-01-01	경기 남양주시	63	50	95.68	-4.86	-15	-5	78	122
2008-01-01	경북 김천시	14	-40	145.13	55.96	-16.5	-5	79	47
2008-01-01	서울 구로구	21	60	106.49	60.82	-12.3	-5	80	120
2008-01-01	서울 강북구	-7	60	101.66	73.08	-3.3	-5	81	81
2008-01-01	경기 구리시	21	50	101.66	66.36	-12.9	-5	82	75
2008-01-01	서울 마포구	-14	60	101.66	-0.08	21	0	83	138
2008-01-01	경기 오산시	63		121.9	-11.04	-9.9	-5	84	77
2008-01-01	충남 공주시	-21	50	140.53	-42.98	-8.1	10	85	116
2008-01-01	서울 성북구	7		120.29	67.38	-21.6	-5	86	37
2008-01-01	인천 부평구	7	-40	113.16	71.06	3	-5	87	26
2008-01-01	전북 정읍시	-14	60	120.75	76.37	-22.5	10	88	55
2008-01-01	서울 영등포구	7	60	96.83	63.87	0.9	-5	89	34
2008-01-01	서울 동대문구	-21	60	117.76	72.34	-11.1	-5	90	137
2008-01-01	인천 서구	28	-40	94.07	-0.31	30	-5	91	68
2008-01-01	서울 동작구	-7		100.28	79.29	-3.9	0	92	128
2008-01-01	서울 서대문구	-35	60	125.35	34.82	-10.8	-5	93	24
2008-01-01	경기 시흥시	14	60	103.5	44.83	-23.4	-5	94	130
2008-01-01	경북 경주시	0	-40	156.63	-60.98	-9.6	-5	95	39
2008-01-01	강원 동해시	0	-20	116.84	35.38	4.5	10	96	95
2008-01-01	경기 부천시	14	-40	99.36	79.61	7.5	-5	97	139
2008-01-01	경기 광주시	49		91.77	-8.03	-15	-5	98	74
2008-01-01	경기 용인시	49		89.01	-5.24	-19.2	-5	99	78
2008-01-01	서울 강남구	0	60	68.54	80.91	-4.2	0	100	89
2008-01-01	서울 양천구	7	50	79.81	82.86	-18	0	101	121
2008-01-01	경기 군포시	7	-40	112.24	63.43	-3	-5	102	91
2008-01-01	전남 여수시	21	40	135.7	-18.48	13.5	-5	103	38
2008-01-01	경기 고양시	35	-40	96.37	61.11	-4.8	-5	104	25
2008-01-01	부산 수영구	7	-80	125.58	82.47	-0.3	2	105	31
2008-01-01	대구 중구	0	50	-190	-8.53	-7.8	0	106	125

| 2009년~2010년 지역 선정 결과치 |

2009년					85.07				
일자	지역	가구증가	미분양	전세종합	수요공급종합	거래량 증가	주변입주량	추천 순위	과거결과 순위
2009-01-01	전남 목포시	35	30	199.7	80.31	-19.8	10	1	22
2009-01-01	부산 남구	21	30	190.2	80.49	20.4	7	2	7
2009-01-01	광주 북구	21	60	231.3	47.23	-10.2	-5	3	21
2009-01-01	경북 포항시	35	20	204.9	-1.01	-16.2	-5	4	45
2009-01-01	부산 사하구	0	20	178.4	85.21	-21.9	10	5	4
2009-01-01	부산 사상구	-28	60	190.7	43.01	-9	2	6	2
2009-01-01	전북 전주시	35	-80	236	43.91	-23.7	0	7	1
2009-01-01	경남 창원시	63	50	151.57	71.16		-5	8	6
2009-01-01	제주도 제주시	21	20	178.84	64.45	-7.8	0	9	40
2009-01-01	광주 광산구	63	-20	239.2	-8.29	25.2	0	10	79
2009-01-01	광주 서구	0	-80	231.7	44.7	-19.8	2	11	43
2009-01-01	부산 기장군	63	-80	193.8	-32.2	30	0	12	23
2009-01-01	대구 중구	-21	50	181.7	76.87	-7.5	2	13	78
2009-01-01	충북 충주시	35	30	146.28	73.89	-17.4	10	14	32
2009-01-01	전북 익산시	-14	60	152.38	46.97	-15	5	15	29
2009-01-01	경남 김해시	63	-40	152.03	67.94	-9.6	0	16	8
2009-01-01	대구 북구	-14	50	201.7	-3.61	-23.7	-5	17	112
2009-01-01	부산 영도구	-28	60	151.8	63.8	-8.1	10	18	20
2009-01-01	부산 북구	-28	-40	160.1	67.21	-22.2	2	19	5
2009-01-01	울산 울주군	63	10	150.65	40.37	-20.4	0	20	46
2009-01-01	부산 부산진구	0	30	156.86	75.29	-5.7	0	21	3
2009-01-01	울산 남구	14	50	163.9	51.06	-10.5	-5	22	14
2009-01-01	대전 대덕구	-21	40	152.26	57.34	-13.2	0	23	15
2009-01-01	부산 연제구	0	50	153.18	51.42	-17.1	0	24	12
2009-01-01	대전 동구	14	60	149.04	-0.55	12	2	25	34
2009-01-01	경북 구미시	21	-80	193.5	-39.03	30	-5	26	91
2009-01-01	대전 유성구	49	30	149.27	-9.72	-20.1	0	27	16
2009-01-01	강원 속초시	0	60	164.22	43.75	-21	10	28	37
2009-01-01	울산 동구	-35	-40	221.4	51.54	-22.8	-5	29	30
2009-01-01	울산 북구	63	10	173.9	-19.62	-27.3	-5	30	51
2009-01-01	대전 서구	0	-20	146.74	53.9	-11.7	0	31	9
2009-01-01	전북 남원시	7	20	201.5	-15.14	-9	7	32	35
2009-01-01	부산 동구	-21	50	137.08	62.3	-18	7	33	48
2009-01-01	광주 동구	-35		156.4	32.06	-9.6	7	34	52
2009-01-01	경남 양산시	63	30	149.96	61.44	-18.9	0	35	11
2009-01-01	대전 중구	-7	30	147.2	71.74	-12.9	0	36	24
2009-01-01	부산 서구	-35		151.11	53.77	-18.3	10	37	36
2009-01-01	경북 칠곡군	49	10	155.25	45.78	-20.1	-5	38	66
2009-01-01	경북 경산시	0	30	145.36	-0.45	-3.6	5	39	72
2009-01-01	충남 서산시	42	30	144.67	77.08	-17.1	2	40	39
2009-01-01	충북 청주시	21	50	153.64	-24.6		-5	41	18
2009-01-01	강원 춘천시	42	-80	147.2	60.84	-7.8	10	42	33
2009-01-01	전남 순천시	14	-40	160.39	-33.24	-23.1	0	43	25
2009-01-01	광주 남구	42	-80	195.2	-21.95	-20.1	7	44	50
2009-01-01	대구 달성군	63	-40	149.73	-3.52	-21.3	0	45	47
2009-01-01	충남 계룡시	63	20	135.7	74.57	-26.4	10	46	127
2009-01-01	경기 과천시	63	60	52.44	-3.79	30	2	47	108
2009-01-01	경남 밀양시	21	50	139.15	106.02	-22.2	-5	48	81
2009-01-01	강원 원주시	42	-20	144.21	66.14	-19.8	5	49	53
2009-01-01	경남 거제시	63	-80	153.41	-1.13	30	5	50	19
2009-01-01	전남 광양시	49	50	138.92	61.7	-11.7	-5	51	38
2009-01-01	부산 수영구	7	30	125.81	78.13	-23.4	2	52	27
2009-01-01	대구 달서구	35	-80	154.79	-3.02	-7.2	0	53	42
2009-01-01	경기 연천군	28	50	110.63	129.77	-18	2	54	76
2009-01-01	대구 남구	-14	-80	160.31	76.49	-1.8	2	55	122
2009-01-01	충남 공주시	-21		146.73	-41.15	30	10	56	101
2009-01-01	전북 군산시	49	-40	150.88	-6.3	30	5	57	128
2009-01-01	충북 제천시	35	20	131.1	72.8	-4.8	7	58	89
2009-01-01	경북 상주시	21	60	115	98.69	-13.8	10	59	92
2009-01-01	충남 보령시	14	40	135.01	51.13	14.1	7	60	124
2009-01-01	경기 포천시	35	60	118.91	91	-22.8	2	61	111
2009-01-01	전남 여수시	21	50	133.86	70.67	-15.3	-5	62	44
2009-01-01	서울 송파구	63	60	73.6	-2.83	11.7	-5	63	107
2009-01-01	부산 해운대구	21	30	135.47	55.11	-17.7	0	64	10
2009-01-01	경북 김천시	0	40	138.69	48.33	-12.9	-5	65	82
2009-01-01	경기 화성시	63	-20	108.1	-9.7	16.5	-5	66	136
2009-01-01	경북 영천시	-7	30	133.63	52.86	5.1	5	67	83
2009-01-01	서울 종로구	28	60	114.31	78.39	-21.6	2	68	59
2009-01-01	경남 통영시	49	50	153.64	-17.63	-26.1	0	69	31
2009-01-01	경북 문경시	49		123.05	75.84	-11.4	10	70	114
2009-01-01	강원 강릉시	0	0	150.65	48.57	-15.3	10	71	100
2009-01-01	충남 천안시	28	-40	146.05	-40.8	-12	-5	72	125
2009-01-01	경기 동두천시	63		85.79	61.64	6.9	2	73	134
2009-01-01	경남 사천시	28	40	142.14	-38.24	-19.2	2	74	90
2009-01-01	경북 영주시	7	30	139.38	80.49	-18.6	2	75	41
2009-01-01	부산 동래구	0	-80	146.28	54.68	-17.4	-5	76	17
2009-01-01	충남 홍성군	-7	50	142.6	34.16	-18	7	77	103
2009-01-01	충북 음성군	49	30	125.12	65.06	-23.1	7	78	70
2009-01-01	서울 강남구	0	60	71.76	79.61	30	-5	79	115
2009-01-01	서울 관악구	7	60	107.87	84.31	-24.9	7	80	73
2009-01-01	경기 평택시	28	50	131.56	27.42	-18.9	-5	81	110
2009-01-01	경기 안성시	49	30	130.87	53.27	-28.2	-5	82	145
2009-01-01	서울 강서구	28	60	86.71	81.96	-27	-5	83	138
2009-01-01	경기 용인시	28	40	84.87	-3.62	3.6	-5	84	62
2009-01-01	서울 광진구	0	60	86.48	86.84	-5.7	-5	85	56
2009-01-01	경기 광주시	42	50	85.56	-6.93	6.6	-5	86	96
2009-01-01	경기 안산시	0	60	103.5	74.37	-23.7	2	87	135
2009-01-01	경기 의정부시	35	60	87.17	58.09	-26.4	2	88	77
2009-01-01	서울 도봉구	-14	60	91.77	90.1	-25.2	10	89	84
2009-01-01	충남 예산군	-7	30	133.86	55.43	-20.4	-5	90	65
2009-01-01	경기 하남시	63	-40	92.69	-0.04	18	-5	91	63
2009-01-01	서울 동대문구	-35	60	103.5	65.52	14.1	0	92	105
2009-01-01	경기 부천시	0	50	93.61	89.09	-22.8	-5	93	55
2009-01-01	서울 노원구	0	60	94.3	69.83	-25.8	2	94	130
2009-01-01	서울 양천구	-21	40	89.93	76.85	5.4	-5	95	58
2009-01-01	서울 구로구	14	60	95.68	49.9	-23.4	-5	96	104
2009-01-01	서울 중랑구	7	60	100.05	44.21	-22.8	2	97	60
2009-01-01	서울 금천구	-7	60	97.98	66.1	-21.9	-5	98	74
2009-01-01	서울 영등포구	-7	60	91.31	64.85	-18	-5	99	133
2009-01-01	서울 중구	0	50	103.5	-4.24	-20.1	0	100	95
2009-01-01	경기 구리시	-7	60	92.46	61.49	-21.3	-5	101	140
2009-01-01	경기 안양시	-28	50	99.82	64.64	-9.3	-5	102	119
2009-01-01	경기 수원시	0	50	106.49	34.65	-11.4	-5	103	86
2009-01-01	경기 양주시	7	-20	84.64	50.75	8.1	10	104	61
2009-01-01	전북 정읍시	-7	-40	115.69	72.54	-10.8	10	105	126
2009-01-01	서울 용산구	14	60	58.88	53.41	-14.4	-5	106	139

2010년					88.8				
일자	지역	가구증가	미분양	전세종합	수요공급종합	거래량 증가	주변입주량	추천 순위	과거결과 순위
2010-01-01	광주 광산구	63	60	248.4	-10.13	-10.5	0	1	14
2010-01-01	전북 전주시	28	30	227.1	42.69	24.3	0	2	1
2010-01-01	부산 사하구	-7	40	182.4	72.58	30	5	3	3
2010-01-01	전남 목포시	0	30	174.34	78.25	30	10	4	22
2010-01-01	부산 기장군	63	50	173.6	-33.02	30	-5	5	44
2010-01-01	부산 북구	-21	60	170.9	56.08	30	-5	6	9
2010-01-01	부산 사상구	7	60	208	-41.31	18	2	7	5
2010-01-01	경북 구미시	35	20	214.9	-1.27	-19.8	0	8	27
2010-01-01	경북 포항시	28	10	205.8	33.64	11.4	2	9	45
2010-01-01	경남 창원시	63	50	152.95	68.27		-5	10	4
2010-01-01	부산 남구	7	40	169.5	71.91	1.8	10	11	11
2010-01-01	전북 익산시	7	60	175.98	39.91	-4.5	-5	12	28
2010-01-01	제주도 제주시	21	30	179.65	53.6	8.7	10	13	43
2010-01-01	충북 충주시	21	30	154.27	67.32	0.3	5	14	35
2010-01-01	부산 서구	14	50	153.64	64.81	30	10	15	46
2010-01-01	대구 중구	14	20	206.7	80.31	-15.6	10	16	69
2010-01-01	광주 서구	0	-40	235.2	41.31	0.6	2	17	13
2010-01-01	광주 북구	-28	0	238.8	36.08	15.9	0	18	2
2010-01-01	울산 동구	-35	40	223	-57.39	30	-5	19	33
2010-01-01	제주도 서귀포시	21	30	179.65	78.71	-3.9	10	20	70
2010-01-01	경남 김해시	63	60	149.04	60.83	-0.3	0	21	23
2010-01-01	대구 북구	-28	50	214.5	-3.28	6	0	22	10
2010-01-01	부산 연제구	21	60	153.18	39.39	30	2	23	20
2010-01-01	강원 속초시	0	60	184.8	30.53	30	2	24	37
2010-01-01	부산 부산진구	0	40	157.78	62.48	6.3	2	25	6
2010-01-01	전남 순천시	28	-80	164.3	48.15	30	5	26	40
2010-01-01	대전 중구	0	50	149.04	65.02	25.5	-5	27	29
2010-01-01	대구 남구	-7	-20	195	68.29	15.6	10	28	75
2010-01-01	전북 군산시	49	30	155.94	-3.18	-13.5	2	29	39
2010-01-01	대전 유성구	63	50	151.8	-14.49	21.9	-5	30	30
2010-01-01	부산 영도구	-21	60	146.28	94.86	19.2	10	31	52
2010-01-01	강원 원주시	49	10	144.21	68.78	2.1	-5	32	41
2010-01-01	울산 북구	49	-80	166.9	-3.7	30	-5	33	32
2010-01-01	대구 수성구	21	-40	155.02	-0.18	18	0	34	17
2010-01-01	경남 양산시	63	30	152.49	55.84	30	-5	35	18
2010-01-01	강원 춘천시	42	40	141.22	57.46	14.1	2	36	55
2010-01-01	충남 계룡시	28	30	143.06	-0.15	30	-5	37	54
2010-01-01	광주 남구	28	0	189.3	-17.97	19.2	2	38	19
2010-01-01	경남 진주시	14	-40	193.2	-54.58	21.6	-5	39	53
2010-01-01	부산 수영구	35	30	124.66	89.06	30	0	40	47
2010-01-01	부산 동구	21	50	138.92	-29.07	30	10	41	73
2010-01-01	울산 중구	-7	50	186.6	-39.32	6	-5	42	26
2010-01-01	대전 서구	0	-80	155.48	43.37	27.6	-5	43	12
2010-01-01	대구 달성군	49	30	149.27	-3.11	-11.7	0	44	38
2010-01-01	경북 경산시	14	30	144.44	41.94	21.6	0	45	51
2010-01-01	전북 남원시	0	20	180.8	-17.79	24.6	10	46	58
2010-01-01	경남 거제시	63	30	154.33	-0.83	-19.2	2	47	36
2010-01-01	울산 울주군	49	-80	155.25	40.85	-13.5	-5	48	25
2010-01-01	대구 달서구	35	-40	155.94	-2.08	-5.4	2	49	8
2010-01-01	경북 칠곡군	42	-20	153.41	46.01	11.4	-5	50	61
2010-01-01	충남 공주시	-21	30	147.46	38.49	-21	10	51	87
2010-01-01	경기 여주시	35	60	117.76	69.97	30	2	52	107
2010-01-01	강원 강릉시	7	10	153.41	52.16	30	2	53	49
2010-01-01	충남 천안시	42	-80	144.67	-1.24	30	-5	54	34
2010-01-01	경북 문경시	49	60	126.04	70.11	30	10	55	97
2010-01-01	부산 동래구	14	-80	148.35	44.71	30	-5	56	21
2010-01-01	충북 제천시	42	40	135.7	76.98	30	-5	57	62
2010-01-01	울산 남구	0	-80	174.3	51.37	17.1	-5	58	15
2010-01-01	경남 밀양시	14	30	141.68	101.41	17.7	-5	59	57
2010-01-01	충남 아산시	63	30	133.86	-10.34	30	-5	60	72
2010-01-01	충북 청주시	21	-80	154.33	47.73		2	61	7
2010-01-01	경기 연천군	0	60	115	127.3	17.1	2	62	85
2010-01-01	충남 서산시	14	-40	149.96	64.21	23.1	-5	63	56
2010-01-01	충남 예산군	-28	50	139.61	78.63	30	-5	64	149
2010-01-01	전남 여수시	0	60	136.62	63.24	20.1	2	65	64
2010-01-01	부산 해운대구	21	50	134.09	45.9	27.6	-5	66	31
2010-01-01	경북 김천시	0	50	144.44	38.16	-4.8	0	67	60
2010-01-01	경북 안동시	0	30	143.75	31.49	24	10	68	66
2010-01-01	충남 홍성군	0	30	140.76	-0.83	30	10	69	80
2010-01-01	경기 의왕시	63	60	106.26	-6.62	30	-5	70	91
2010-01-01	경기 성남시	21	60	86.02	82.77	30	-5	71	145
2010-01-01	경기 동두천시	63	50	87.4	70.52	29.1	0	72	129
2010-01-01	충남 보령시	7	60	133.63	59.95	-4.2	10	73	66
2010-01-01	경남 통영시	49	50	148.58	-18.17	18.3	2	74	63
2010-01-01	인천 동구	63	60	107.18	-2.65	-2.7	-5	75	93
2010-01-01	경기 양주시	63	50	86.94	58.92	17.4	7	76	146
2010-01-01	서울 관악구	-14	60	110.4	81.23	30	0	77	143
2010-01-01	경기 남양주시	63	30	86.25	-2.21	30	-5	78	128
2010-01-01	경북 영천시	0	50	134.55	48.23	-3.6	0	79	71
2010-01-01	경기 안산시	-7	60	105.57	72.66	30	2	80	84
2010-01-01	인천 계양구	7	50	98.9	67.33	30	-5	81	147
2010-01-01	경북 경주시	-7	50	151.11	-58.54	30	-5	82	96
2010-01-01	서울 서초구	49	60	84.18	50.73	7.8	-5	83	102
2010-01-01	서울 중랑구	-7	60	104.19	64.85	30	2	84	126
2010-01-01	경기 포천시	-7	60	115.23	88.31	8.4	-5	85	132
2010-01-01	서울 도봉구	-35	60	97.06	87.61	30	5	86	124
2010-01-01	서울 성북구	42	60	106.95	58.32	-11.4	-5	87	135
2010-01-01	경기 오산시	63	40	119.6	-6.45	5.4	-5	88	131
2010-01-01	경기 화성시	63	-20	113.16	-5.93	-22.8	-5	89	92
2010-01-01	서울 강서구	-28	60	95.45	75.02	30	-5	90	89
2010-01-01	경기 시흥시	28	50	97.52	41.51	30	-5	91	106
2010-01-01	서울 종로구	14	60	111.78	75.4	-7.8	-5	92	120
2010-01-01	경기 부천시	-7	50	97.75	78.93	24	-5	93	115
2010-01-01	경기 의정부시	0	60	91.77	54.74	30	-5	94	140
2010-01-01	서울 노원구	-28	60	98.44	70.73	30	-5	95	123
2010-01-01	경기 이천시	28	30	124.2	45.54	-9	0	96	79
2010-01-01	부산 금정구	14	50	-190	-26	30	-5	97	16
2010-01-01	인천 남구	0	50	102.35	73.93	6.9	-5	98	141
2010-01-01	서울 구로구	-7	60	98.21	45.86	30	-5	99	74
2010-01-01	서울 광진구	-14	60	95.91	91.43	-9.3	-5	100	112
2010-01-01	대구 서구	14	-80	146.28	-8.15	8.1	2	101	59
2010-01-01	경기 구리시	-14	60	100.97	57.8	7.8	-5	102	83
2010-01-01	경기 광주시	63	50	89.93	-4.94	-4.8	-5	103	105
2010-01-01	경기 안양시	-28	60	102.81	70.66	12.9	-5	104	139
2010-01-01	경기 과천시	7	60	56.12	-1.1	-10.8	2	105	82
2010-01-01	경기 하남시	49	50	103.27	39.25	-7.2	-5	106	133

| 2011년~2012년 지역 선정 결과치 |

2011년 88.64

일자	지역	가구증가	미분양	전세종합	수요공급종합	거래량 증가	주변입주량	추천 순위	과거결과 순위
2011-01-01	경북 구미시	49	30	225.8	38.05	17.4	10	1	11
2011-01-01	대전 유성구	63	40	202.1	-4.83	17.1	7	2	36
2011-01-01	광주 서구	63	30	239.3	42.97	-0.6	2	3	7
2011-01-01	광주 광산구	63	60	236.1	-9.09	-4.8	0	4	8
2011-01-01	전북 전주시	49	60	202.8	34.08	-3.9	-5	5	10
2011-01-01	울산 울주군	63	30	177.1	34.79	8.1	-5	6	21
2011-01-01	대전 서구	7	40	179.8	42.16	10.2	7	7	25
2011-01-01	부산 금정구	42	50	201.7	-11.1	30	-5	8	23
2011-01-01	부산 서구	28	40	173.9	56.17	-8.7	5	9	52
2011-01-01	울산 동구	0	60	282.6	-65.29	11.4	-5	10	22
2011-01-01	부산 사하구	0	60	170.5	55.17	6.6	2	11	5
2011-01-01	울산 중구	21	30	174	74.83	15	0	12	30
2011-01-01	전남 목포시	0	60	173.74	74.85	-18.3	-5	13	27
2011-01-01	전북 군산시	63	60	167.8	-0.95	-4.8	-5	14	26
2011-01-01	경남 진주시	21	20	207.6	29.44	-9	5	15	54
2011-01-01	대구 달서구	28	60	164.3	-1.74	27	2	16	3
2011-01-01	대구 북구	0	40	226.7	-2.97	14.7	2	17	1
2011-01-01	부산 동구	35		160.08	61.05	29.4	0	18	80
2011-01-01	부산 사상구	21	60	160.54	56.87	9.6	2	19	15
2011-01-01	대구 중구	21	20	206.7	77.59	30	2	20	57
2011-01-01	제주도 제주시	35	-40	168.82	57.19	30	0	21	45
2011-01-01	울산 북구	63	-40	197.5	-2.06	30	-5	22	24
2011-01-01	경북 포항시	28	-80	220.7	39.9	21	0	23	18
2011-01-01	전북 익산시	49	60	189.33	-53.52	0	-5	24	38
2011-01-01	대구 수성구	14	30	159.1	-0.08	-3.3	2	25	13
2011-01-01	강원 원주시	63	30	145.82	58.81	18.6	10	26	29
2011-01-01	광주 북구	-35	30	244.1	24.51	2.1	0	27	2
2011-01-01	부산 북구	-7	-40	190.6	-33.26	8.4	2	28	20
2011-01-01	울산 남구	0	30	212	47.59	8.1	-5	29	9
2011-01-01	부산 부산진구	28	-40	153.87	56.61	23.7	0	30	16
2011-01-01	전남 순천시	28	30	162.44	-0.7	-18.3	-5	31	43
2011-01-01	대전 대덕구	0	50	174.8	-42.58	16.8	5	32	40
2011-01-01	충남 논산시	28	60	146.74	73.32	0	-5	33	79
2011-01-01	부산 연제구	42	50	151.8	59.05	26.1	5	34	32
2011-01-01	충북 충주시	14	30	152.94	60.43	0	10	35	47
2011-01-01	제주도 서귀포시	21	-40	168.82	67.98	9.6	0	36	67
2011-01-01	충남 천안시	63	30	150.88	-0.4	-2.4	-5	37	14
2011-01-01	대구 달성군	35	50	154.79	-2.13	20.4	0	38	28
2011-01-01	충북 청주시	28	50	155.48	60.46		-5	39	4
2011-01-01	부산 기장군	63	-20	183.87	-25.57	-22.5	-5	40	48
2011-01-01	전북 남원시	0	50	161	94.47	18	10	41	60
2011-01-01	부산 남구	7	60	155.02	60.1	-11.1	0	42	17
2011-01-01	부산 동래구	35	40	147.89	52.09	19.5	2	43	31
2011-01-01	경북 경산시	35	40	146.97	48.33	12	10	44	41
2011-01-01	충남 계룡시	-21	50	186	65.55	3.3	10	45	61
2011-01-01	대구 남구	7	-40	188.9	81.13	3.3	0	46	55
2011-01-01	대구 동구	49	30	149.04	-0.13	12.6	0	47	33
2011-01-01	강원 속초시	0	60	199.3	24.53	-13.8	10	48	34
2011-01-01	부산 수영구	35	30	134.3	81.57	12	-5	49	63
2011-01-01	강원 춘천시	42	60	138	50.22	7.8	0	50	68
2011-01-01	충남 서산시	0	30	198.4	47.89	-2.1	-5	51	51
2011-01-01	대전 중구	14	-80	155.02	63.02	11.4	2	52	39
2011-01-01	부산 영도구	-14	60	148.12	90.21	1.2	5	53	56
2011-01-01	경남 창원시	0	-20	151.34	69.47		-5	54	6
2011-01-01	경남 김해시	42	-40	148.12	47.49	18.9	-5	55	53
2011-01-01	경북 칠곡군	21	40	155.02	40.95	30	10	56	49
2011-01-01	부산 해운대구	14	40	144.67	39.53	19.5	-5	57	37
2011-01-01	충남 공주시	7	-80	151.35	55.63	6.3	10	58	78
2011-01-01	경남 양산시	63	-40	155.94	-2.55	0.6	-5	59	19
2011-01-01	충남 아산시	49	20	138.92	-6.78	15.3	-5	60	50
2011-01-01	강원 강릉시	0	30	156.4	46.35	-3	5	61	35
2011-01-01	대구 서구	21	30	150.42	-10.28	1.5	7	62	58
2011-01-01	경남 밀양시	7	60	142.37	95.8	3.9	-5	63	59
2011-01-01	전남 광양시	63	30	149.27	50.88	-3.3	-5	64	65
2011-01-01	경기 광명시	63	60	113.16	-2.46	-7.8	10	65	104
2011-01-01	경남 거제시	35	-40	157.32	-1.5	27	0	66	42
2011-01-01	경기 화성시	35	-40	132.71	-3.26	30	-5	67	85
2011-01-01	경북 김천시	28	-20	145.13	30.4	29.4	10	68	127
2011-01-01	서울 강북구	28	60	103.27	60.38	30	10	69	146
2011-01-01	인천 동구	28	60	114.31	-0.62	30	-5	70	106
2011-01-01	경남 통영시	35	-40	146.51	79.65	-3	0	71	84
2011-01-01	경기 안산시	7	60	115.92	69.82	3	7	72	112
2011-01-01	전남 여수시	21	60	141.91	-11.63	6.6	-5	73	62
2011-01-01	경북 영천시	28	60	135.47	43.55	-3.6	7	74	71
2011-01-01	인천 남동구	63	-40	109.94	-4.16	30	0	75	99
2011-01-01	서울 관악구	-7	60	119.14	76.89	19.2	2	76	101
2011-01-01	전북 정읍시	0	60	127.19	73.26	30	7	77	114
2011-01-01	서울 광진구	-14	60	106.72	77.88	29.7	-5	78	140
2011-01-01	서울 동대문구	7	60	114.08	66.74	30	0	79	102
2011-01-01	경기 오산시	63	0	132.25	-5.16	20.7	-5	80	66
2011-01-01	경기 이천시	35	-20	132.94	62.2	6.6	-5	81	83
2011-01-01	서울 도봉구	-28	60	105.57	83.9	23.1	10	82	131
2011-01-01	경기 성남시	0	60	102.58	78.93	-3	-5	83	92
2011-01-01	경기 안양시	-28	60	117.99	67.09	19.5	2	84	94
2011-01-01	충북 제천시	42	40	135.47	68.8	-18.6	10	85	74
2011-01-01	경기 수원시	0	50	123.05	20.05	27.6	-5	86	93
2011-01-01	서울 강서구	-28	60	106.49	66.45	18	-5	87	147
2011-01-01	서울 종로구	14	40	114.77	68.86	22.5	0	88	110
2011-01-01	경기 광주시	63	50	97.52	-3.07	30	-5	89	124
2011-01-01	경기 파주시	63	-20	99.13	-3.88	25.8	-5	90	144
2011-01-01	경기 안성시	49	40	135.93	57.99	-11.4	-5	91	142
2011-01-01	서울 중랑구	-7	60	110.86	54.77	30	2	92	103
2011-01-01	경기 여주시	14	60	122.13	65.17	-21	10	93	143
2011-01-01	경기 군포시	28	-80	124.43	87.77	30	2	94	150
2011-01-01	경기 포천시	-14	60	123.74	85.6	9	-5	95	145
2011-01-01	광주 남구	35	60	-190	-17.82	5.7	5	96	12
2011-01-01	경기 연천군	-7	60	111.09	125.82	-25.8	2	97	135
2011-01-01	경기 의정부시	0	60	103.5	48.05	12.6	-5	98	117
2011-01-01	서울 성북구	14	-40	115.46	69.71	29.7	2	99	88
2011-01-01	충남 예산군	-7	30	138.92	72.11	7.5	-5	100	136
2011-01-01	경북 안동시	7	-40	143.29	34.53	6.9	10	101	76
2011-01-01	경북 문경시	21		117.99	72.18	-18.6	10	102	82
2011-01-01	서울 노원구	-28	60	109.25	66.65	2.1	-5	103	148
2011-01-01	경기 과천시	-35	60	67.34	86.68	18.6	0	104	115
2011-01-01	서울 송파구	-28	60	92.23	75.26	10.8	0	105	123
2011-01-01	경기 동두천시	49	60	97.06	68.04	-22.5	2	106	141

2012년 83.59

일자	지역	가구증가	미분양	전세종합	수요공급종합	거래량 증가	주변입주량	추천 순위	과거결과 순위
2012-01-01	충남 논산시	35	60	228.4	66.34	-15.9	5	1	109
2012-01-01	광주 광산구	63	60	263.4	-7.54	3.9	-5	2	21
2012-01-01	경북 구미시	49	40	236.9	42.63	-12.9	-5	3	3
2012-01-01	광주 서구	63	50	265.1	40.04	-15.9	-5	4	13
2012-01-01	경북 포항시	42	30	230.9	35.74	-17.1	-5	5	4
2012-01-01	전북 전주시	49	60	217.1	21.78	-17.4	-5	6	27
2012-01-01	경남 진주시	35	20	229.1	-0.57	-16.5	-5	7	33
2012-01-01	울산 울주군	63	40	203.3	21.98	-19.2	-5	8	24
2012-01-01	울산 북구	63	20	227.5	-1.9	-23.1	-5	9	29
2012-01-01	전남 목포시	14	60	164.4	65.26	-8.1	-5	10	142
2012-01-01	대구 달성군	49	60	159.16	-1.6	-18	5	11	7
2012-01-01	울산 동구	63	60	238.7	-50.95	-14.1	-5	12	15
2012-01-01	광주 북구	-28	60	241.3	21.42	-15.6	-5	13	14
2012-01-01	제주도 제주시	42	60	186.77	36.28	-5.1	2	14	46
2012-01-01	충남 천안시	63	30	165.1	-0.66	-12.9	-5	15	5
2012-01-01	대구 수성구	7	-20	197.3	68.8	-16.5	2	16	6
2012-01-01	충북 충주시	21	60	155.02	52.1	-15.9	-5	17	37
2012-01-01	대구 북구	14	60	215.8	-2.45	-13.2	-5	18	2
2012-01-01	대구 달서구	21	-40	217	-1.56	-18.3	10	19	1
2012-01-01	부산 금정구	42	-20	208.8	-17.66	-24.9	-5	20	118
2012-01-01	광주 동구	21	60	167.7	48.45	15.9	0	21	26
2012-01-01	부산 서구	-14	60	174.63	42.6	-12	7	22	120
2012-01-01	광주 남구	35	-40	248.7	-1.01	-18	0	23	11
2012-01-01	경북 경산시	49	40	153.87	48.2	-12.6	10	24	9
2012-01-01	부산 동구	-7		163.77	70.84	-13.8	5	25	38
2012-01-01	대구 남구	7		190.8	75.81	-4.5	2	26	16
2012-01-01	대구 서구	0	-40	171.63	108.57	7.5	0	27	20
2012-01-01	전북 익산시	35	60	170.31	-58.72	12	-5	28	49
2012-01-01	울산 남구	42	30	205.3	-34.72	-9	-5	29	17
2012-01-01	강원 속초시	0	60	213.4	35.66	15	10	30	36
2012-01-01	부산 북구	35	40	190.9	-39.21	-24.3	-5	31	119
2012-01-01	충북 청주시	35	30	156.17	44.61		-5	32	18
2012-01-01	대전 동구	42	60	150.42	77.24	30	5	33	79
2012-01-01	부산 남구	0	60	157.55	43	-7.2	2	34	59
2012-01-01	대전 유성구	63	-40	155.71	-8.52	19.2	-5	35	89
2012-01-01	울산 중구	28	30	168.3	-23.66	-18	-5	36	19
2012-01-01	부산 부산진구	21	50	151.11	62.4	-16.5	2	37	105
2012-01-01	부산 수영구	28	30	168.04	72.62	-12	2	38	154
2012-01-01	경기 화성시	42	50	149.73	-3.48	-25.8	-5	39	117
2012-01-01	강원 원주시	63	50	144.67	38.88	-12	-5	40	23
2012-01-01	경기 군포시	-14	30	146.51	78.8	-23.1	2	41	99
2012-01-01	부산 사하구	0	60	158.47	46	-22.5	-5	42	70
2012-01-01	전북 군산시	49	60	151.57	-0.57	-11.7	-5	43	41
2012-01-01	전남 순천시	35	30	163.48	-40.29	-4.8	-5	44	132
2012-01-01	경북 영주시	35	60	146.51	80.8	-7.5	10	45	60
2012-01-01	대전 중구	14	-20	150.19	58.01	-18.9	-5	46	139
2012-01-01	강원 춘천시	28	60	138.23	41.92	3.3	-5	47	53
2012-01-01	전북 남원시	7	60	152.95	91.07	-24	10	48	31
2012-01-01	경기 이천시	14	60	142.37	56.06	-9.3	0	49	102
2012-01-01	경북 안동시	28	50	156.4	31.44	1.8	2	50	35
2012-01-01	경기 수원시	49	40	136.39	20	4.2	-5	51	100
2012-01-01	부산 기장군	63	40	147.66	-20.47	30	-5	52	69
2012-01-01	경기 오산시	63	60	146.97	-2.49	-21.6	2	53	150
2012-01-01	대전 서구	28	-40	152.95	35.01	-13.2	-5	54	80
2012-01-01	경북 칠곡군	28	-40	166.06	35.67	-14.1	5	55	12
2012-01-01	경기 평택시	49	-40	144.44	20.16	-21.9	0	56	152
2012-01-01	충남 공주시	-28	-40	159.62	48.07	-12	10	57	42
2012-01-01	경남 밀양시	14	60	149.73	90.26	-10.2	-5	58	141
2012-01-01	경기 연천군	28	60	120.98	124.49	30	7	59	101
2012-01-01	대전 대덕구	21	-80	151.57	57.8	-4.2	-5	60	51
2012-01-01	강원 홍천군	28	60	157.55	59.91	-14.1	-5	61	71
2012-01-01	충북 진천군	42	20	156.63	38.19	-21.6	-5	62	47
2012-01-01	강원 강릉시	14	30	157.55	39.39	-7.8	10	63	22
2012-01-01	경남 김해시	49	50	147.2	33.86	-18.3	-5	64	140
2012-01-01	경남 거제시	63	60	149.96	-3.32	-19.5	-5	65	156
2012-01-01	부산 사상구	-7	60	156.86	46.38	-23.4	-5	66	106
2012-01-01	경기 의왕시	49	50	139.38	-1.97	24.6	-5	67	76
2012-01-01	전남 여수시	28	60	140.07	-16.33	9.6	-5	68	56
2012-01-01	인천 남동구	63	50	116.84	-3.2	-27.3	-5	69	87
2012-01-01	서울 은평구	28	60	123.74	77.18	-7.5	-5	70	64
2012-01-01	부산 연제구	21	-20	150.88	44.97	-24.3	0	71	52
2012-01-01	경기 여주시	21	60	140.3	58.5	-6.9	2	72	149
2012-01-01	경기 안산시	0	60	130.64	60.19	-22.2	0	73	85
2012-01-01	경남 양산시	63	50	158.7	-51.53	-24.6	-5	74	39
2012-01-01	경기 안양시	-28	60	135.01	63.1	-23.4	0	75	126
2012-01-01	경기 용인시	49	30	118.91	-0.14	-15.3	-5	76	137
2012-01-01	서울 관악구	0	60	132.02	72.14	-22.8	5	77	112
2012-01-01	대구 동구	42	-40	154.1	-17.55	-14.1	-5	78	10
2012-01-01	경남 함안군	42	50	149.5	52.52	-21.6	-5	79	131
2012-01-01	경북 경주시	14	-40	159.62	34.93	-11.1	-5	80	8
2012-01-01	경기 부천시	0	50	118.45	78.81	4.2	-5	81	115
2012-01-01	충북 제천시	35	60	141.91	60.47	-18.9	-5	82	30
2012-01-01	제주도 서귀포시	35	50	186.77	-59.81	-15.6	2	83	50
2012-01-01	경남 창원시	28	60	144.21	51.63	-23.7	-5	84	28
2012-01-01	서울 도봉구	-21	60	123.97	77.17	-21.6	7	85	95
2012-01-01	서울 금천구	7	60	120.06	57.42	-9	2	86	143
2012-01-01	충남 서산시	42	-40	260.2	-38.92	-1.2	-5	87	32
2012-01-01	경기 남양주시	63	30	113.16	37.86	-23.4	0	88	147
2012-01-01	충북 옥천군	0	60	142.6	65.31	-15.6	10	89	111
2012-01-01	경북 영천시	14	60	147.43	37.15	-12	10	90	45
2012-01-01	서울 노원구	-21	60	126.27	62.48	-22.5	-5	91	144
2012-01-01	서울 강북구	-7	60	118.22	71.81	-14.4	7	92	157
2012-01-01	서울 성북구	-21	60	133.4	63.23	-21.3	-5	93	63
2012-01-01	경기 동두천시	35	60	109.02	67.28	30	2	94	125
2012-01-01	경기 과천시	-28	60	130.37	86.66	-22.2	0	95	123
2012-01-01	서울 동대문구	-7	60	129.72	60.9	-13.5	-5	96	121
2012-01-01	충남 예산군	7	40	149.96	65.61	-6.6	-5	97	55
2012-01-01	서울 강서구	-14	60	121.21	50.32	-19.8	-5	98	74
2012-01-01	서울 광진구	-14	60	120.06	66.33	-20.4	-5	99	61
2012-01-01	전북 정읍시	0	60	143.98	67.57	-28.8	7	100	83
2012-01-01	충남 계룡시	-28	-40	158.01	62.59	-22.2	2	101	72
2012-01-01	서울 양천구	-21	60	114.54	67.86	-23.1	-5	102	145
2012-01-01	서울 마포구	-21	60	126.27	58.51	-25.2	-5	103	134
2012-01-01	경기 의정부시	0	60	122.59	40.34	-19.5	0	103	151
2012-01-01	경기 구리시	-28	50	132.48	46.68	-24.6	-5	105	67
2012-01-01	서울 강남구	-21	60	103.96	50.9	-15	-5	106	133

| 2013년~2014년 지역 선정 결과치 |

2013년 86.65

일자	지역	가구증가	미분양	전세종합	수요공급종합	거래량 증가	주변입주량	추천 순위	과거결과 순위
2013-01-01	대구 달서구	42	60	249.9	-0.87	22.5	-5	1	1
2013-01-01	광주 광산구	49	-40	290.8	-5.12	-13.8	2	2	18
2013-01-01	경북 포항시	35	30	255.5	28.11	30	0	3	4
2013-01-01	광주 북구	63	50	257.8	19.07	-8.7	5	4	11
2013-01-01	부산 금정구	35	50	210.6	64.94	30	-5	5	58
2013-01-01	전북 전주시	35	60	236.5	13.96	27.3	-5	6	38
2013-01-01	대구 수성구	21	30	227.8	64.06	3.9	0	7	2
2013-01-01	대구 북구	14	60	240.1	-2.25	10.8	-5	8	3
2013-01-01	대구 달성군	49	60	184.68	-3.07	8.7	-5	9	7
2013-01-01	경북 구미시	28	-40	253.4	30.44	1.5	-5	10	5
2013-01-01	울산 북구	49	30	221.8	-1.89	-3	-5	11	37
2013-01-01	경북 경산시	49	60	185.12	33.96	-15.3	0	12	6
2013-01-01	울산 울주군	49	50	209.1	12.91	-0.6	-5	13	25
2013-01-01	충남 천안시	49	40	197.7	-0.96	7.5	-5	14	16
2013-01-01	광주 서구	21	-40	261.3	33.51	10.2	2	15	10
2013-01-01	대구 남구	63	60	190.8	98.29	-14.4	0	16	14
2013-01-01	울산 남구	49	30	209.2	37.22	-15	-5	17	28
2013-01-01	충북 충주시	28	60	166.2	30.01	-3.9	-5	18	42
2013-01-01	부산 북구	35	40	178	43.67	22.5	0	19	102
2013-01-01	경기 군포시	63	60	149.5	74.22	-7.2	2	20	129
2013-01-01	충남 논산시	7	60	236.2	-25.73	9.9	-5	21	85
2013-01-01	울산 중구	42	30	220.2	-30.66	0	-5	22	19
2013-01-01	광주 남구	-21	40	273.6	-17.34	27	0	23	17
2013-01-01	충북 청주시	63	60	168.3	29.52		-5	24	12
2013-01-01	광주 동구	-21	60	205	42.25	-17.1	2	25	22
2013-01-01	전북 익산시	0	60	162.36	26.01	9.6	-5	26	114
2013-01-01	충남 공주시	-21	60	171.28	42.77	-9.9	0	27	31
2013-01-01	전남 여수시	28	60	155.09	66.56	-9.3	-5	28	46
2013-01-01	경남 진주시	-14	50	252	-58.16	-9.6	0	29	50
2013-01-01	경남 김해시	63	50	152.49	24.71	30	-5	30	26
2013-01-01	전남 목포시	0	-40	169.2	57.51	7.5	2	31	112
2013-01-01	충남 계룡시	-21	50	263.5	62.8	9.9	-5	32	103
2013-01-01	부산 동래구	-7	60	154.56	34.38	30	-5	33	43
2013-01-01	대구 서구	7	30	184.45	106.16	-15.3	2	34	23
2013-01-01	부산 부산진구	21	40	155.25	56.38	-3.6	0	35	61
2013-01-01	대전 유성구	63	30	190.4	-17.16	-25.2	0	36	52
2013-01-01	전남 순천시	42	30	171.38	-36.39	-0.6	-5	37	140
2013-01-01	충남 아산시	49	50	151.8	-7.5	-4.2	-5	38	94
2013-01-01	부산 연제구	0	60	155.25	29.78	-2.7	0	39	41
2013-01-01	대전 대덕구	28	30	152.72	54.11	-10.8	2	40	47
2013-01-01	경기 평택시	56	50	147.2	21.9	-1.2	-5	41	53
2013-01-01	경북 칠곡군	49	60	177.8	27.94	-1.5	-5	42	13
2013-01-01	충남 보령시	0	50	222.4	23.94	-1.2	10	43	57
2013-01-01	부산 사하구	0	60	161.23	-32.11	3.6	-5	44	66
2013-01-01	경기 수원시	63	30	143.29	21.41	17.1	0	45	39
2013-01-01	전북 군산시	35	60	151.11	-1.7	-0.9	-5	46	122
2013-01-01	충남 서산시	42	-40	249	41.39	-7.5	7	47	62
2013-01-01	경기 광명시	-14	60	140.07	78.34	0.6	10	48	143
2013-01-01	대전 동구	14	60	150.65	72.74	-26.4	10	49	84
2013-01-01	대전 중구	21	50	150.65	57.88	-9.3	0	50	44
2013-01-01	부산 남구	14	60	159.39	-41.63	-7.8	2	51	36
2013-01-01	강원 원주시	35	-40	149.96	27.92	0.6	-5	52	27
2013-01-01	충북 제천시	63	60	150.42	51.4	0	-5	53	34
2013-01-01	경기 성남시	0	60	126.96	88.14	30	-5	54	158
2013-01-01	인천 남동구	42	50	125.81	-2.77	26.7	-5	55	101
2013-01-01	서울 양천구	63	60	124.89	61.02	-4.5	7	56	108
2013-01-01	강원 속초시	7	30	205	29.26	-18.9	10	57	48
2013-01-01	대구 동구	-28	60	157.09	-21.25	15.6	0	58	8
2013-01-01	경북 경주시	21	50	175.7	28.74	-7.2	-5	59	9
2013-01-01	서울 동작구	42	50	135.24	61.16	7.2	2	60	89
2013-01-01	부산 서구	-14	60	175.28	-64.77	14.4	2	61	68
2013-01-01	경남 거제시	63	50	199.3	-61.33	11.4	-5	62	21
2013-01-01	강원 홍천군	49	20	156.17	58.79	30	-5	63	70
2013-01-01	부산 해운대구	21	50	148.35	34.41	-25.5	-5	64	64
2013-01-01	경북 영주시	21	60	152.49	75.32	-10.5	10	65	45
2013-01-01	경남 양산시	63	50	203.1	-66.24	15	-5	66	130
2013-01-01	부산 수영구	28	50	182.68	-13.24	-12.9	-5	67	135
2013-01-01	경기 이천시	14	50	144.9	45.55	-15	2	68	40
2013-01-01	전남 광양시	28	20	156.17	48.24	30	-5	69	86
2013-01-01	경기 안양시	-14	60	140.76	63.97	-9.9	0	70	116
2013-01-01	경기 고양시	42	10	132.25	48.03	30	-5	71	128
2013-01-01	강원 강릉시	35	-40	193.4	29	-9.6	7	72	32
2013-01-01	서울 관악구	0	60	139.15	64.67	0	10	73	154
2013-01-01	경기 안산시	21	60	136.62	54.35	-13.2	-5	74	65
2013-01-01	부산 동구	-14	60	166.46	-29.97	-23.4	2	75	29
2013-01-01	제주도 제주시	49	-80	165.74	43.15	-11.7	2	76	63
2013-01-01	서울 성북구	-14	50	143.06	56.11	-4.2	2	77	142
2013-01-01	경기 오산시	63		152.72	-0.66	-4.8	-5	78	109
2013-01-01	대전 서구	28	50	154.56	-54.88	-11.1	0	79	69
2013-01-01	서울 은평구	35	60	129.72	78.76	-15.3	0	80	155
2013-01-01	서울 서대문구	0	60	136.16	29.33	30	0	81	77
2013-01-01	부산 기장군	63	50	147.2	-13.15	13.2	-5	82	134
2013-01-01	서울 금천구	0	60	126.5	50.44	11.1	10	83	125
2013-01-01	경남 사천시	63	-80	157.55	48.06	30	0	84	35
2013-01-01	경기 용인시	63	-40	128.8	40.08	12.6	0	85	96
2013-01-01	서울 도봉구	-14	60	132.71	72.48	-5.1	5	86	104
2013-01-01	경기 구리시	-21	50	137.08	39.85	9	2	87	150
2013-01-01	경남 함안군	42	50	157.55	-29.84	13.8	-5	88	71
2013-01-01	경기 의정부시	7	60	132.48	33.57	-5.4	2	89	160
2013-01-01	경기 안성시	21	60	148.81	43.4	-17.4	0	90	56
2013-01-01	서울 노원구	-14	60	132.25	57.28	-6.9	0	91	88
2013-01-01	충남 예산군	7	50	150.88	58.48	23.4	5	92	54
2013-01-01	서울 서초구	7	60	127.65	-29.55	30	0	93	106
2013-01-01	경북 안동시	35	50	157.55	-57.64	16.8	-5	94	72
2013-01-01	서울 광진구	0	60	129.72	66.13	-18	-5	95	141
2013-01-01	서울 구로구	-28	50	131.1	40.1	3.6	7	96	76
2013-01-01	경기 과천시	-21	60	150.94	85.38	-13.2	2	97	79
2013-01-01	충북 진천군	49	-80	195.8	31.91	-22.5	-5	98	49
2013-01-01	서울 성동구	0	50	125.35	33.08	15.9	0	99	107
2013-01-01	경기 화성시	-21	-20	155.94	-7.42	30	-5	100	100
2013-01-01	인천 부평구	0	60	125.81	45.03	-3.9	-5	101	93
2013-01-01	인천 중구	63	-80	144.76	-9.56	30	7	102	144
2013-01-01	서울 송파구	-14	60	117.99	62.69	-9	-5	103	78
2013-01-01	서울 강북구	-14	60	129.72	65.5	-13.8	7	104	87
2013-01-01	경기 시흥시	-7	50	130.87	22.37	-0.9	-5	105	159
2013-01-01	서울 강동구	-21	50	127.42	47.17	-6.3	-5	106	75

2014년 81.50

일자	지역	가구증가	미분양	전세종합	수요공급종합	거래량 증가	주변입주량	추천 순위	과거결과 순위
2014-01-01	광주 광산구	42	60	287	-4.11	30	-5	1	6
2014-01-01	광주 북구	63	60	279.1	14.32	30	-5	2	4
2014-01-01	경기 군포시	63	60	226.1	77.16	30	0	3	17
2014-01-01	대구 수성구	21	60	239.6	64.85	30	-5	4	1
2014-01-01	광주 서구	14	60	261.4	26.56	20.1	-5	5	9
2014-01-01	대구 달서구	35	60	260	-0.81	5.4	-5	6	2
2014-01-01	울산 남구	42	30	234.9	44.69	30	-5	7	12
2014-01-01	충남 공주시	-7	60	232.5	39.68	30	7	8	77
2014-01-01	전북 전주시	28	50	257.9	17.84	13.8	-5	9	64
2014-01-01	전남 목포시	0	50	226.6	56.15	25.5	-5	10	97
2014-01-01	경북 포항시	28	60	245.6	24.44	-1.5	-5	11	5
2014-01-01	대구 북구	21	60	257	-2.42	11.4	-5	12	3
2014-01-01	대구 남구	63	60	189.6	94.27	30	0	13	18
2014-01-01	충북 충주시	63	50	194	20.39	30	0	14	107
2014-01-01	울산 중구	49	60	252.9	-23.31	30	-5	15	22
2014-01-01	광주 남구	-7	60	273.8	-20.03	27.9	-5	16	8
2014-01-01	부산 금정구	0	60	217.9	68.55	-5.7	-5	17	26
2014-01-01	대전 유성구	63	30	239.8	-25.03	30	0	18	125
2014-01-01	부산 사상구	0	60	230.6	33.52	30	0	19	124
2014-01-01	울산 북구	63	-40	230.1	-3.62	30	-5	20	34
2014-01-01	광주 동구	-21	60	226.3	32.82	17.7	-5	21	30
2014-01-01	경기 광명시	-21	60	199.6	76.07	30	2	22	15
2014-01-01	대전 동구	-7	60	165.38	74.16	30	10	23	143
2014-01-01	경북 구미시	21	-20	233.5	-1.47	30	-5	24	75
2014-01-01	충남 천안시	49	20	228.9	-2.85	8.7	-5	25	43
2014-01-01	부산 부산진구	28	60	158.93	51.53	15	7	26	51
2014-01-01	경기 안양시	-14	60	175	55.92	30	2	27	16
2014-01-01	제주도 제주시	63	30	189.35	53.27	15	7	28	23
2014-01-01	부산 남구	0	60	162	46.47	19.8	10	29	32
2014-01-01	경북 경산시	63	60	158.47	18.05	30	-5	30	13
2014-01-01	대구 서구	0	60	184.45	104.74	19.5	0	31	41
2014-01-01	서울 성북구	-21	60	165.8	49.47	30	7	32	38
2014-01-01	울산 동구	49	60	248.5	-33.76	15	-5	33	29
2014-01-01	부산 사하구	0	60	169.9	45.51	23.1	0	34	79
2014-01-01	서울 동작구	21	60	154.56	68.61	15.9	0	35	78
2014-01-01	경남 진주시	0	50	251.4	-60.83	30	-5	36	106
2014-01-01	충남 아산시	49	-40	179.2	-7.11	18.3	-5	37	96
2014-01-01	부산 북구	0	60	219.7	-36.53	16.8	-5	38	142
2014-01-01	경남 김해시	56	60	159.27	31.75	15.3	-5	39	67
2014-01-01	경기 고양시	49	30	153.87	62.71	6.3	-5	40	7
2014-01-01	강원 원주시	35	50	195.3	-61.82	30	-5	41	28
2014-01-01	경기 수원시	63	-20	172.1	20	-5.7	0	42	11
2014-01-01	전남 순천시	35	-40	212.2	-28.62	30	10	43	161
2014-01-01	경기 이천시	7	60	168.74	37.74	30	0	44	65
2014-01-01	경기 용인시	49	30	161.31	36.44	6.9	-5	45	20
2014-01-01	서울 양천구	63	60	155.34	53.35	30	0	46	92
2014-01-01	전남 여수시	28	60	177.71	-10.9	30	7	47	83
2014-01-01	대전 서구	28	60	179.5	-58.25	30	0	48	95
2014-01-01	경기 안산시	14	60	153.6	46.57	30	-5	49	33
2014-01-01	경기 화성시	-7	60	216.8	-57.96	30	-5	50	81
2014-01-01	경기 성남시	7	60	159.8	76.09	7.8	-5	51	25
2014-01-01	대전 중구	7	60	155.25	62.21	30	0	52	133
2014-01-01	서울 관악구	-7	60	155.02	60.26	30	2	53	66
2014-01-01	충남 서산시	49	-40	264.4	41.09	30	-5	54	53
2014-01-01	서울 광진구	-7	60	151.34	65.83	30	-5	55	98
2014-01-01	서울 동대문구	7	60	151.11	56.39	30	2	56	104
2014-01-01	울산 울주군	49	-40	228.4	-59.21	30	-5	57	19
2014-01-01	대구 동구	-28	60	161.1	62.01	30	-5	58	10
2014-01-01	강원 춘천시	42	30	181.73	-42.23	-5.4	2	59	137
2014-01-01	대구 달성군	35	-40	207.4	-57.12	30	-5	60	35
2014-01-01	충남 계룡시	-21	30	272.8	-7.45	27.9	-5	61	118
2014-01-01	부산 동래구	14	-40	161.26	29.5	30	-5	62	46
2014-01-01	충남 논산시	0	60	181.99	-29.43	19.2	-5	63	126
2014-01-01	충북 청주시	-21	60	182.1	21.68		-5	64	36
2014-01-01	서울 중구	-28	60	158.01	54.59	17.4	-5	65	140
2014-01-01	부산 연제구	7	50	175	-53.67	30	0	66	47
2014-01-01	서울 구로구	-21	60	158.09	35.38	30	0	67	73
2014-01-01	대전 대덕구	0	60	154.79	51.36	5.1	5	68	94
2014-01-01	인천 남동구	42	60	158.19	-1.62	29.1	-5	69	99
2014-01-01	강원 강릉시	14	30	247.4	18.8	30	5	70	37
2014-01-01	서울 도봉구	-14	60	157.81	72.85	30	5	71	160
2014-01-01	서울 서초구	28	60	159.15	-0.67	25.8	-5	72	48
2014-01-01	부산 해운대구	7	50	151.34	29.47	30	0	73	14
2014-01-01	인천 부평구	7	60	160.37	40.59	30	-5	74	61
2014-01-01	경기 시흥시	-14	60	161.75	13.08	30	-5	75	54
2014-01-01	충남 보령시	7	-40	269.1	33.48	30	-5	76	50
2014-01-01	부산 수영구	49	60	158.17	-15.7	30	7	77	74
2014-01-01	경기 부천시	-28	50	146.05	73.76	30	0	78	39
2014-01-01	경기 김포시	63	30	173.98	-13.92	15.3	-5	79	40
2014-01-01	경기 의정부시	21	60	155.29	28.23	30	-5	80	82
2014-01-01	부산 동구	-14	60	172.84	-32.4	30	10	81	55
2014-01-01	경기 평택시	49	-40	153.2	16.95	30	-5	82	52
2014-01-01	경기 파주시	42	30	149.8	-0.7	3	0	83	131
2014-01-01	전북 군산시	14	50	159.16	-25.47	-10.8	-5	84	115
2014-01-01	강원 속초시	0	30	230.2	22.35	30	7	85	31
2014-01-01	충북 제천시	63	60	156.63	32.73	25.2	-5	86	49
2014-01-01	서울 노원구	-21	60	157.84	51.08	30	-5	87	70
2014-01-01	서울 금천구	-14	60	147.08	43.97	20.1	2	88	60
2014-01-01	경기 구리시	-21	-20	154.33	30.32	30	-5	89	71
2014-01-01	경남 거제시	63	60	237.5	-61.48	22.2	-5	90	63
2014-01-01	서울 중랑구	7	60	148.12	36.49	30	0	91	128
2014-01-01	서울 영등포구	0	60	140.99	25.37	30	0	92	88
2014-01-01	강원 홍천군	42	60	179.5	52.27	-14.1	-5	93	100
2014-01-01	서울 마포구	14	50	157.55	-31.31	-1.8	-5	94	105
2014-01-01	서울 강동구	-21	60	151.06	38.06	30	-5	95	138
2014-01-01	서울 은평구	0	60	145.59	73.2	22.8	-5	96	122
2014-01-01	경남 창원시	0	60	176.63	-68.72	30	-5	97	84
2014-01-01	서울 강북구	-14	60	144.21	61.57	30	10	98	121
2014-01-01	인천 계양구	0	30	170.22	69.59	30	-5	99	76
2014-01-01	인천 중구	63	30	177.3	-6.4	-24.9	-5	100	57
2014-01-01	서울 송파구	-14	60	153.25	67.4	30	-5	101	136
2014-01-01	경기 오산시	42	30	170	31.62	30	-5	102	130
2014-01-01	경북 칠곡군	42	60	164.45	12.92	21	-5	103	101
2014-01-01	전북 익산시	7	30	178.4	-55.91	-16.8	-5	104	158
2014-01-01	경기 남양주시	63	30	145.26	-0.8	-15.6	-5	105	72
2014-01-01	충북 진천군	49	-40	225.5	18.29	23.1	-5	106	119

| 2015년~2016년 지역 선정 결과치 |

2015년 82.87

일자	지역	가구증가	미분양	전세종합	수요공급종합	거래량 증가	주변입주량	추천 순위	과거결과 순위
2015-01-01	광주 광산구	49	60	285.9	-3.69	-5.7	2	1	5
2015-01-01	광주 북구	35	60	286.4	21.65	19.5	-5	2	3
2015-01-01	광주 남구	49	60	287.8	-14.16	27	-5	3	7
2015-01-01	경기 군포시	14	60	248.3	83.41	-4.8	0	4	15
2015-01-01	대전 유성구	63	60	231.3	-7.13	0	-5	5	120
2015-01-01	전북 전주시	28	60	264	13.54	2.1	-5	6	59
2015-01-01	부산 금정구	0	60	224	68.2	30	-5	7	25
2015-01-01	경북 포항시	35	50	255.1	18.85	5.7	-5	8	41
2015-01-01	대구 달서구	14	60	271.4	-0.36	-0.9	-5	9	46
2015-01-01	대구 북구	28	60	258.3	-2.91	-1.2	-5	10	8
2015-01-01	대구 수성구	0	60	260.9	59.51	-4.8	-5	11	4
2015-01-01	경기 수원시	49	60	229.3	16.85	-6.6	-5	12	11
2015-01-01	광주 서구	0	60	264.3	17.96	7.2	-5	13	37
2015-01-01	충남 아산시	42	60	199	-10.28	23.4	-5	14	160
2015-01-01	서울 강서구	49	60	172.77	50.18	18	-5	15	6
2015-01-01	서울 관악구	0	60	206.7	59.41	14.4	0	16	65
2015-01-01	서울 동대문구	0	60	217.6	61.52	3.3	-5	17	62
2015-01-01	경기 이천시	14	60	187.4	32.18	28.2	-5	18	100
2015-01-01	경기 화성시	63	-20	289.7	-63.22	3.9	-5	19	56
2015-01-01	서울 마포구	28	60	185.1	55.06	10.2	-5	20	33
2015-01-01	울산 남구	21	60	233.9	37.3	10.8	-5	21	24
2015-01-01	전남 목포시	0	50	254.4	-19.12	-5.1	10	22	52
2015-01-01	부산 동구	-7	60	180.22	70.5	30	5	23	70
2015-01-01	경기 고양시	49	30	200.3	50.6	-1.8	-5	24	1
2015-01-01	서울 성북구	-28	60	245.5	40.78	6.9	-5	25	19
2015-01-01	경남 진주시	49	40	257.7	-45.09	-6.6	0	26	27
2015-01-01	부산 북구	35	60	221.1	-36.22	30	-5	27	26
2015-01-01	강원 춘천시	35	30	183.3	36.82	17.1	5	28	18
2015-01-01	제주도 제주시	63	60	182.08	55.62	-2.4	-5	29	32
2015-01-01	울산 울주군	63	60	199.9	13.72	30	-5	30	28
2015-01-01	대전 동구	-21	60	188.69	67.62	13.5	7	31	109
2015-01-01	울산 중구	49	60	242.5	-9.88	5.4	-5	32	45
2015-01-01	경기 용인시	42	30	200.9	29.01	8.1	-5	33	64
2015-01-01	경기 광명시	-21	60	210.9	73.01	9.3	-5	34	21
2015-01-01	강원 원주시	42	-40	218.5	-0.4	2.7	-5	35	9
2015-01-01	서울 광진구	-14	60	187.7	68.39	9.9	-5	36	84
2015-01-01	서울 중구	-28	60	213.8	51.11	-0.3	-5	37	78
2015-01-01	인천 연수구	63	60	201.7	-18.56	-11.7	0	38	50
2015-01-01	충남 공주시	-21	60	211.8	32.04	-7.8	-5	39	162
2015-01-01	서울 동작구	-21	60	200.4	58.4	-4.2	-5	40	43
2015-01-01	충북 충주시	63	60	211.3	-47.27	9.9	-5	41	145
2015-01-01	부산 남구	-14	60	176.6	43.04	30	0	42	12
2015-01-01	부산 사상구	0		223.3	41.12	15	-5	43	71
2015-01-01	대전 서구	14	60	172.3	31.32	20.1	-5	44	106
2015-01-01	인천 남동구	56	60	177.21	-1.71	18	-5	45	61
2015-01-01	인천 부평구	7	60	186.22	44.85	15.9	-5	46	17
2015-01-01	부산 부산진구	-21	60	179	48.62	30	-5	47	34
2015-01-01	부산 해운대구	21	50	182.45	30.04	22.2	-5	48	2
2015-01-01	충남 논산시	14	60	184.23	-18.58	30	-5	49	130
2015-01-01	전남 여수시	28	60	186.4	58.02	-9.6	-5	50	79
2015-01-01	경기 파주시	49	50	164.15	-1.07	26.7	-5	51	49
2015-01-01	서울 구로구	0	60	172.24	36.33	7.5	-5	52	29
2015-01-01	경기 의정부시	28	60	176.98	18.47	-1.5	-5	53	67
2015-01-01	광주 동구	-21	60	288.8	-63.65	30	0	54	42
2015-01-01	부산 수영구	49	60	158.81	75.17	30	0	55	68
2015-01-01	전북 익산시	0	30	202.2	24.72	21.9	-5	56	69
2015-01-01	울산 북구	49	60	202.9	-47.64	10.5	-5	57	76
2015-01-01	전남 순천시	35	30	217.4	-34.94	-7.8	0	58	58
2015-01-01	부산 연제구	28	60	194.8	-56.85	12.9	-5	59	16
2015-01-01	경기 남양주시	63	40	169.41	-0.94	30	-5	60	95
2015-01-01	경기 부천시	-7	50	156.17	66.1	6	0	61	14
2015-01-01	서울 도봉구	-14	60	171.19	65.31	10.5	2	62	94
2015-01-01	경기 안양시	-7	60	223.7	-35.12	9.9	-5	63	10
2015-01-01	대구 남구	-7	60	176.6	87.1	-2.4	2	64	55
2015-01-01	서울 은평구	0	60	155.25	56.85	17.4	-5	65	66
2015-01-01	충남 천안시	42	-40	235.3	-65.07	12	-5	66	151
2015-01-01	대전 대덕구	-14	60	178.4	49.26	0.3	-5	67	157
2015-01-01	경북 구미시	14	-40	254.6	-68.8	29.4	-5	68	123
2015-01-01	대구 달성군	63	50	239.8	-62.08	-11.4	-5	69	87
2015-01-01	서울 서대문구	0	60	220.1	-65.58	22.2	-5	70	30
2015-01-01	서울 강동구	-28	50	176.1	25.87	17.1	-5	71	74
2015-01-01	충남 보령시	28	60	265.7	25.97	11.4	-5	72	96
2015-01-01	대구 서구	-14	60	169.14	102.32	9.9	2	73	110
2015-01-01	서울 영등포구	0	60	163.05	24.9	2.7	-5	74	20
2015-01-01	전북 군산시	21	60	172.2	-27.44	18.6	0	75	118
2015-01-01	서울 노원구	-21	60	169.17	45.59	9.9	-5	76	85
2015-01-01	경기 안산시	-14	60	158.01	34.09	3.9	-5	77	134
2015-01-01	서울 강북구	-7	60	158.07	55.98	19.8	0	78	98
2015-01-01	경기 성남시	0	60	176.4	-6.45	3.6	-5	79	36
2015-01-01	경남 함안군	49	60	188.2	61.03	30	-5	80	121
2015-01-01	경북 경산시	49	60	160.31	8.4	30	-5	81	81
2015-01-01	부산 서구	0		203.1	-47.21	30	0	82	136
2015-01-01	경기 평택시	49	50	170.6	-60.43	30	-5	83	119
2015-01-01	서울 성동구	0	60	184.2	-53.05	17.7	-5	84	35
2015-01-01	경남 거제시	63	60	214.6	-6.04	14.4	-5	85	117
2015-01-01	인천 중구	-21	60	152.03	65.15	0.9	10	86	90
2015-01-01	서울 양천구	-14	60	168.2	48.48	-0.9	-5	87	48
2015-01-01	부산 영도구	-21	60	151.57	70.26	22.2	0	88	128
2015-01-01	경남 창원시	7	50	172.08	-55.1	24.3	-5	89	143
2015-01-01	서울 금천구	-7	60	161.45	-57.88	28.2	-5	90	80
2015-01-01	충북 청주시	-28	60	190.1	15		-5	91	140
2015-01-01	대전 중구	-14	30	157.55	56.99	-0.6	-5	92	144
2015-01-01	서울 중랑구	0	60	178	-43.28	-14.7	2	93	88
2015-01-01	충남 홍성군	63	60	232.5	-21.68	30	-5	94	138
2015-01-01	부산 동래구	7	60	184.66	-50.94	-15.6	-5	95	13
2015-01-01	인천 계양구	-28	20	185.44	64.21	9	-5	96	38
2015-01-01	경남 사천시	14	30	222.2	40.75	9.9	-5	97	40
2015-01-01	경기 구리시	-21	-40	198.5	-58.21	30	-5	98	53

2016년 85.21

일자	지역	가구증가	미분양	전세종합	수요공급종합	거래량 증가	주변입주량	추천 순위	과거결과 순위
2016-01-01	서울 중구	63	60	310	-28.78	14.7	-5	1	50
2016-01-01	전남 목포시	7	50	286.8	54.64	15.3	2	2	39
2016-01-01	경남 진주시	56	60	261.9	-2.05	15	-5	3	19
2016-01-01	서울 관악구	14	60	279.2	55.15	-5.4	2	4	27
2016-01-01	서울 동작구	0	60	284.1	51.07	-5.7	0	5	7
2016-01-01	전남 순천시	35	30	277.6	-2.87	-1.2	-5	6	22
2016-01-01	경기 군포시	-21	60	284.9	73.36	-13.2	0	7	64
2016-01-01	서울 마포구	-7	60	278.5	53.87	0.9	0	8	14
2016-01-01	서울 구로구	49	60	259.3	27.24	-8.4	-5	9	10
2016-01-01	서울 도봉구	-7	60	271	61.73	-1.8	-5	10	23
2016-01-01	서울 강서구	63	60	280.4	-33.43	-1.8	-5	11	2
2016-01-01	서울 성북구	-21	60	290.2	32.93	-8.7	0	12	20
2016-01-01	서울 동대문구	-7	60	269.8	58.68	-9.6	-5	13	25
2016-01-01	전북 전주시	28	60	276.1	9.27	-8.1	-5	14	52
2016-01-01	인천 연수구	56	40	268.9	-14.79	30	-5	15	32
2016-01-01	경기 고양시	49	-40	279.3	35.3	-9.9	-5	16	11
2016-01-01	경기 성남시	14	60	266.3	-4.27	30	-5	17	1
2016-01-01	서울 광진구	-7	60	248	50.11	-1.2	-5	18	17
2016-01-01	대전 유성구	63	-40	241.6	-5.81	-0.6	0	19	158
2016-01-01	경기 수원시	35	60	247.2	10.7	-7.2	-5	20	66
2016-01-01	경기 광명시	-14	60	260.1	63.55	6.9	0	21	30
2016-01-01	서울 노원구	-14	60	258.8	41.75	-5.1	-5	22	12
2016-01-01	서울 강북구	-7	60	238.5	43.75	-11.1	7	23	68
2016-01-01	부산 북구	42	60	209.3	49.99	16.8	-5	24	29
2016-01-01	광주 광산구	49	60	280.3	-2.95	-12.3	2	25	67
2016-01-01	인천 부평구	0	60	223.8	40.24	-10.5	-5	26	28
2016-01-01	경기 용인시	42	-40	272.8	18.26	-10.8	-5	27	80
2016-01-01	서울 서대문구	14	60	259.3	-51.88	16.5	0	28	18
2016-01-01	전남 여수시	21	60	183.41	66.24	-7.5	-5	29	35
2016-01-01	인천 남동구	49	-20	188.33	-1.11	-11.4	-5	30	60
2016-01-01	경기 의정부시	35	60	264.8	-62.79	-7.2	-5	31	71
2016-01-01	경기 화성시	63	-40	287.1	-55.81	5.1	-5	32	70
2016-01-01	강원 원주시	49	-40	227.2	-4.05	8.7	-5	33	33
2016-01-01	대전 동구	14	60	192.2	59.22	5.4	2	34	143
2016-01-01	서울 양천구	21	60	202	43.15	5.4	-5	35	16
2016-01-01	경기 구리시	35	60	261.1	-61.73	-17.1	-5	36	43
2016-01-01	경기 부천시	63	60	209.8	-18.36	-2.4	-5	37	26
2016-01-01	경기 남양주시	49	-40	217.5	-1.97	-0.6	-5	38	61
2016-01-01	경기 파주시	42	-40	220	-2.06	-17.7	-5	39	24
2016-01-01	강원 춘천시	7	-20	223.9	36.08	30	-5	40	21
2016-01-01	경북 포항시	21	-40	237.5	-0.57	24.6	-5	41	93
2016-01-01	경기 안양시	0	60	267.2	-38.48	-8.7	-5	42	6
2016-01-01	대구 수성구	0	60	254.2	59.45	-18.6	-5	43	45
2016-01-01	경기 이천시	42	60	233.7	-56.78	-9.9	-5	44	155
2016-01-01	대구 달서구	0	60	270.3	-0.43	-19.8	-5	45	103
2016-01-01	전북 익산시	0	60	211.6	34.38	-8.7	-5	46	47
2016-01-01	광주 남구	49	60	235.6	-12.19	-19.2	0	47	59
2016-01-01	광주 서구	35	60	274.4	-60.69	-10.2	-5	48	74
2016-01-01	서울 성동구	21		257.4	-53.77	-11.4	-5	49	5
2016-01-01	서울 중랑구	0	60	263.1	-52.3	-8.4	-5	50	37
2016-01-01	인천 동구	21	60	176.4	63.54	17.1	-5	51	151
2016-01-01	부산 연제구	14	60	199.9	22.1	-12	0	52	42
2016-01-01	경기 안산시	21	60	217.4	28.26	-4.8	-5	53	85
2016-01-01	부산 금정구	21	60	246.1	-13.05	-15.6	-5	54	49
2016-01-01	대구 남구	21	60	207.8	56.99	-12	0	55	160
2016-01-01	대구 중구	63	60	243.6	-2.03	-7.2	2	56	79
2016-01-01	인천 계양구	-7	60	188.4	42.53	-2.1	-5	57	56
2016-01-01	울산 동구	0	60	222.1	64.13	19.5	-5	58	120
2016-01-01	서울 송파구	0	60	187.72	-20.39	27	-5	59	9
2016-01-01	서울 은평구	-7	60	211.4	-18.29	-2.4	-5	60	44
2016-01-01	인천 중구	42	30	189	-10.8	9	-5	61	98
2016-01-01	경기 시흥시	21	60	206.4	-66.33	30	-5	62	48
2016-01-01	서울 강남구	-14	60	186.07	54.21	-9.3	-5	63	4
2016-01-01	서울 금천구	0	60	235.2	-64.81	-8.4	0	64	55
2016-01-01	부산 부산진구	0	60	197.9	38.78	-15.3	-5	65	46
2016-01-01	대전 서구	28	60	213.8	-57.54	-16.5	0	66	97
2016-01-01	서울 영등포구	-14	60	214	-59.3	6.3	0	67	3
2016-01-01	인천 남구	42	30	188.42	-34.2	5.1	-5	68	65
2016-01-01	부산 해운대구	14	50	169.1	30.23	-7.2	-5	69	8
2016-01-01	서울 강동구	-21	60	242.3	-64.23	-8.1	-5	70	13
2016-01-01	경북 구미시	0	40	271.3	-67.65	-22.8	-5	71	147
2016-01-01	대전 중구	0	50	160.08	52.54	6.6	0	72	159
2016-01-01	대구 북구	21	60	244.4	-56.28	-16.5	-5	73	86
2016-01-01	전북 군산시	21	50	199.7	-22.72	1.5	-5	74	141
2016-01-01	충북 청주시	63	-40	188.3	18.11	18.6	-5	75	116
2016-01-01	충남 천안시	42	-40	239.1	-68.14	-6.6	-5	76	132
2016-01-01	울산 울주군	42	60	167.2	-1.36	-17.7	-5	77	81
2016-01-01	대전 대덕구	-14	60	160.5	38.55	5.7	0	78	152
2016-01-01	충남 아산시	28	-40	216.1	-32.72	-0.3	-5	79	139
2016-01-01	인천 서구	63	-40	182.96	-3.45	-12.3	-5	80	89
2016-01-01	부산 사상구	-14	60	203.9	30.26	-6.9	0	81	69
2016-01-01	제주도 제주시	49	60	172.21	29.85	-2.4	-5	82	54
2016-01-01	경기 과천시	-21	60	189.28	80.34	-8.1	0	83	57
2016-01-01	부산 남구	-14	60	207.8	30.43	-15.3	-5	84	34
2016-01-01	경기 의왕시	63		254.5	-0.03	-2.7	-5	85	36
2016-01-01	경기 김포시	63	-40	205.6	-49.13	-15.9	-5	86	84
2016-01-01	전남 광양시	42	30	246.3	38.55	-0.6	-5	87	95
2016-01-01	서울 서초구	0	60	186.33	-28.26	-10.5	0	88	15
2016-01-01	경기 하남시	63	60	297.2	-46.03	3.6	-5	89	78
2016-01-01	충남 홍성군	63	50	253.6	-4.46	-0.3	-5	90	114
2016-01-01	충남 공주시	0	-20	218.5	-63.98	10.8	-5	91	131
2016-01-01	대구 달성군	63	-40	251	-51.03	-9	-5	92	111
2016-01-01	충남 논산시	14	-40	188.24	-16.51	22.8	-5	93	121
2016-01-01	울산 중구	35	60	177.5	74.65	-19.8	-5	94	82
2016-01-01	경남 함안군	28	60	192.4	56.07	-11.7	-5	95	145
2016-01-01	부산 동래구	0	60	156.86	-44.49	30	0	96	41
2016-01-01	경북 안동시	28	60	197	25.68	19.2	-5	97	99

상단 부분에도 빨간색이 가끔 보이기도 한다. 하단 부분에 가끔 녹색도 있다. 100% 맞는 건 아니다.

과거 10년 동안 투자 결과 상위 30개 지역, 총 300개 지역을 예측하는 데 32개 지역이 투자유망 지역이 아니었다. 즉 10% 정도 예측이 잘못되었고, 90% 정도의 예측 성공률을 보여준다.

그런데 이것이 전부가 아니다. 90%의 확률로 투자유망 지역을 예측 후, 지역 내에서 투자 아파트를 선정하는 것 역시 인공지능 프로그램을 통해 추천 대상을 걸러낸다. 투자유망 지역이라고 해서 모든 아파트가 좋은 투자 대상은 아니며, 역시 투자유망 지역이 아니라고 해서 모든 아파트가 나쁜 투자 대상은 아니다.

다음 이미지와 같이 프로그램에선 투자 아파트 리스트를 다음과 같은 평균수익률을 함께 제공한다. 2016년의 경우를 보자. 2년 매도 후의 평균 세전 수익률은 40.94%이다.

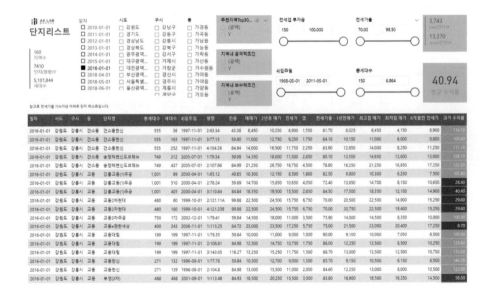

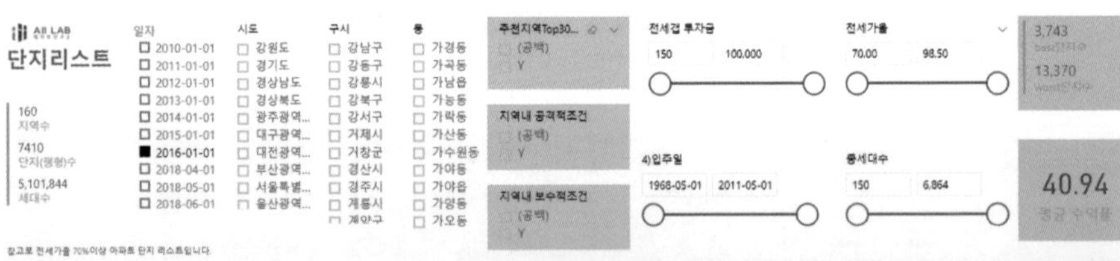

일자	시도	구시	동	단지명	총세대수	세대수	4)입주일	평형	전용	매매가	2년후 매가	전세가	갭	전세가율	1년전매가	최고점 매가	최저점 매가	6개월전 전세가	과거 수익률
2016-01-01	강원도	강릉시	견소동	견소동한신	555	36	1997-11-01	2:63.34	43.38	8,450	10,250	6,900	1,550	81.70	8,025	8,450	4,150	6,900	116.10
2016-01-01	강원도	강릉시	견소동	견소동한신	555	163	1997-11-01	3:77.13	59.80	11,000	12,750	9,250	1,750	84.10	10,150	11,000	6,000	9,000	100.00
2016-01-01	강원도	강릉시	견소동	견소동한신	555	252	1997-11-01	4:104.26	84.94	14,000	16,500	11,750	2,250	83.90	12,850	14,000	8,250	11,250	111.10
2016-01-01	강원도	강릉시	견소동	송정해변신도브래뉴	749	312	2005-07-01	1:79.34	59.99	14,350	18,000	11,500	2,850	80.10	13,500	14,650	12,600	13,000	128.10
2016-01-01	강원도	강릉시	견소동	송정해변신도브래뉴	749	437	2005-07-01	2:107.66	84.99	21,250	26,750	16,750	4,500	78.80	18,250	21,250	16,650	17,250	122.20
2016-01-01	강원도	강릉시	교동	강릉교동(1)주공	1,001	89	2000-04-01	1:65.12	49.85	10,300	12,150	8,500	1,800	82.50	9,800	10,300	6,250	7,500	102.80
2016-01-01	강원도	강릉시	교동	강릉교동(1)주공	1,001	510	2000-04-01	2:78.24	59.89	14,700	15,850	10,650	4,050	72.40	13,650	14,700	8,150	10,650	28.40
2016-01-01	강원도	강릉시	교동	강릉교동(1)주공	1,001	405	2000-04-01	3:110.84	84.84	18,350	19,500	15,500	2,850	84.50	17,500	18,350	12,100	14,900	40.40
2016-01-01	강원도	강릉시	교동	교동2차현대	480	60	1999-10-01	2:121.11A	99.88	22,500	24,500	15,750	6,750	70.00	20,500	22,500	14,900	15,250	29.60
2016-01-01	강원도	강릉시	교동	교동2차현대	480	180	1999-10-01	4:121.238	99.98	22,500	24,500	15,750	6,750	70.00	20,750	22,500	19,400	15,250	29.60
2016-01-01	강원도	강릉시	교동	교동3차주공	750	172	2002-12-01	1:79.41	59.84	14,500	18,000	11,000	3,500	75.90	14,000	14,500	8,350	10,000	100.00
2016-01-01	강원도	강릉시	교동	교동e편한세상	400	243	2006-11-01	1:113.25	84.72	23,000	23,500	17,250	5,750	75.00	21,500	23,000	20,400	17,250	8.70
2016-01-01	강원도	강릉시	교동	교동대림	199	199	1997-11-01	1:79.35	59.84	10,000	11,000	9,000	1,000	90.00	9,100	10,000	7,050	8,500	100.00
2016-01-01	강원도	강릉시	교동	교동대림	199	199	1997-11-01	2:106.81	84.98	12,500	14,750	10,750	1,750	86.00	12,250	12,500	8,500	10,250	128.60
2016-01-01	강원도	강릉시	교동	교동대림	199	199	1997-11-01	3:143.05	118.27	13,250	15,250	11,750	1,500	88.70	13,000	13,500	12,500	10,750	133.30
2016-01-01	강원도	강릉시	교동	교동한신	271	132	1996-09-01	1:77.78	59.84	10,500	12,700	9,000	1,500	85.70	9,150	10,500	6,150	8,500	146.70
2016-01-01	강원도	강릉시	교동	교동한신	271	139	1996-09-01	2:104.8	84.98	13,000	15,500	11,000	2,000	84.60	12,250	13,000	8,000	10,500	125.00
2016-01-01	강원도	강릉시	교동	부영(3차)	468	468	2001-09-01	1:113.48	84.93	18,500	20,250	15,500	3,000	83.80	16,900	18,500	16,250	14,500	58.30

기본적으로 전세가율 70% 이상의 단지 리스트를 보여준다.

여기서 파란색 배경의 체크박스가 중요하다. 첫 번째 체크박스는 인공지능 프로그램에 의해 선정된 상위 30개의 유망지역이고, 두번째, 세번째 조건은 상위 30개 유망지역 안에서 인공지능 프로그램에 의해 걸러내는 투자유망 아파트 조건이다. 그 중 두 번째 공격적 조건은 보다 범위가 넓은 투자유망 아파트이고, 마지막 세번째 보수적 조건은 공격적 조건에 비해 좀 더 까다로운 조건으로 그만큼 투자유망 아파트 개수가 줄어든다.

그러면 인공지능 프로그램의 추천 상위 30개 지역 조건을 걸어보자.

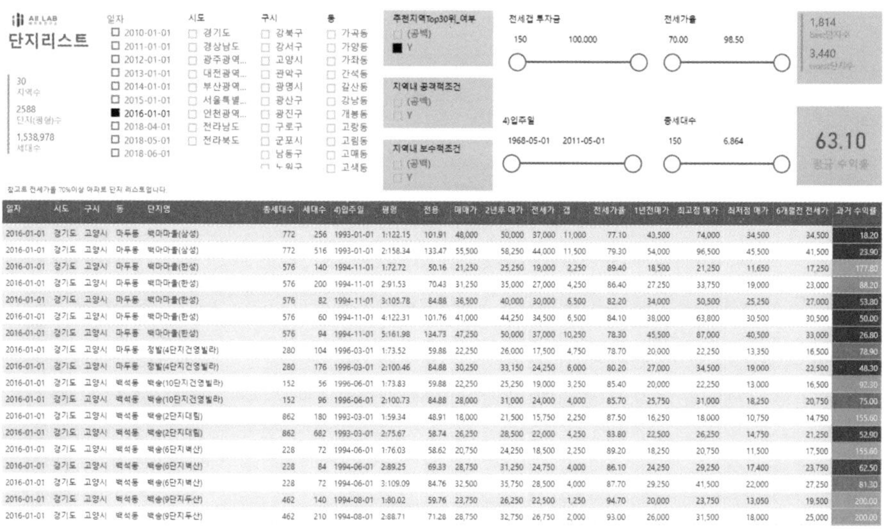

일자	시도	구시	동	단지명	총세대수	세대수	4)입주일	평형	전용	매매가	2년후 매가	전세가	갭	전세가율	1년전매가	최고점 매가	최저점 매가	6개월전 전세가	과거 수익률
2016-01-01	경기도	고양시	마두동	백마마을(삼성)	772	256	1993-01-01	1:122.15	101.91	48,000	50,000	37,000	11,000	77.10	43,500	74,000	34,500	34,500	18.20
2016-01-01	경기도	고양시	마두동	백마마을(삼성)	772	516	1993-01-01	2:158.34	133.47	55,500	58,250	44,000	11,500	79.30	54,000	96,500	45,500	41,500	23.90
2016-01-01	경기도	고양시	마두동	백마마을(한성)	576	140	1994-11-01	1:72.72	50.16	21,250	25,250	19,000	2,250	89.40	18,500	21,250	11,650	17,250	177.80
2016-01-01	경기도	고양시	마두동	백마마을(한성)	576	200	1994-11-01	2:91.53	70.43	31,250	35,000	27,000	4,250	86.40	27,250	33,750	19,000	23,000	88.20
2016-01-01	경기도	고양시	마두동	백마마을(한성)	576	82	1994-11-01	3:105.78	84.88	36,500	40,000	30,000	6,500	82.20	34,000	50,500	25,250	27,000	53.80
2016-01-01	경기도	고양시	마두동	백마마을(한성)	576	60	1994-11-01	4:122.31	101.76	41,000	44,250	34,500	6,500	84.10	38,000	63,800	30,500	30,500	50.00
2016-01-01	경기도	고양시	마두동	백마마을(한성)	576	94	1994-11-01	5:161.98	134.73	47,250	50,000	37,000	10,250	78.30	45,500	87,000	40,500	33,000	26.80
2016-01-01	경기도	고양시	마두동	정발(4단지건영빌라)	280	104	1996-03-01	1:73.52	59.88	22,250	26,000	17,500	4,750	78.70	20,000	22,250	13,350	16,500	78.90
2016-01-01	경기도	고양시	마두동	정발(4단지건영빌라)	280	176	1996-03-01	2:100.46	84.88	30,250	33,150	24,250	6,000	80.20	27,000	34,500	19,000	22,500	48.30
2016-01-01	경기도	고양시	백석동	백송(10단지건영빌라)	152	56	1996-06-01	1:73.83	59.88	22,250	25,250	19,000	3,250	85.40	20,000	22,250	13,000	16,500	92.30
2016-01-01	경기도	고양시	백석동	백송(10단지건영빌라)	152	96	1996-06-01	2:100.73	84.88	28,000	31,000	24,000	4,000	85.70	25,750	31,000	18,250	20,750	75.00
2016-01-01	경기도	고양시	백석동	백송(2단지대림)	862	180	1993-03-01	1:59.34	48.91	18,000	21,500	15,750	2,250	87.50	16,250	18,000	10,750	14,750	155.60
2016-01-01	경기도	고양시	백석동	백송(2단지대림)	862	682	1993-03-01	2:75.67	58.74	26,250	28,500	22,000	4,250	83.80	22,500	26,250	14,750	21,250	52.90
2016-01-01	경기도	고양시	백석동	백송(6단지벽산)	228	72	1994-06-01	1:76.03	58.62	20,750	24,250	18,500	2,250	89.20	18,250	20,750	11,500	17,500	155.60
2016-01-01	경기도	고양시	백석동	백송(6단지벽산)	228	84	1994-06-01	2:89.25	69.33	28,750	31,250	24,750	4,000	86.10	24,250	29,250	17,400	23,750	62.50
2016-01-01	경기도	고양시	백석동	백송(6단지벽산)	228	72	1994-06-01	3:109.09	84.76	32,500	35,750	28,500	4,000	87.70	29,250	41,500	22,000	27,250	81.30
2016-01-01	경기도	고양시	백석동	백송(9단지두산)	462	140	1994-08-01	1:80.02	59.76	23,750	26,250	22,500	1,250	94.70	20,000	23,750	13,050	19,500	200.00
2016-01-01	경기도	고양시	백석동	백송(9단지두산)	462	210	1994-08-01	2:88.71	71.28	28,750	32,750	26,750	2,000	93.00	26,000	31,500	18,000	25,000	200.00

2년 평균 세전 수익률은 63.10%이다. 이는 상위 30개 지역에서 전세가율 70% 이상 되는 아파트의 수익률이다. 먼저 40.94%에서 23% 정도 늘어난 수치이다.

아파트(평형) 리스트 숫자는 7,410개에서 2,588개로 50% 이상 줄어들었다.

이제 선정한 지역 내에서 선정한 아파트를 보여주는 인공지능 프로그램의 공격적 조건을 걸어보자.

2년 매도 후의 평균 세전 수익률은 104.25%이다. 이는 상위 30개 지역에서 전세가율 70% 이상 되는 아파트의 평균수익률 63.10%에서 상당히 높아진 수치이다.

하지만 아파트(평형) 리스트 개수는 2,588개에서 682개로 거의 10분의 1 가깝게 줄어 들었다. 투자유망 지역을 선정하고도 투자유망 아파트를 선정하는 게 훨씬 더 어렵다는 얘기다.

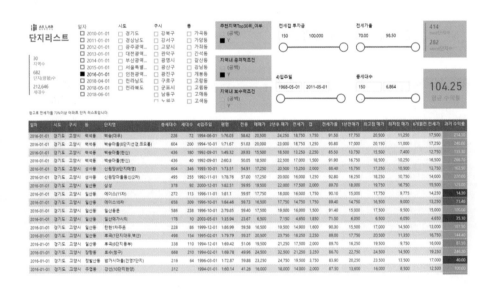

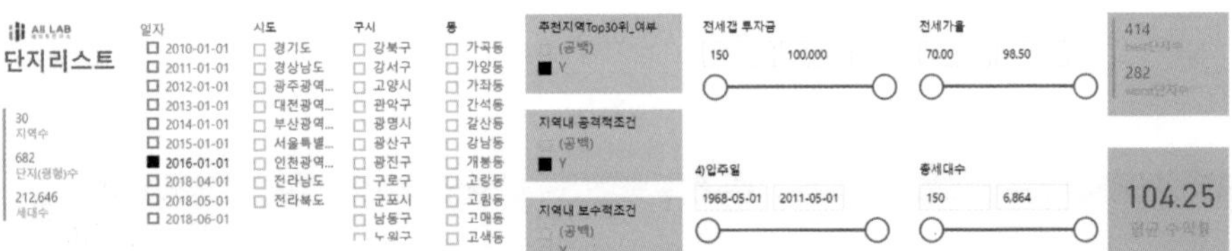

참고로 전세가율 70%이상 아파트 단지 리스트입니다.

일자	시도	구시	동	단지명	총세대수	세대수	4)입주일	평형	전용	매매가	2년후 매가	전세가	갭	전세가율	1년전매가	최고점 매가	최저점 매가	6개월전 전세가	과거 수익률
2016-01-01	경기도	고양시	백석동	백송(대우)	228	72	1994-06-01	1:76.03	58.62	20,500	24,250	18,750	1,750	91.50	17,750	20,500	11,250	17,500	214.30
2016-01-01	경기도	고양시	백석동	백송마을(8단지선경,코오롱)	604	200	1994-10-01	1:71.67	51.03	20,000	23,000	18,750	1,250	93.80	17,000	20,150	11,000	17,250	240.00
2016-01-01	경기도	고양시	백석동	백송마을(한신)	436	180	1992-09-01	1:49.32	39.93	15,500	18,500	13,250	2,250	85.50	13,750	15,500	7,400	12,750	133.30
2016-01-01	경기도	고양시	백석동	백송마을(한신)	436	40	1992-09-01	2:60.3	50.05	18,500	22,500	17,000	1,500	91.90	16,750	18,500	10,250	16,500	266.70
2016-01-01	경기도	고양시	성사동	신원당(6단지태영)	604	346	1993-10-01	1:73.51	54.91	17,250	20,500	15,250	2,000	88.40	15,750	17,250	10,500	13,750	162.50
2016-01-01	경기도	고양시	성사동	신원당마을동신(2차)	495	255	1992-11-01	1:78.76	57.00	17,250	20,000	16,000	1,250	92.80	16,250	18,250	10,750	14,000	220.00
2016-01-01	경기도	고양시	일산동	삼성	378	92	2000-12-01	1:82.51	59.95	19,500	22,000	17,500	2,000	89.70	18,000	19,750	16,750	15,500	125.00
2016-01-01	경기도	고양시	일산동	에이스(11차)	272	113	1996-11-01	1:81.1	59.97	17,750	18,000	16,000	1,750	90.10	15,000	17,750	9,775	14,250	14.30
2016-01-01	경기도	고양시	일산동	에이스10차	658	309	1996-10-01	1:84.46	59.73	16,500	17,750	14,750	1,750	89.40	14,750	16,500	9,000	13,250	71.40
2016-01-01	경기도	고양시	일산동	일산동문	586	238	1996-10-01	2:79.85	59.40	17,500	19,000	16,000	1,500	91.40	15,000	17,500	9,500	15,000	100.00
2016-01-01	경기도	고양시	일산동	일산메가시티	178	10	2003-05-01	1:35.94	23.67	6,500	7,150	4,650	1,850	71.50	6,050	6,500	6,050	4,650	35.10
2016-01-01	경기도	고양시	일산동	한현1차주은	228	86	1999-12-01	1:86.99	59.58	16,500	19,500	14,900	1,600	90.30	15,500	17,000	14,500	13,000	187.50
2016-01-01	경기도	고양시	일산동	후곡(1단지대우,벽산)	498	154	1995-02-01	1:79.79	59.37	20,500	23,750	18,250	2,250	89.00	17,750	20,500	11,350	16,750	144.40
2016-01-01	경기도	고양시	일산동	후곡(6단지동부)	338	110	1994-12-01	1:69.42	51.06	19,500	21,250	17,500	2,000	89.70	16,250	19,500	9,750	16,000	87.50
2016-01-01	경기도	고양시	장항동	호수(청구)	668	210	1994-02-01	1:69.78	49.96	24,500	32,500	21,250	3,250	86.70	22,750	24,500	14,500	19,250	246.20
2016-01-01	경기도	고양시	정발산동	밤가시마을(건영7단지)	216	64	1996-03-01	1:72.87	59.88	23,250	24,750	19,500	3,750	83.90	20,250	23,500	13,500	17,000	40.00
2016-01-01	경기도	고양시	주엽동	강선(10단지한양)	312		1994-01-01	1:60.14	41.26	16,000	18,000	14,000	2,000	87.50	13,600	16,000	8,500	12,500	100.00

마지막으로 이제 선정한 지역 내에서 선정한 아파트를 보여주는 인공지능 프로그램의 보수적 조건을 걸어보자.

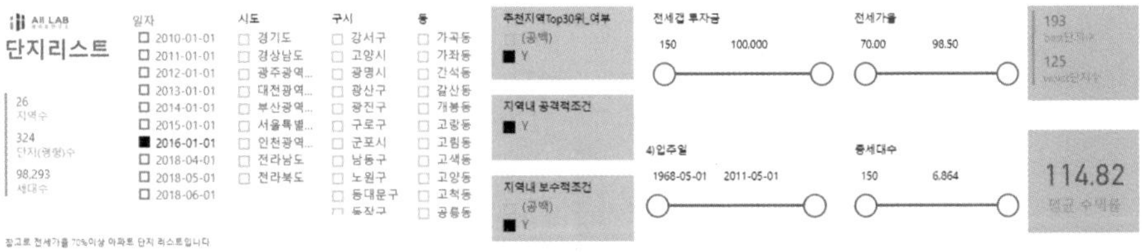

일자	시도	구시	동	단지명	총세대수	세대수	4)입주일	평형	전용	매매가	2년후 매가	전세가	갭	전세가율	1년전매가	최고점 매가	최저점 매가	6개월전 전세가	과거 수익률
2016-01-01	경기도	고양시	백석동	백송(9단지두산)	462	140	1994-08-01	1:80.02	59.76	23,750	26,250	22,500	1,250	94.70	20,000	23,750	13,050	19,500	200.00
2016-01-01	경기도	고양시	백석동	백송마을(8단지선경.코오롱)	604	200	1994-10-01	1:71.67	51.03	20,000	23,000	18,750	1,250	93.80	17,000	20,150	11,000	17,250	240.00
2016-01-01	경기도	고양시	백석동	백송마을(한신)	436	180	1992-09-01	1:49.32	39.93	15,500	18,500	13,250	2,250	85.50	13,750	15,500	7,400	12,750	133.30
2016-01-01	경기도	고양시	성사동	신원당마을동신(2차)	495	255	1992-11-01	1:78.76	57.00	17,250	20,000	16,000	1,250	92.80	16,250	18,250	10,750	14,000	220.00
2016-01-01	경기도	고양시	일산동	에이스(11차)	272	113	1996-11-01	1:81.1	59.97	17,750	18,000	16,000	1,750	90.10	15,000	17,750	9,775	14,250	14.30
2016-01-01	경기도	고양시	일산동	일산동문	586	238	1996-10-01	2:79.85	59.40	17,500	19,000	16,000	1,500	91.40	15,000	17,500	9,500	15,000	100.00
2016-01-01	경기도	고양시	일산동	일산메가시티	178	10	2003-05-01	1:35.94	23.67	6,500	7,150	4,650	1,850	71.50	6,050	6,500	6,050	4,650	35.10
2016-01-01	경기도	고양시	일산동	탄현1차주은	228	86	1999-12-01	1:86.99	59.58	16,500	19,500	14,900	1,600	90.30	15,500	17,000	14,500	13,000	187.50
2016-01-01	경기도	고양시	주엽동	강선(8단지럭키롯데)	966		1993-11-01	1:77.98	60.00	27,500	32,000	24,500	3,000	89.10	24,500	27,500	16,000	20,500	150.00
2016-01-01	경기도	고양시	주엽동	문촌(8단지동아)	738		1994-07-01	1:74.63A	59.92	24,250	28,500	21,250	3,000	87.60	21,750	24,250	14,800	19,500	141.70
2016-01-01	경기도	고양시	주엽동	문촌(8단지동아)	738		1994-07-01	4:73.848	59.28	24,250	28,500	21,250	3,000	87.60	21,750	24,250	14,750	19,500	141.70
2016-01-01	경기도	고양시	중산동	중산마을1단지두산	888	600	1995-10-01	2:78.42	59.97	19,250	22,000	17,400	1,850	90.40	17,600	19,250	10,750	16,000	148.60
2016-01-01	경기도	고양시	중산동	중산마을2단지코오롱	978	258	1995-10-01	2:78.37	59.93	19,250	21,500	17,400	1,850	90.40	17,350	19,250	10,400	15,250	121.60
2016-01-01	경기도	고양시	중산동	중산마을3단지일신	552		1995-12-01	1:78.61A	59.84	19,250	22,000	17,400	1,850	90.40	17,600	19,250	10,750	15,500	148.60
2016-01-01	경기도	고양시	탄현동	탄현마을(7단지부영)	726	570	1995-05-01	1:68.87	50.28	15,750	17,000	14,500	1,250	92.10	13,750	15,750	7,950	13,250	100.00
2016-01-01	경기도	고양시	탄현동	탄현마을(일신)	416	212	1994-10-01	2:78.25	59.83	19,000	21,750	17,500	1,500	92.10	17,250	19,000	10,900	15,250	183.30
2016-01-01	경기도	고양시	풍동	숲속마을(8단지)	1,034	200	2006-07-01	1:72.1	51.93	22,750	26,000	20,750	2,000	91.20	20,750	22,750	19,250	18,000	162.50

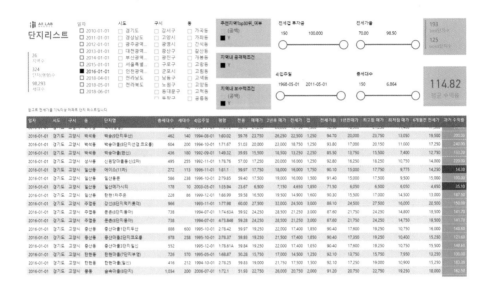

2년 매도 후의 평균 세전 수익률은 114.82%이고 아파트(평형) 리스트 개수는 324개이다.

2007년부터 2년 평균수익률 비교를 하면 다음 이미지와 같다.

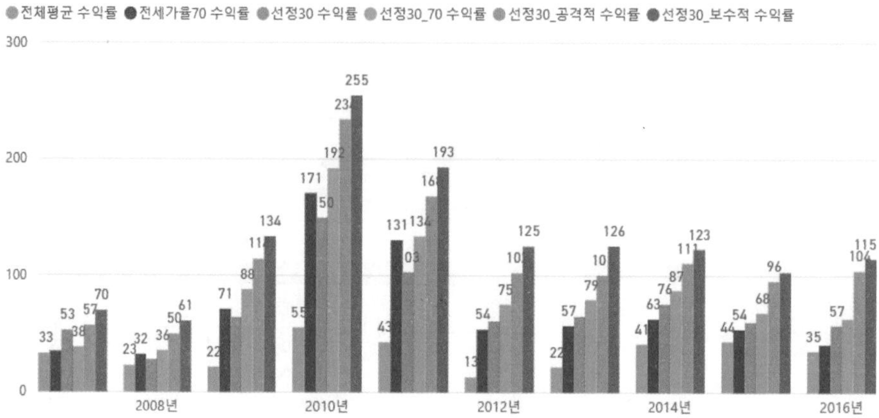

앞의 두개의 막대 중 파란색 막대는 전체 평균수익률이고, 빨간색 막대는 전세가율 70% 이상 아파트들의 평균수익률이다. 그리고 뒤의 두개 막대가 인공지능 프로그램에 의해 추천한 지역 내의 아파트의 수익률이다. 평균수익률이 월등히 높다. 어떤가. 기대해 볼 만하지 않나? 기대해도 좋을 듯하다.

이상으로 본격적인 인공지능 투자법 설명에 앞서 흥미위주의 대략적인 소개를 해 보았다. 뒤에 부분은 부동산 데이터에 관심이 있는 분들은 자세히 보면 도움이 될 것이다. 허나 엑셀, 숫자에 약하고 관심이 없은 사람은 이 정도까지만 읽어봐도 좋다. 이런 것도 있구나……. 증권 쪽에선 인공지능을 활용한 종목 추천 프로그램이나 매수/매도 관리 프로그램이 많지만 부동산은 이제 시작 단계다. (사실 2007년도 데이터를 보여준 것도 KB과거시세 자체가 2004년부터 있으며 통계청의 인구/세대수 정보 자체가 2005년도부터 제공하고 있기 때문이다.) 이런 것이 있구나 정도만 확인하고 과감하게 넘어가도 좋을 것이다.

그리고 또 한 가지 당부하고 싶은 말이 있다. 투자예측 지역과 아파트 리스트만 보고 그냥 투자하면 되겠네?라고 생각하면 절대 안 된다는 사실이다. 다시 한번 강조하지만 부동산 투자는 결코 불로소득이 아니다. 투자 인공지능 프로그램 역시 부동산 투자를 위한 많은 공부 방법 중에 하나일 뿐이다.

정말로 투자하려면 열심히 추가 조사를 해야 한다. 우선 본 데이터의 기초는 KB매매, 전세가이다. 많은 투자 고수 분들은 잘 알고 있지만 KB매매가, 전세가가 실제 부동산의 매매, 전세가와 맞지 않고 있다. 어느 정도 흐름 파악엔 도움이 되지만 가격차가 1000만~4000만원 정도 차이가 나는 경우가 부지기수다. 네이버의 매물 정보도 역시 호가, 급매가도 많아 정확하진 않지만 적어도 현재 가격은 KB 매매, 전세가 보다 훨씬 더 정확하다. 하지만 네이버의 과거 시세 정보는 최대 7년치, 그것도 차트로만 제공하고 있어 도움이 되지 않고 있다. 즉 실제 현장의 매매가, 전세가는 일일이 네이버 매물, 전화조사, 현장조사를 해야 한다.

두번째 문제는 인기가 높은 지역은 실제 매입할 수 있는 매물이 귀하다. 몇 개 없는 매물도 가격이 금방금방 올라가기 때문에 허탕치는 경우가 부지기수다.

나의 경우도 구시 단위 2개 정도의 지역을 선정한 후 투자 아파트를 선택할 때 네이버 매물 정보를 전수조사를 한 뒤 엑셀에 넣어놓고 전수조사한 리스트 전체를 통해 제일 저렴한 물건 혹은 매매가와 전세가가 차이가 제일 적은 물건의 순위를 정해 놓고 매수를 한다. 지역을 선정하고 아파트 리스트를 뽑은 후에 거의 2일~3일, 16시간~24시간 정도가 소요된다.

하지만 이런 시간은 단순조사를 하는 것보다 500만~1000만 원 정도 저렴하게 매입할 수 있으니 해야 할 가치가 분명히 있다. 웬만한 직장인의 월급수준이다. (물론 가격이 내려가면 의미가 없다.)

하지만 이런 시간을 무한정 낼 수 없는 직장인들은?

그래서 직장인 투자 고수는 월차 등을 대부분 이런 곳에 사용하며 여름 휴가 정도로 짧게 다녀온다.

부자가 되는 길은 만만치 않다. 그래도 어느 정도 자산을 일궈 놓으면 수익률 10% 정도만 보면 시간적 여유가 많아질 가능성이 높다. 그때 되면 정말 하고 싶은 것을 하면서 시간을 보낼 수 있을 거라는 희망에 오늘도 매진하고 있다.

05

빅데이터에서 최고의 투자처를 도출한다

부동산 인공지능 프로그램의 기본 콘셉트는 다음과 같다.

| 부동산 인공지능 프로그램의 기본 콘셉트 |

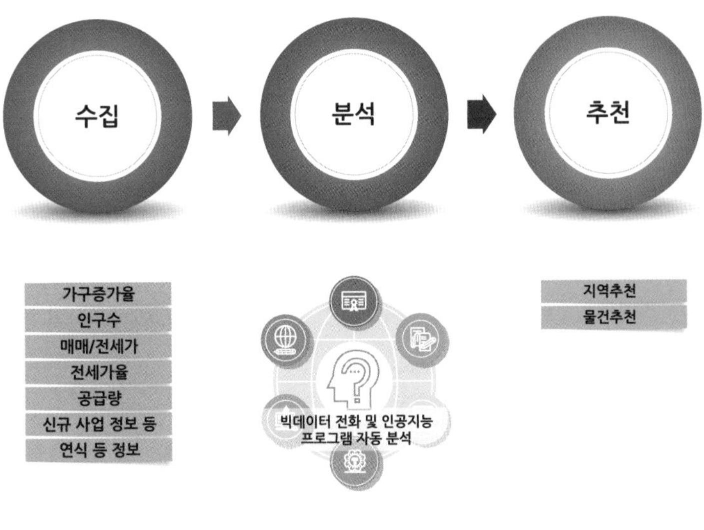

인공지능 프로그램은 먼저 첫 번째로 앞에서 언급한 가구수, 인구수, 매매가, 전세가, 공급량 등의 각종 데이터를 수집한다. 다음으로 빅데이터로 전환하는 데이터를 포함하여 과거의 모든 데이터를 분석하면서 투자 지역을 추천하고, 해당 지역 내의 아파트를 추천한다.

이때 해당 데이터는 과거와 현재의 데이터다. 과거의 데이터는 수익률을 증명한다. 전세 2년 갭투자의 경우 현시점 2018년 5월의 2년 전, 즉 2016년 5월까지 수익률의 결과를 알 수 있다.

인공지능 프로그램은 과거의 결과를 통해 현재를 예측하는 방식이다. 마치 구글의 인공지능 프로그램 알파고가 과거의 수많은 바둑 기보를 통해 학습을 해서 노하우를 쌓은 후 최고의 바둑기사들을 이겨냈듯이 말이다. 하지만 아파트 투자는 바둑처럼 원리가 간단하지도 않고, 결과가 이기고 지는 것처럼 단순하지도 않다. 투자 방식도 2년 전세 갭투자, 4년 전세 갭투자, 월세 투자, 건축, 경매 등 수많은 방법이 있다.(그중에서 2년 전세 갭투자가 제일 간단한 방식이다.) 데이터 역시 앞에서 언급한 가구수, 인구수, 매매가, 전세가뿐만 아니라 지역 호재 · 악재, 역세권, 선호도, 층수, 남향 · 북향 등의 방향, 인구 이동 등 수없이 많다.

연구의 핵심은 결과를 측정할 수 있는 예측 알고리즘 수치이며, 수많은 데이터 중에서 어떤 데이터를 넣을 것인지 사람이 어느 정도 정리를 해줘야 한다. 챕터 2에서 어떤 데이터를 사용하는지 설명한 내용을 보면 많은 도움이 될 것이다.

| 부동산 인공지능 프로그램의 데이터 분석 원리 |

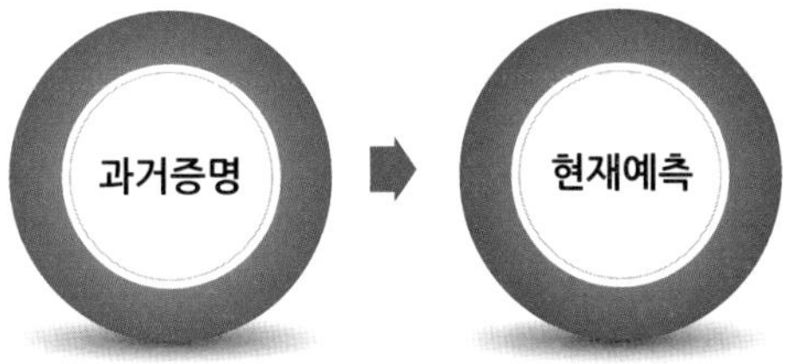

1. 과거 연도 높은 수익률 증명
2. 동일 조건 같은 알고리즘으로
3. 현시점 지역, 물건 제시

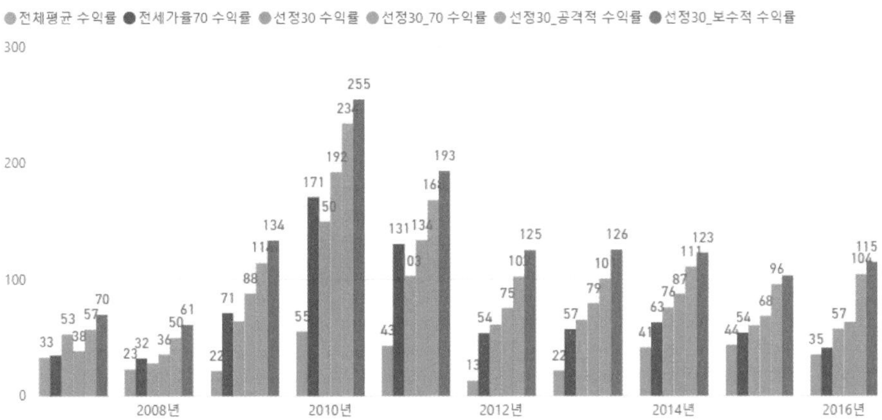

06

데이터/차트 프로그램을 활용하는 방법

부동산 인공지능 프로그램은 두 부분으로 나뉜다. 하나는 인공지능 프로그램에 넣기 전 데이터를 차트화해서 보는 프로그램이다. 그리고 다른 하나는 실제 지역과 지역 내 아파트를 예측 · 추천하는 프로그램이다. 특히 데이터를 차트화해서 보는 프로그램은 실제 투자를 할 때 도움이 된다.

필자는 인공지능 프로그램을 만들기 전 부동산 데이터에 대해 많은 연구를 했다. 20년 가까이 데이터베이스전문가로 활동하며 생긴 일종의 직업병 같은 증상이었다. 처음에는 단순히 실제 투자를 할 때 어떤 데이터가 매매가의 상승에 많은 영향을 주는지 여러 데이터를 비교하면서 판단하는 수준이었다.

예를 들어 부동산 데이터에서 가장 많이 언급되는 것이 수요와 공급이다. 수요는 '가구생애주기'라고 해서 보통 '인구수 × 0.5%'를 말한다. 또 공급은 해당 지역의 현재 아파트 세대수와 공급 예정인 아파트 세대수가 될 것이다. 아파트는 짜장면처럼 한번 먹고 마는 것이 아니기 때문에 공급이 되면 계속 누적된다. 그래서 필자는 '누적'된 수요와 공급 차트를 생각해냈다. 많은 강의를 들어보았지만, 수요와 공급에 누적된 데이터를 활용하는 곳은 없었다. 그러면 수요와 공급이 딱 맞아떨어지지도 않고, 수요와 공급만으로 설명이 되지도 않는다. 수요와 공급 차트는 다른 여러 차트와 같이 한눈에 봐야 한다.

아파트의 경우 재미있는 것이 같은 단지 내에서도 몇 층인지에 따라, 남향인지 여부에 따라, 창밖 조망이 좋은지에 따라, 평형 또는 수리 여부 등에 따라 가격이 다르게 산정이 된다는 점이다. 따라서 지역 내의 여러 데이터도 같이 살펴봐야 한다.

이제부터 주요 데이터/차트 프로그램을 소개하도록 하겠다. 여기서는 간략한 기능 정도만 소개하고 자세한 설명은 챕터 2에서 하겠다. 또 챕터 3에서는 연도별 추천 지역을 분석하고, 챕터 4에서는 추천 지역 내의 추천 아파트를 설명하면서 이 프로그램에 대해 계속 언급할 것이다.

데이터를 차트화한 프로그램에는 크게 지역 분석 프로그램이 있고, 다음으로 지역 내 아파트 분석프로그램이 있다. 주요한 지역 프로그램으로는 시 · 도 단위별 주요 차트, 구 · 시 단위별 주요 차트가 있다. 그리고 지역 내 아파트 분석 프로그램으로는 공급 예정 상세 분석 프로그램, 지역 내 아파트 분석 프로그램이 있다.

시 · 도 단위별 주요 차트는 중요한 차트를 한눈에 볼 수 있는 프로그램이다. 먼저 제일 좌측에는 시 · 도를 선택할 수 있는 기능이 있다. 해당 지역을 선택한 후에는 중요한 4개의 차트를 볼 수 있다. '서울의 주요 차트' 좌측 상단의 차트는 기본 매매지수, 전세지수 차트다. 이는 KB 시계열 데이터를 기초로 한다. 매매가와 전세가를 같이 보며 매매와 전세의 흐름을 같이 파악하는 것이 중요하다.

인공지능 프로그램의 '시도 차트' 중 다음 '서울의 주요 차트'를 보자. 우측 상단의 차트는 수요와 공급 누적 차트다. 이 차트에서 아랫부분의 촘촘한 빨간색 막대는 수요 값이다. 수요는 '인구수 × 0.5%'다. 서울 지역처럼 인구수가 점점 줄고 있는 지역은 자세히 보면 수요가 조금씩 줄어들고 있는 것을 알 수 있다. 그리고 파란색 막대는 공급 아파트 세대수 값이다. '수요 에너지 지수'라고 명명한 주황색 막대가 중요하다. 이는 '누적된 수요 ÷ 누적된 공급'을 말하는데, 수요에 비해 공급이 부족하면 수요 에너지 값이 점점 올라간다.

서울의 경우 2005년부터 공급이 부족해 에너지가 계속 올라가면서 쌓이고 있다. 에너지라고 표현하는 이유는 '부족하다', '쌓이고 있다' 식의 상태를 설명하는 데 적절하다고 생각하기 때문이다.(수요 에너지는 챕터 2와 챕터 4에서 자세히 다루고, 챕터 3에서는 시기별, 지역별 사례 중심으로 다루도록 하겠다.)

서울의 주요 차트의 좌측 하단의 전세 에너지도 수요 에너지와 함께 제일 중요한 에너지 차트다.(이 역시 챕터 2와 챕터 3에서 자세히 다루겠지만) 전세 에너지는 해당 지역의 전세가와 매매가를 비교했을 때 전세가가 더 많이 상승했으면 올라가고, 매매가가 더 많이 상승했으면 내려간다. 전세 에너지 역시 수요 에너지와 함께 상승 여력의 정도를 나타내는 양대 에너지 지수다.

우측 아래에는 미분양, 준공 후 미분양 수치를 보여주는 차트가 있는데 역시 챕터 2와 챕터 3에서 자세히 다루도록 하겠다.

| 서울의 주요 차트 |

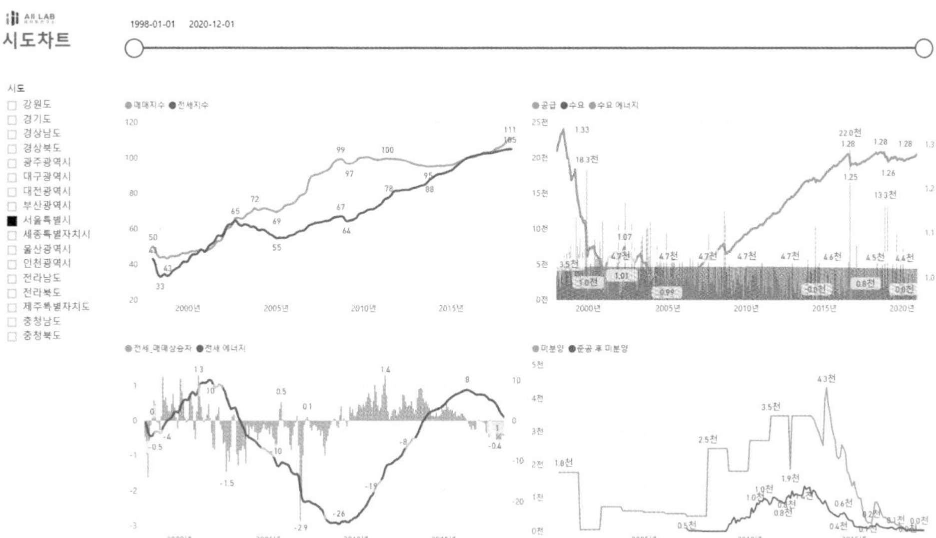

그 외에 제일 위쪽에는 기간을 조정해서 자세히 살펴볼 수 있는 기능이 있다. 예를 들어 기간을 조정해 2015년 4월 1일부터 자세한 흐름을 살펴보고자 하면 다음의 '서울의 주요 차트 기간 확대'처럼 결과가 나온다. 또한 우측 상단의 수요와 공급 차트에 마우스를 갖다 대면 상세 내역도 확인할 수 있다.

| 서울의 주요 차트 기간 확대 |

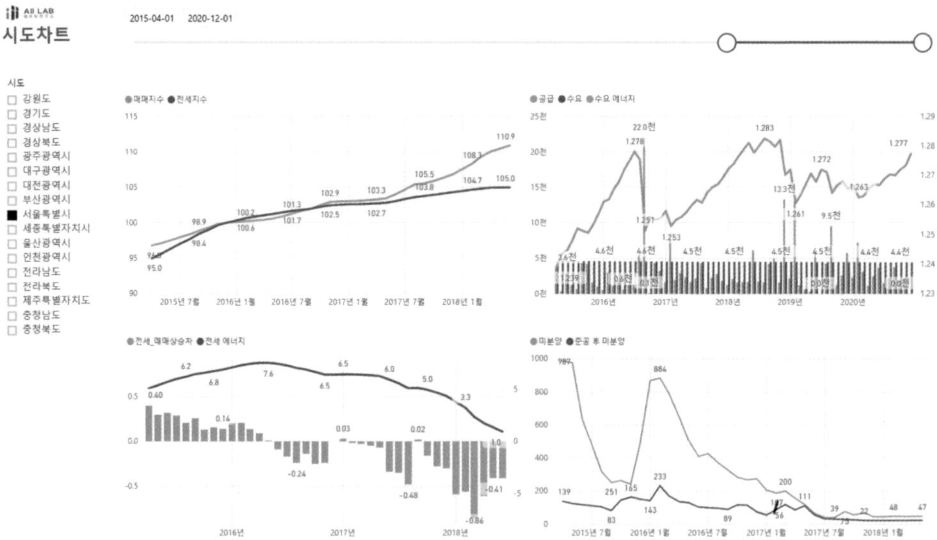

구 · 시 단위별 주요 차트는 시 · 도 단위의 주요 차트에서 하위 구 · 시 단위를 선택해서 볼 수 있다. 기본적으로 예측은 구 · 시 단위로 선택하도록 프로그램화되었다. 하지만 인구 이동으로 지역 간의 영향을 쉽게 받을 수 있으므로 시 · 도 단위의 지역 흐름도 보는 것이 중요하다. 예측 지역 역시 시도 단위로 추천하지만, 해당 시 · 도 내의 구 · 시 지역을 얼마나 많이 추천하는지도 중요한 판단 요소다.

| 구 · 시 단위별 주요 차트 |

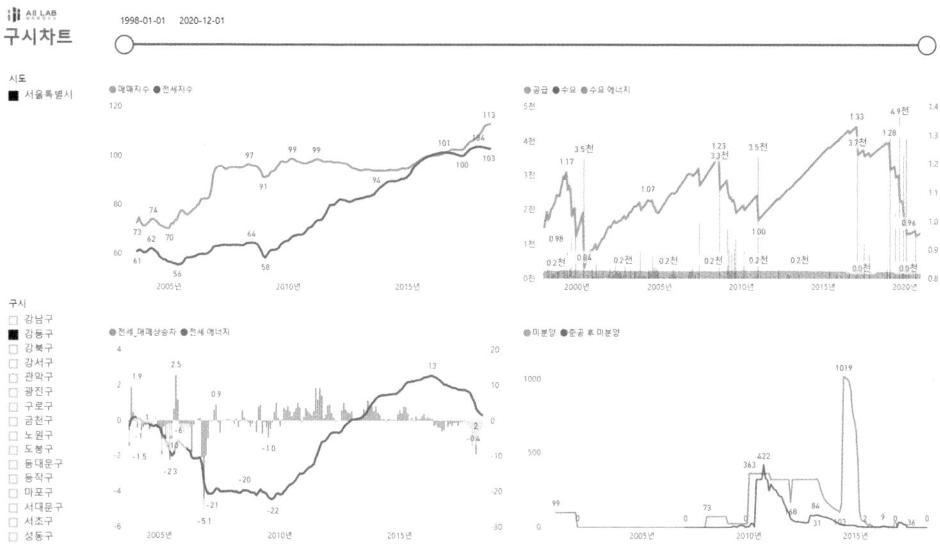

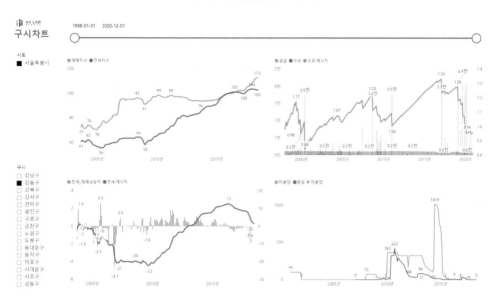

다음의 '공급 예정 상세 분석 프로그램'과 같이 공급 예정 아파트의 구체적인 시기와 위치 등의 정보, 평형대별 분포도를 제공한다. 하지만 지역의 기본적인 수요와 공급은 먼저 누적 수요 대비 누적 공급의 수요 에너지 차트를 통해 흐름을 분석하는 것이 첫 번째다. 지역을 선정하고, 아파트를 선정할 때에는 해당 지역 혹은 근처 지역까지의 공급 예정 물량, 공급 예정 물량의 입주일, 세대수, 평형별 구성 비율, 위치 등의 정보를 살펴본 후 투자 여부를 판단해야 한다.

특히 2년 전세 갭투자의 경우 만기 시점의 주변 입주량은 매우 중요하다. 계약 후 2년이 지난 시점으로 주변에 입주 물량이 많으면 전세 가격이 떨어지기 쉽고, 전세 가격이 떨어진다고 해서 매매 가격도 같이 하락하지는 않지만, 투자자 입장에서는 투자금이 많이 들어가므로 주의해야 한다. 보통 계약 2년 뒤의 시점에서 3개월을 뺀 시점부터 3개월을 더한 시점까지 영향을 받기가 쉬우나 예정 입주일이 늦어지는 경우가 많으므로 3개월을 뺀 시점부터 6개월을 더한 시점 정도까지 감안하는 게 좋다.

| 공급 예정 상세 분석 프로그램 |

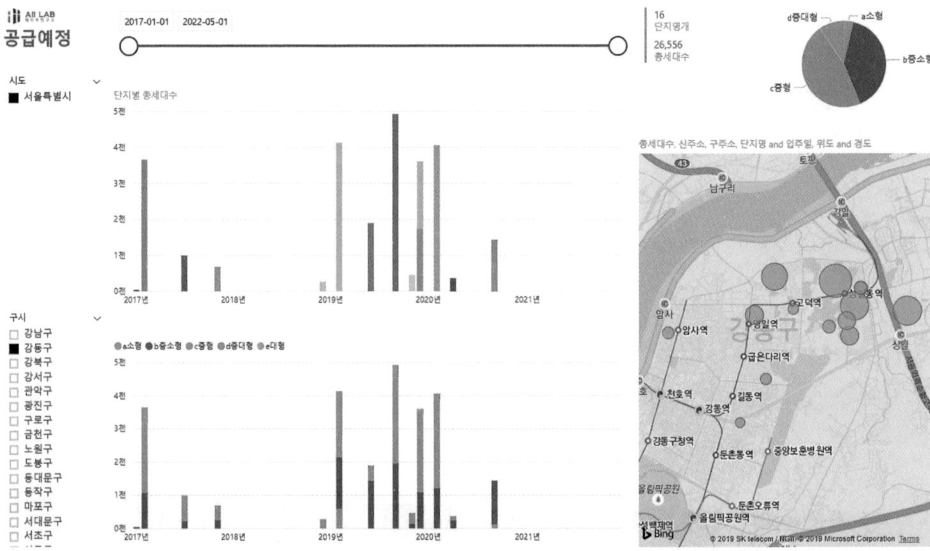

'지역 내 아파트 분석 프로그램'에서는 기존 아파트 역시 분석해야 한다. 특히 평형 정보와 연식 정보는 필수다. 매입하려는 아파트가 주변 대단지 랜드마크 격인 아파트의 메인 평형이라면 나쁜 쪽으로 영향을 받기 쉽다.

또한 입주 예정 물량의 평형이 기존에 인기 있는 평형으로 좋은 영향을 받을지, 희귀한 평형으로서 좋지 않은 영향을 받을지도 판단해야 한다. 기존 아파트와 신규 아파트를 포함해 현황을 분석해야 하며, 동 단위까지 분석해야 한다.

| 지역 내 아파트 분석 프로그램 |

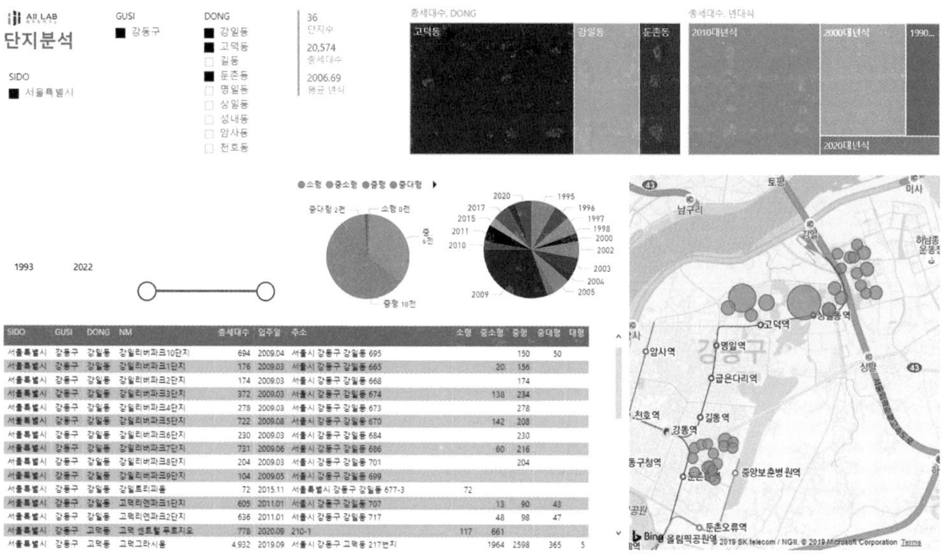

07

인공지능 예측 프로그램을 읽는 법

예측 프로그램의 종류에는 '지역 예측 프로그램', '지역 내 추천 아파트 통계 프로그램', '추천 아파트 프로그램' 세 가지가 있다.

여기서는 예측의 결과를 보여주는 프로그램을 간략하게 소개 정도만 하고, 챕터 2의 지역과 지역 내 아파트를 추천하는 데이터 관련 내용에서 자세히 다루도록 하겠다. 또 챕터 3에서 예측 프로그램을 활용하여 여러 투자 지역 중 최종 투자 지역을 선정하는 방법을 자세하게 설명한 내용을 보면 구체적인 사용 방법을 알 수 있을 것이다. 추천 아파트 프로그램 역시 챕터 4의 추천 지역 내 추천 아파트 관련 내용에서 자세한 사용 방법을 소개하도록 하겠다.

먼저 지역 예측 프로그램은 과거 연도의 예측과 결과를 같이 보여준다. 이를 통해 인공지능 프로그램이 예측한 지역, 추천한 지역이 얼마나 맞는지 한눈에 확인할 수 있다. 예측이 얼마나 잘 맞는지와 컬러 배경에 대해서는 앞에서 설명했다.

| 지역 예측 프로그램 |

AII LAB

투자예측b

85.21

투자 알고리즘 ...

일자
- ☐ 2007-01-01
- ☐ 2008-01-01
- ☐ 2009-01-01
- ☐ 2010-01-01
- ☐ 2011-01-01
- ☐ 2012-01-01
- ☐ 2013-01-01
- ☐ 2014-01-01
- ☐ 2015-01-01
- ■ 2016-01-01
- ☐ 2018-04-01

시도
- ☐ 강원도
- ☐ 경기도
- ☐ 경상남도
- ☐ 경상북도
- ☐ 광주광역시
- ☐ 대구광역시
- ☐ 대전광역시
- ☐ 부산광역시
- ☐ 서울특별시
- ☐ 울산광역시
- ☐ 인천광역시
- ☐ 전라남도

지역	가구증가	전세종합	수요공급종합	미분양	거래량 증가	주변입주량	추천 순위 ▲	과거결과 순위
서울 중구	63.00	310.00	-28.78	60.00	14.70	-5	1	50
전남 목포시	7.00	286.80	54.64	50.00	15.30	2	2	39
경남 진주시	56.00	261.90	-2.05	60.00	15.00	-5	3	19
서울 관악구	14.00	279.20	55.15	60.00	-5.40	2	4	27
서울 동작구	0.00	284.10	51.07	60.00	-5.70	0	5	7
전남 순천시	35.00	277.60	-2.87	30.00	-1.20	-5	6	22
경기 군포시	-21.00	284.90	73.36	60.00	-13.20	0	7	64
서울 마포구	-7.00	278.50	53.87	60.00	0.90	0	8	14
서울 구로구	49.00	259.30	27.24	60.00	-8.40	-5	9	10
서울 도봉구	-7.00	271.00	61.73	60.00	-1.80	-5	10	23
서울 강서구	63.00	280.40	-33.43	60.00	-1.80	-5	11	2
서울 성북구	-21.00	290.20	32.93	60.00	-8.70	0	12	20
서울 동대문구	-7.00	269.80	58.68	60.00	-9.60	-5	13	25
전북 전주시	28.00	276.10	9.27	60.00	-8.10	-5	14	52
인천 연수구	56.00	268.90	-14.79	40.00	30.00	-5	15	32
경기 고양시	49.00	279.30	35.30	-40.00	-9.90	-5	16	11
경기 성남시	14.00	266.30	-4.27	60.00	30.00	-5	17	1
서울 광진구	-7.00	248.00	50.11	60.00	-1.20	-5	18	17
대전 유성구	63.00	241.60	-5.81	-40.00	-0.60	0	19	158
경기 수원시	35.00	247.20	10.70	60.00	-7.20	-5	20	66
경기 광명시	-14.00	260.10	63.55	60.00	6.90	0	21	30
서울 노원구	-14.00	258.80	41.75	60.00	-5.10	-5	22	12
서울 강북구	-7.00	238.50	43.75	60.00	-11.10	7	23	68
부산 북구	42.00	209.30	49.99	60.00	16.80	-5	24	29
광주 광산구	49.00	280.30	-2.95	60.00	-12.30	2	25	67
인천 부평구	0.00	223.80	40.24	60.00	-10.50	-5	26	28
경기 용인시	42.00	272.80	18.26	-40.00	-10.80	-5	27	80
서울 서대문구	14.00	259.30	-51.88	60.00	16.50	0	28	18
전남 여수시	21.00	183.41	66.24	60.00	-7.50	-5	29	35
인천 남동구	49.00	188.33	-1.11	-20.00	-11.40	-5	30	60

과거 투자 결과 순위가 높을수록 녹색 배경이, 결과 순위가 낮을수록 빨간색 배경이 많다. 육안으로 추천 지역의 결과가 예측한 것과 어느 정도 맞아떨어지는지를 수치로 표시한 것이 예측 알고리즘 수치다. 2016년 1월을 예측한 것인데 수치가 85.21로 높은 편이긴 하지만 100%가 아닌 이상, 중간 부분의 대전 유성구처럼 추천 순위는 높아도 결과는 좋지 않게 나오는 경우가 있다.

챕터 3에서는 이처럼 인공지능 프로그램이 추천한 지역 중 실제 투자 지역을 선정하는(인공지능 프로그램에서 추천했지만 수익률이 좋지 않은 지역을 사람이 2차적으로 걸러내는) 여러 가지 방법을 소개한다.

| 투자 예측(결과) 및 데이터 항목 프로그램(2016년 1월 대전 지역만 선택) |

AII LAB

투자예측b

85.21

투자 알고리즘 ...

지역	가구증가	전세종합	수요공급종합	미분양	거래량 증가	주변입주량	추천 순위	과거결과 순위
대전 유성구	63.00	241.60	-5.81	-40.00	-0.60	0	19	158
대전 동구	-14.00	192.20	59.22	60.00	-5.40	2	34	143
대전 서구	28.00	213.80	-57.54	60.00	-16.50	0	66	97
대전 중구	0.00	160.08	52.54	50.00	-6.60	0	72	159
대전 대덕구	-14.00	160.50	38.55	60.00	5.70	0	78	152

일자
- ☐ 2007-01-01
- ☐ 2008-01-01
- ☐ 2009-01-01
- ☐ 2010-01-01
- ☐ 2011-01-01
- ☐ 2012-01-01
- ☐ 2013-01-01
- ☐ 2014-01-01
- ☐ 2015-01-01
- ■ 2016-01-01
- ☐ 2018-04-01

시도
- ☐ 강원도
- ☐ 경기도
- ☐ 경상남도
- ☐ 경상북도
- ☐ 광주광역시
- ☐ 대구광역시
- ■ 대전광역시

대표적인 방법 중 하나로 좌측 하단에서 시 · 도 단위의 지역을 선택하는 방법이 있다. 앞의 '투자 예측(결과) 및 데이터 항목 프로그램(2016년 1월 대전 지역만 선택)'처럼 2016년에 대전 지역을 선택하면 유성구 한 지역만 19위로 30위, 50위권 내에 유성구 지역을 포함하여 1~2개의 지역만 추천하고 있다. 같은 지역 내에서 일부 지역만 좋은 상황이 계속 유지되기는 어렵다. 예를 들어 유성구에서만 전세가율, 전세 가격이 매우 높고 다른 지역은 그렇지 않다면 만기 시 그 주변으로 이사를 갈 경우 어쩔 수 없이 해당 지역도 전세 가격이 조정되기 때문이다. 다음 '투자 예측(결과) 및 지역 내 추천 아파트 통계 프로그램(2014년 1월 서울)'은 2014년 1월 서울 지역의 지역 내 추천 아파트 통계 프로그램 화면이다. 지역 예측 프로그램이 지역을 추천한 여러 데이터 항목을 보여줬다면 지역 내 추천 아파트 통계 프로그램은 지역 내 추천 숫자, 평균 갭 등의 통계를 보여준다.

| 투자 예측(결과) 및 지역 내 추천 아파트 통계 프로그램(2014년 1월 서울) |

AII LAB

년도지역통계

81.50

일자
- ☐ 2007-01-01
- ☐ 2008-01-01
- ☐ 2009-01-01
- ☐ 2010-01-01
- ☐ 2011-01-01
- ☐ 2012-01-01
- ☐ 2013-01-01
- ■ 2014-01-01
- ☐ 2015-01-01
- ☐ 2016-01-01
- ☐ 2018-04-01
- ☐ 2018-05-01

시도
- ☐ 강원도
- ☐ 경기도
- ☐ 경상남도
- ☐ 경상북도
- ☐ 광주광역시
- ☐ 대구광역시
- ☐ 대전광역시
- ☐ 부산광역시
- ■ 서울특별시
- ☐ 울산광역시
- ☐ 인천광역시
- ☐ 전라남도
- ☐ 전라북도

				전체(평균)				전세가율70%(평균)			공격적 단지(평균)					보수적 단지(평균)				
SIDO	GUSI	최종순위	결과순위	물건수	전세가율	투자갭	수익률	70%단지수	투자갭	수익률	공격적 단지수	투자갭	수익률	best단지수	worst수	보수적 단지수	투자갭	수익률	best단지수	worst수
서울특별시	성북구	32	38	230	69.50	10,515	42.00	123	7,524	64.60	14	4,700	101.20	6	1					
서울특별시	동작구	35	78	212	67.20	16,393	29.20	89	10,084	47.40	5	5,300	47.60		2					
서울특별시	양천구	46	92	357	61.70	24,247	20.10	71	11,178	39.20	2	5,375	53.90							
서울특별시	관악구	53	66	146	67.40	12,155	26.60	51	8,238	49.60	7	5,307	94.10	4	1					
서울특별시	광진구	55	98	141	65.80	20,861	20.60	54	11,273	41.30										
서울특별시	동대문구	56	104	191	65.70	12,376	25.90	66	7,898	49.50	7	5,393	63.50	1	1					
서울특별시	중구	65	140	29	68.70	16,793	22.90	12	10,500	42.90										
서울특별시	구로구	67	73	352	64.70	11,960	21.20	130	7,119	40.70	24	4,673	52.10	2	7	2	1,875	25.90		2
서울특별시	도봉구	71	160	292	65.10	10,782	22.30	54	7,102	34.30	2	4,625	56.90							
서울특별시	서초구	72	48	383	60.50	36,745	30.90	83	11,012	52.90	10	4,675	87.50	4		1	3,000	150.00	1	
서울특별시	노원구	87	70	548	64.40	11,169	22.40	113	7,869	37.20	19	5,465	57.40	3	5					
서울특별시	금천구	88	60	78	63.30	10,107	28.70	20	5,783	64.70	6	3,667	110.00	4	1					
서울특별시	중랑구	91	128	213	64.40	11,339	17.60	45	7,320	37.20	10	5,300	53.00		2					
서울특별시	영등포구	92	88	369	61.30	24,054	21.50	95	8,870	45.70	8	4,950	68.60	2	1					
서울특별시	마포구	94	105	201	68.50	15,756	25.40	98	9,325	37.80	9	4,639	46.10	1	4					
서울특별시	강동구	95	138	239	61.60	17,511	22.20	59	8,760	41.00	4	3,188	21.30		4	2	2,750	18.20		2
서울특별시	은평구	96	122	110	63.30	11,507	13.10	18	7,417	36.40	5	5,650	57.70		1					
서울특별시	강북구	98	121	84	62.70	12,101	20.00	9	6,686	55.40	2	5,875	55.10							
서울특별시	송파구	101	136	340	58.50	29,761	12.20	34	10,454	25.20	4	4,638	35.40		2					
서울특별시	성동구	110	62	189	63.90	18,384	25.10	50	9,780	59.20	5	5,700	92.30	1						
서울특별시	강서구	111	44	331	65.00	13,351	29.70	107	7,764	56.80	21	5,102	88.60	8	2	1	3,000	158.30	1	
서울특별시	강남구	112	58	473	57.50	50,729	34.10	83	15,692	58.90	11	3,591	117.50	4	4	4	2,375	230.20	3	1
서울특별시	종로구	118	109	49	61.80	22,909	13.00	5	7,600	49.00										
서울특별시	서대문구	122	69	157	66.50	11,675	27.50	57	7,451	48.30	7	4,900	86.80	3	1					
서울특별시	용산구	131	139	156	49.60	48,526	8.00	6	10,692	36.40										
합계				5,870	63.54		23.29	1,532		46.06	182		68.89	43	39	10		116.52	5	5

빨간색 칼럼 부분을 보면 물건수, 전세가율, 투자 갭, 수익률이 있는데 여기에는 해당 지역의 전체(평균), 전세가율 70% 이상(평균)이 있고, 그 다음으로 공격적 단지(평균), 보수적 단지(평균)가 있다. 이 공격적 단지, 보수적 단지가 지역 내에서 추천하는 아파트의 숫자다. 보수적 단지가 좀 더 까다로운 조건이라고 생각하면 된다.

베스트 단지는 2년 전세 갭투자수익률이 100% 넘는 단지이며, 워스트(worst) 단지는 2년 전세 갭투자수익률이 40% 미만의 단지다. 보수적 조건은 이 워스트 단지의 숫자를 줄여주는 데 초점을 맞추고 있다.

동일 메뉴에서 2015년 서울의 경우를 보자. '투자 예측(결과) 및 지역 내 추천 아파트 통계 프로그램(2015년 1월 서울)'을 보면 중앙 하단 부분의 공격적 단지(평형) 숫자의 합계가 2014년 182개에서 2015년 269개로 늘었다. 그리고 2016년 421개에서 현시점인 2018년 다시 152개로 줄어들었다.

| 투자 예측(결과) 및 지역 내 추천 아파트 통계 프로그램(2015년 1월 서울) |

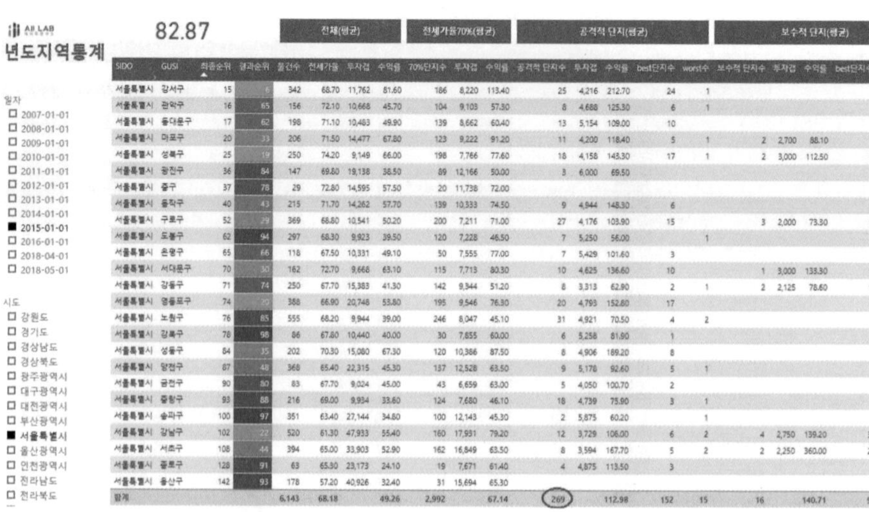

				전체(평균)				전세가율70%(평균)			공격적 단지(평균)					보수적 단지(평균)			
SIDO	GUSI	최종순위	결과순위	물건수	전세가율	투자갭	수익률	70%단지수	투자갭	수익률	공격적 단지수	투자갭	수익률	best단지수	worst수	보수적 단지수	투자갭	수익률	best단지수
서울특별시	강서구	15	6	342	68.70	11,762	81.60	186	8,220	113.40	25	4,216	212.70	24	1				
서울특별시	관악구	16	65	156	72.10	10,668	45.70	104	9,103	57.30	8	4,688	125.30	6	1				
서울특별시	동대문구	17	62	198	71.10	10,483	49.90	139	8,662	60.40	13	5,154	109.00	10					
서울특별시	마포구	20	33	206	71.50	14,477	67.80	123	9,222	91.20	11	4,200	118.40	5	1	2	2,700	88.10	
서울특별시	성북구	25	19	250	74.20	9,149	66.00	198	7,766	77.60	18	4,158	143.30	17	1	2	3,000	112.50	1
서울특별시	광진구	36	84	147	69.80	19,138	38.50	89	12,166	50.00	3	6,000	69.50						
서울특별시	중구	37	78	29	72.80	14,595	57.50	20	11,738	72.00									
서울특별시	동작구	40	43	215	71.70	14,262	57.70	139	10,333	74.50	9	4,944	148.30	6					
서울특별시	구로구	52	29	369	66.80	10,541	50.20	200	7,211	71.00	27	4,176	103.90	15		3	2,000	73.30	1
서울특별시	도봉구	62	94	297	68.30	9,923	39.50	120	7,228	46.50	7	5,250	56.00		1				
서울특별시	은평구	65	66	118	67.50	10,331	49.10	50	7,555	77.00	7	5,429	101.60	3					
서울특별시	서대문구	70	30	162	72.70	9,666	63.10	115	7,713	80.30	10	4,625	136.60	10		1	3,000	133.30	1
서울특별시	강동구	71	74	250	67.70	15,383	41.30	142	9,344	51.20	8	3,313	62.90	2	1	2	2,125	78.60	1
서울특별시	영등포구	74	20	388	66.90	20,748	53.80	195	9,546	76.30	20	4,793	152.60	17					
서울특별시	노원구	76	85	555	68.20	9,944	39.00	246	8,047	45.10	31	4,921	70.50	4	2				
서울특별시	강북구	78	98	86	67.80	10,440	40.00	30	7,855	60.00	6	5,258	81.90	1					
서울특별시	성동구	84	35	202	70.30	15,080	67.30	120	10,386	87.50	8	4,906	189.20	8					
서울특별시	양천구	87	48	368	65.40	22,315	45.30	137	12,528	63.50	9	5,178	92.60	5	1				
서울특별시	금천구	90	80	83	67.70	9,024	45.00	43	6,659	63.00	5	4,050	100.70	2					
서울특별시	중랑구	93	88	216	69.00	9,934	33.60	124	7,680	46.10	18	4,739	75.90	3	1				
서울특별시	송파구	100	97	351	63.40	27,144	34.80	100	12,143	45.30	2	5,875	60.20		1				
서울특별시	강남구	102	22	520	61.30	47,933	55.40	160	17,931	79.20	12	3,729	106.00	6	2	4	2,750	139.20	3
서울특별시	서초구	108	44	394	65.00	33,903	52.90	162	16,849	63.50	8	3,594	167.70	5	2	2	2,250	360.00	2
서울특별시	종로구	128	91	63	65.30	23,173	24.10	19	7,671	61.40	4	4,875	113.50	3					
서울특별시	용산구	142	93	178	57.20	40,926	32.40	31	15,694	65.30									
합계				6,143	68.18		49.26	2,992		67.14	269		112.98	152	15	16		140.71	9

| 투자 예측(결과) 및 지역 내 추천 아파트 통계 프로그램(2016년 1월 서울) |

AII LAB

년도지역통계

85.21

일자
- ☐ 2007-01-01
- ☐ 2008-01-01
- ☐ 2009-01-01
- ☐ 2010-01-01
- ☐ 2011-01-01
- ☐ 2012-01-01
- ☐ 2013-01-01
- ☐ 2014-01-01
- ☐ 2015-01-01
- ■ 2016-01-01
- ☐ 2018-04-01
- ☐ 2018-05-01

시도
- ☐ 강원도
- ☐ 경기도
- ☐ 경상남도
- ☐ 경상북도
- ☐ 광주광역시
- ☐ 대구광역시
- ☐ 대전광역시
- ☐ 부산광역시
- ■ 서울특별시
- ☐ 울산광역시
- ☐ 인천광역시
- ☐ 전라남도
- ☐ 전라북도

				전체(평균)				전세가율70%(평균)			공격적 단지(평균)					보수적 단지(평균)			
SIDO	GUSI	최종순위 ▲	결과순위	물건수	전세가율	투자갭	수익률	70%단지수	투자갭	수익률	공격적 단지수	투자갭	수익률	best단지수	worst수	보수적 단지수	투자갭	수익률	best단지수
서울특별시	중구	1	50	40	81.80	9,838	107.40	40	9,838	107.40	2	5,750	230.40	2					
서울특별시	관악구	4	27	161	79.70	8,105	67.50	145	7,451	71.00	9	4,111	127.10	7	2				
서울특별시	동작구	5	7	227	80.30	10,373	114.90	208	9,133	122.20	11	3,673	259.00	11		5	2,900	317.00	5
서울특별시	마포구	8	14	226	78.30	11,404	113.40	203	9,996	121.60	18	3,689	253.70	15		6	2,650	259.60	5
서울특별시	구로구	9	10	385	77.50	7,680	84.10	322	6,725	94.40	38	3,104	167.20	34		15	2,500	192.60	13
서울특별시	도봉구	10	23	302	76.80	7,760	61.00	264	6,708	66.00	11	4,182	73.80	2	2				
서울특별시	강서구	11	2	356	79.00	8,572	120.50	322	7,489	130.10	34	3,293	266.60	34		12	2,246	344.00	12
서울특별시	성북구	12	20	282	81.70	6,903	75.50	264	6,518	78.70	31	3,315	144.20	20	1	7	2,500	225.50	7
서울특별시	동대문구	13	25	208	76.90	8,865	73.50	181	7,816	78.40	17	4,294	156.00	15		1	2,500	240.00	1
서울특별시	광진구	18	17	155	75.90	16,247	116.70	124	11,891	131.20	10	5,000	247.30	10		1	2,500	280.00	1
서울특별시	노원구	22	12	557	76.00	7,769	66.90	465	6,921	70.90	62	3,875	99.30	26	2	10	2,800	131.80	9
서울특별시	강북구	23	68	91	75.00	8,448	44.80	70	7,550	49.80	10	4,375	82.20	5					
서울특별시	서대문구	28	18	165	77.80	8,102	97.30	138	7,020	111.90	8	3,706	220.50	8		2	2,500	352.10	2
서울특별시	양천구	35	16	376	73.70	17,794	77.40	245	11,839	84.60	18	4,819	130.70	14					
서울특별시	성동구	49	5	212	78.30	11,882	153.70	176	9,345	167.50	17	4,353	328.30	17		2	2,500	550.00	2
서울특별시	중랑구	50	37	238	77.30	7,579	50.90	202	6,757	56.10	20	3,570	114.00	16	1	4	2,375	118.80	4
서울특별시	송파구	59	9	386	70.40	23,028	96.20	226	13,154	111.50	6	5,333	146.00	6					
서울특별시	은평구	60	44	154	73.00	9,965	57.20	105	8,129	71.70	8	4,531	106.10	6	1				
서울특별시	강남구	63	4	544	66.30	45,492	96.10	275	20,883	118.70	12	3,813	117.60	8	1	1	2,750	45.50	
서울특별시	금천구	64	55	87	74.00	7,602	65.50	66	6,347	74.00	8	2,925	192.20	8		1	1,000	550.00	1
서울특별시	영등포구	67	3	397	73.90	17,777	103.50	274	8,918	126.20	21	3,745	254.20	21		6	2,500	341.00	6
서울특별시	강동구	70	13	261	74.40	13,136	106.80	204	8,617	116.40	24	3,981	123.10	13	2	3	1,717	70.80	
서울특별시	서초구	88	15	399	68.30	32,978	80.90	219	17,652	94.20	21	4,631	88.70	8	4				
서울특별시	용산구	98	31	189	61.50	38,459	61.30	65	16,973	107.30	1	6,000	158.30	1					
서울특별시	종로구	106	53	90	69.70	21,872	42.40	41	10,756	79.00	4	4,750	122.10	2					
합계				6,488	75.10		85.42	4,844		97.63	421		168.34	309	16	76		267.91	68

| 투자 예측(결과) 및 지역 내 추천 아파트 통계 프로그램(2018년 3월 서울) |

AII LAB

년도지역통계

일자
- ☐ 2008-01-01
- ☐ 2009-01-01
- ☐ 2010-01-01
- ☐ 2011-01-01
- ☐ 2012-01-01
- ☐ 2013-01-01
- ☐ 2014-01-01
- ☐ 2015-01-01
- ☐ 2016-01-01
- ☐ 2018-04-01
- ☐ 2018-05-01
- ■ 2018-06-01

시도
- ☐ 강원도
- ☐ 경기도
- ☐ 경상남도
- ☐ 경상북도
- ☐ 광주광역시
- ☐ 대구광역시
- ☐ 대전광역시
- ☐ 부산광역시
- ■ 서울특별시
- ☐ 세종특별자치시
- ☐ 울산광역시
- ☐ 인천광역시
- ☐ 전라남도

				전체(평균)				전세가율70%(평균)			공격적 단지(평균)					보수적 단지(평균)			
SIDO	GUSI	최종순위 ▲	결과순위	물건수	전세가율	투자갭	수익률	70%단지수	투자갭	수익률	공격적 단지수	투자갭	수익률	best단지수	worst수	보수적 단지수	투자갭	수익률	best단지수
서울특별시	중랑구	2		247	77.70	8,600		231	8,385		10	4,150				2	2,250		
서울특별시	강북구	9		106	74.80	10,077		90	9,824		3	5,083							
서울특별시	관악구	13		163	75.10	11,811		138	11,267		3	5,917							
서울특별시	도봉구	32		304	72.80	10,287		215	7,951		8	4,744							
서울특별시	종로구	38		96	71.20	22,324		57	15,614		1	4,500							
서울특별시	구로구	41		407	73.90	11,023		318	9,472		29	3,767				9	2,417		
서울특별시	강서구	44		363	68.60	15,885		194	12,623		4	5,688							
서울특별시	중구	47		69	70.10	22,728		38	21,059										
서울특별시	동대문구	49		253	71.30	15,072		168	11,795		2	5,500							
서울특별시	성북구	56		355	77.20	10,860		327	10,466		7	5,179							
서울특별시	노원구	58		558	71.90	10,599		378	8,937		27	4,778				2	2,500		
서울특별시	서대문구	60		182	74.30	12,044		156	11,353		4	5,375							
서울특별시	양천구	65		410	70.00	25,291		279	15,947		2	5,750							
서울특별시	은평구	69		248	71.80	15,240		172	12,836		2	5,125							
서울특별시	금천구	71		88	71.30	9,807		60	8,013		10	5,250							
서울특별시	동작구	80		252	68.40	22,271		117	16,733										
서울특별시	광진구	85		166	66.10	28,926		55	20,882										
서울특별시	서초구	95		430	60.60	55,455		169	24,386		17	4,647							
서울특별시	성동구	106		233	62.60	29,033		38	19,724										
서울특별시	마포구	108		258	69.40	22,221		119	14,548		8	4,713				1	1,700		
서울특별시	영등포구	110		413	66.10	27,731		201	16,137										
서울특별시	송파구	129		415	58.40	43,787		67	21,567		2	4,625							
서울특별시	강동구	134		293	67.80	20,459		132	12,625		11	4,455				2	2,250		
서울특별시	강남구	145		559	54.10	81,639		96	25,964		5	4,900							
서울특별시	용산구	149		238	52.90	59,838		9	19,944										
합계				7,108	68.74			3,824			155					16			

추천 아파트 숫자만 보면 서울 지역은 2016년이 투자하기 제일 좋은 시기였다고 볼 수 있다. 2018년 현시점은 2014년과 비슷하지만 2014년은 상승 진입 시점이었고, 2018년은 하락 시작 시점이라고 볼 수 있다. 어디까지나 추천 아파트 숫자 측면에서만 보면 그렇다는 말이다. 실제 투자를 할 때에는 여러 데이터를 복합적으로 봐야 한다.

이 기능 역시 챕터 3의 연도별 분석에서 활용하는 방법을 소개할 예정이므로 여기서는 간단하게만 살펴보고 넘어가도록 하자.

마지막으로 소개할 프로그램은 추천 아파트 프로그램이다. 추천 아파트 프로그램은 인공지능 프로그램을 이용해 실제 투자를 할 때 사용하는 메뉴다. 앞서 설명했듯이 인공지능 프로그램이 추천하는 30개 지역과 30개 지역 내에서 공격적 조건, 보수적 조건을 선택하고 특정 지역의 읍 · 면 · 동 단위까지 선택하면 추천 아파트 리스트를 확인할 수 있다.

또한 추천 아파트 프로그램에 투자금, 총 세대수, 연식, 전세가율 등 여러 가지 조건을 넣어서 투자할 만한 아파트를 찾을 수 있다. 더 자세한 내용은 챕터 4의 추천 지역 내 추천 아파트에서 다루도록 하겠다.

| 추천 단지 리스트 프로그램 |

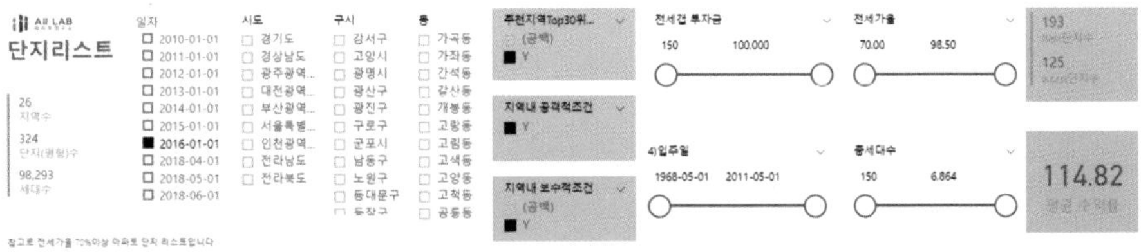

	시도	구시	동	단지명	총세대수	세대수	4)입주일	평형	전용	매매가	2년후 매가	전세가	갭	전세가율	1년전매가	최고점 매가	최저점 매가	6개월전 전세가	과거 수
-01-01	경기도	고양시	고양동	윤창	299	85	1997-07-01	1:84.12	58.98	12,500	14,000	10,750	1,750	86.00	12,250	12,500	8,250	10,500	8
-01-01	경기도	고양시	관산동	주공그린빌	1,192	3	2003-11-01	1:75.12	57.77	16,050	18,250	13,250	2,800	82.60	15,500	16,050	13,750	12,000	7
-01-01	경기도	고양시	대화동	장성마을(2단지대명)	591	300	1995-11-01	1:80.7	59.04	24,750	32,000	22,000	2,750	88.90	22,150	24,750	13,750	18,100	26
-01-01	경기도	고양시	대화동	장성마을(동부)	410	138	1995-11-01	1:75.18	52.05	22,750	28,000	20,500	2,250	90.10	20,750	22,750	11,900	17,500	23
-01-01	경기도	고양시	마두동	백마(쌍용)	576	140	1994-11-01	1:72.72	50.16	21,250	26,000	19,750	1,500	92.90	18,500	21,250	11,400	17,500	31
-01-01	경기도	고양시	백석동	백송(9단지두산)	462	140	1994-08-01	1:80.02	59.76	23,750	26,250	22,500	1,250	94.70	20,000	23,750	13,050	19,500	20
-01-01	경기도	고양시	백석동	백송마을(8단지선경,코오롱)	604	200	1994-10-01	1:71.67	51.03	20,000	23,000	18,750	1,250	93.80	17,000	20,150	11,000	17,250	24
-01-01	경기도	고양시	백석동	백송마을(한신)	436	180	1992-09-01	1:49.32	39.93	15,500	18,500	13,250	2,250	85.50	13,750	15,500	7,400	12,750	13
-01-01	경기도	고양시	성사동	신원당마을동신(2차)	495	255	1992-11-01	1:78.76	57.00	17,250	20,000	16,000	1,250	92.80	16,250	18,250	10,750	14,000	22
-01-01	경기도	고양시	일산동	에이스(11차)	272	113	1996-11-01	1:81.1	59.97	17,750	18,000	16,000	1,750	90.10	15,000	17,750	9,775	14,250	[illegible]
-01-01	경기도	고양시	일산동	일산동문	586	238	1996-10-01	2:79.85	59.40	17,500	19,000	16,000	1,500	91.40	15,000	17,500	9,500	15,000	10
-01-01	경기도	고양시	일산동	일산메가시티	178	10	2003-05-01	1:35.94	23.67	6,500	7,150	4,650	1,850	71.50	6,050	6,500	6,050	4,650	[illegible]
-01-01	경기도	고양시	일산동	한현1차주은	228	86	1999-12-01	1:86.99	59.58	16,500	19,500	14,900	1,600	90.30	15,500	17,000	14,500	13,000	18
-01-01	경기도	고양시	주엽동	강선(8단지럭키롯데)	966		1993-11-01	1:77.98	60.00	27,500	32,000	24,500	3,000	89.10	24,500	27,500	16,000	20,500	15
-01-01	경기도	고양시	주엽동	문촌(8단지동아)	738		1994-07-01	1:74.63A	59.92	24,250	28,500	21,250	3,000	87.60	21,750	24,250	14,800	19,500	14
-01-01	경기도	고양시	주엽동	문촌(8단지동아)	738		1994-07-01	4:73.848	59.28	24,250	28,500	21,250	3,000	87.60	21,750	24,250	14,750	19,500	14
-01-01	경기도	고양시	중산동	중산마을1단지두산	888	600	1995-10-01	2:78.42	59.97	19,250	22,000	17,400	1,850	90.40	17,600	19,250	10,750	16,000	14

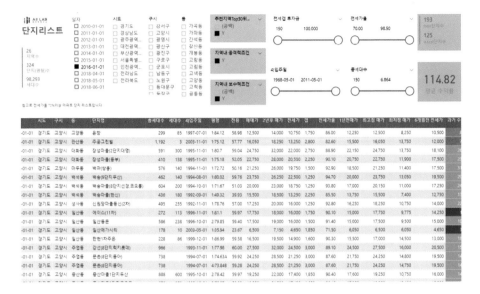

추천 아파트 프로그램 우측 상단에서 지역과 추천 지역, 추천 아파트 그리고 세대수, 연식 등 여러 조건을 선택하면 하단 부분에서 그 조건에 맞는 아파트 리스트를 보여준다. 아파트 리스트 좌측 상단에서는 아파트 리스트들의 지역수, 해당 아파트 단지수(같은 아파트 내의 평형은 다 보여준다.), 총 세대수를 보여준다. 또 아파트 리스트 우측 상단에는 해당 아파트 리스트들의 베스트 단지(2년 전세 갭투자수익률 100% 이상의 아파트)의 수, 워스트 단지(2년 전세 갭투자수익률 40% 이하의 아파트)의 수와 해당 아파트들의 평균수익률을 보여준다.

CHAPTER 2

빅데이터로 타이밍과 유망 지역을 통찰한다

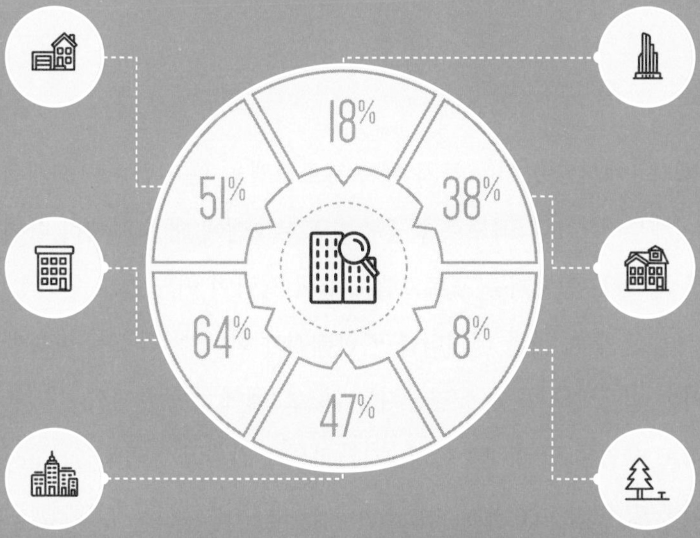

01

수익률과 직결되는 데이터를 한눈에

챕터 1에서 인공지능 투자 예측 프로그램을 흥미 위주로 소개했다면 이제부터는 본격적으로 인공지능 프로그램에 대해 자세히 다뤄보도록 하겠다. 인공지능 프로그램도 결국 사람이 어느 정도 연관성 있는 부동산 투자 관련 데이터를 입력해줘야 한다. 알파고에 바둑에서 이기는 법을 알려주듯이 인공지능 프로그램에 부동산에서 수익률을 높이는 방법을 알려줘야 한다. 기본적으로 알파고가 바둑을 두는 방법이라면, 인공지능 프로그램은 부동산 투자수익률을 계산하는 방법이 될 것이다. 알파고가 수많은 고수들의 기보를 통해 학습했듯이, 인공지능 프로그램에서도 고수들이 중요하다고 여기는 데이터 항목이 필요하다. 그러한 데이터가 얼마나 높은 수익률로 연결되었는지가 핵심이 된다.

다음 '투자 예측(결과) 및 데이터 항목 프로그램'은 챕터 1의 예측 프로그램에서 소개했던 시기별 투자 예측 프로그램 메뉴다. 여기에서 윗부분의 컬럼 빨간색 부분을 보면 인공지능 프로그램에서 사용한 데이터 항목을 확인할 수 있다.

| 투자 예측(결과) 및 데이터 항목 프로그램 |

AII LAB

투자예측

85.21

투자 알고리즘 ...

일자

- [ ] 2007-01-01
- [ ] 2008-01-01
- [ ] 2009-01-01
- [ ] 2010-01-01
- [ ] 2011-01-01
- [ ] 2012-01-01
- [ ] 2013-01-01
- [ ] 2014-01-01
- [ ] 2015-01-01
- [x] 2016-01-01
- [ ] 2018-04-01

시도

- [ ] 강원도
- [ ] 경기도
- [ ] 경상남도
- [ ] 경상북도
- [ ] 광주광역시
- [ ] 대구광역시
- [ ] 대전광역시
- [ ] 부산광역시
- [ ] 서울특별시
- [ ] 울산광역시
- [ ] 인천광역시
- [ ] 전라남도

지역	가구증가	전세종합	수요공급종합	미분양	거래량 증가	주변입주량	추천 순위 ▲	과거결과 순위
서울 중구	63.00	310.00	-28.78	60.00	14.70	-5	1	50
전남 목포시	7.00	286.80	54.64	50.00	15.30	2	2	39
경남 진주시	56.00	261.90	-2.05	60.00	15.00	-5	3	19
서울 관악구	14.00	279.20	55.15	60.00	-5.40	2	4	27
서울 동작구	0.00	284.10	51.07	60.00	-5.70	0	5	7
전남 순천시	35.00	277.60	-2.87	30.00	-1.20	-5	6	22
경기 군포시	-21.00	284.90	73.36	60.00	-13.20	0	7	64
서울 마포구	-7.00	278.50	53.87	60.00	0.90	0	8	14
서울 구로구	49.00	259.30	27.24	60.00	-8.40	-5	9	10
서울 도봉구	-7.00	271.00	61.73	60.00	-1.80	-5	10	23
서울 강서구	63.00	280.40	-33.43	60.00	-1.80	-5	11	2
서울 성북구	-21.00	290.20	32.93	60.00	-8.70	0	12	20
서울 동대문구	-7.00	269.80	58.68	60.00	-9.60	-5	13	25
전북 전주시	28.00	276.10	9.27	60.00	-8.10	-5	14	52
인천 연수구	56.00	268.90	-14.79	40.00	30.00	-5	15	32
경기 고양시	49.00	279.30	35.30	-40.00	-9.90	-5	16	11
경기 성남시	14.00	266.30	-4.27	60.00	30.00	-5	17	1
서울 광진구	-7.00	248.00	50.11	60.00	-1.20	-5	18	17
대전 유성구	63.00	241.60	-5.81	-40.00	-0.60	0	19	158
경기 수원시	35.00	247.20	10.70	60.00	-7.20	-5	20	66
경기 광명시	-14.00	260.10	63.55	60.00	6.90	0	21	30
서울 노원구	-14.00	258.80	41.75	60.00	-5.10	-5	22	12
서울 강북구	-7.00	238.50	43.75	60.00	-11.10	7	23	68
부산 북구	42.00	209.30	49.99	60.00	16.80	-5	24	29
광주 광산구	49.00	280.30	-2.95	60.00	-12.30	2	25	67
인천 부평구	0.00	223.80	40.24	60.00	-10.50	-5	26	28
경기 용인시	42.00	272.80	18.26	-40.00	-10.80	-5	27	80
서울 서대문구	14.00	259.30	-51.88	60.00	16.50	0	28	18
전남 여수시	21.00	183.41	66.24	60.00	-7.50	-5	29	35
인천 남동구	49.00	188.33	-1.11	-20.00	-11.40	-5	30	60

데이터 항목에는 예측 연월, 지역명, 가구 점수, 전세 종합점수, 수요 · 공급 종합점수, 미분양 점수, 거래량 증가 점수, 주변 입주량 점수가 있다. 그리고 추천 순위와 과거결과 순위가 있다.

예측 연월, 지역명, 추천 순위는 설명할 필요가 없는 부분이고, 나머지 부분을 설명하자면 가구 점수는 가구 증가율 점수다. 거래량 점수는 전년과 비교했을 때의 거래량 증가율 점수다. 입주량 점수는 2년 후 해당 지역의 주변 지역(주변 지역이란 해당 지역과 지도상 인접한 지역을 말한다.)을 포함한 입주량 관련 점수다. 미분양 점수는 단순 미분양 수치와 준공 후 미분양 수치의 조합이다. 전세 종합점수와 수요 · 공급 종합점수에서 핵심적이고 매우 중요한 정보로 미분양, 전세 에너지와 수요 에너지를 이해하면 되는데, 이들 항목에 대해서는 다음 챕터부터 자세히 다루도록 하겠다.

시기별 투자 예측 프로그램 메뉴를 통해서도 대략적인 판단을 할 수 있다. 표에서 마이너스(–)가 붙은 점수는 나쁜 점수다. 쉽게 이해할 수 있도록 표의 각 칸 배경색에 색깔을 입혔다. 예를 들면 추천 순위 1위인 서울 중구의 경우 공급 종합점수와 입주량 점수가 마이너스다. 그러면 수요 · 공급에 뭔가 문제가 있다. 이 경우 '2년 후 주변에 입주 물량이 조금 있겠구나' 정도로 해석하고 입주 예정인 아파트를 상세히 분석해 봐야 한다. 공급에 대한 분석은 챕터 1에서 소개한 공급 예정 상세 분석 프로그램과 지역 내 아파트 분석 프로그램 메뉴를 이용하면 된다.

02

미분양과 준공 후 미분양

이번에는 미분양과 준공 후 미분양 항목을 자세히 살펴보자. (이해하기 쉬운 항목부터 설명하고 있다.) 미분양은 완공 전 분양 못한 아파트 세대수가 있는 것을 말하며, 준공 후 미분양은 완공을 해서 입주할 수 있는 상태에서 분양 못한 아파트 세대수가 있는 것을 말한다. 당연히 준공 후 미분양이 더 심각한 상황을 보여주는 수치다.

먼저 몇몇 지역의 미분양과 준공 후 미분양 차트를 살펴보도록 하자. 미분양과 준공 후 미분양 차트는 챕터 1에서 설명한 데이터/차트 프로그램의 우측 하단(53p)에 있다. 과거 경기도 지역 내에서 공급량이 많았던 용인 지역의 미분양과 준공 후 미분양 차트를 다음 '용인 지역의 미분양과 준공 후 미분양 차트'를 통해 살펴보자.

용인 지역은 2008년부터 2014년 초까지 계속해서 4,500세대 이상의 미분양을 유지했다. 2010년 9월부터 미분양은 6천 세대, 준공 후 미분양은 3천 세대가 넘었으며 이는 2015년 6월까지 유지되었다. 준공 후 미분양은 2012년 11월 이후 계속 줄어드는 양상이다. 미분양 수치 역시 2015년 11월에 잠깐 8천 세대까지 늘었다가 급격히 줄어들어서 2018년 1월에는 미분양이 1,080세대, 준공 후 미분양이 467세대였다. 대체적으로 용인 지역의 미분양은 2012년 말부터 줄어들고 있다고 볼 수 있다.

| 용인 지역의 미분양과 준공 후 미분양 차트 |

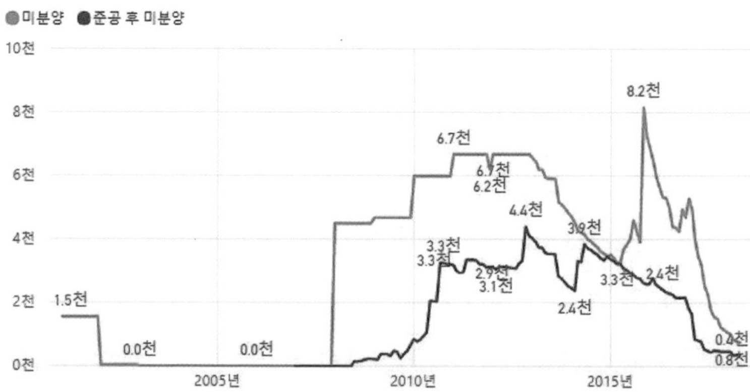

그렇다면 그 기간 동안 실제 매매지수는 어떻게 변했을까? '용인 지역의 KB 매매 · 전세지수 차트'를 보면 용인은 2013년 9월 최저점을 찍고 2016년 2월까지 상승하다가 그 이후 보합세를 유지하는 모습을 보이고 있다. 미분양이 2012년 말부터 해소되면서 매매가가 올라가기 시작했다고 볼 수 있다. 또한 2008년 1월 미분양이 0에서 4,500세대로 갑자기 늘었고, 2012년 말까지 수치가 줄어들지 않았다. 매매

지수는 2007년 중순부터 하락하기 시작해 2013년 중순쯤 반등 상승했다. 역시 1년여의 시간 차이가 있지만, 분명 상관관계가 있다고 말할 수 있다. 부동산 시장에서 미분양이 늘어나면 하락의 신호로, 미분양이 줄어들면 반등의 신호로 해석하는 이유가 있는 것이다.

| 용인 지역의 KB 매매 · 전세지수 차트 |

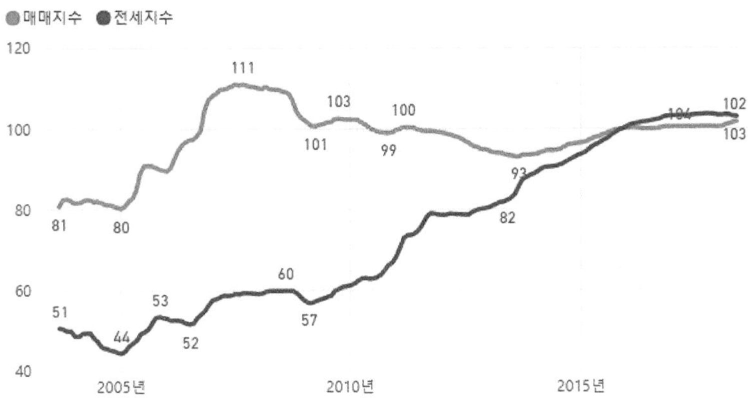

경기도 지역 내에서 공급이 많은 '화성 지역의 미분양과 준공 후 미분양' 차트도 살펴보자. 화성에는 통탄 신도시가 있어 2015년부터 2017년까지 6만 세대가 입주했으며, 2018년~2019년 역시 6만 세대가 입주할 예정이다. 2013년에는 4,400세대의 미분양이 있었고, 2015년 말에는 3,600세대 정도의 미분양이 있었다. 하지만 준공 후 미분양은 거기에 비하면 미미한 수준이다.

| 화성 지역의 미분양과 준공 후 미분양 차트 |

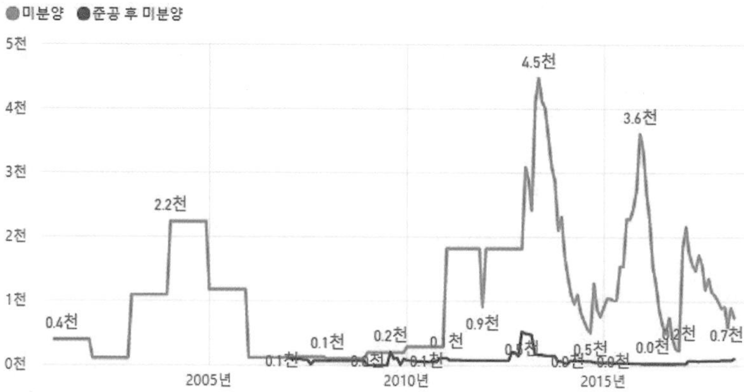

| 화성 지역의 KB 매매 · 전세지수 차트 |

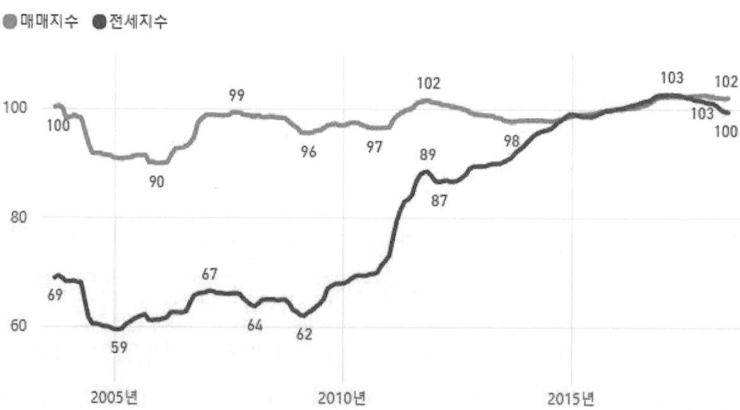

화성 지역의 미분양은 점점 줄어들고 있고, 특히 준공 후 미분양은 거의 없는 수준이다. 즉, 공급이 많기는 하지만 수요도 풍부해서 잘 소진되고 있다는 뜻이다. 하지만 매매가의 상승폭은 매우 낮은 편이

다. 그래도 어느 정도 연관성이 있다고 말할 수 있다. 미분양, 준공 후 미분양은 특정 시점, 특정 지역에서 연관성이 있는 경우가 많다. 하지만 연관성이 없는 경우 역시 많다.

다음으로 전남 순천시의 경우를 보자. 전남 순천시는 2012년 6월부터 2015년 11월까지 하락세를 보였다. 하지만 동일 기간 동안 미분양, 준공 후 미분양의 수치는 꾸준히 하락했다. 당시 상황을 보면 공급과 수요(인구수 × 0.5%)는 비슷하게 유지되었다.

| 순천 지역의 미분양과 준공 후 미분양 차트 |

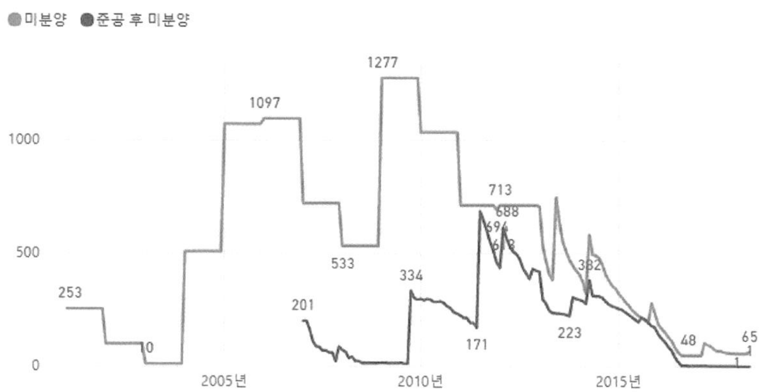

이렇게 미분양, 준공 후 미분양 차트만 보면 안 되고 공급량까지 볼 수 있는 종합 차트를 봐야 한다. 매매지수, 전세지수 차트를 보는 것도 기본이다. (준공 후) 미분양 점수 역시 종합적으로 분석한 수치여야 한다. 또한 어떤 항목을 수치화할 것인가도 중요하다. 예를 들어 (준공 후) 미분양 차트의 기울기가 늘어나거나 줄어드는 기준 혹은 지역별로 일정 수량 이하의 미분양 수치 상관 유무 등도 고려해야 한다.

그리고 해당 지역에 아파트 신규 공급이 없으면 당연히(준공 후) 미분양 수치도 없을 테니 이 역시 고려해야 한다. 즉, 공급이 있을 때 수치가 0인 경우와 공급이 없을 때 수치가 0인 경우는 다르다.

| 순천 지역의 KB 매매 · 전세지수 차트 |

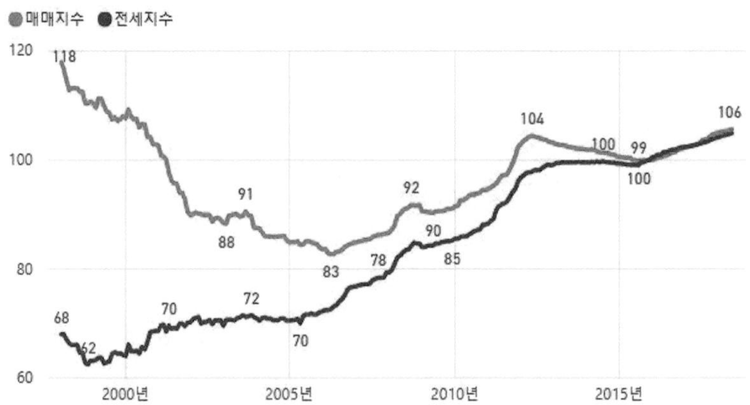

| 순천 지역의 수요 · 공급 |

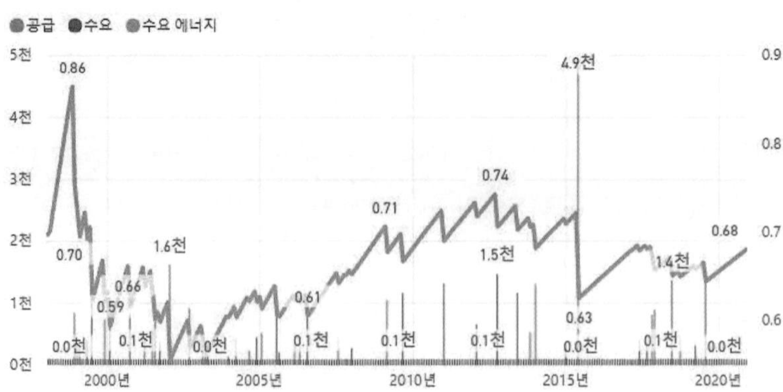

그렇게 해서 미분양의 여러 항목 중 투자 예측 알고리즘 수치가 가장 높은 것은 어떤 것일까? 다소 복잡하게 느껴질 수 있는 내용으로 부동산 빅데이터에 대해 관심이 많지 않다면 이 부분은 그냥 넘어가도 좋다.

미분양 항목은 다음의 네 가지 형태로 데이터를 만들었다.

① 1년 수요의 10%와 비교했다. 구체적으로 최근 2개월 평균 미분양 수량에서 1년 적정 수요의 10%를 나누어(1년 적정수요는 흔히 '인구수 × 0.5%'로 계산한다. 구글에서 '주택 수요 0.5%'나 '가구생애주기'로 검색하면 지역 내 1년의 적정 수요는 인구수 × 0.5%로 계산함을 알 수 있다.) 비율이 크면 클수록 좋지 않은 점수를 갖도록 -1을 곱했다.

② 미분양의 기울기 값으로 구현해 봤다. 구체적으로 최근 2개월 평균값과 최근 5개월 전의 값을 비교해서 얼마나 줄어들었는지를 계산했다. 줄어들었으면 플러스(+)로, 늘어났으면 마이너스(-)로 계산했다.

③ 위 ② 항목에서 단순 기울기 값에 최대값을 걸었다. 기울기가 100% 넘어갈 경우, 예를 들어 5개월 전엔 미분양 수량이 100세대였는데, 최근 2개월 평균 200세대라면 기울기는 (200 - 100) / 100 = 100이 되는데, 300세대라면 (300 - 100) / 100 = 200으로 100세대밖에 차이가 나지 않지만 비율로는 더 많은 차이가 나기 때문이다.

④ 위 ③ 항목에 ② 항목을 합쳤다. 연간 수요가 10% 미만이면 ① 항목에 플러스 점수를, 10% 이상이면 ③ 항목에 플러스 점수를 주었다.

이렇게 항목들을 만들고 인공지능 프로그램을 돌린 결과 투자예측 알고리즘 수치는 어떻게 나왔을까?

결과적으론 미분양 항목 중 ①의 1년 수요 10% 비율보다 기울기를 고려한 항목이 더 좋은 결과를 얻었다. 하지만 기울기만으로 계산하든 최대값을 설정하든 1년 수요를 고려하든, 결과치의 차이는 미세하다(사실70점 이하는 의미가 없는 수치다).

| 미분양 항목 단독 예측 알고리즘 수치 |

구분	미분양 항목			
시기	①	②	③	④
2008.01.	45.51	57.28	57.28	56.18
2009.01.	41.59	61.29	61.26	61.64
2010.01.	37.23	66.3	66.3	63.74
2011.01.	42.25	64.63	64.72	71.89
2012.01.	50.34	55.71	55.75	70.89
2013.01.	49.23	65.71	65.71	52.13
2014.01.	50.5	67.66	67.69	67.14
2015.01.	58.03	66.69	66.69	56.42
2016.01.	76.49	64.95	64.99	54.65
평 균	**50.13**	**63.36**	**63.38**	**62.25**

준공 후 미분양 항목을 살펴보면 ①~④ 데이터 항목은 단순 미분양과 같다. ① 항목만 준공 후 미분양 쪽이 조금 높고, 나머지 ②~④ 항목은 조금 낮지만 거의 비슷한 수준이다. ⑤ 항목이 그나마 제일 점수가 높다. ⑤는 어떤 항목일까? 바로 입주량을 고려한 항목이다. 해당 지역의 1년 내 입주 물량을 고려했다. 구체적으로 1년 내 입주 물

량 이 수요의 10%를 초과할 경우만 ③의 기울기 항목으로 계산했고, 입주 물량이 10% 미만인 경우 점수를 부여하지 않았다. 즉, 입주 물량이 있음에도 기울기가 가파르게 줄어드는 경우만 점수를 부여한 것이다. 그래서 최고 점수를 받았다.

| 준공 후 미분양 항목 단독 예측 알고리즘 수치 |

구분	준공 후 미분양 항목				
시기	①	②	③	④	⑤
2008.01.	52.33	55.85	55.85	50.62	57.76
2009.01.	38.91	63.43	63.46	59.83	61.27
2010.01.	38.24	65.93	65.93	61.01	64.31
2011.01.	39.59	69.3	69.3	77.31	74.82
2012.01.	48.22	67.35	67.4	64.43	66.35
2013.01.	55.44	61.45	61.45	61.22	63.85
2014.01.	59.14	64.9	64.9	63.63	70.25
2015.01.	65.37	54.18	54.18	60.68	60.87
2016.01.	79.24	58.28	58.3	55.54	65.38
평 균	**52.94**	**62.30**	**62.31**	**61.59**	**64.98**

현재 분양 관련 데이터는 없어서 준공 후 미분양 항목만 입주 물량을 고려해서 항목을 만들었는데, 분양 데이터를 바탕으로 분양 후 미분양 물량을 측정하면 결과가 또 다르게 나올 수도 있다. 그리고 (준공 후) 미분양의 경우 물량보다는 기울기가 그나마 더 좋은 결과를 보여주고 있음을 알 수 있다(74p '순천 지역의 미분양 및 준공 후 미분양 차트'를 참조해 보자).

투자 예측 결과를 측정할 수 있는 인공지능 프로그램을 만들고, 어떤 항목이 좋은 결과를 낼지 생각해 보고 결과를 내본 후 생각했던 것과 결과가 맞는지 체크했을 때 맞으면 기쁘고, 맞지 않으면 어떤 것을 놓쳤는지 다시 생각해 보는 일련의 과정은 참으로 유익하다. 이러한 과정은 부동산 투자 공부를 하는 데 많은 도움이 된다.

미분양, 준공 후 미분양의 투자 예측 결과는 전반적으로 70점대 미만이다. 70점 미만은 거의 의미가 없고, 70점 이상 항목들의 보조적인 역할만 할 뿐이다. 그러나 인공지능 프로그램에서 그렇다는 말이지, 실제 부동산 투자에서도 보조적인 항목이라고 단언할 수는 없다. 특히 미분양은 선행지표다. 예를 들어 미분양이 발생되고 1년 정도 있다가 매매지수가 하락한다든지, 미분양이 줄어들고 1년 정도 있다가 반등한다든지 하는 경우가 많다. 뒷부분에서 자세히 다루겠지만, 인공지능 프로그램에서 추천 순위는 좋은데 투자 결과가 좋지 않은 경우도 많고, 하나하나 따져보면 (준공 후) 미분양 같은 항목에서 수치가 나쁘게 나와서 그런 경우가 많기 때문이다.

지금까지 (준공 후) 미분양 항목을 절대값, 기울기같이 다양한 형태로 수치화하고, 투자 예측 결과와 어느 정도 상관이 있는지 알아보았다. 이제 인공지능 프로그램에 대해 조금은 감이 올 것이다. 데이터 하나를 가지고도 그것을 해석하는 방법은 무궁무진하다.

사실 인공지능 프로그램은 하나의 도구로 활용할 뿐 현상을 보고 데이터화하는 능력, 데이터를 보고 현상을 해석하는 능력을 키우는 것이 더 중요하다. 인공지능 프로그램이 나오기 전까지는 그러한 능력이 중요하지 않았다. 하지만 이제 시대가 달라졌고, 시대는 다른 능력을 요구하고 있다.

결과적으로 (준공 후) 미분양은 실제 부동산 투자와 달리 투자 인공지능 프로그램에서는 영향력이 미미한 항목이다. 통계적으로 그렇다는 말이다. 실제 투자 시에는 반드시 체크해야 하는 항목이다. 어쩌면 인공지능 프로그램에서는 투자 추천 지역이 아니라 투자하면 안 되는 지역을 찾을 때 (준공 후) 미분양을 중요한 항목으로 여길지도 모른다.

03

시장의 심리를 읽을 수 있는 '전세 에너지'

이제 실제 부동산 투자 시에도 중요하고, 인공지능 프로그램에서도 중요한 전세 에너지 항목에 대해 살펴보도록 하자.

(준공 후) 미분양이 실제 투자 시에는 중요한 자료이지만, 인공지능 투자 예측 결과에는 크게 영향을 미치지 않는다는 것을 확인했다. 하지만 투자 시 이를 반드시 확인해야 하는 것에는 이견이 없다. 다만 인공지능 프로그램에서 사용하는 종합 추천 점수에서는 중요도가 약할 뿐이다.

일반적으로 잘 모르는 데이터이지만, 전세가율만큼이나 중요한 것이 전세 에너지이다.

우선 아파트를 매입하는 주체를 뜻하는 실수요와 가수요의 개념을 정확히 이해해야 한다. 먼저 실거주 목적으로 매입하는 수요 외에 미래의 가치 상승을 목적으로 투자하는 매입 형태를 '가수요'라 한다. 또 '실수요'는 미래가치와 상관없이 현재 거주 목적으로 매입 혹은 전세 형태로 거주하는 수요를 말한다. 투자 시장에서는 실거주 목적으로 매입하는 수요를 제외하고, 투자 목적으로 매입하는 가수요와 전세로 거주하는 전세수요의 실수요가 팽팽하게 줄다리기하는 양상을 보인다.

그렇다면 차트를 통해 가수요와 실수요의 형태가 어떻게 나눠지는지 자세히 살펴보도록 하자.

'서울 노원구의 매매 · 전세지수 차트'를 보면 2006년 9월부터 2008년 9월까지 전세지수보다 매매지수가 급격하게 오른 것을 확인할 수 있다. 이렇듯 전세지수보다 매매지수가 가파르게 오르거나 2018년 최근의 모습처럼 전세지수는 떨어지는데 매매지수는 상승하는 시황 역시 가수요장이다. 반면 전세지수가 매매지수보다 더 오르거나 비슷하게 올라가는 패턴을 보이는 때를 실수요장이라고 한다. 가수요장이 지속되면 투기 수요 비슷한 거품이 생기기 쉽다. 그렇게 거품이 생기면 종국에는 거품이 꺼지고 매매가가 하락하게 된다. 수도권에서는 2009년 전후쯤부터 2013년까지 무려 5년~6년 정도 하락장이 발생되었다.

하락장에서도 실수요인 전세 가격은 꾸준히 상승한다. 아파트 가격이 계속 떨어지면 건설업체에서 채산성이 떨어진다는 이유로 신규 공급을 계속 안 하기 때문이다. 하지만 아파트의 수요가 되는 세대수는 꾸준히 늘어난다. 즉, 공급은 줄어드는데 수요는 계속 늘어나는 형국이 된다. 매매가 하락이 진정되기까지도 전세가는 실수요에 의해 꾸준히 상승한다. 매매가는 거품이 걷히면서 하락하더라도 실제 수요 대비 공급은 부족하기 때문에 전세 가격은 계속 오르게 된다. 그러다가 매매가와 전세가가 비슷해지는 시점까지 가게 되면 매매가가 전세가보다 낮을 수는 없다는 인식에 따라 매매가가 전세가와 비슷하게 맞춰진다. 매매가와 전세가가 비슷하게 오르는 시장이 실수요장이다. 매매가의 하락이 진정되는 시점은 매매가가 전세가와 거의 비슷해지는 시점이다.

실수요장에서 매매가가 어느 정도 오르면 건설업체들의 채산성이 좋아져 다시 아파트의 신규 공급이 활성화된다. 그리고 기존의 임차인도 계속 오르는 전세가에 부담을 느껴 매매로 전환하게 된다. 그러다 공급이 수요를 초과하게 되면 실수요 중 전세 수요로 인한 전세가가 보합 혹은 하락하게 된다. 그렇지만 한번 상승세를 탄 매매가는 계속 유지되는 가수요장이 발생한다.

한번 상승세를 타면 상승 에너지를 완전히 소진 혹은 방출할 때까지 흐름이 유지되기도 한다. 10년 전인 2008년쯤이 그랬다. 당시 상승 에너지가 완전히 소진될 때까지 매매가의 상승세가 유지되었다. 단, 모든 지역이 그렇게 상승 에너지가 완전히 소진될 때까지 매매가의 상승이 이어지는 것은 아니다.

가수요와 실수요의 흐름은 전세 에너지라는 수치로 파악할 수 있다. 전세 에너지는 '전세지수 상승폭 – 매매지수 상승폭의 누적 합'이다. 그 수치를 차트로 표현한 것이 전세 에너지 차트다.

'서울 노원구의 전세 에너지 차트'를 한 번 보자. 노원구는 2006년 9월부터 2008년 8월까지 매매지수가 전세지수보다 급격히 올라가는 가수요장이 발생했다. 이때 전세 에너지 지수는 점차 하락했다.

| 서울 노원구의 매매 · 전세지수 차트 |

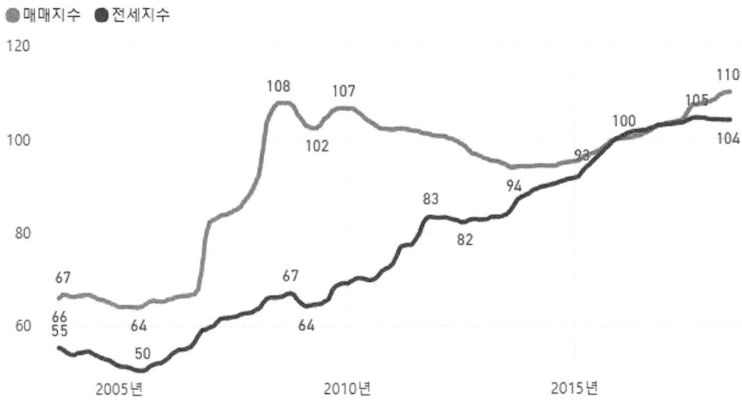

| 서울 노원구의 전세 에너지 차트 |

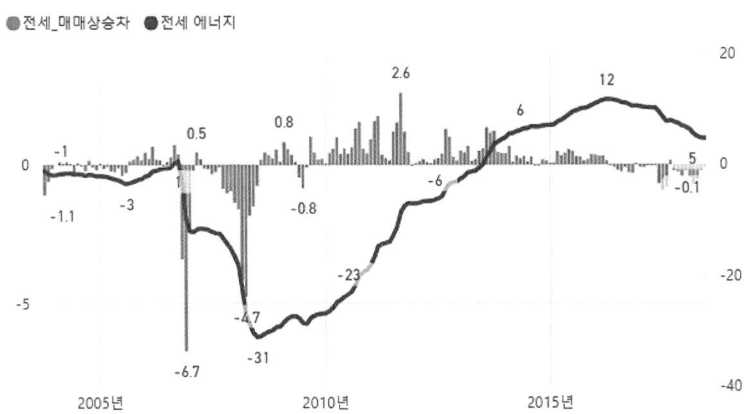

에너지가 더 이상 소진될 여력이 없는 하락의 끝부분에서 매매지수는 하락하기 시작한다. 그러면서 에너지는 다시 쌓인다. 노원구의 경우 에너지 지수가 0에 가까워지면서(지역에 따라 0이 아닐 수도 있다.)

매매가가 하락을 멈추고 조금씩 상승되었다.

실수요장에서는 전세가의 상승이 매매가의 상승보다 더 크다. 그러면서 에너지는 계속 쌓이게 된다. 실수요장에서 가수요장으로 넘어가게 되면 매매가의 상승이 전세가의 상승을 초과하게 되는데 그러면서 에너지를 방출하게 된다. 임계점까지는 계속 누적시켜 쌓고, 임계점에 이르러서는 그동안 쌓았던 것을 방출하고, 또한 쌓은 것만 소진하는 게 아니라 그 이상을 방출해 버리는 현상을 보면 에너지라는 표현이 적절한 것 같다.

대부분의 수도권이 비슷한 시기에 이렇듯 가수요장(에너지 방출) → 하락장(공급 부족, 전세 에너지 충전) → 실수요장(전세 에너지 충전, 마지막 시점에 공급 초과) → 가수요장(에너지 방출)의 패턴을 보이고 있다.

그렇다면 모든 지역의 전세 에너지 패턴이 이와 같을까? 그렇지 않다. 전세 에너지는 ① 수도권 패턴, ② 광역시 패턴, ③ 지방 패턴 등 세 개의 패턴으로 나뉜다는 사실이 중요하다.

수도권 패턴은 앞서 설명한 노원구의 예에서 볼 수 있는 패턴과 같다. 가수요장 → 하락장 → 실수요장에 따라 매매지수의 상승과 하락의 흐름이 분명하게 나타난다. 하지만 수도권 외의 지역은 다르다.

지방 패턴을 보면(수도권과 광역시 외의 강원도, 충청도, 경상도, 제주도를 '지방'이라고 칭하자.) 가수요장이 없고, 광역시 패턴도 가수요장이 매우 짧거나 없다. 그래서 매매지수와 전세지수가 비슷한 패턴으로 움직인다. 이렇듯 지방은 수도권 패턴과 완전히 다르다.

전남 순천 같은 지방의 전세 에너지 패턴은 매우 단순하다. 전남 순천은 2006년 5월 하락세가 멈추고 2012년 4월까지 실수요장으로 전세지수와 매매지수가 동반 상승하면서 상승 에너지를 비슷하게 유지했다.

| 전남 순천시의 매매 · 전세지수 차트 |

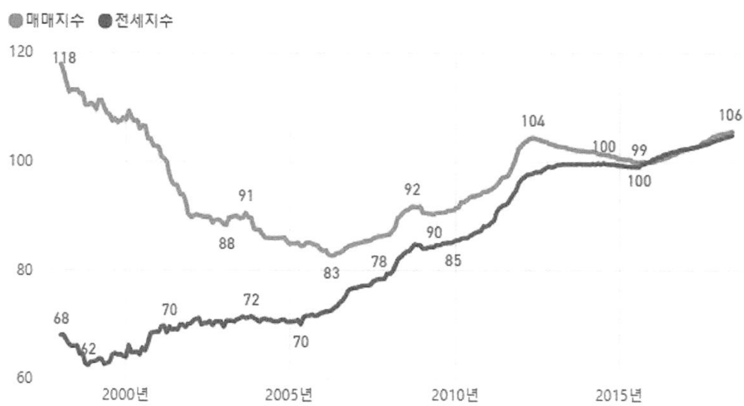

| 전남 순천시의 전세 에너지 차트 |

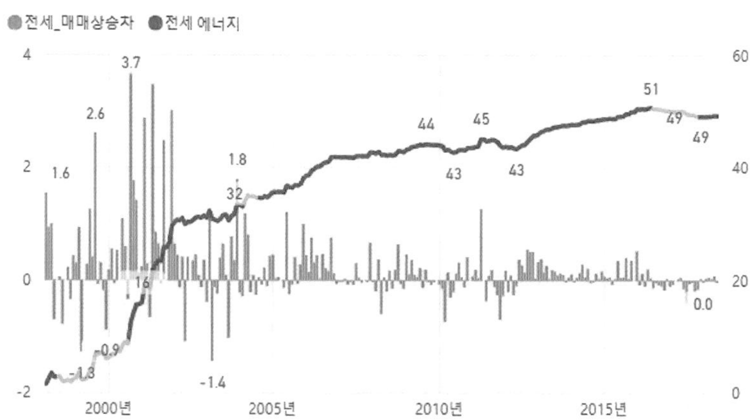

2012년 5월에서 2015년 11월까지 매매가의 하락 시에도 전세가는 약보합으로 에너지는 비슷하게 유지 혹은 상승했다. 매매가의 상승이 전세가의 상승을 초과하는 가수요장이 발생하지 않고 실수요장과 하락장이 반복되는 양상을 보이고 있다.

실수요장에서는 매매 · 전세지수가 비슷하거나 전세지수가 미약하거나 조금 더 상승했다. 매매가 하락장에서는 전세가 보합 수준에서 유지하는 형태를 보였다. 매매가의 상승분이 전세가의 상승분을 초과하지 않으면서 에너지가 계속 방전되지 않고 충전된 상태를 유지하는 것이다. 이쯤 되면 방전되고 사용되지 않는 에너지이므로 에너지라 칭하기도 그렇다.

한편 광역시의 패턴은 수도권과 지방의 중간 정도다. 지방이 매매지수의 하락 이후 매매지수와 전세지수가 비슷한 패턴을 보이듯이 광역시도 매매지수와 전세지수가 비슷한 패턴으로 움직인다. 하지만 광역시의 전세 에너지는 지방과 달리 충전과 방전을 짧게 반복하면서 움직이는 패턴을 보인다.

광주 광산구의 차트를 보면 처음에는 전세 에너지가 방전되면서 매매가가 상승하고 있다. 그러면서 전세가도 같이 상승했다. 방전되었다는 것은 매매가의 상승이 전세가의 상승폭보다 크다는 말이다. 충전과 방전을 반복하면서 2010년 말까지 장기간 보합세를 유지하다가 그 이후 매매가와 전세가가 동반 상승했다. 그러면서 전세 에너지는 충전을 했다.

매매 · 전세지수가 같이 상승하고 있지만 전세지수 상승폭이 약간 더 높기 때문에 충전을 하고 있는 것이다. 그 이후 방전될 때도 마찬가지다. 전세지수 상승이 매매지수 상승보다 더 크거나, 전세지수 하락이 매매지수 하락보다 더 크게 나타나기에 방전되는 패턴이다.

전세 에너지 차트의 우측 에너지 폭도 비교해 보면 −2에서 2 사이를 오르락내리락 반복하고 있다.

| 광주 광산구의 매매 · 전세지수 차트 |

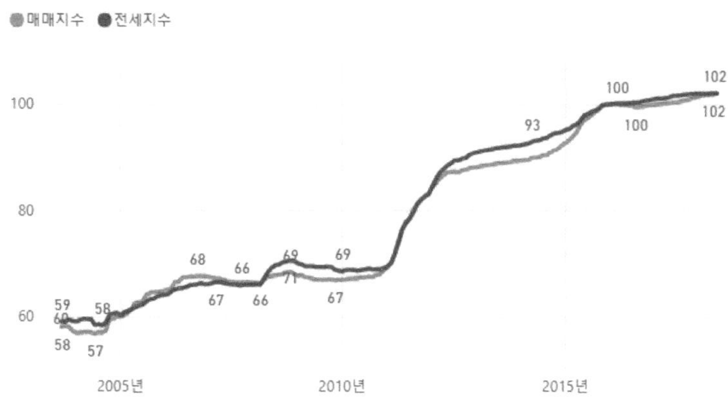

| 광주 광산구의 전세 에너지 차트 |

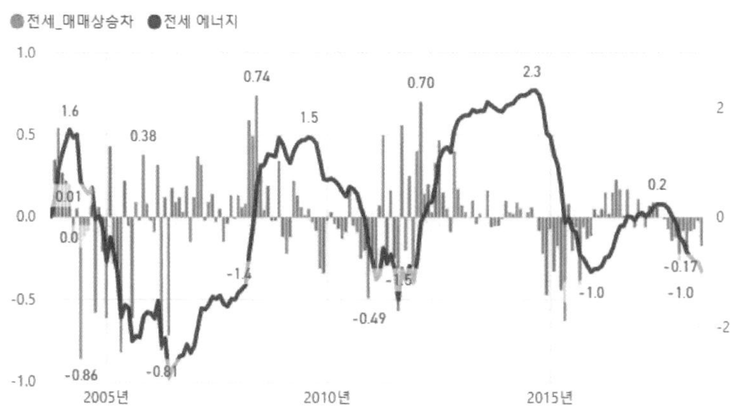

앞의 수도권(−30~10), 지방(0~50)에 비하면 변동폭이 매우 적다. 우측 Y축에 고정값을 설정할 수 없어서 변동이 커 보일 뿐이지, 실제 변동폭은 매우 적다. 실제 광역시 지역의 전세 에너지 폭은 10 이하가 84%이지만, 수도권은 4% 정도이고, 반대로 수도권은 25점 이상이 87% 정도다.

결과적으로 광역시의 패턴은 매매지수, 전세지수의 상승과 하락이 지방의 패턴과 비슷하게 움직이는 것이다. 다만 지방은 2005년 말까지 매매지수 하락과 전세지수 상승으로 쌓아놓은 전세 에너지를 계속 유지하면서 매매지수 상승, 하락과 전세지수 상승, 보합 형태로 가고 있다.

대부분의 광역시는 광역시의 패턴을, 지방은 지방의 패턴을 보이고 있지만 모든 광역시와 지방이 두 가지 패턴으로 분류되는 것은 아니다. 부산의 경우 금정구, 기장군, 동구, 북구는 지방의 패턴을 보이고, 대구 서구의 경우도 지방의 패턴을 보인다. 반대로 경남 김해시, 창원시, 경북 경산시와 전북 군산시의 경우 광역시의 패턴을 보이고 있다. 반도체 경기가 활황인 충북 청주시의 경우 수도권과 광역시 중간 정도의 패턴이다. 광역시도 인구가 감소하는 지역은 대체적으로 지방의 패턴을 보이고 있고, 지방도 인구가 증가하는 지역은 대체적으로 광역시 혹은 수도권의 패턴을 보이고 있다.

전세 에너지에 대한 설명이 복잡하다는 생각이 들면 이해가 되는 정도까지만 읽고 넘어가도 된다. 챕터 2 전체에서 데이터 관련 내용을 다루다 보니 이해하기가 쉽지 않을 수도 있다. 챕터 3에서는 연도별, 지역별로 전세 에너지를 보여주고 있고, 다른 항목과 함께 종합적으로 분석, 예측하고 있다. 그때 이 내용을 다시 살펴보도록 하자.

여담이지만, 데이터는 얼마든지 다양하게 응용할 수 있고, 간혹 원본 이상의 중요성을 입증하기도 한다. 이 장에서처럼 매매지수와 전세지수의 매월 상승폭을 가지고 매매 · 전세지수 상승폭 데이터를 만들고, 또 그 값을 한 번 더 응용하여 '전세지수 상승폭 – 매매지수 상승폭의 차이 값'을 만들기도 한다. 그리고 그 상승폭의 차이 값을 누적값으로 해서 패턴을 분석하고, 흐름을 감지하기도 한다.(전세 에너지 지수는 원래 '충전지수'라고 명명한 부동산 재야의 고수 유나바머님의 작품이다. 필자는 그것을 약간 보기 좋게 만들고, 수요 에너지와 함께 에너지 종류 중 하나로 다시 명명했음을 여기서 밝힌다.)

이렇게 전세 에너지 값을 정의하고, 그 흐름을 보고 해석을 하다 보면 추가적으로 생각해 볼 것이 더 생긴다. 예를 들어 차트 제일 좌측 시작점에서의 전세 에너지는 어떤 상태였을까? 에너지가 충전된 상태였을까? 방전된 상태였을까? 전세 에너지는 KB의 월간 매매지수, 전세지수를 기초로 하고 있다. 현재 매매지수와 전세지수는 2015년 12월 기준 100으로 보고 시기마다 그 상대적인 값을 지수 값으로 하고 있다.

해당 전세지수 상승폭에서 매매지수 상승폭의 차이를 누적한 전세 에너지 지수의 처음 값은 당연히 KB 매매 · 전세지수가 제공하는 시작 연월 값으로 모든 지역은 0부터 시작하고 있다. KB 매매 · 전세지수는 지역별로 1998년이나 2003년부터 제공된다.(시 · 도 단위는 1986년 1월부터 제공된다.)

시작 시점에는 어떤 상태였을까? 필자는 이런 부분도 연구해 보정

데이터까지 만들었다. 즉, 시작 시점에서의 전세 에너지 보정치도 만들었다. 데이터 연구는 끝도 없다. 다행히 인공지능 프로그램 덕분에 상상을 하고 결과가 어느 정도 맞는지 알 수 있게 된 것이 연구의 제일 큰 성과다.

여담이 길어졌다. 여기까지 '전세 상승폭 – 매매 상승폭의 누적 합'인 전세 에너지에 관해 차트와 함께 설명했다. 특히 차트는 수도권, 광역시, 지방으로 패턴이 나누어지는 것을 확인했다.

자, 이제 마지막이다. 전세 에너지는 투자 예측의 결과가 어떻게 나왔을까? 알고리즘 수치는 어느 정도일까? 전세가율과 비슷하게 영향력이 높은 편일까? 아니면 (준공 후) 미분양과 비슷하게 영향력이 낮은 편일까? 또한 전세 에너지 항목은 어떤 형태가 투자 예측에 영향을 많이 줄까? 역시 상승, 하락의 기울기에 의한 수치일까? 수치 자체의 값일까? 또한 보정치가 있다고 했는데 보정치를 고려한 수치일까? 수도권, 광역시, 지방에서 각 패턴별로 계산법을 달리해야 할까?

전세 에너지 예측 알고리즘의 결과치를 살펴보면 (준공 후) 미분양보다 훨씬 높은 수치의 예측 결과를 확인할 수 있다. 즉, 전세 에너지는 중요도가 높은 항목이다. 이를 통해 특히 시장의 흐름을 가늠할 수 있고, 시장의 에너지를 느낄 수 있다.

| 전세 에너지 예측 알고리즘의 결과치 |

시기	전세 에너지
2008.01.	71.64
2009.01.	80.73
2010.01.	84.53
2011.01.	83.36
2012.01.	68.49
2013.01.	73.02
2014.01.	70.11
2015.01.	70.07
2016.01.	79.41
평 균	**75.71**

전세 에너지 자체 항목만으로도 예측 결과가 좋다. 사실 제일 공을 많이 들인 항목이기도 하다. 다음으로는 전세 에너지 항목만큼 중요하지만 또 다른 측면을 보여주고 있는 수요(공급) 에너지 항목을 살펴보자.

04

수요 · 공급 관련 '수요 에너지'

수요 에너지는 모든 시장의 가장 기본이 되는 수요 · 공급의 흐름을 말한다. 에너지라는 말이 방전(소비-낮아짐)과 충천(공급-높아짐)의 의미를 어느 정도 담고 있기에 줄여서 수요 에너지라고 명명했다. 또한 전세 에너지와의 운율도 고려했다.

공급은 당연히 신규 아파트 공급 물량이고, 수요는 세대수 증가분을 말한다. 공급은 여러 사이트에서 제공하는 분양 정보를 통해 예정 공급량을 확인할 수 있지만, 수요는 예측하기 어려운 항목이다. 거시적으로는 인구가 줄어드는 2030년부터 수요를 예측하기 어려워질 것이라고 보지만, 정확하게는 인구수보다 가구수 증가에 영향을 받을 것이다. 가구수는 2045년까지도 증가할 것으로 예상된다.

수요 예측이 어려운 이유는 단순히 가구수에 의존하지 않기 때문이다. 우선 장소의 고정성이 다르다. 공급된 아파트의 위치는 변할 수 없지만, 그곳에 살고 있는 사람은 이사를 갈 수 있다. 선호도가 높은 강남 지역과 지방의 어느 외진 곳, 1인 가구와 4인 가구의 가족구성비, 출산율, 이혼율, 양극화, 경제성장률, GNP, 금리, 학군, 교통의 편리성, 쾌적함, 혼잡도 등 주변의 모든 것이 사는 곳에 영향을 미친다. 모든 것이 수요에 영향을 미치는 셈이다.

| 장래 인구 추계 |

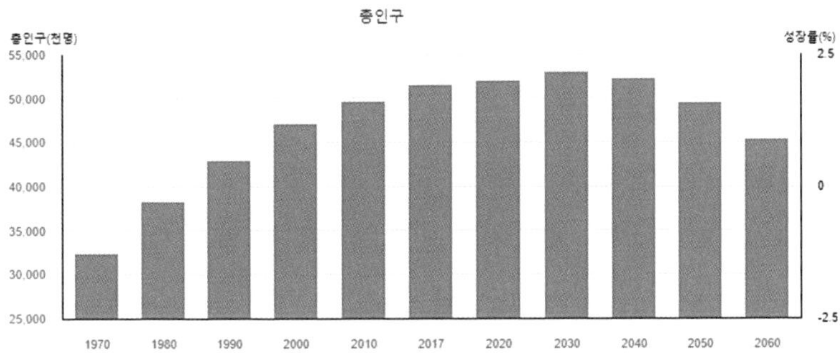

출처 | 통계청 2016년 〈장래 인구 추계 2015년~2065년〉 중 중위추계 결과

| 장래 가구 추계 2015년~2045년 |

(총 가구 및 가구 증가율 2000년~2045년)

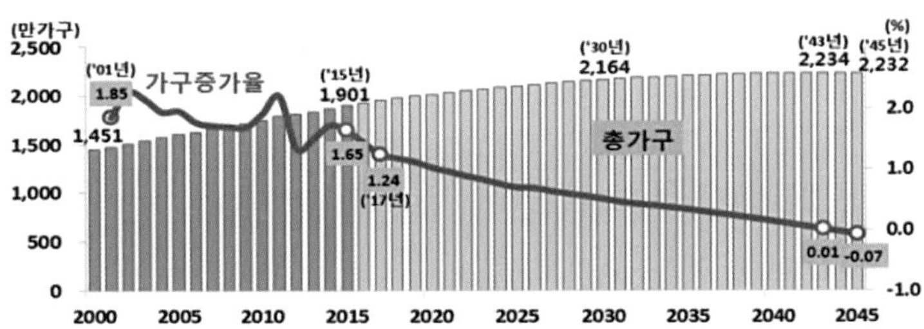

출처 | 통계청

여기서는 종합적이고 복합적인 수요의 원리에 대해서는 논하지 않고 단순히 인구수 × 0.5%, 부동산 투자 시장에서 통용되는 수요인 가구생애주기(포털사이트에서 '가구생애주기'를 검색해보면 여러 논문들이 나온다. 현재 인구에서 결혼, 이혼 등으로 분가를 하는 생애주기를 뜻한다.)에 대해서만 이야기하도록 하겠다.

우선 시·도별로 수요, 공급, 수요 에너지의 형태를 살펴보도록 하자.

다음 '강원도의 수요 에너지 차트'를 보자. 파란색 막대는 강원도 지역 내 신규 공급 아파트의 세대수이고, 하단 빨간색 막대는 강원도 인구수 × 0.5%의 수요치다. 그리고 수요 에너지의 꺾은선은 '수요와 공급의 누적 합 비율'이다.

수요는 비슷한 값을 유지하고 있고, 파란색 막대의 공급이 적은 시기에는 수요 에너지가 상승하고 있음을, 공급이 많은 시기에는 에너지가 하락하고 있음을 알 수 있다. 그리고 수요, 공급 차트는 구 · 시 단위가 아닌 시 · 도 단위 지역으로 봐야 그나마 연관성을 확인할 수 있다. 구 · 시 단위는 이사 등의 변동성이 너무 크기 때문이다. 하지만 수요 에너지 데이터 역시 미분양과 마찬가지로 실제 시 · 구 단위의 투자 지역을 선정할 때에는 반드시 확인해야 하는 중요한 차트다. 이는 챕터 3에서 연도별, 지역별로 종합 분석을 할 때 여러 사례를 다루르고 한다.

'강원도의 매매 · 전세지수, 수요 에너지 차트'에서는 수요 에너지의 꺾은선을 KB 월간 매매 · 전세지수와 함께 구현했다.(KB 월간 매매 · 전세지수는 지역별로 1998년 혹은 2004년부터 지수 값이 나와 있다.)

수요 에너지는 현재의 인구수가 현 추세대로 유지된다는 가정 하에서는 미래의 공급 예정 아파트 정보를 통해 미래의 수요 에너지를 볼 수 있다는 큰 장점이 있다.

| 강원도의 매매 · 전세지수, 수요 에너지 차트 |

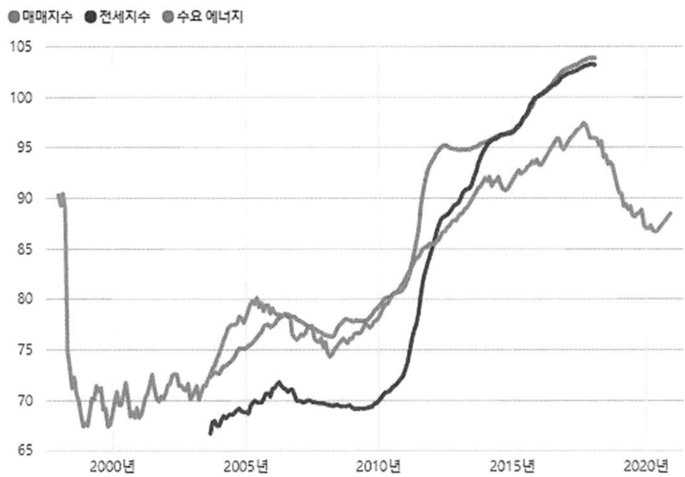

| 강원도의 수요 에너지 차트 |

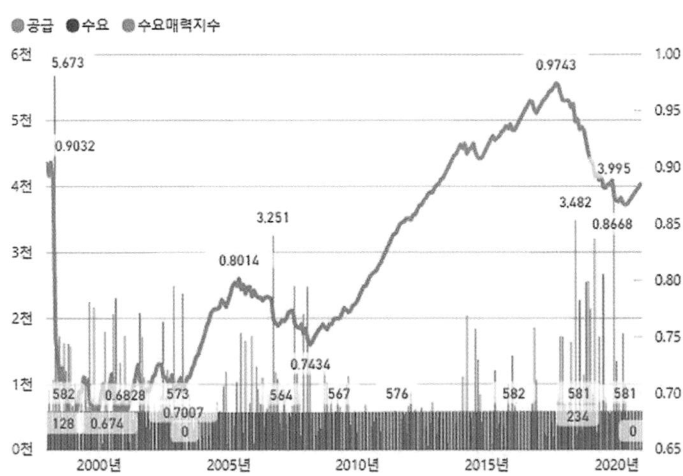

강원도의 경우 매매지수와 수요 에너지 지수의 흐름이 어느 정도 비슷한 패턴을 보이고 있는 것을 확인할 수 있다. 강원도는 과거 매매가가 상승하다가 꺾인 시점이 2006년 5월이다. 그 이후 2008년 4월부터 2012년 7월까지 상승하다가 약간 주춤하고, 이내 다시 상승했다. 수요 에너지는 2005년 6월까지 상승하다가(매매가가 1년 전에 반영되었다.) 2008년 3월까지 공급이 많아져 하락세를 보였다. 그 이후 2017년 9월까지 상승하다가 다시 하락세로 돌아섰다. 공급이 수요보다 많아져 수요 에너지는 계속 낮아지고 있다. 수요 에너지 측면에서는 2018년 이후 강원도의 상승세가 꺾일 가능성이 높다.

경기도의 경우 2005년 2월에 수요 에너지의 반전과 매매지수의 반전 시기는 비슷하지만, 2008년 9월에 수요 에너지는 꾸준히 상승함에도 매매지수 하락이 2013년 9월까지 지속되다가 반전 상승했다. 이후 수요 에너지는 2017년 5월부로 반전 하락했고, 2019년 10월 다시 상승세로 전환될 예정이다.

경기도는 입지상 가운데 인천과 서울이 있어 수요의 변동성이 많다. 일단 수요 에너지와 매매지수의 연관성은 약해 보인다.

경상남도의 경우 2012년 5월에서 2013년 6월에 매매지수가 잠깐 하락할 때까지 수요 에너지는 지속적으로 상승했고, 2015년 12월에 반전 하락할 때쯤 수요 에너지가 이미 어느 정도 하락해 있는 상태였다. 그 이후 매매지수는 상승하고 있지만, 수요 에너지는 약간 하락하고 있다. 그러다가 2017년 4월, 본격적으로 하락할 때 수요 에너지 지수도 급격히 하락했다. 경상남도의 경우 수요 에너지와 매매지수의 연관성이 강한 것은 아니지만, 어느 정도 연관성이 있어 보인다.

| 경기도의 매매 · 전세지수, 수요 에너지 차트 |

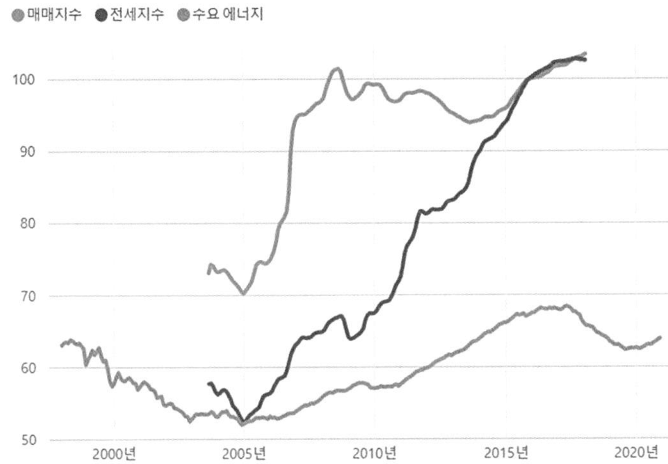

| 경상남도의 매매 · 전세지수, 수요 에너지 차트 |

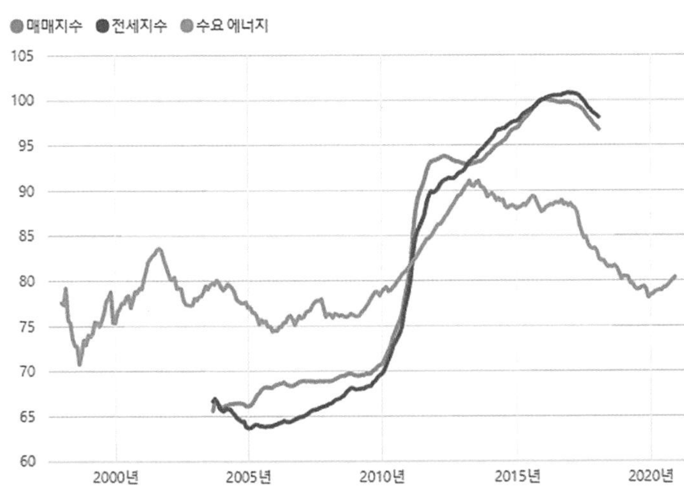

경상북도는 매매지수와 수요 에너지의 패턴이 2005년 초반 이후로는 어느 정도 비슷한 흐름세를 보이고 있다. 광주광역시와 대구광역시, 대전광역시 역시 비슷한 흐름을 보인다.

| 경상북도의 매매 · 전세지수, 수요 에너지 차트 |

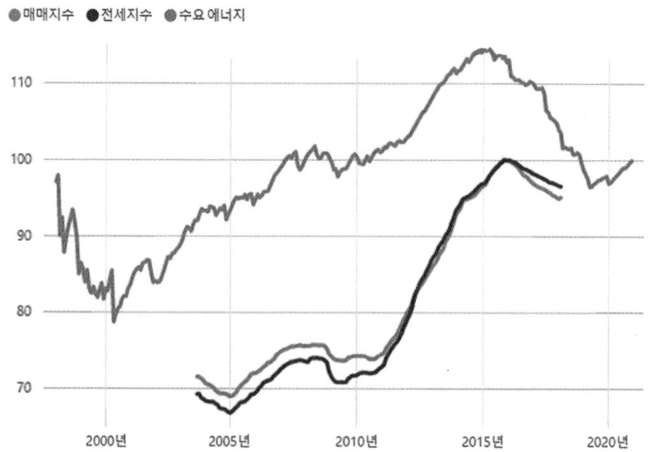

| 광주광역시의 매매 · 전세지수, 수요 에너지 차트 |

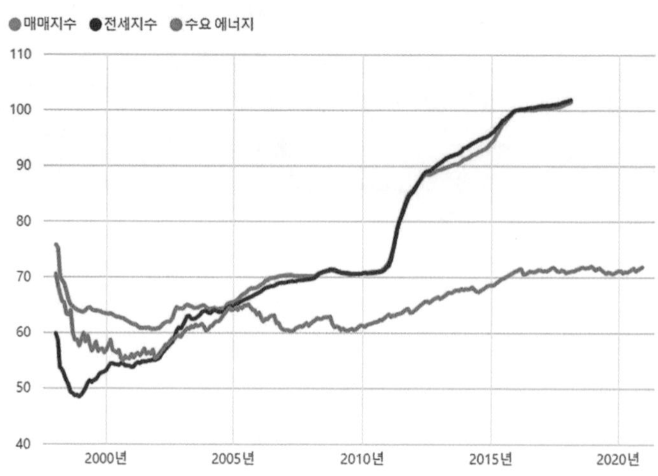

| 대구광역시의 매매 · 전세지수, 수요 에너지 차트 |

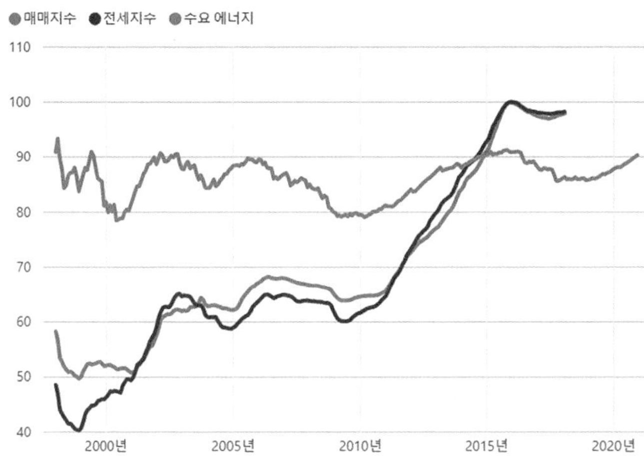

| 대전광역시의 매매 · 전세지수, 수요 에너지 차트 |

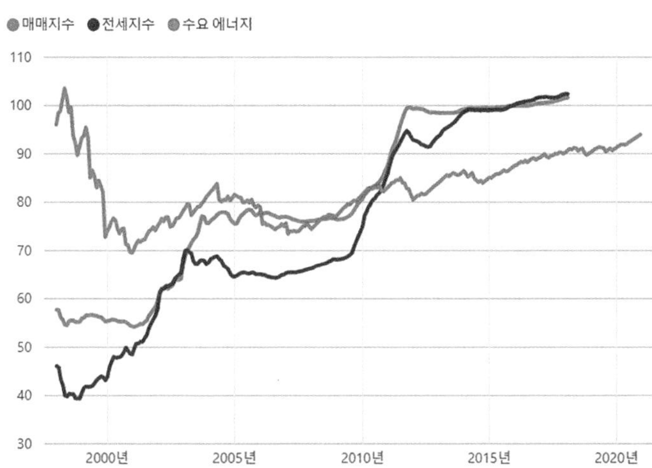

부산광역시는 2013년 7월 전까지는 비슷한 흐름을 보였으나, 그 이후 공급이 많아 수요 에너지가 계속 떨어지고 있는데도 매매가가 2017년 10월까지 상승했다. 그 이후 하락세가 지속되는지 지켜보면 좋을 듯하다.

서울은 수요 에너지가 2005년 4월 이후 계속 상승하고 있다. 수요 에너지와 매매지수의 연관성은 약해 보인다.

인천 역시 수요 에너지와 매매지수의 연관성이 약해 보인다. 2005년 2월부터 2008년 10월까지 공급이 점점 많아져 수요 에너지가 하락 추세임에도 불구하고 매매지수는 급상승하는 형태를 보이고 있다.

| 부산광역시의 매매 · 전세지수, 수요 에너지 차트 |

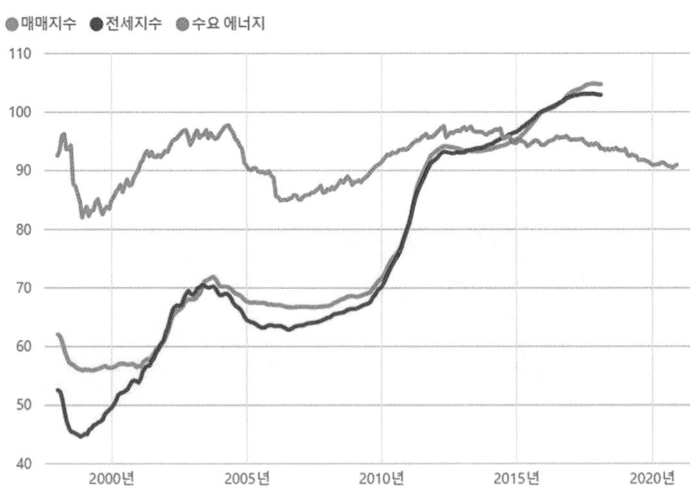

| 서울시의 매매 · 전세지수, 수요 에너지 차트 |

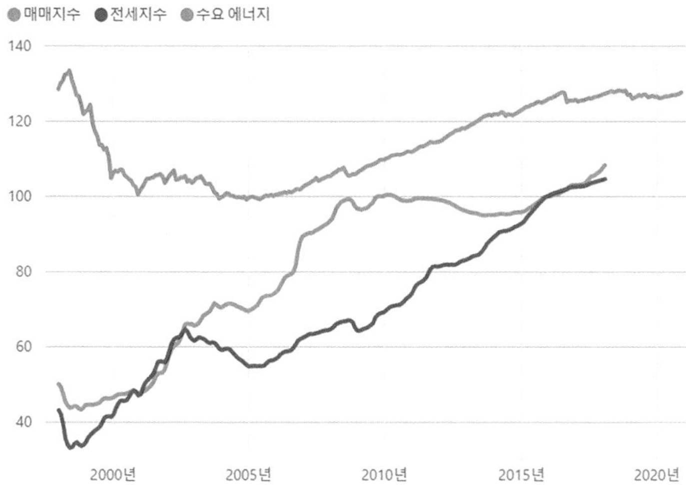

| 인천광역시의 매매 · 전세지수, 수요 에너지 차트 |

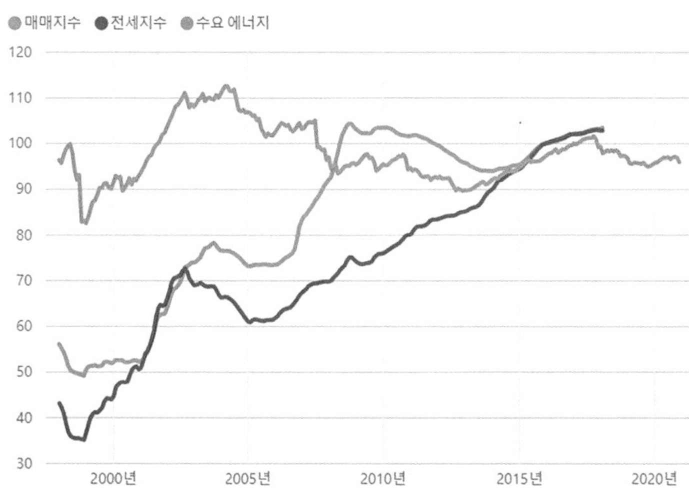

전라남도 역시 수요 에너지와 매매지수가 비슷한 흐름을 보이고 있다. 하지만 2015년 7월 매매가가 약간 반등하는 시기에도 수요 에너지는 약간 하락세를 보였다. 이 상승세가 계속 유지될 것인지 지켜봐야 될 듯하다. 전라북도 역시 수요 에너지와 매매지수가 비슷한 흐름을 보인다. 2015년 하락 반등 패턴이 전라남도와 비슷하다.

| 전라남도의 매매 · 전세지수, 수요 에너지 차트 |

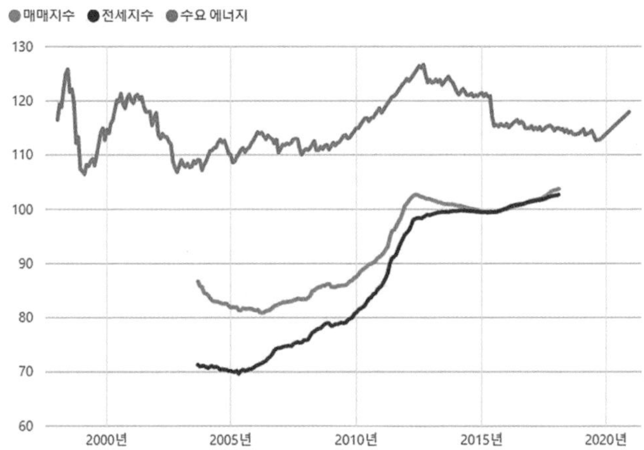

| 전라북도의 매매 · 전세지수, 수요 에너지 차트 |

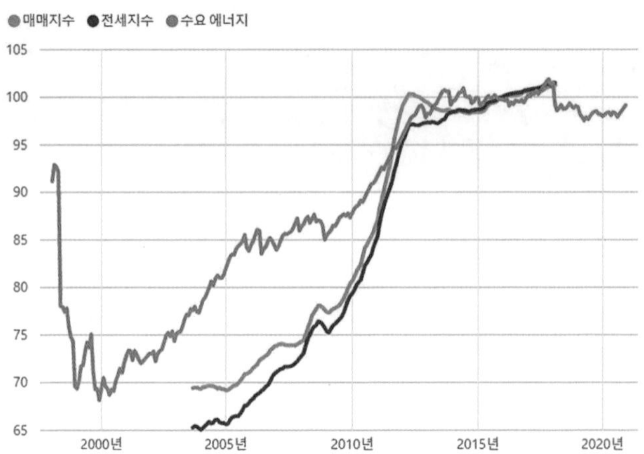

충청남도와 충천북도의 수요 에너지와 매매지수도 비슷한 패턴으로 움직이고 있다.

| 충청남도의 매매 · 전세지수, 수요 에너지 차트 |

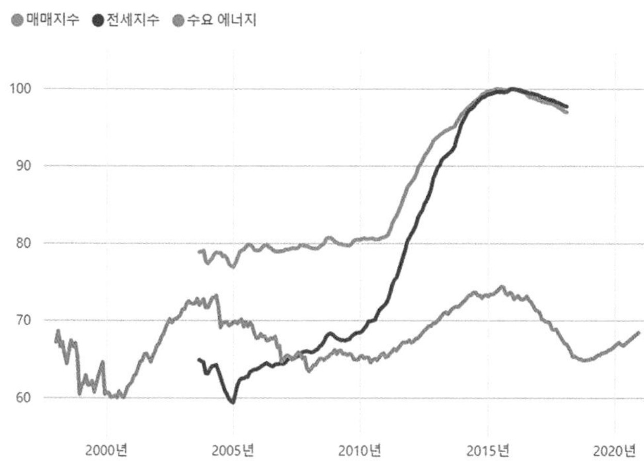

| 충청북도의 매매 · 전세지수, 수요 에너지 차트 |

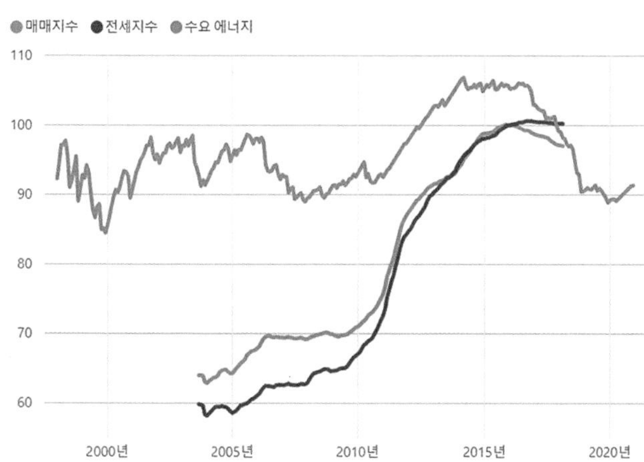

이상으로 주요 시 · 도 지역의 수요 에너지 패턴을 살펴보았다. 어떤가? 패턴이 눈에 좀 보이는가? 서울, 인천, 경기 등 수도권의 경우 수요 에너지와 매매지수의 연관성이 약하지만 그 외 광역시나 지방의 부동산은 수요 에너지와 매매지수가 비슷한 패턴으로 움직임을 보인다는 점이 중요하다. 반대로 수도권의 경우 전세 에너지의 상승, 하락과 매매지수의 상승 패턴이 유사하다.

쉽게 말해 이렇게 해석할 수 있다. 전세 에너지는 가수요의 영향을 받는다. 가수요의 영향이 큰 수도권에서는 전세 에너지의 영향력이 크고, 실수요의 영향이 큰 수도권 외의 광역시나 지방에서는 수요 에너지의 영향이 더 큰 것이다. 하지만 미분양과 마찬가지로 실제 투자 시에는 놓쳐서는 안 되는 항목이다. 그래서 인공지능 프로그램에서도 항목별 점수는 낮더라도 주의할 수 있도록 셀에 주황색 배경으로 표시를 했다.

2016년 대전 유성구의 경우 전세 관련 에너지가 높아서 프로그램 추천 20위 내에 있었지만 미분양, 수요 · 공급 항목에 마이너스가 있어 주의를 요하고, 또 실제 투자 결과도 나쁘게 나왔다.

수요 에너지의 투자 예측 결과는 어떻게 나왔을까? 영향력이 어느 정도일까? 역시 상승, 하락의 기울기에 의한 수치일까? 수치 자체의 값일까? 또한 수도권, 광역시, 지방에서 각 패턴별로 계산법을 달리 해야 할까?

다다음 페이지의 '수요 에너지 예측 알고리즘 수치' 결과를 보자.

(준공 후) 미분양보다 살짝 낮은 수치의 결과를 보여주고 있다. 매

| 투자 예측(결과) 및 데이터 항목 프로그램(2016년 1월) |

AII LAB

투자예측b

85.21

투자 알고리즘 ...

일자
- ☐ 2007-01-01
- ☐ 2008-01-01
- ☐ 2009-01-01
- ☐ 2010-01-01
- ☐ 2011-01-01
- ☐ 2012-01-01
- ☐ 2013-01-01
- ☐ 2014-01-01
- ☐ 2015-01-01
- ■ 2016-01-01
- ☐ 2018-04-01

시도
- ☐ 강원도
- ☐ 경기도
- ☐ 경상남도
- ☐ 경상북도
- ☐ 광주광역시
- ☐ 대구광역시
- ☐ 대전광역시
- ☐ 부산광역시
- ☐ 서울특별시
- ☐ 울산광역시
- ☐ 인천광역시
- ☐ 전라남도

지역	가구증가	전세종합	수요공급종합	미분양	거래량 증가	주변입주량	추천 순위 ▲	과거결과 순위
서울 중구	63.00	310.00	-28.78	60.00	14.70	-5	1	50
전남 목포시	7.00	286.80	54.64	50.00	15.30	2	2	39
경남 진주시	56.00	261.90	-2.05	60.00	15.00	-5	3	19
서울 관악구	14.00	279.20	55.15	60.00	-5.40	2	4	27
서울 동작구	0.00	284.10	51.07	60.00	-5.70	0	5	7
전남 순천시	35.00	277.60	-2.87	30.00	-1.20	-5	6	22
경기 군포시	-21.00	284.90	73.36	60.00	-13.20	0	7	64
서울 마포구	-7.00	278.50	53.87	60.00	0.90	0	8	14
서울 구로구	49.00	259.30	27.24	60.00	-8.40	-5	9	10
서울 도봉구	-7.00	271.00	61.73	60.00	-1.80	-5	10	23
서울 강서구	63.00	280.40	-33.43	60.00	-1.80	-5	11	2
서울 성북구	-21.00	290.20	32.93	60.00	-8.70	0	12	20
서울 동대문구	-7.00	269.80	58.68	60.00	-9.60	-5	13	25
전북 전주시	28.00	276.10	9.27	60.00	-8.10	-5	14	52
인천 연수구	56.00	268.90	-14.79	40.00	30.00	-5	15	32
경기 고양시	49.00	279.30	35.30	-40.00	-9.90	-5	16	11
경기 성남시	14.00	266.30	-4.27	60.00	30.00	-5	17	1
서울 광진구	-7.00	248.00	50.11	60.00	-1.20	-5	18	17
대전 유성구	63.00	241.60	-5.81	-40.00	-0.60	0	19	158
경기 수원시	35.00	247.20	10.70	60.00	-7.20	-5	20	66
경기 광명시	-14.00	260.10	63.55	60.00	6.90	0	21	30
서울 노원구	-14.00	258.80	41.75	60.00	-5.10	-5	22	12
서울 강북구	-7.00	238.50	43.75	60.00	-11.10	7	23	68
부산 북구	42.00	209.30	49.99	60.00	16.80	-5	24	29
광주 광산구	49.00	280.30	-2.95	60.00	-12.30	2	25	67
인천 부평구	0.00	223.80	40.24	60.00	-10.50	-5	26	28
경기 용인시	42.00	272.80	18.26	-40.00	-10.80	-5	27	80
서울 서대문구	14.00	259.30	-51.88	60.00	16.50	0	28	18
전남 여수시	21.00	183.41	66.24	60.00	-7.50	-5	29	35
인천 남동구	49.00	188.33	-1.11	-20.00	-11.40	-5	30	60

우 다양한 시도와 연구를 했음에도 수치가 낮다. 인공지능에서 전국을 대상으로 한 종합적인 통계치가 그렇다는 것이지, 중요하지 않다는 것은 아니다. 미분양과 마찬가지다. 오히려 미래 시점의 정보를 제공한다는 측면에서는 수치가 높은 전세 에너지보다 더 중요하다고 말할 수 있는 항목이다. 뒤에서 사례 중심으로 설명하는 것을 보면 알

수 있다.

전세 에너지와 마찬가지로 예측 알고리즘 수치 결과만 공유하도록 하겠다. 결과는 다음 도표 '수요 에너지 예측 알고리즘 수치'와 같다.

| 수요 에너지 예측 알고리즘 수치 |

시기	수요 에너지
2008.01.	60.84
2009.01.	62.12
2010.01.	68.48
2011.01.	58.21
2012.01.	72.15
2013.01.	60.67
2014.01	66.45
2015.01.	51.72
2016.01.	59.26
평 균	**62.21**

전세 에너지는 현재의 매매가와 전세가를 기준으로 현시점의 에너지가 과거와 비교해 높거나 낮은지 판단할 수 있지만 미래와 비교해서 판단할 수는 없다. 하지만 수요 에너지는 현재 수요(인구수, 가구수)가 어느 정도 비슷한 패턴으로 움직이는지와 2년~4년 후의 예정 공급량도 확인할 수 있으므로 미래 시점에 비해 현재 에너지가 높거나 낮은지 알 수 있는 중요한 에너지 데이터 항목이다.

05

인공지능의 핵심! 유망 지역 순위를 보여주는 '지역 예측 프로그램'

앞에서 지역을 분석하는 여러 데이터를 살펴보았다. 그리고 그러한 데이터의 과거 수익률 결과와 함께 인공지능 프로그램을 통해 중요한 항목이 무엇인지 알아보았다. 그렇게 인공지능 프로그램을 통해 알아낸 예측 결과가 얼마나 맞는지를 나타내는 예측 알고리즘 수치도 만들었다. 인공지능 프로그램은 과거에 투자 예측이 정확하게 맞아떨어졌던 데이터를 계속 시뮬레이션해 보면서 수익률이 높은 부동산을 찾아낸다. '동일한 인공지능 프로그램에 의해 과거부터 매년 투자 예측 결과가 괜찮았다면 동일한 항목, 동일한 인공지능 프로그램으로 구한 현재의 예측 지역도 투자수익률이 괜찮을 가능성이 높다'는 것이 인공지능 투자다.

각 항목은 프로그램 시뮬레이션을 통해 점수화하여 추천 순위가 정해진다. 해당 추천 순위는 제일 우측 과거 결과 순위 앞에 있는 항목이다. 다음은 '투자 예측(결과) 및 데이터 항목 프로그램' 화면이다.

상단의 빨간색 부분이 데이터 항목이다. 그리고 왼쪽 상단의 큰 숫자가 바로 프로그램에서 예측 알고리즘 수치다. 연도별로 동일한 항목, 동일한 인공지능 프로그램을 사용하여 결국 최고점의 예측 알고리즘 수치를 프로그램에서 찾아냈다.

| 투자 예측(결과) 및 데이터 항목 프로그램 |

AII LAB

투자예측b

85.21

투자 알고리즘 ...

일자

- ☐ 2007-01-01
- ☐ 2008-01-01
- ☐ 2009-01-01
- ☐ 2010-01-01
- ☐ 2011-01-01
- ☐ 2012-01-01
- ☐ 2013-01-01
- ☐ 2014-01-01
- ☐ 2015-01-01
- ■ 2016-01-01
- ☐ 2018-04-01

시도

- ☐ 강원도
- ☐ 경기도
- ☐ 경상남도
- ☐ 경상북도
- ☐ 광주광역시
- ☐ 대구광역시
- ☐ 대전광역시
- ☐ 부산광역시
- ☐ 서울특별시
- ☐ 울산광역시
- ☐ 인천광역시
- ☐ 전라남도

지역	가구증가	전세종합	수요공급종합	미분양	거래량 증가	주변입주량	추천 순위 ▲	과거결과 순위
서울 중구	63.00	310.00	-28.78	60.00	14.70	-5	1	50
전남 목포시	7.00	286.80	54.64	50.00	15.30	2	2	39
경남 진주시	56.00	261.90	-2.05	60.00	15.00	-5	3	19
서울 관악구	14.00	279.20	55.15	60.00	-5.40	2	4	27
서울 동작구	0.00	284.10	51.07	60.00	-5.70	0	5	7
전남 순천시	35.00	277.60	-2.87	30.00	-1.20	-5	6	22
경기 군포시	-21.00	284.90	73.36	60.00	-13.20	0	7	64
서울 마포구	-7.00	278.50	53.87	60.00	0.90	0	8	14
서울 구로구	49.00	259.30	27.24	60.00	-8.40	-5	9	10
서울 도봉구	-7.00	271.00	61.73	60.00	-1.80	-5	10	23
서울 강서구	63.00	280.40	-33.43	60.00	-1.80	-5	11	2
서울 성북구	-21.00	290.20	32.93	60.00	-8.70	0	12	20
서울 동대문구	-7.00	269.80	58.68	60.00	-9.60	-5	13	25
전북 전주시	28.00	276.10	9.27	60.00	-8.10	-5	14	52
인천 연수구	56.00	268.90	-14.79	40.00	30.00	-5	15	32
경기 고양시	49.00	279.30	35.30	-40.00	-9.90	-5	16	11
경기 성남시	14.00	266.30	-4.27	60.00	30.00	-5	17	1
서울 광진구	-7.00	248.00	50.11	60.00	-1.20	-5	18	17
대전 유성구	63.00	241.60	-5.81	-40.00	-0.60	0	19	158
경기 수원시	35.00	247.20	10.70	60.00	-7.20	-5	20	66
경기 광명시	-14.00	260.10	63.55	60.00	6.90	0	21	30
서울 노원구	-14.00	258.80	41.75	60.00	-5.10	-5	22	12
서울 강북구	-7.00	238.50	43.75	60.00	-11.10	7	23	68
부산 북구	42.00	209.30	49.99	60.00	16.80	-5	24	29
광주 광산구	49.00	280.30	-2.95	60.00	-12.30	2	25	67
인천 부평구	0.00	223.80	40.24	60.00	-10.50	-5	26	28
경기 용인시	42.00	272.80	18.26	-40.00	-10.80	-5	27	80
서울 서대문구	14.00	259.30	-51.88	60.00	16.50	0	28	18
전남 여수시	21.00	183.41	66.24	60.00	-7.50	-5	29	35
인천 남동구	49.00	188.33	-1.11	-20.00	-11.40	-5	30	60

그리고 제일 우측의 과거 결과 순위는 예측이 아닌 실제 결과 순위다. 과거 결과 순위가 높을수록 해당 칸의 배경이 녹색에 가까우며, 낮을수록 빨간색에 가깝다. 결과적으로 예측 알고리즘 수치가 높을수록 과거 결과 순위에서 빨간색 지역이 없다.

인공지능 투자 예측 프로그램의 연도별 예측 결과 정확도가 어느 정도가 되는지는 챕터 1에서 확인했다. 종합적으로 다음 도표를 통해 다시 한 번 확인해보자.

| 인공지능 투자 예측 프로그램의 연도별 예측 알고리즘 수치 |

일자	알고리즘
2007.01.01.	75.28
2008.01.01.	81.53
2009.01.01.	85.07
2010.01.01.	88.80
2011.01.01.	88.64
2012.01.01.	83.59
2013.01.01.	86.65
2014.01.01.	81.50
2015.01.01.	82.87
2016.01.01.	85.21

투자 프로그램에서 선정된 투자 추천 지역은 수익이 날 가능성이 높다는 것이지, 100% 투자 결과가 좋다는 것은 아니다. 선정된 지역 내에서 또 인공지능 프로그램을 돌려 투자 추천 아파트 리스트를 뽑아야 한다.

무엇보다 추천 지역 중에서 옥석을 가려낼 수 있는 안목을 길러야 한다. 미분양, 공급 · 수요 등의 중요 항목은 종합 수치 외에 별도로 체크해야 하고, 추천 아파트 중에서도 진짜 투자 대상을 가려내는 안목을 길러야 한다. 인공지능 프로그램은 단순히 주어진 데이터를 토대로 최고의 평균수익률을 보여줄 뿐이다. 과거와 미래는 다르다는 전제를 제외한다고 해도 어디까지나 평균수익률이 높을 뿐이다. 재산이 수백억씩 있어서 몇 백 채에 투자를 한다면 평균 투자수익률이 높을 테니 괜찮겠지만, 이는 현실적이지 않다.(사실 20억 이상의 투자금을 보유한 투자자들은 건물 등 다른 투자 형태로 바꾸기도 한다.)

무엇보다 KB 가격은 실제 매물 가격과 다르고, 투자하기 좋아도 실제 매물이 없는 경우도 많고, 가격 변동폭(하지만 전세 가격은 거의 변화가 없다. 갭투자는 500만 원, 1천만 원 단위로 큰 차이를 보이더라도 수익률의 차이가 커진다. 그래서 실전에서는 급매 혹은 가격이 오르기 전 매물을 찾는 것이 중요하다.)도 커지는 것을 생각하면 투자 공부를 더 많이 해서 투자 안목과 실력을 키우는 것이 더 중요하다. 인공지능 투자법 역시 안목을 키우는 여러 부동산 투자법 중 하나일 뿐이다.

뒤에서 자세히 다룰 '추천 단지 리스트 프로그램'을 잠깐 살펴보자. 하단 리스트에서 2016년 1월 고양시 에이스(11차)와 일산 메가시티의 경우 2년 동안 갭투자 세전수익률이 다른 아파트에 비하면 좋지 않다. 왜 그럴까? 인공지능 프로그램에서 과거의 추천 지역과 추천 아파트를 통해 과거의 기록을 가감 없이 보여주는 것은 투자 공부를 위한 측면도 있다. 투자 안목을 키워야 한다. 공부를 해서 실력을 키워야 한다.

| 추천 단지 리스트 프로그램 |

AI LAB
단지리스트

26
지역수
324
단지(평형)수
98,293
세대수

일자
☐ 2010-01-01
☐ 2011-01-01
☐ 2012-01-01
☐ 2013-01-01
☐ 2014-01-01
☐ 2015-01-01
■ 2016-01-01
☐ 2018-04-01
☐ 2018-05-01
☐ 2018-06-01

시도
☐ 경기도
☐ 경상남도
☐ 광주광역...
☐ 대전광역...
☐ 부산광역...
☐ 서울특별...
☐ 인천광역...
☐ 전라남도
☐ 전라북도

구시
☐ 강서구
☐ 고양시
☐ 광명시
☐ 광산구
☐ 광진구
☐ 구로구
☐ 군포시
☐ 남동구
☐ 노원구
☐ 동대문구
☐ 동작구

동
☐ 가곡동
☐ 가좌동
☐ 간석동
☐ 갈신동
☐ 개봉동
☐ 고랑동
☐ 고림동
☐ 고색동
☐ 고양동
☐ 고척동
☐ 공릉동

추천지역Top30위_여부
(공백)
■ Y

지역내 공격적조건
■ Y

지역내 보수적조건
(공백)
■ Y

전세갭 투자금
150 100,000

전세가율
70.00 98.50

4)입주월
1968-05-01 2011-05-01

총세대수
150 6,864

193
best단지수
125
worst단지수

114.82
평균 수익률

참고로 전세가율 70%이상 아파트 단지 리스트입니다.

일자	시도	구시	동	단지명	총세대수	세대수	4)입주일	평형	전용	매매가	2년후 매가	전세가	갭	전세가율	1년전매가	최고점 매가	최저점 매가	6개월전 전세가	과거 수익률
2016-01-01	경기도	고양시	백석동	백송(9단지두산)	462	140	1994-08-01	1:80.02	59.76	23,750	26,250	22,500	1,250	94.70	20,000	23,750	13,050	19,500	200.00
2016-01-01	경기도	고양시	백석동	백송마을(8단지선경,코오롱)	604	200	1994-10-01	1:71.67	51.03	20,000	23,000	18,750	1,250	93.80	17,000	20,150	11,000	17,250	240.00
2016-01-01	경기도	고양시	백석동	백송마을(한신)	436	180	1992-09-01	1:49.32	39.93	15,500	18,500	13,250	2,250	85.50	13,750	15,500	7,400	12,750	133.30
2016-01-01	경기도	고양시	성사동	신원당마을동신(2차)	495	255	1992-11-01	1:78.76	57.00	17,250	20,000	16,000	1,250	92.80	16,250	18,250	10,750	14,000	220.00
2016-01-01	경기도	고양시	일산동	에이스(11차)	272	113	1996-11-01	1:81.1	59.97	17,750	18,000	16,000	1,750	90.10	15,000	17,750	9,775	14,250	14.30
2016-01-01	경기도	고양시	일산동	일산동문	586	238	1996-10-01	2:79.85	59.40	17,500	19,000	16,000	1,500	91.40	15,000	17,500	9,500	15,000	100.00
2016-01-01	경기도	고양시	일산동	일산메가시티	178	10	2003-05-01	1:35.94	23.67	6,500	7,150	4,650	1,850	71.50	6,050	6,500	6,050	4,650	35.10
2016-01-01	경기도	고양시	일산동	탄현1차주은	228	86	1999-12-01	1:86.99	59.58	16,500	19,500	14,900	1,600	90.30	15,500	17,000	14,500	13,000	187.50
2016-01-01	경기도	고양시	주엽동	강선(8단지럭키롯데)	966		1993-11-01	1:77.98	60.00	27,500	32,000	24,500	3,000	89.10	24,500	27,500	16,000	20,500	150.00
2016-01-01	경기도	고양시	주엽동	문촌(8단지동아)	738		1994-07-01	1:74.63A	59.92	24,250	28,500	21,250	3,000	87.60	21,750	24,250	14,800	19,500	141.70
2016-01-01	경기도	고양시	주엽동	문촌(8단지동아)	738		1994-07-01	4:73.84B	59.28	24,250	28,500	21,250	3,000	87.60	21,750	24,250	14,750	19,500	141.70
2016-01-01	경기도	고양시	중산동	중산마을1단지두산	888	600	1995-10-01	2:78.42	59.97	19,250	22,000	17,400	1,850	90.40	17,600	19,250	10,750	16,000	148.60
2016-01-01	경기도	고양시	중산동	중산마을2단지코오롱	978	258	1995-10-01	2:78.37	59.93	19,250	21,500	17,400	1,850	90.40	17,350	19,250	10,400	15,250	121.60
2016-01-01	경기도	고양시	중산동	중산마을3단지일신	552		1995-12-01	1:78.61A	59.84	19,250	22,000	17,400	1,850	90.40	17,600	19,250	10,750	15,500	148.60
2016-01-01	경기도	고양시	탄현동	탄현마을(7단지부영)	726	570	1995-05-01	1:68.87	50.28	15,750	17,000	14,500	1,250	92.10	13,750	15,750	7,950	13,250	100.00
2016-01-01	경기도	고양시	탄현동	탄현마을(일신)	416	212	1994-10-01	2:78.25	59.83	19,000	21,750	17,500	1,500	92.10	17,250	19,000	10,900	15,250	183.30
2016-01-01	경기도	고양시	풍동	숲속마을(8단지)	1,034	200	2006-07-01	1:72.1	51.93	22,750	26,000	20,750	2,000	91.20	20,750	22,750	19,250	18,000	162.50

뒷부분에서는 인공지능 프로그램에서 투자 추천 지역 내 투자 추천 아파트로 나왔는데 결과가 다른 사례를 몇 가지 다룰 생각이다. 지역 내에서 동 단위로 결과가 다른 경우도 있고, 심지어 비슷한 입지인데 투자 결과가 다른 경우도 있다. 투자 결과가 좋은 건 2년 뒤 수익률이 100% 넘고, 나쁜 건 2년 뒤 수익률이 40% 이하로 차이가 많이 난다.

그래도 KB 매매 · 전세 가격이 실거래 가격과 같다고 가정하고, 해당 아파트를 모두 살 수 있다고 한다면 선정된 지역의 아파트, 선정된 지역 내의 추천 아파트가 훨씬 더 수익률이 좋다. 인공지능 프로그램을 통해 수익률이 괜찮은 지역, 괜찮은 아파트 단지를 찾아낼 수 있기 때문이다.

| 수익률 비교 차트 |

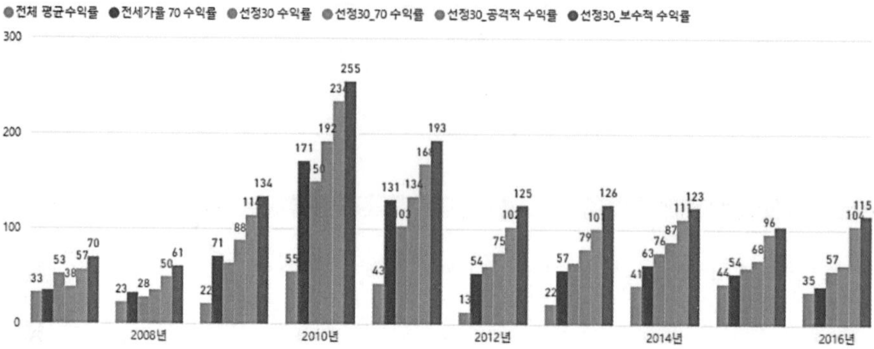

'수익률 비교 차트'를 보면 제일 왼쪽부터 파란색 막대는 전체 아파트 평균수익률이다. 여기에서 수익률은 전세 갭투자 2년의 수익률이다. 즉, 매입 후 전세를 놓고 2년 후 매도를 했을 때 2년 동안의 수익률이다. 그 다음 빨간색 막대는 전세가율 70% 이상 아파트의 평균수익률이다. 제일 왼쪽의 2007년과 2008년은 전체 평균수익률과 별 차이가 없다. 그리고 2009년부터 2013년까지는 파란색 전체 평균수익률과 차이가 많이 나지만 2014년, 2015년, 2016년, 해가 갈수록 점점 더 수익률의 차이가 없어지고 있다. 이를 통해 2015년부터 이미 투자하기가 어려워졌다는 것을 알 수 있다.

주황색 막대는 인공지능 프로그램에 의해 선정된 30개 투자 추천 지역의 평균수익률이다. 2011년까지는 빨간색 막대 전세가율 70% 이상보다 낮지만 2012년부터는 선정된 지역이 약간 더 높다. 2012년부터 지역 선정이 약간 더 중요해졌다고 생각할 수 있다.

녹색 막대는 추천한 30개 투자유망 지역에서 전세가율 70% 이상의 아파트들이다. 전세가율 70% 이상 아파트들의 평균수익률인 빨간색 막대와 30개 선정 지역의 아파트 평균수익률인 녹색 막대보다 대부분 높은 편이다.

그 다음 두 개 막대가 중요하다. 이는 다음에 설명할 추천 지역 내 추천 아파트들의 투자 평균수익률이다. 바로 보라색과 자주색 막대로, 유망아파트로 선정된 아파트 수익률이다. 하나는 30개 선정 지역 내 공격적 조건의 단지들 평균수익률이고, 다른 하나는 보수적 조건의 단지들 평균수익률이다. 앞의 다른 어떤 막대들보다 수치가 높다. 그리고 2009년부터는 차이가 꽤 많이 나는 편이다.

인공지능 투자 프로그램에 대한 신뢰가 생겼는가? 다시 한번 강조하지만, 인공지능 프로그램에서 추천하는 지역과 아파트를 무조건 믿어서는 안 된다.

투자 프로그램은 어느 정도 가이드가 되어주고, 성공 확률을 조금 더 높여줄 뿐이다. 과거의 결과를 통해 어떤 데이터 항목이 중요한지 파악하고, 실제 조사와 임장(투자를 하기 위해 해당 지역에 가서 부동산 등을 조사하는 행위)을 통해 좋은 결과를 내야 한다.

지금까지 투자 고수들이 일반적으로 중요하게 생각하는 각종 데이터와 실제 프로그램을 통해 추천된 지역을 살펴보았다. 이제 추천 지역 내에서 투자 아파트를 선정하는 데이터를 알아보고, 실제 인공지능 프로그램에서 추천한 지역과 아파트의 투자 결과가 나쁘게 나온 사례를 연구하는 일만 남았다. 딱 반 정도 남았다. 조금만 더 힘을 내서 완독하기 바란다.

06

세부적인 조건에 맞춰 제시하는 '추천 단지 리스트 프로그램'

데이터를 통한 분석이든 투자 고수들의 추천 지역이든, 다양한 방법을 통해 유망투자 지역을 선정하고 난 후에는 해당 지역(구 · 시 단위) 내에서 어떤 아파트에 투자할지 선정해야 한다. 지역 내 수많은 아파트 단지 중 투자가 유망한 단지를 선택하는 데이터 항목에는 어떤 것이 있을까?

앞에서 지역을 분석하는 여러 데이터에 대해 알아보았다. 많은 데이터와 그 데이터를 가공하여 만든 빅데이터들, 이런 많은 데이터들을 바탕으로 인공지능 프로그램이 결과를 도출해냈다.

앞에서 언급했던 '수익률 비교 차트'를 통해 투자 예측 결과 수익률의 차이를 살펴보자. 인공지능 프로그램에 의해 선정된 30개 지역의 평균수익률은 주황색 막대이고, 전세가율 70% 이상 아파트의 평균수익률은 빨간색 막대다. 전체적으로 둘의 수치는 비슷하다. 2012년부터는 선정된 지역이 더 중요하기는 하지만 차이가 미미한 편이다. 녹색 막대는 선정된 30개 지역 내에서 전세가율 70% 이상 아파트의 수익률이다. 앞의 주황색 막대나 빨간색 막대보다 수치가 더 높은 편이다. 하지만 역시 차이가 크지는 않다.

30개 선정 지역 내의 추천 아파트를 보면 보라색 막대(공격적 조건), 자주색 막대(보수적 조건)는 앞의 어떤 경우보다 수익률이 높지만, 차이도 많이 난다. 특히 투자 시장이 어려웠던 2016년에는 앞의 세 경우와 차이가 월등히 많이 난다. 데이터는 적지만, 차이가 많이 나는 지역 내 아파트 선정 방법은 실제 투자 안목과 실력에 따라 차이가 많이 난다고 할 수 있다.

| 수익률 비교 차트 |

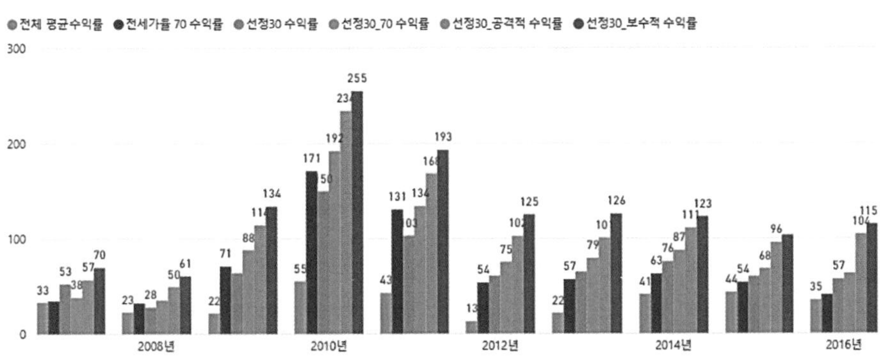

투자 추천 아파트를 선별할 때에는 인구수 · 가구수 · 종업원수, 전입 · 전출지, 입지, 학군, 지역 내 아파트 선호도, 교통 편의성, 거주자

주 근무 지역의 성격, 동네 아파트 연식, 평형별 세대 비율, 지역 내 산업 단지 및 편의시설, 교통 입지, 지리적 입지, 지역 내 호재와 악재 등등 체크해야 할 항목이 굉장히 많다. 그런 것들 중 지역 내 아파트를 선정하는 데 필요한 데이터 항목들에는 어떤 것이 있는지 살펴보도록 하자.

다음은 '추천 단지 리스트 프로그램' 화면이다. 리스트의 빨간색 부분에서 일부 사실을 확인할 수 있다.

| 추천 단지 리스트 프로그램 |

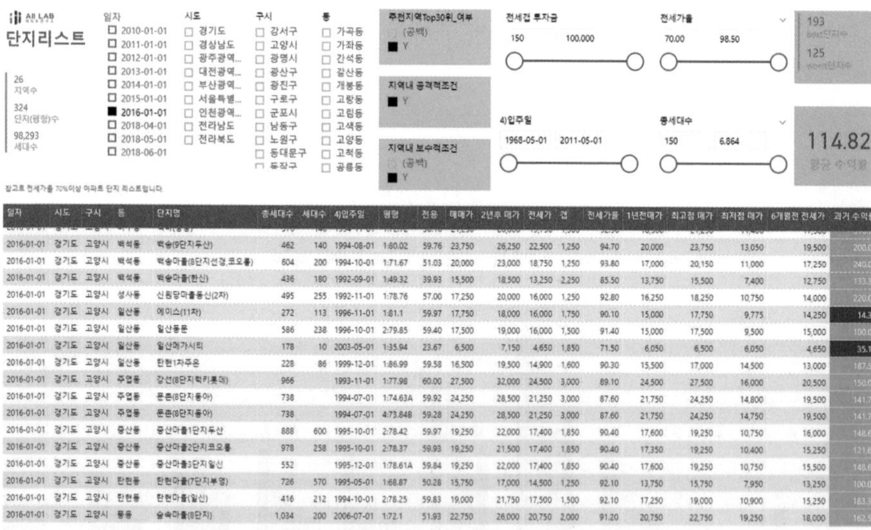

일자	시도	구시	동	단지명	총세대수	세대수	4)입주일	평형	전용	매매가	2년후 매가	전세가	갭	전세가율	1년전매가	최고점 매가	최저점 매가	6개월전 전세가	과거 수익률
2016-01-01	경기도	고양시	백석동	백송(9단지두산)	462	140	1994-08-01	1:80.02	59.76	23,750	26,250	22,500	1,250	94.70	20,000	23,750	13,050	19,500	200.00
2016-01-01	경기도	고양시	백석동	백송마을(8단지선경,코오롱)	604	200	1994-10-01	1:71.67	51.03	20,000	23,000	18,750	1,250	93.80	17,000	20,150	11,000	17,250	240.00
2016-01-01	경기도	고양시	백석동	백송마을(한신)	436	180	1992-09-01	1:49.32	39.93	15,500	18,500	13,250	2,250	85.50	13,750	15,500	7,400	12,750	133.30
2016-01-01	경기도	고양시	성사동	신원당마을동신(2차)	495	255	1992-11-01	1:78.76	57.00	17,250	20,000	16,000	1,250	92.80	16,250	18,250	10,750	14,000	220.00
2016-01-01	경기도	고양시	일산동	에이스(11차)	272	113	1996-11-01	1:81.1	59.97	17,750	18,000	16,000	1,750	90.10	15,000	17,750	9,775	14,250	14.30
2016-01-01	경기도	고양시	일산동	일산동문	586	238	1996-10-01	2:79.85	59.40	17,500	19,000	16,000	1,500	91.40	15,000	17,500	9,500	15,000	100.00
2016-01-01	경기도	고양시	일산동	일산메가시티	178	10	2003-05-01	1:35.94	23.67	6,500	7,150	4,650	1,850	71.50	6,050	6,500	6,050	4,650	35.10
2016-01-01	경기도	고양시	일산동	탄현1차주은	228	86	1999-12-01	1:86.99	59.58	16,500	19,500	14,900	1,600	90.30	15,500	17,000	14,500	13,000	187.50
2016-01-01	경기도	고양시	주엽동	강선(8단지럭키롯데)	966		1993-11-01	1:77.98	60.00	27,500	32,000	24,500	3,000	89.10	24,500	27,500	16,000	20,500	150.00
2016-01-01	경기도	고양시	주엽동	문촌(8단지동아)	738		1994-07-01	1:74.63A	59.92	24,250	28,500	21,250	3,000	87.60	21,750	24,250	14,800	19,500	141.70
2016-01-01	경기도	고양시	주엽동	문촌(8단지동아)	738		1994-07-01	4:73.84B	59.28	24,250	28,500	21,250	3,000	87.60	21,750	24,250	14,750	19,500	141.70
2016-01-01	경기도	고양시	중산동	중산마을1단지두산	888	600	1995-10-01	2:78.42	59.97	19,250	22,000	17,400	1,850	90.40	17,600	19,250	10,750	16,000	148.60
2016-01-01	경기도	고양시	중산동	중산마을2단지코오롱	978	258	1995-10-01	2:78.37	59.93	19,250	21,500	17,400	1,850	90.40	17,350	19,250	10,400	15,250	121.60
2016-01-01	경기도	고양시	중산동	중산마을3단지일신	552		1995-12-01	1:78.61A	59.84	19,250	22,000	17,400	1,850	90.40	17,600	19,250	10,750	15,500	148.60
2016-01-01	경기도	고양시	탄현동	탄현마을(7단지부영)	726	570	1995-05-01	1:68.87	50.28	15,750	17,000	14,500	1,250	92.10	13,750	15,750	7,950	13,250	100.00
2016-01-01	경기도	고양시	탄현동	탄현마을(일신)	416	212	1994-10-01	2:78.25	59.83	19,000	21,750	17,500	1,500	92.10	17,250	19,000	10,900	15,250	183.30
2016-01-01	경기도	고양시	풍동	숲속마을(8단지)	1,034	200	2006-07-01	1:72.1	51.93	22,750	26,000	20,750	2,000	91.20	20,750	22,750	19,250	18,000	162.50

앞서 언급했듯이 인공지능 프로그램에서 추천 지역 내 아파트 단지(평형) 선정에 필요한 데이터 항목은 많지 않다. 하지만 지역 선정 데이터보다 훨씬 복잡하다. 보안상의 이유보다 너무 복잡해서 설명하기가 쉽지 않다.

우선 가볍게 쉬운 항목부터 시작해보자. 쉬운 항목으로는 해당 아파트 단지의 전세가율, 투자 갭(매매가와 전세가의 차이), 연식(오픈 및 입주 연도), 세대수, 매매가 6개월 전 대비 상승률, 전세가 1년 전 대비 상승률 정도가 있다.

지역 선정 프로그램과 마찬가지로 이러한 지역 내 아파트 선정 항목을 인공지능 프로그램으로 돌려 최적의 조건을 찾아냈다. 이 정도만 이해해도 다른 데이터의 중요성, 데이터를 통해 읽을 수 있는 현상들을 충분히 맛본 것이라고 생각한다. 그 결과를 확인할 수 있는 프로그램을 다음 섹션에서 살펴보도록 하자.

07

수익률을 일목요연하게 '연도별 통계 및 수익률 비교 차트'

이제부터 '연도별 통계' 메뉴를 통해 선정된 아파트들의 실제 수익률을 살펴보자. 그리고 동 단위의 지역을 선택한 후 실제 아파트 자료를 확인할 수 있는 '추천 단지 리스트' 메뉴에 대해서도 설명하도록 하겠다.(참고로 챕터 2에서의 수익률은 전세 갭투자 2년 수익률을 말하며, 수식으로는 '2년 후 매매가 - 현재 매매가 / 현재 매매가 - 현재 전세가'가 된다.)

먼저 연도별 통계 메뉴 화면은 '연도별 통계 및 수익률 비교 차트'와 같이 보여준다. 앞에서 좌측 하단의 차트에 대해 설명한 바와 같이 파란색 막대는 평균수익률을, 빨간색 막대는 전세가율 70% 이상 아파트의 평균수익률을 나타낸다. 녹색 막대는 30개 선정 지역에서 전세가율 70% 이상의 아파트 평균수익률이고, 제일 뒤에 2개의 막대는 추천 지역 내의 아파트를 선정하는 공격적 조건과 보수적 조건의 수익률이다. 간단하게 말하자면 보수적 조건은 좀 더 까다로운 조건이다. 조건이 까다로운 만큼 해당 아파트의 단지수는 좀 더 적다.

| 연도별 통계 및 수익률 비교 차트 |

년도별통계

	전체(평균)					전세가율70%(평균)			선정지역(평균)			선정지역+70%이상(평균)				선정지역+공격적 단지(평균)						선정지역+보수적 단지(평균)					
일자	적중률	물건수	전세가율	투자갭	수익률	물건수	투자갭	수익률	물건수	투자갭	수익률	지역	물건수	투자갭	수익률	지역	물건수	투자갭	수익률	best물건수	worst수	지역	물건수	투자갭	수익률	best물건수	worst수
2007-01-01	75.28	18,227	56.60	12,817	33.00	4,034	2,140	34.80	4,764	4,442	52.80	30	2,008	1,966	38.40	30	566	1,678	57.00	95	384	30	369	1,465	69.70	71	235
2008-01-01	81.53	19,796	55.80	12,898	22.70	4,312	2,150	32.30	4,237	2,987	27.90	30	2,326	2,013	35.50	30	704	1,756	49.80	128	419	30	441	1,451	60.90	99	240
2009-01-01	85.07	21,116	53.60	13,366	21.50	4,347	2,199	71.10	4,746	3,262	64.10	30	2,638	2,139	88.00	30	758	1,859	114.20	328	264	30	456	1,514	133.60	222	141
2010-01-01	88.80	22,298	54.70	13,327	55.30	4,787	2,287	170.70	4,879	3,382	149.70	30	2,767	2,226	191.90	30	804	1,971	234.20	662	50	30	524	1,634	254.70	447	25
2011-01-01	88.64	23,810	57.40	12,600	42.90	5,507	2,626	130.50	5,845	3,745	103.10	30	3,483	2,624	133.70	30	919	2,128	168.10	668	59	30	556	1,661	193.00	443	19
2012-01-01	83.59	25,762	60.60	11,929	12.80	6,482	3,342	53.70	5,440	3,894	61.00	30	3,563	3,076	75.20	30	933	2,437	102.40	396	290	28	514	1,806	125.10	269	131
2013-01-01	86.65	27,678	63.00	11,026	21.60	8,304	3,571	57.10	6,556	4,228	65.10	30	4,468	3,286	79.30	30	1,205	2,652	100.70	517	404	30	561	1,885	125.60	292	148
2014-01-01	81.50	29,797	67.80	9,385	41.40	13,706	4,668	62.80	7,346	5,033	75.60	30	5,352	3,937	87.20	30	1,313	2,858	111.00	621	413	29	563	1,971	122.90	281	165
2015-01-01	82.87	31,624	70.50	8,745	43.50	18,426	5,520	54.00	8,470	6,234	60.20	30	6,490	4,873	68.20	30	1,231	2,906	95.60	530	336	27	524	1,981	103.20	233	149
2016-01-01	85.21	33,633	73.70	8,034	35.30	23,766	6,006	40.90	9,520	7,340	57.30	30	8,030	6,351	63.10	30	985	2,872	104.30	414	292	26	422	1,994	114.80	193	128
2018-04-01		37,288	73.30	10,595		26,093	6,515		10,649	7,314		30	8,996	6,388		30	824	3,122				25	308	2,037			

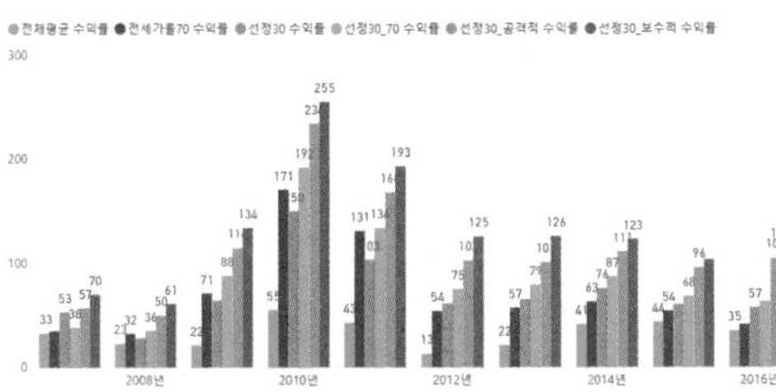

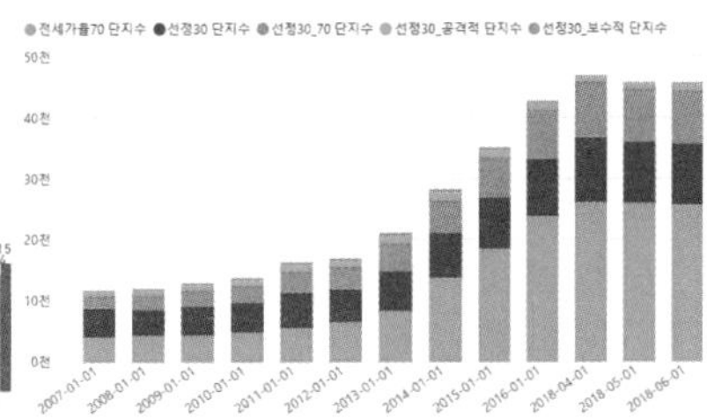

예를 들어 갭투자(매매가 – 전세가)의 공격적 조건은 6천만 원 이내이고, 보수적 조건은 3천만 원 이내다. 또 동 평균 평당가율 현재 위치의 공격적 조건은 90 이하이고, 보수적 조건은 85 이하다. 참고로 공격적, 보수적 조건 둘 다 전세가율 70% 이상이다. 수익률은 보수적 조건이 대체적으로 약간 높은 편이다. 하지만 너무 까다로워서 투자할 아파트를 찾기가 쉽지 않다.

반대로 공격적 조건은 보수적 조건보다 투자할 아파트를 찾기가 쉽기는 하지만, 실패할 확률이 좀 더 높다. 여기에서 베스트 단지, 워스트(worst) 단지에 대한 설명이 필요한데, 베스트 단지는 2년간의 전세 갭투자수익률이 100% 이상인 아파트이고, 워스트 단지는 2년간 갭투자수익률이 40% 미만인 단지다.

앞의 '연도별 통계' 메뉴에서 좌측 윗부분을 보자.(다음 '연도별 통계 좌측 상단 리스트' 화면 참조)

| **연도별 통계 좌측 상단 리스트** | –전체, 전세가율 70% 이상, 선정 지역, 선정 지역+전세가율 70% 이상 아파트의 총 단지수, 평균 전세가율, 평균 투자 갭, 평균수익률

년도별통계

	전체(평균)					전세가율70%(평균)			선정지역(평균)			선정지역+70%이상(평균)			
일자	적중율	물건수	전세가율	투자갭	수익률	물건수	투자갭	수익률	물건수	투자갭	수익률	지역	물건수	투자갭	수익률
2007-01-01	75.28	18,227	56.60	12,817	33.00	4,034	2,140	34.80	4,764	4,442	52.80	30	2,008	1,966	38.40
2008-01-01	81.53	19,796	55.80	12,898	22.70	4,312	2,150	32.30	4,237	2,987	27.90	30	2,326	2,013	35.50
2009-01-01	85.07	21,116	53.60	13,366	21.50	4,347	2,199	71.10	4,746	3,262	64.10	30	2,638	2,139	88.00
2010-01-01	88.80	22,298	54.70	13,327	55.30	4,787	2,287	170.70	4,879	3,382	149.70	30	2,767	2,226	191.90
2011-01-01	88.64	23,810	57.40	12,600	42.90	5,507	2,626	130.50	5,845	3,745	103.10	30	3,483	2,624	133.70
2012-01-01	83.59	25,762	60.60	11,929	12.80	6,482	3,342	53.70	5,440	3,894	61.00	30	3,563	3,076	75.20
2013-01-01	86.65	27,678	63.00	11,026	21.60	8,304	3,571	57.10	6,556	4,228	65.10	30	4,468	3,286	79.30
2014-01-01	81.50	29,797	67.80	9,385	41.40	13,706	4,668	62.80	7,346	5,033	75.60	30	5,352	3,937	87.20
2015-01-01	82.87	31,624	70.50	8,745	43.50	18,426	5,520	54.00	8,470	6,234	60.20	30	6,490	4,873	68.20
2016-01-01	85.21	33,633	73.70	8,034	35.30	23,766	6,006	40.90	9,520	7,340	57.30	30	8,030	6,351	63.10
2018-04-01		37,288	73.30	10,595		26,093	6,515		10,649	7,314		30	8,996	6,388	

먼저 설명한 수익률 비교 차트의 실제 데이터에 해당하는 표다. 전체(평균) 아래 단지수, 전세가율, 투자 갭(금액), 수익률 항목이 보이는데 2009년부터 전체 전세가율이 점점 올라가고 있다.

그 다음은 전세가율 70% 이상 아파트의 정보다. 2014년부터 전세가율 70% 이상 아파트가 점점 많아지더니, 2016년에는 전체 3분의 2 이상이 전세가율 70% 이상이다. 또한 투자 갭도 2천만~6천만 원 정도 된다. 2013년부터 투자 갭이 커지고 있는 것은 가격이 비싼 수도권 아파트들이 점점 많아지고 있기 때문이다. 수익률은 전체 평균보다 높지만, 2013년 이후에는 전체 평균과 차이가 점점 줄어들고 있다.

다음으로 '선정 지역 단지(평균)'와 '선정+70% 단지(평균)' 항목을 보자. 각각 30개 선정 지역의 평균수익률과 30개 선정 지역 내에서 70% 이상의 전세가율을 보여준다. 단지수와 투자 갭은 점점 줄어들고, 수익률은 점점 높아졌다. 앞의 막대 차트에서 녹색 막대가 '선정+70% 단지(평균)'다. 선정 지역 내에서 공격적, 보수적 아파트 선정 조건의 보라색, 자주색 막대 다음으로 수익률이 높다(2007년 제외).

그 다음 항목은 지역 내 단지 선정 조건으로 다음 '연도별 통계 우측 상단 리스트'와 같다. 앞서 전세 갭투자수익률이 100% 이상인 아파트 단지를 베스트 단지, 40% 미만인 아파트 단지를 워스트 단지라고 했다.

| 연도별 통계 우측 상단 리스트 | –선정 지역 및 지역 내 공격적/보수적 조건 아파트의 총 단지수, 평균 투자 갭, 평균수익률, 베스트 단지수, 워스트 단지수

선정지역+공격적 단지(평균)						선정지역+보수적 단지(평균)					
지역	물건수	투자갭	수익률	best물건수	worst수	지역	물건수	투자갭	수익률	best물건수	worst수
30	566	1,678	57.00	95	384	30	369	1,465	69.70	71	235
30	704	1,756	49.80	128	419	30	441	1,451	60.90	99	240
30	758	1,859	114.20	328	264	30	456	1,514	133.60	222	141
30	804	1,971	234.20	662	50	30	524	1,634	254.70	447	25
30	919	2,128	168.10	668	59	30	556	1,661	193.00	443	19
30	933	2,437	102.40	396	290	28	514	1,806	125.10	269	131
30	1,205	2,652	100.70	517	404	30	561	1,885	125.60	292	148
30	1,313	2,858	111.00	621	413	29	563	1,971	122.90	281	165
30	1,231	2,906	95.60	530	336	27	524	1,981	103.20	233	149
30	985	2,872	104.30	414	292	26	422	1,994	114.80	193	128
30	824	3,122				25	308	2,037			

앞의 표에서처럼 공격적 조건은 보수적 조건에 비해 베스트 단지수도 많지만, 워스트 단지수도 많다. 2010년, 2011년을 제외하고 워스트 단지수가 200개 넘는다. 반대로 보수적 조건은 공격적 조건에 비해 2010년 이후 최소 50% 이하로 워스트 단지수의 차이를 보여주고 있다.(참고로 전체 단지수에서 베스트 단지수와 워스트 단지수를 뺀 단지의 경우 수익률이 40% 초과, 100% 미만인 단지다.)

지금까지 선정된 지역 내에서 아파트를 선정하는 데이터 항목과 몇 가지 조건의 수익률 결과에 대해 설명했다. 선정된 지역과 아파트의 평균수익률은 훨씬 높지만, 그렇다고 투자 결과가 100% 좋은 것은 아니다. 미래를 100% 예측하기란 불가능하기 때문이다. 하지만 투자 안목과 실력을 겸비해 인공지능 프로그램이 추천하는 지역과 아파트에서 선별을 하면 분명 좋은 결과를 낼 수 있다.

다음 챕터에서는 사례를 통해 지금까지 설명한 지역 데이터와 지역 내 아파트 데이터를 살펴보도록 하자. 계속 이야기하지만 인공지능 프로그램은 부동산 투자법 중 하나이고, 데이터 측면에서 안목을 키우는 방법 중 하나일 뿐이라는 사실을 명심해야 한다.

CHAPTER 3

인공지능은 어떻게 예측했을까? – 연도별 분석

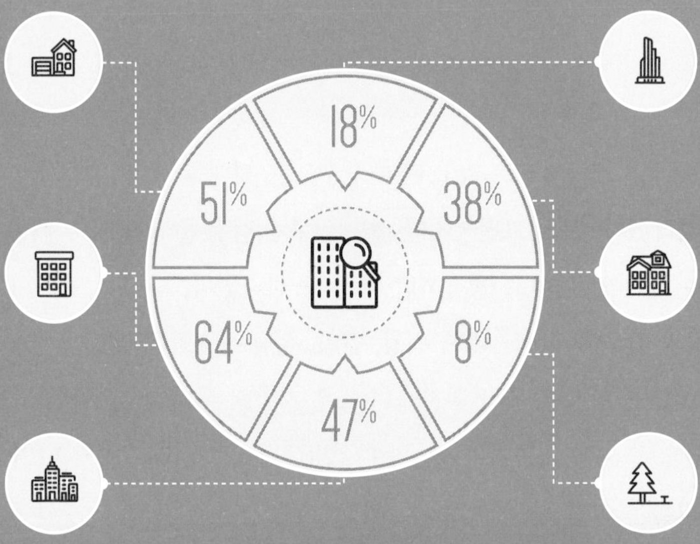

01

2013년 인공지능은 어디를 추천했는가?

필자는 개인적으로 2013년부터 수도권 경매를 통해 부동산 투자를 시작했다. 사실 그전까지만 해도 인구가 점점 줄고 있어 부동산 투자는 하면 안 된다고 생각하던 사람 중 하나였다. 당연히 아는 곳도 직장과 집 근처 강남, 서초, 의왕, 안양, 성남 정도밖에 없었다.

2013년 당시 부동산 투자 고수들은 지방의 투자를 마무리하고 수도권으로 시장을 옮기는 중이었다. 2013년으로 다시 돌아간다면 과연 그들은 어떤 선택을 할까? 2013년 부동산을 투자 지역 추천 프로그램으로 돌려보자.

'2013년 투자 예측 결과 및 데이터 항목'을 보면 2013년의 예측 알고리즘 수치는 86.65로 비교적 좋은 편이다. 부산 북구, 경기 군포시, 전북 익산시의 수치는 빨간색으로 좋지 않지만 추천 프로그램의 점수는 높다. 이 4개 지역 외에도 결과가 좋다. 그 외 부산 금정구, 충남 논산시의 순위는 50위권 밖이다.

| 2013년 투자 예측 결과 및 데이터 항목 |

AII LAB

투자예측

86.65

투자 알고리즘 ...

일자

- ☐ 2007-01-01
- ☐ 2008-01-01
- ☐ 2009-01-01
- ☐ 2010-01-01
- ☐ 2011-01-01
- ☐ 2012-01-01
- ■ 2013-01-01
- ☐ 2014-01-01
- ☐ 2015-01-01
- ☐ 2016-01-01
- ☐ 2018-04-01

시도

- ☐ 강원도
- ☐ 경기도
- ☐ 경상남도
- ☐ 경상북도
- ☐ 광주광역시
- ☐ 대구광역시
- ☐ 대전광역시
- ☐ 부산광역시
- ☐ 서울특별시
- ☐ 울산광역시
- ☐ 인천광역시
- ☐ 전라남도

지역	가구증가	전세종합	수요공급종합	미분양	거래량 증가	주변입주량	추천 순위	과거결과 순위
대구 달서구	42.00	249.90	-0.87	60.00	22.50	-5	1	1
광주 광산구	49.00	290.80	-5.12	-40.00	-13.80	2	2	18
경북 포항시	35.00	255.50	28.11	30.00	30.00	0	3	4
광주 북구	63.00	257.80	19.07	50.00	-8.70	5	4	11
부산 금정구	35.00	210.60	64.94	50.00	30.00	-5	5	58
전북 전주시	35.00	236.50	13.96	60.00	27.30	-5	6	38
대구 수성구	21.00	227.80	64.06	30.00	3.90	0	7	2
대구 북구	14.00	240.10	-2.25	60.00	10.80	-5	8	3
대구 달성군	49.00	184.68	-3.07	60.00	8.70	-5	9	7
경북 구미시	28.00	253.40	30.44	-40.00	1.50	-5	10	5
울산 북구	49.00	221.80	-1.89	30.00	-3.00	-5	11	37
경북 경산시	49.00	185.12	33.96	60.00	-15.30	0	12	6
울산 울주군	49.00	209.10	12.91	50.00	-0.60	-5	13	25
충남 천안시	49.00	197.70	-0.96	40.00	7.50	-5	14	16
광주 서구	21.00	261.30	33.51	-40.00	10.20	2	15	10
대구 남구	63.00	190.80	98.29	60.00	-14.40	0	16	14
울산 남구	49.00	209.20	37.22	30.00	-15.00	-5	17	28
충북 충주시	28.00	166.20	30.01	60.00	-3.90	-5	18	42
부산 북구	35.00	178.00	43.67	40.00	22.50	0	19	102
경기 군포시	63.00	149.50	74.22	60.00	-7.20	2	20	129
충남 논산시	7.00	236.20	-25.73	60.00	9.90	-5	21	85
울산 중구	42.00	220.20	-30.66	30.00	0.00	-5	22	19
광주 남구	-21.00	273.60	-17.34	40.00	27.00	0	23	17
충북 청주시	63.00	168.30	29.52	60.00		-5	24	12
광주 동구	-21.00	205.00	42.25	60.00	-17.10	2	25	22
전북 익산시	0.00	162.36	26.01	60.00	9.60	-5	26	114
충남 공주시	-21.00	171.28	42.77	60.00	-9.90	0	27	31
전남 여수시	28.00	155.09	66.56	60.00	-9.30	-5	28	46
경남 진주시	-14.00	252.00	-58.16	50.00	-9.60	0	29	50
경남 김해시	63.00	152.49	24.71	50.00	30.00	-5	30	26

추천 지역을 시 · 도 단위로 구분해서 보면 투자 지역(구 · 시 단위)을 선정하기가 보다 수월하다. 시 · 도 단위별로 경기도는 군포시 1개, 광

주시는 5개 전부, 대구시는 8개 시 · 구 중 서구, 동구, 중구를 제외한 5개, 부산은 14개 지역 중 금정구, 북구 2개, 울산은 5개 지역 중 동구를 빼고 4개, 경남은 진주시, 김해시 2개, 경북은 포항시, 구미시, 경산시 3개 지역이 30위권 이내다. 또한 전남은 여수시 1개, 전북은 전주시, 익산시 2개, 충남은 천안시, 논산시, 공주시 3개, 충북은 충주시, 청주시 2개 지역이 눈에 띈다.

이 중 경기도와 부산은 지역 내 추천 지역수가 별로 없다. 이 말은 곧 당시 추천 지역만 투자 데이터 항목(전세가율, 전세 에너지, 수요 에너지 등)이 잠깐 좋았다는 것으로 해석할 수 있다. 수도권 및 광역시는 인접한 지역(시 · 구 단위)이 서로 영향을 많이 받는다. 데이터로 예측하기 어려운 항목이 인구 이동이다. 예를 들어 한 지역에서 어떤 이유로 전세 가격이 많이 올랐다면 교통에 문제가 없다면 전세 가격이 오르지 않은 지역으로 이사를 갈 수 있기 때문이다. 고로 시 · 도 단위나 인접 지역의 투자 환경이 전체적으로 비슷하게 좋아야 투자를 할 수 있다.

경기도는 지리적으로 서울을 감싸고 있어 서울의 영향을 많이 받는다. 또한 경기 동부는 인천과 영향을 주고받는다. 동서남북으로 투자 환경이 제각각이다. 그래도 추천 지역이 1개라면 너무 적다. 더구나 서울, 인천이 한 지역도 없어 확실히 별로라고 할 수 있다.

위에 나와 있는 지역 중에서 경기도와 부산 지역을 제외하고 광주, 대구, 울산광역시와 경상도, 전라도, 충청도 지역을 다음 섹션에서 자세히 살펴보자.

02

2013년 광주 상세 분석

2013년도 광주 지역을 살펴보자. 다음 페이지의 '2013년도 광주 지역의 투자 예측 결과 및 지역 내 추천 아파트 통계, 데이터 항목'을 보면 모든 지역이 30위권 안쪽에 위치하고 있다. 예측과 실제 결과 순위 그리고 수익률 등이 매우 훌륭하다. 프로그램을 만든 사람으로서 뿌듯함이 느껴질 정도다.

| 2013년도 광주 지역의 투자 예측 결과 및 지역 내 추천 아파트 통계, 데이터 항목 |

86.65

				전체(평균)				전세가율70%(평균)			공격적 단지(평균)					보수적 단지(평균)				
SIDO	GUSI	최종순위	결과순위	물건수	전세가율	투자갭	수익률	70%단지수	투자갭	수익률	공격적 단지수	투자갭	수익률	best단지수	worst수	보수적 단지수	투자갭	수익률	best단지수	worst수
광주광역시	광산구	2	18	178	79.90	2,160	57.00	167	2,073	58.90	38	1,570	83.10	12	7	29	1,407	87.40	10	4
광주광역시	북구	4	11	303	76.40	2,957	66.60	252	2,599	72.50	61	2,028	103.70	29	7	37	1,582	124.00	24	1
광주광역시	서구	15	10	223	76.00	3,462	74.70	188	3,144	83.00	47	2,557	108.00	28	4	25	1,990	124.20	18	1
광주광역시	남구	23	17	179	77.00	3,247	58.40	158	2,907	61.60	21	2,302	80.60	6	3	11	1,941	97.20	5	1
광주광역시	동구	25	22	62	73.00	4,501	56.90	41	3,361	71.70	14	2,675	100.30	5	1	8	2,088	119.60	4	
합계				945	76.46		62.72	806		69.54	181		95.14	80	22	110		110.48	61	7

지역	가구증가	전세종합	수요공급종합	미분양	거래량 증가	주변입주량	추천 순위	과거결과 순위
광주 광산구	49.00	290.80	-5.12	-40.00	-13.80	2	2	18
광주 북구	63.00	257.80	19.07	50.00	-8.70	5	4	11
광주 서구	21.00	261.30	33.51	-40.00	10.20	2	15	10
광주 남구	-21.00	273.60	-17.34	40.00	27.00	0	23	17
광주 동구	-21.00	205.00	42.25	60.00	-17.10	2	25	22

2013년도 광주 지역의 데이터를 살펴보면 일부 미분양과 수요 공급 데이터 항목에 약간 문제가 있기는 하지만 그 외의 항목은 괜찮은 편이다. 참고로 광주는 2013년, 2014년, 2015년까지 투자 환경이 좋았다가 2016년부터 안 좋아졌다.

| 2014년도 광주 지역의 투자 예측 결과 및 데이터 항목 |

지역	가구증가	전세종합	수요공급종합	미분양	거래량 증가	주변입주량	추천 순위	과거결과 순위
광주 광산구	42.00	287.00	-4.11	60.00	30.00	-5	1	6
광주 북구	63.00	279.10	14.32	60.00	30.00	-5	2	4
광주 서구	14.00	261.40	26.56	60.00	20.10	-5	5	9
광주 남구	-7.00	273.80	-20.03	60.00	27.90	-5	16	8
광주 동구	-21.00	226.30	32.82	60.00	17.70	-5	21	30

| 2015년도 광주 지역의 투자 예측 결과 및 데이터 항목 |

지역	가구증가	전세종합	수요공급종합	미분양	거래량 증가	주변입주량	추천 순위 ▲	과거결과 순위
광주 광산구	49.00	285.90	-3.69	60.00	-5.70	2	1	5
광주 북구	35.00	286.40	21.65	60.00	19.50	-5	2	3
광주 남구	49.00	287.80	-14.16	60.00	27.00	-5	3	7
광주 서구	0.00	264.30	17.96	60.00	7.20	-5	13	37
광주 동구	-21.00	288.80	-63.65	60.00	30.00	0	54	42

| 2016년도 광주 지역의 투자 예측 결과 및 데이터 항목 |

지역	가구증가	전세종합	수요공급종합	미분양	거래량 증가	주변입주량	추천 순위 ▲	과거결과 순위
광주 광산구	49.00	280.30	-2.95	60.00	-12.30	2	25	67
광주 남구	49.00	235.60	-12.19	60.00	-19.20	0	47	59
광주 서구	35.00	274.40	-60.69	60.00	-10.20	-5	48	74
광주 북구	-14.00	267.50	-64.21	-40.00	-20.70	-5	116	51
광주 동구	-21.00	-190.00	-68.75	-40.00	-7.20	2	163	63

전국적으로 전세가율이 역대 최대인 요즘 전세가율 관련 항목은 비슷하게 높지만 2016년도 광주의 경우 수요 관련 항목의 수치가 좋지 않고, 전세 관련 항목에서 동구의 수치가 좋지 않다. 투자수익률 또한 좋지 않다.

2014~2016년까지 광주 지역의 투자 예측 결과 및 지역 내 추천 아파트는 어떨까?

2016년도 광주의 경우 전세가율 70% 이상 아파트, 공격적 조건, 보수적 조건, 평균 투자수익률 전부 실망스럽다.

| 2014년 광주 지역의 투자 예측 결과 및 지역 내 추천 아파트 통계 |

81.50

				전체(평균)				전세가율70%(평균)			공격적 단지(평균)					보수적 단지(평균)				
SIDO	GUSI	최종순위 ▲	결과순위	물건수	전세가율	투자갭	수익률	70%단지수	투자갭	수익률	공격적 단지수	투자갭	수익률	best단지수	worst수	보수적 단지수	투자갭	수익률	best단지수	worst수
광주광역시	광산구	1	6	189	80.60	2,171	148.60	175	2,054	155.00	47	1,382	218.90	43		35	1,324	227.00	32	
광주광역시	북구	2	4	331	79.00	2,926	128.30	298	2,662	133.90	72	1,872	196.40	61		39	1,476	228.00	35	
광주광역시	서구	5	9	236	76.60	3,689	101.80	199	3,332	108.00	48	2,800	147.00	34	3	23	1,824	177.40	17	1
광주광역시	남구	16	8	197	77.80	3,449	111.80	174	3,074	117.70	28	2,557	174.80	23	1	15	1,973	164.80	12	
광주광역시	동구	21	30	63	73.90	4,552	84.20	46	3,601	97.00	11	3,114	118.00	8	1	5	2,440	124.70	4	1
합계				1,016	77.58		114.94	892		122.32	206		171.02	169	5	117		184.38	100	2

| 2015년 광주 지역의 투자 예측 결과 및 지역 내 추천 아파트 통계 |

82.87

				전체(평균)				전세가율70%(평균)			공격적 단지(평균)					보수적 단지(평균)				
SIDO	GUSI	최종순위 ▲	결과순위	물건수	전세가율	투자갭	수익률	70%단지수	투자갭	수익률	공격적 단지수	투자갭	수익률	best단지수	worst수	보수적 단지수	투자갭	수익률	best단지수	worst수
광주광역시	광산구	1	5	219	80.20	2,649	98.80	202	2,546	101.90	42	1,824	149.70	35		28	1,671	157.10	23	
광주광역시	북구	2	3	368	80.40	3,243	102.30	340	2,932	107.00	92	1,960	161.20	64	4	61	1,630	182.60	44	3
광주광역시	남구	3	7	209	78.90	3,618	102.80	194	3,496	104.10	33	2,824	139.50	21		10	1,720	152.30	6	
광주광역시	서구	13	37	258	77.40	4,358	60.40	220	3,656	61.80	49	2,905	85.00	19	5	19	1,682	88.60	9	1
광주광역시	동구	54	42	73	78.20	4,043	94.70	68	3,837	96.80	13	2,612	108.40	8	2	12	2,121	134.00	9	1
합계				1,127	79.02		91.80	1,024		94.32	229		128.76	147	11	130		142.92	91	5

| 2016년 광주 지역의 투자 예측 결과 및 지역 내 추천 아파트 통계 |

85.21

				전체(평균)				전세가율70%(평균)			공격적 단지(평균)					보수적 단지(평균)				
SIDO	GUSI	최종순위 ▲	결과순위	물건수	전세가율	투자갭	수익률	70%단지수	투자갭	수익률	공격적 단지수	투자갭	수익률	best단지수	worst수	보수적 단지수	투자갭	수익률	best단지수	worst수
광주광역시	광산구	25	67	230	78.70	3,411	22.50	208	3,195	22.80	48	2,286	34.70	5	35	30	1,762	45.20	5	18
광주광역시	남구	47	59	225	74.00	5,703	31.10	171	4,450	33.30	24	3,013	66.00	6	10	9	2,139	59.50	2	4
광주광역시	서구	48	74	270	77.00	5,053	19.00	239	4,422	16.80	56	3,298	14.90	1	45	19	2,050	0.70		17
광주광역시	북구	116	51	379	78.10	4,216	17.80	327	3,450	18.40	84	2,382	29.50	7	59	46	1,683	34.90	6	30
광주광역시	동구	163	63	71	77.10	4,539	47.40	59	4,173	48.10	14	3,718	55.80	2	6	6	2,342	55.50	2	4
합계				1,175	76.98		27.56	1,004		27.88	226		40.18	21	155	110		39.16	15	73

광주의 2018년 5월 투자 예측과 데이터를 보면 서구만 추천 순위 30위권 이내다. 서구만 거의 모든 항목에서 문제가 없다.

| 투자 예측(결과) 및 데이터 항목 프로그램(2018년 5월 광주) |

지역	가구증가	전세종합	수요공급종합	미분양	거래량 증가	주변입주량	추천 순위 ▲	과거결과 순위
광주 서구	21.00	282.90	14.76	60.00	-9.90	0	10	
광주 광산구	35.00	263.20	-2.84	60.00	-18.90	2	47	
광주 북구	21.00	286.90	-59.31	60.00	-10.50	-5	65	
광주 남구	14.00	243.90	-11.92	60.00	-22.80	2	73	
광주 동구	7.00	-190.00	-31.86	60.00	-19.80	2	160	

| 2018년 5월 광주 지역의 투자 예측 및 지역 내 추천 아파트 통계 |

				전체(평균)				전세가율70%(평균)			공격적 단지(평균)					보수적 단지(평균)				
SIDO	GUSI	최종순위 ▲	결과순위	물건수	전세가율	투자갭	수익률	70%단지수	투자갭	수익률	공격적 단지수	투자갭	수익률	best단지수	worst수	보수적 단지수	투자갭	수익률	best단지수	worst수
광주광역시	서구	10		309	78.40	6,388		282	5,970		53	3,048				21	2,140			
광주광역시	광산구	47		305	77.30	5,121		259	4,542		51	2,548				34	2,013			
광주광역시	북구	65		402	80.30	4,072		372	3,531		101	2,127				41	1,528			
광주광역시	남구	73		258	74.40	8,055		203	4,612		38	3,392				9	1,989			
광주광역시	동구	160		75	75.90	5,537		62	5,156		9	3,528				4	2,100			
합계				1,349	77.26			1,178			252					109				

다음의 '광주 지역의 주요 차트' '광주 동구의 주요 차트'를 보면 전세 에너지는 계속 같은 수준을 유지하고 있고, 수요 에너지는 2015년 이후 높은 편이다. (준공 후) 미분양 수치도 낮다. 한마디로 투자하기 나쁘지 않다.

참고로 동구의 경우만 수요 에너지가 2017년 이후 계속 낮아지고 있다. 미분양 수치도 과거 평년에 비하면 높은 편이다. 하지만 동구는 타 지역에 비해 세대수도 적고, 중심 지역인 서구나 광산구에 비해 외진 지역이다. 따라서 동구의 안 좋은 수치는 서구, 북구, 광산구에 미치는 영향이 미미할 것으로 보인다.

| 광주 지역의 주요 차트(전세 · 수요 에너지와 미분양 차트) |

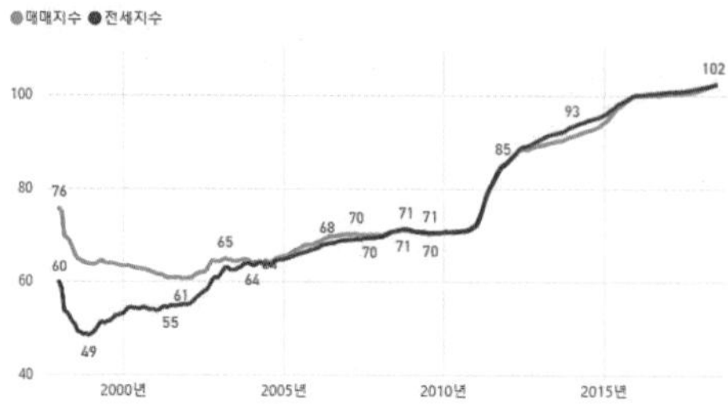

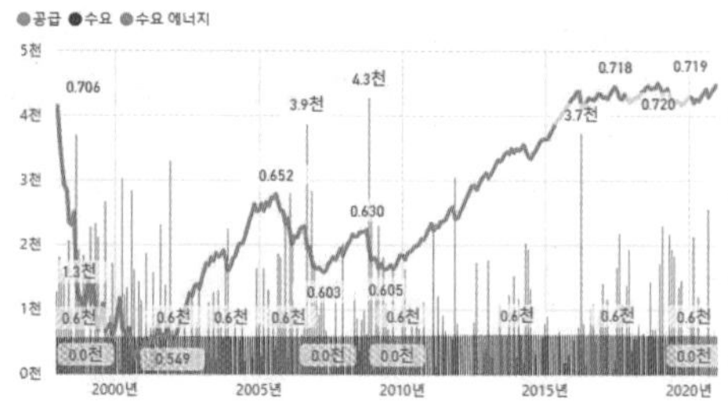

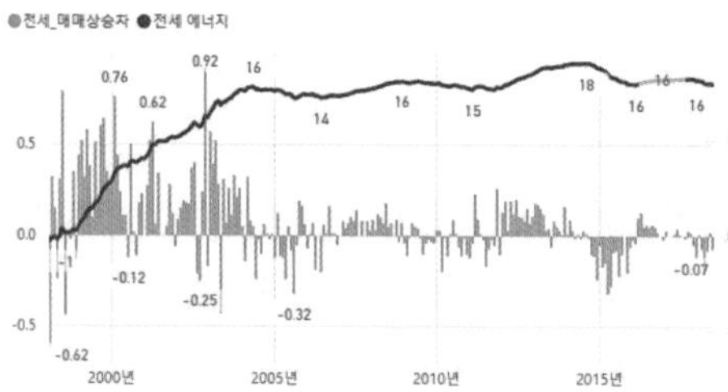

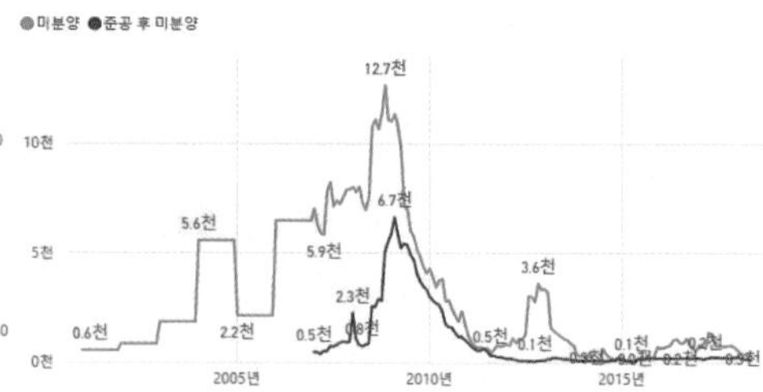

| 광주 동구의 주요 차트(전세 · 수요 에너지와 미분양 차트) |

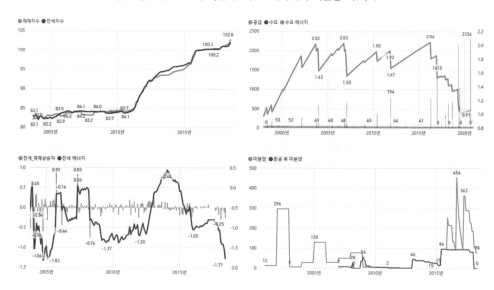

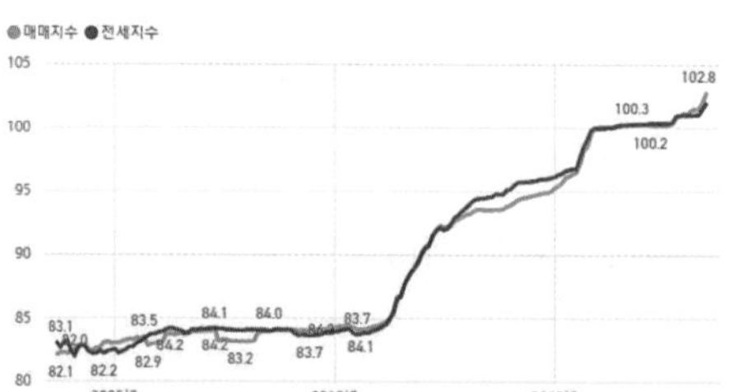

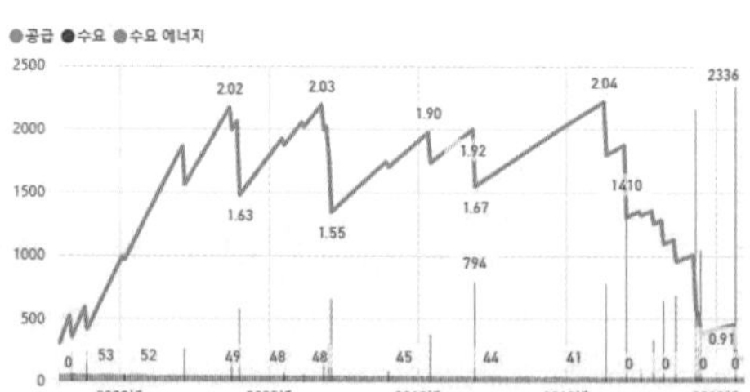

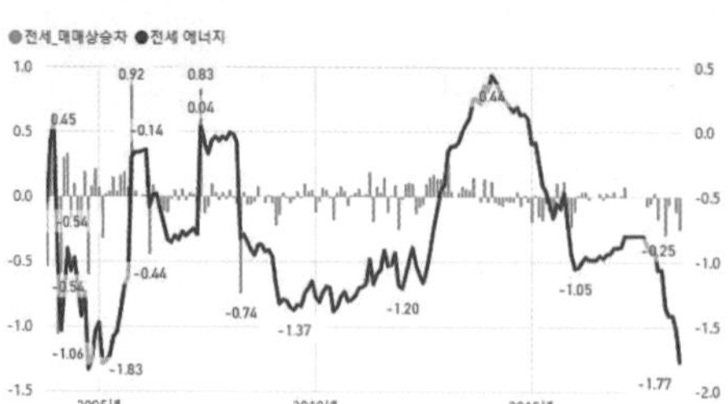

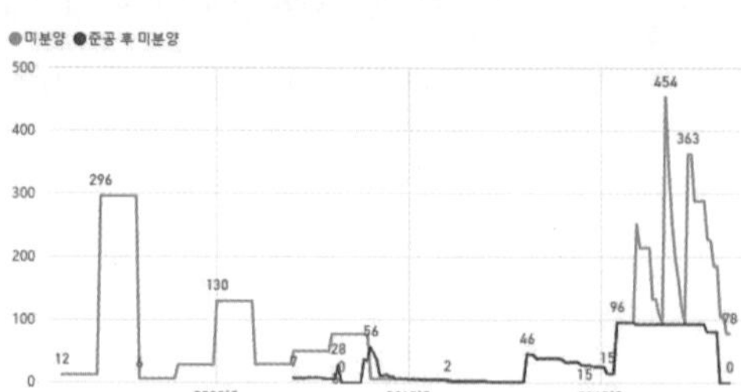

03

2013년 대구·울산 상세 분석

'2013년도 대구 지역의 투자 예측 결과 및 데이터 항목'을 보면 추천 순위 30위권 내에서 7개 지역(구 · 시 단위) 중 5개 지역이 Top 10 이내로 높게 포진되어 있다. 전세나 수요 관련 수치도 동구, 중구를 제외하고는 좋은 편이다.

| 2013년 대구 지역의 투자 예측 결과 및 데이터 항목 |

지역	가구증가	전세종합	수요공급종합	미분양	거래량 증가	주변입주량	추천 순위 ▲	과거결과 순위
대구 달서구	42.00	249.90	-0.87	60.00	22.50	-5	1	1
대구 수성구	21.00	227.80	64.06	30.00	3.90	0	7	2
대구 북구	14.00	240.10	-2.25	60.00	10.80	-5	8	3
대구 달성군	49.00	184.68	-3.07	60.00	8.70	-5	9	7
대구 남구	63.00	190.80	98.29	60.00	-14.40	0	16	14
대구 서구	7.00	184.45	106.16	30.00	-15.30	2	34	23
대구 동구	-28.00	157.09	-21.25	60.00	15.60	0	58	8
대구 중구	-28.00	-190.00	-13.69	50.00	7.50	5	154	20

'2013년도 대구 지역의 투자 예측 결과 및 지역 내 추천 아파트 통계'를 보면 아파트 전체의 평균 2년 수익률이 126.49%, 전세가율 70% 이상인 경우가 175.13%이다. 굳이 지역 내 아파트 선별 조건인 공격적 · 보수적 조건으로 찾지 않아도 충분히 만족할 수 있는 수익률이다. 결과 순위 3위 내 지역이 전부 대구다. 당시 대구 지역에 투자했던 사람은 대박이 났을 것이다.

| 2013년 대구 지역의 투자 예측 결과 및 지역 내 추천 아파트 통계 |

86.65				전체(평균)				전세가율70%(평균)			공격적 단지(평균)					보수적 단지(평균)				
SIDO	GUSI	최종순위	결과순위	물건수	전세가율	투자갭	수익률	70%단지수	투자갭	수익률	공격적 단지수	투자갭	수익률	best단지수	worst수	보수적 단지수	투자갭	수익률	best단지수	worst수
대구광역시	달서구	1	1	428	76.30	4,155	148.50	345	3,423	163.20	66	2,749	219.60	65		30	1,782	267.50	30	
대구광역시	수성구	7	2	430	73.60	6,007	151.40	316	4,536	179.90	89	3,166	248.80	88		32	1,891	308.40	32	
대구광역시	북구	8	3	377	75.40	3,520	110.60	292	3,273	121.60	92	2,517	152.60	80		44	2,036	169.00	39	
대구광역시	달성군	9	7	141	71.30	3,016	145.10	83	2,541	171.00	25	1,964	201.30	24		15	1,680	232.90	15	
대구광역시	남구	16	14	65	71.20	4,288	121.90	40	3,423	141.60	6	3,533	140.20	5		1	2,500	180.00	1	
대구광역시	서구	34	23	62	64.90	4,453	107.40	13	2,798	132.80	2	3,000	122.20	2		1	2,250	144.40	1	
대구광역시	동구	58	8	192	68.30	3,969	116.00	90	3,274	146.80	33	3,117	169.30	31		15	2,390	196.00	15	
대구광역시	중구	154	20	38	71.40	4,447	111.00	21	3,371	143.40	4	3,500	147.00	4		1	2,750	181.80	1	
합계				1,733	71.55		126.49	1,200		150.04	317		175.13	299		139		210.00	134	

광주와 마찬가지로 대구 지역도 2014년부터 현재까지 살펴보자.

2014년은 2013년과 비슷하지만, 2015년에는 30위권 내의 지역이 3개로 줄어들었다. 그러다가 2016년에는 30위권 내 지역이 없어졌다.

| 2014년 대구 지역의 투자 예측 결과 및 데이터 항목 |

지역	가구증가	전세종합	수요공급종합	미분양	거래량 증가	주변입주량	추천 순위 ▲	과거결과 순위
대구 수성구	21.00	239.60	64.85	60.00	30.00	-5	4	1
대구 달서구	35.00	260.00	-0.81	60.00	5.40	-5	6	2
대구 북구	21.00	257.00	-2.42	60.00	11.40	-5	12	3
대구 남구	63.00	189.60	94.27	60.00	30.00	0	13	18
대구 서구	0.00	184.45	104.74	60.00	19.50	0	31	41
대구 동구	-28.00	161.10	62.01	60.00	30.00	-5	58	10
대구 달성군	35.00	207.40	-57.12	-40.00	30.00	-5	60	35
대구 중구	-28.00	-190.00	-11.01	60.00	30.00	2	154	21

| 2015년 대구 지역의 투자 예측 결과 및 데이터 항목 |

지역	가구증가	전세종합	수요공급종합	미분양	거래량 증가	주변입주량	추천 순위 ▲	과거결과 순위
대구 달서구	14.00	271.40	-0.36	60.00	-0.90	-5	9	46
대구 북구	28.00	258.30	-2.91	60.00	-1.20	-5	10	8
대구 수성구	0.00	260.90	59.51	60.00	-4.80	-5	11	4
대구 남구	-7.00	176.60	87.10	60.00	-2.40	2	64	55
대구 달성군	63.00	239.80	-62.08	50.00	-11.40	-5	69	87
대구 서구	-14.00	169.14	102.32	60.00	9.90	2	73	110
대구 동구	14.00	158.70	-14.43	60.00	-8.10	-5	116	60
대구 중구	63.00	-190.00	-5.85	60.00	24.60	2	143	72

| 2016년 대구 지역의 투자 예측 결과 및 데이터 항목 |

지역	가구증가	전세종합	수요공급종합	미분양	거래량 증가	주변입주량	추천 순위 ▲	과거결과 순위
대구 수성구	0.00	254.20	59.45	60.00	-18.60	-5	43	45
대구 달서구	0.00	270.30	-0.43	60.00	-19.80	-5	45	103
대구 남구	-21.00	207.80	56.99	60.00	-12.00	0	55	160
대구 중구	63.00	243.60	-2.03	60.00	-7.20	2	56	79
대구 북구	21.00	244.40	-56.28	60.00	-16.50	-5	73	86
대구 달성군	63.00	251.00	-51.03	-40.00	-9.00	-5	92	111
대구 서구	-21.00	149.04	94.95	60.00	-19.80	2	102	127
대구 동구	63.00	-190.00	-10.97	60.00	-18.60	-5	155	126

다음 페이지의 '대구 지역의 주요 차트'로 흐름을 보면 수요 에너지는 2016년 1월 정점을 기점으로 2019년 1월까지 하락하다가 반전 상승할 것으로 보인다. 하지만 전세 에너지가 2013년 5월을 기점으로 계속 하락 중이다. 이는 매매가가 많이 오르고 전세가는 덜 올랐다는 이야기가 된다. 그리고 2016년 1월을 기점으로 매매가도 하락하고 있다. 당시의 수요 에너지는 여전히 높은 편이지만, 그동안의 상승 피로감이 크다.

2013년 3월부터 전세 에너지는 약간 하락 추세인데, 이 말은 매매가 상승기에 매매가는 더 상승했고, 매매가 하락기에 전세가가 매매가보다 더 하락했다는 뜻이다. 대구는 매매가 상승, 하락 시 전세 에너지가 하락 방전하고 있다. 하지만 방전의 정도는 미약하다. 수도권 시장처럼 가수요가 강한 시장이 아니기 때문이다.

미분양 수치는 2010년 이후 계속 좋다. 하지만 2019년 이후 수요 에너지가 다시 상승할 것으로 보여 추세를 좀 더 지켜볼 필요가 있다. 전세 에너지는 조금 하락했으므로 다시 대구의 상승장이 펼쳐지더라도 2009년부터 2013년까지 쌓인 정도보다는 약할 것이다. 물론 경제성장률이 좋아져 수도권처럼 전세 에너지가 완전히 마이너스를 치면서 방전할 상황도 완전히 배제할 수는 없다.

| 대구 지역의 주요 차트 |

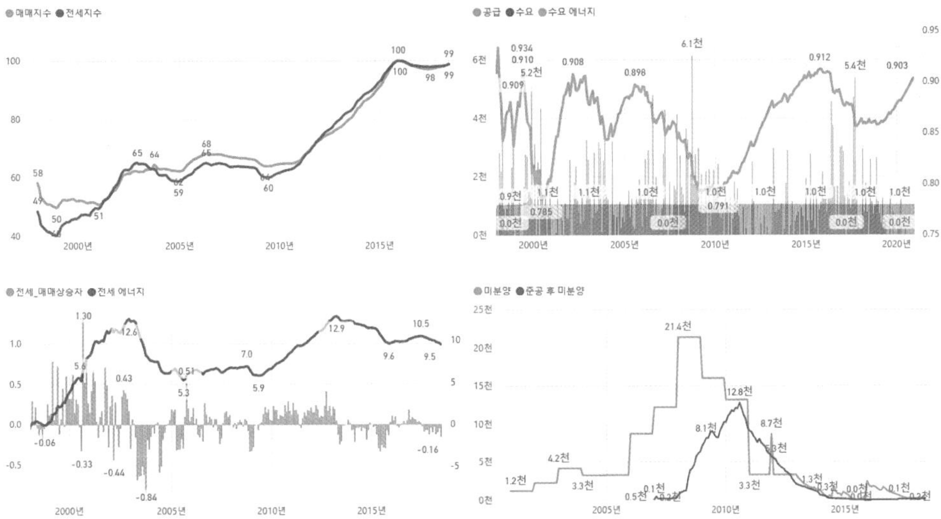

2014년~2016년까지 대구 지역의 투자 예측 결과 및 지역 내 추천 아파트는 어떨까?

2015년부터 대구의 투자수익률은 점점 낮아지고 있고 2016년에는 지역 내 아파트의 공격적 · 보수적 선정 조건 수익률이 더 나쁘다. 이는 지역 선정이 얼마나 중요한지를 보여준다. 항상 지역을 먼저 선정하고 난 후 지역 내 아파트를 선정해야 한다. 세부적으로 보면 전세 에너지는 모든 지역이 하락하는 추세다. 그나마 북구가 상승세를 유지하고 있다. 수요 에너지는 달서구, 북구만 계속 상승 중이다.

| 2014년 대구 지역의 투자 예측 결과 및 지역 내 추천 아파트 통계 |

81.50

				전체(평균)				전세가율70%(평균)			공격적 단지(평균)					보수적 단지(평균)				
SIDO	GUSI	최종순위 ▲	결과순위	물건수	전세가율	투자갭	수익률	70%단지수	투자갭	수익률	공격적 단지수	투자갭	수익률	best단지수	worst수	보수적 단지수	투자갭	수익률	best단지수	worst수
대구광역시	수성구	4	1	480	74.30	6,553	204.00	371	5,325	228.20	97	3,591	292.50	96		30	2,428	330.50	29	
대구광역시	달서구	6	2	453	75.80	4,934	115.40	380	4,235	118.80	67	3,178	149.50	55		25	2,184	145.40	21	
대구광역시	북구	12	3	421	75.10	4,391	120.80	349	4,223	127.20	92	3,162	154.40	69	4	38	2,443	169.60	29	2
대구광역시	남구	13	18	85	70.90	5,231	126.30	52	4,459	138.30	10	4,625	162.30	10						
대구광역시	서구	31	41	74	65.40	4,945	99.60	19	3,932	137.70	1	3,250	146.20	1						
대구광역시	동구	58	10	202	68.50	4,346	137.20	105	3,699	162.70	39	3,321	193.80	38		13	2,446	230.70	12	
대구광역시	달성군	60	35	145	71.40	3,543	66.90	97	3,233	69.10	22	2,398	73.50	7	8	9	1,739	68.40	3	4
대구광역시	중구	154	21	50	72.90	4,986	143.50	35	4,299	159.10	6	3,517	185.60	6		1	1,700	191.20	1	
합계				1,910	71.79		126.71	1,408		142.64	334		169.73	282	12	116		189.30	95	6

| 2015년 대구 지역의 투자 예측 결과 및 지역 내 추천 아파트 통계 |

82.87

				전체(평균)				전세가율70%(평균)			공격적 단지(평균)					보수적 단지(평균)				
SIDO	GUSI	최종순위 ▲	결과순위	물건수	전세가율	투자갭	수익률	70%단지수	투자갭	수익률	공격적 단지수	투자갭	수익률	best단지수	worst수	보수적 단지수	투자갭	수익률	best단지수	worst수
대구광역시	달서구	9	46	490	78.70	5,148	31.20	429	4,569	33.30	96	3,242	41.90	16	51	37	2,181	32.90	8	23
대구광역시	북구	10	8	426	75.00	4,752	64.30	355	4,632	67.40	99	3,651	83.10	34	22	29	2,576	75.50	9	8
대구광역시	수성구	11	4	524	75.40	7,777	81.70	441	7,120	87.20	86	4,080	118.70	37	11	16	2,556	186.90	5	2
대구광역시	남구	64	55	86	71.90	5,670	59.50	49	4,758	73.50	10	4,015	101.50	7	1	1	2,000	125.00	1	
대구광역시	달성군	69	87	159	74.60	3,802	0.40	123	3,573	2.10	35	2,747	1.20	2	30	16	2,100	-24.80		16
대구광역시	서구	73	110	76	66.60	5,793	35.80	18	4,606	45.20										
대구광역시	동구	116	60	222	69.00	5,305	50.70	106	4,727	54.40	41	3,932	68.00	8	7	8	2,531	84.70	3	1
대구광역시	중구	143	72	64	74.20	6,344	76.70	46	5,980	84.90	7	4,207	81.30	2	1	2	2,500	65.00	1	1
합계				2,047	73.18		50.04	1,567		56.00	374		70.81	106	123	109		77.89	27	51

| 2016년 대구 지역의 투자 예측 결과 및 지역 내 추천 아파트 통계 |

85.21

				전체(평균)				전세가율70%(평균)			공격적 단지(평균)					보수적 단지(평균)				
SIDO	GUSI	최종순위 ▲	결과순위	물건수	전세가율	투자갭	수익률	70%단지수	투자갭	수익률	공격적 단지수	투자갭	수익률	best단지수	worst수	보수적 단지수	투자갭	수익률	best단지수	worst수
대구광역시	수성구	43	45	556	74.60	9,887	16.60	456	9,077	15.40	54	4,359	8.90	4	43	5	2,500	-18.20		5
대구광역시	달서구	45	103	547	77.00	6,485	-20.40	477	5,930	-22.70	86	3,607	-28.30		86	23	2,222	-40.70		23
대구광역시	남구	55	160	94	72.80	6,668	4.20	63	6,437	3.40	9	5,111	-3.20		9					
대구광역시	중구	56	79	70	73.40	7,960	38.20	55	7,853	37.10	8	4,375	25.30		8					
대구광역시	북구	73	86	449	74.00	6,037	-12.70	354	5,562	-16.40	70	4,011	-23.90		70	15	2,767	-37.50		15
대구광역시	달성군	92	111	184	74.80	4,652	-27.90	149	4,339	-30.20	34	2,813	-47.10		34	10	2,160	-68.70		10
대구광역시	서구	102	127	76	64.80	6,749	4.10	18	5,719	2.40										
대구광역시	동구	155	126	228	68.50	6,607	-5.90	116	6,041	-10.20	32	4,748	-12.40		31	3	2,833	-11.60		3
합계				2,204	72.49		-0.47	1,688		-2.65	293		-11.53	4	281	56		-35.34		56

대구 지역의 달서구, 북구, 남구, 동구, 달성군을 자세히 살펴보자.

'대구 달서구 주요 차트'를 보면 2013년도 달서구의 경우 전세 에너지도 거의 최고점이고, 공급이 없어 수요 에너지도 높은 편이고 계속 상승 중이다. 또한 (준공 후) 미분양 수치도 거의 0에 가깝다.

| 대구 달서구 주요 차트 |

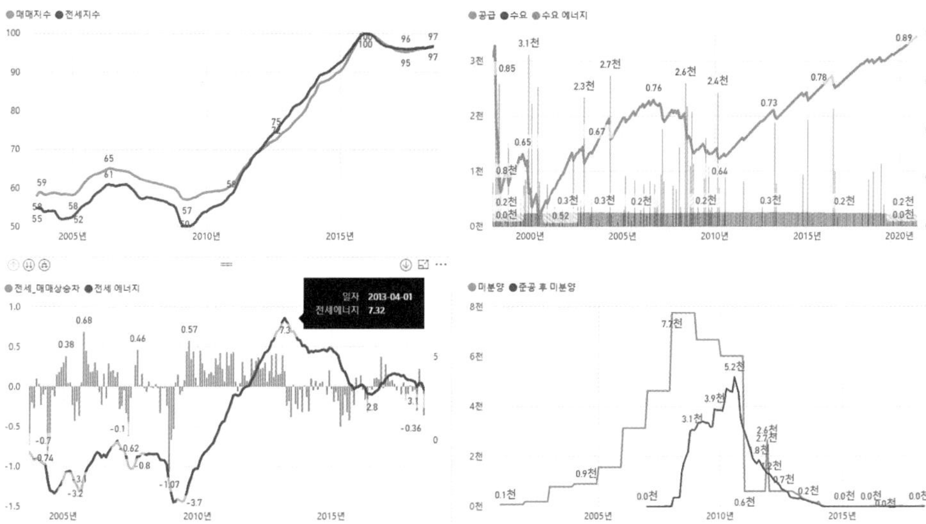

'대구 북구 주요 차트'를 보면 대구 북구는 전세 에너지, 수요 에너지 전부 흐름이 좋다.

| 대구 북구 주요 차트 |

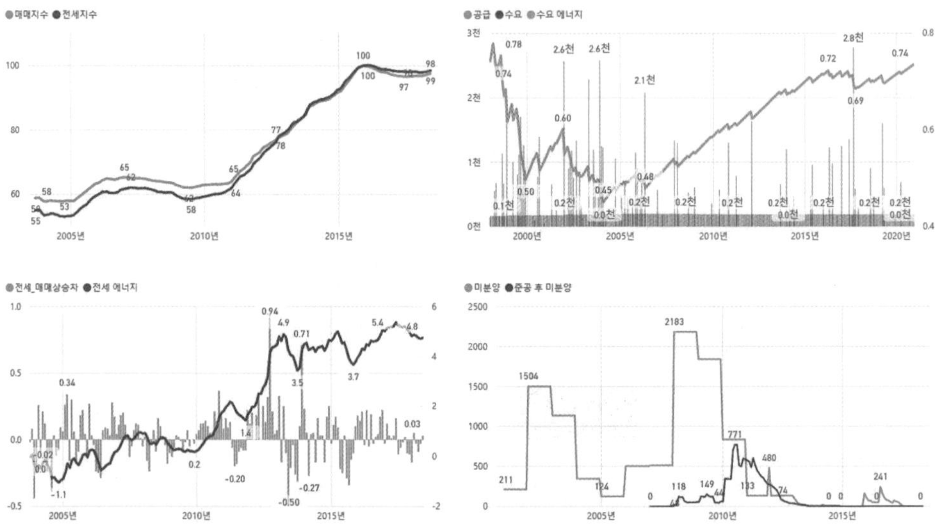

대구 달성군은 2013년 당시에는 전세 에너지도, 수요 에너지도 흐름이 좋았다. 하지만 전세 에너지는 2013년 이후 계속 낮아지고 있고, 수요 에너지도 2014년 말 이후 계속 낮아지고 있다가 2017년 말부터 다시 오르는 추세다. 대구 달성군의 추천 순위와 투자 결과 역시 2013년만 잠깐 좋았다.

| 대구 달성군 주요 차트 |

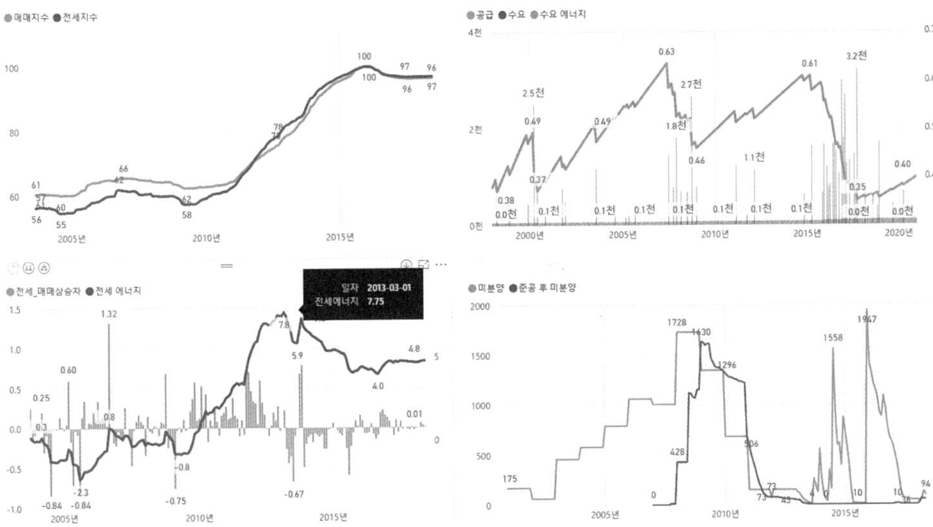

'대구 동구 주요 차트'를 보면 대구 동구는 달성군보다 상황이 더 안 좋다. 전세 에너지는 2013년에 좋았다가 급격히 떨어졌고, 수요 에너지는 계속 낮은 상태다.

| 대구 동구 주요 차트 |

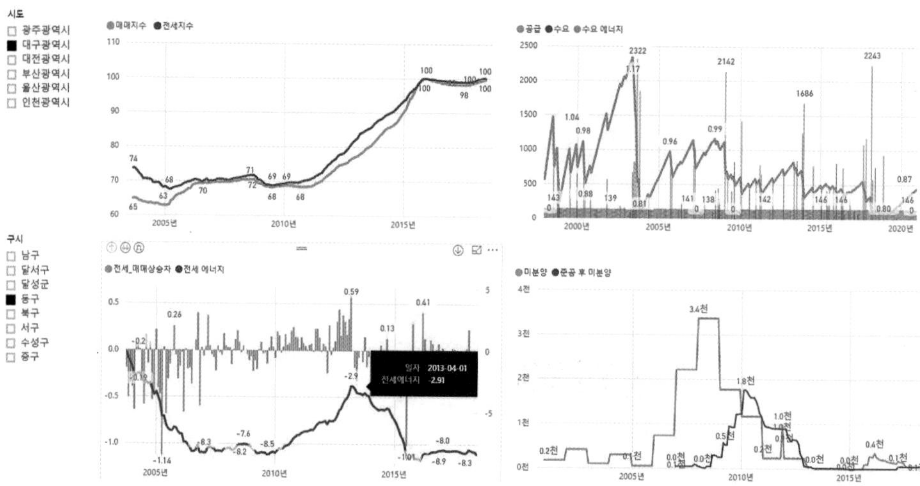

'대구 남구 주요 차트'를 보면 대구 남구는 전세 에너지가 2010년부터 2015년 7월까지 상승세였다. 수요 에너지도 2017년~2018년 잠깐 주춤하다가 계속 상승세다.

| 대구 남구 주요 차트 |

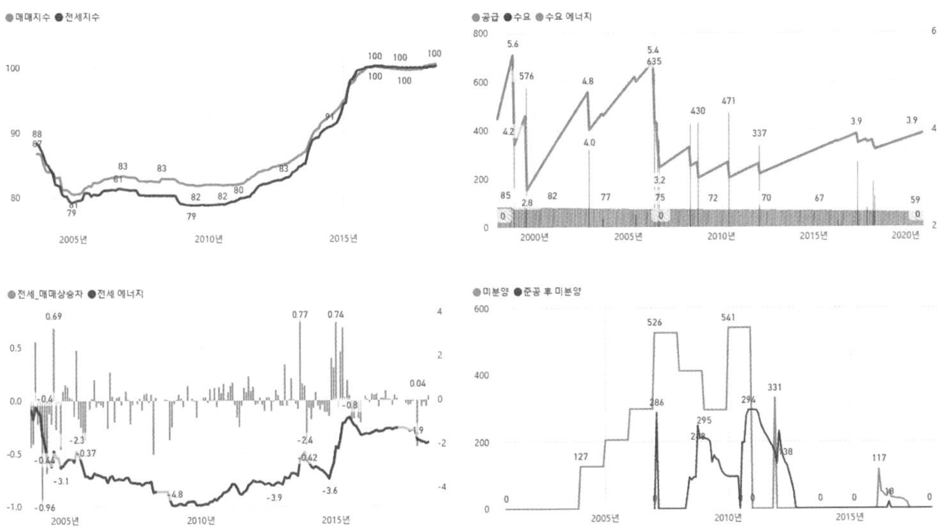

대구의 강남 격인 수성구의 차트를 보자. 2013년에 전세 에너지는 거의 최상점이었고, 수요 에너지도 2009년 이후 계속 우상향 추세다. 현시점까지 전세 에너지가 계속 낮아지고 있지만 수요 에너지는 좋은 편이다. 수요 에너지가 높기 때문에 2005년 과거 전세 에너지의 수치까지 방전을 하면서 상승할 가능성이 다른 지역에 비해 높다. 만약 수도권처럼 완전히 소멸, 방전을 한다면 수도권 외 지역 중 첫 번째 투자 후보지일 가능성이 높다.

| 대구 수성구 주요 차트 |

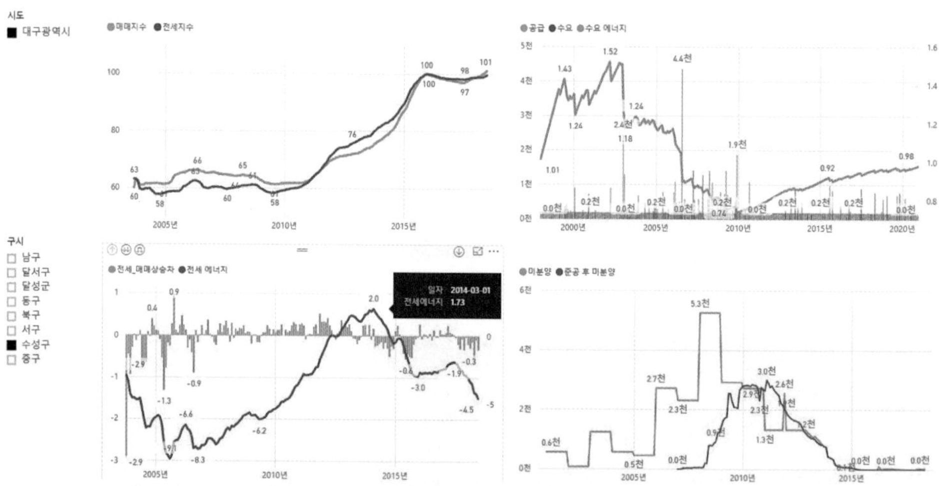

'2013년 울산 지역의 투자 예측 결과 및 데이터 항목'을 살펴보면 추천 순위 30위권 이내가 5개 지역 중 4개다. 수도권 외 지역에서는 수요 에너지의 영향력이 크다는 것과 2년 후 입주량을 생각하면 성공률이 반반이다.

울산의 에너지 흐름을 살펴보면 2013년 당시 전세 에너지는 높은 편이었다. 하지만 수요 에너지는 2013년 5월까지 상승, 2016년 5월까지 하락, 2017년 8월까지 다시 상승 후 하락했다. 수요 에너지는 3~4년 뒤의 흐름을 예측하는 지수이며, 수도권 외의 지역에서는 영향력이 크다는 점을 감안하면 2013년에 30위 이내의 추천 지역이 4개 지역임에도 투자를 결정하기가 조심스럽다. 더구나 광주, 대구 지역에 비하면 추천 순위도 낮은 편이다.

| 2013년 울산 지역의 투자 예측 결과 및 데이터 항목 |

지역	가구증가	전세종합	수요공급종합	미분양	거래량 증가	주변입주량	추천 순위 ▲	과거결과 순위
울산 북구	49.00	221.80	-1.89	30.00	-3.00	-5	11	37
울산 울주군	49.00	209.10	12.91	50.00	-0.60	-5	13	25
울산 남구	49.00	209.20	37.22	30.00	-15.00	-5	17	28
울산 중구	42.00	220.20	-30.66	30.00	0.00	-5	22	19
울산 동구	63.00	-190.00	-43.38		14.70	-5	137	15

| 울산 지역 주요 차트 |

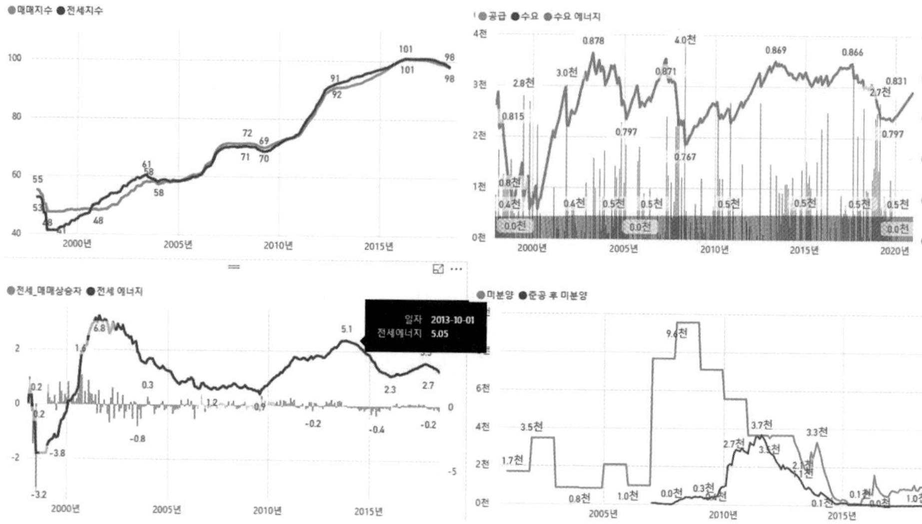

| 울산 지역의 투자 예측 결과 및 지역 내 추천 아파트 통계 |

86.65

				전체(평균)				전세가율70%(평균)			공격적 단지(평균)					보수적 단지(평균)				
SIDO	GUSI	최종순위	결과순위	물건수	전세가율	투자갭	수익률	70%단지수	투자갭	수익률	공격적 단지수	투자갭	수익률	best단지수	worst수	보수적 단지수	투자갭	수익률	best단지수	worst수
울산광역시	북구	11	37	116	73.00	4,336	15.80	83	3,711	18.00	25	3,144	36.00	3	16	13	2,065	55.10	3	5
울산광역시	울주군	13	25	129	73.20	3,463	34.80	87	3,035	38.70	13	2,106	51.10	3	5	6	1,633	85.60	3	2
울산광역시	남구	17	28	243	72.80	6,417	23.30	164	4,477	28.90	37	3,086	38.00	4	23	15	2,297	55.60	3	7
울산광역시	중구	22	19	107	73.60	4,880	51.70	76	3,584	64.20	22	2,827	83.50	7	8	8	2,300	93.90	2	2
울산광역시	동구	137	15	110	74.50	4,220	87.30	85	3,729	98.10	18	2,772	163.00	12		8	2,063	218.00	8	
합계				705	73.42		42.58	495		49.58	115		74.32	29	52	50		101.64	19	16

뒤에서 경상도, 전라도, 충청도 등의 지역도 살펴보겠지만 우선 광주, 대구, 울산광역시 중에서 투자할 지역을 선택해야 한다고 가정해 보자. 먼저 지역수와 물건수를 비교하면 울산보다 광주 지역을 선택해야 한다. 광주는 5개 지역 모두 30위권 이내이고, 울산은 추천 지역이 4개다(동구 제외). 또한 광주 지역의 전체 물건수는 945개로 이 중

공격적 추천 단지수는 181개, 보수적 추천 단지수는 110개다. 반면 울산 지역의 경우 총 물건수는 705개로 이 중 공격적 추천 단지수는 115개, 보수적 추천 단지수는 50개다. 여러모로 광주 지역이 울산보다 낫다.

이제 광주와 대구를 생각해보자. 울산과 마찬가지로 추천 지역수, 추천 단지수 비율을 생각하면 대구보다 광주가 낫다. 하지만 광역시 중에서 대구와 부산은 타 지역에 비해 인구가 많다. 인구가 많은 지역의 상승폭과 하락폭은 더 크다. 대구도 광주에 비해서는 추천 정도가 약하지만, 다른 지역에 비하면 매우 좋은 편이다. 더구나 전세, 수요, 미분양 등 모든 수치가 좋다. 추천 랭킹도 1위, 7위, 8위, 9위로 Top 랭크가 되어 있다. 광주의 2위, 4위, 15위는 비교하기 어려운 두 개 지역의 추천 랭킹이다. 그렇다면 대구에도 투자를 할 가치가 있다. 오르면 광주보다 더 크게 오를 것이기 때문이다.

투자 포트폴리오 관점에서 적어도 두 군데 정도는 투자를 하는 것이 좋다. 고로 당시로 돌아간다면 필자는 광주와 대구 두 지역에 투자를 할 것이다.

04

2013년 경상도·전라도·충청도 상세 분석

경상도, 전라도, 충청도 지역을 자세히 살펴보자.

1. 경상남도 지역

2013년도 경남 지역의 데이터를 보면 우선 지방에서 중요한 요소인 수요 · 공급 관련 수치가 전체적으로 좋지 않다.

| 2013년 경남 지역의 투자 예측 결과 및 데이터 항목 |

지역	가구증가	전세종합	수요공급종합	미분양	거래량 증가	주변입주량	추천 순위 ▲	과거결과 순위
경남 진주시	-14.00	252.00	-58.16	50.00	-9.60	0	29	50
경남 김해시	63.00	152.49	24.71	50.00	30.00	-5	30	26
경남 거제시	63.00	199.30	-61.33	50.00	11.40	-5	62	21
경남 양산시	63.00	203.10	-66.24	50.00	15.00	-5	66	138
경남 사천시	63.00	157.55	48.06	-80.00	30.00	0	84	35
경남 함안군	42.00	157.55	-29.84	50.00	13.80	-5	88	71
경남 통영시	7.00	155.02	-17.93	50.00	-11.40	-5	118	51
경남 밀양시	21.00	144.90	-37.32	60.00	-14.40	-5	140	137
경남 거창군	21.00	136.62	-49.11	50.00	-1.50	7	155	147
경남 창원시	7.00	-190.00	-57.96	50.00	-6.90	-5	157	33

| 2013년 경남 지역의 투자 예측 결과 및 지역 내 추천 아파트 통계 |

86.65

				전체(평균)				전세가율70%(평균)			공격적 단지(평균)					보수적 단지(평균)				
SIDO	GUSI	최종순위 ▲	결과순위	물건수	전세가율	투자갭	수익률	70%단지수	투자갭	수익률	공격적 단지수	투자갭	수익률	best단지수	worst수	보수적 단지수	투자갭	수익률	best단지수	worst수
경상남도	진주시	29	50	235	74.90	3,350	4.00	191	3,026	5.60	50	2,550	13.90	1	40	31	1,908	25.50	1	22
경상남도	김해시	30	26	253	66.30	5,569	20.90	70	4,011	40.10	28	3,745	38.20	3	13	7	2,286	37.90	2	4
경상남도	거제시	62	21	154	73.10	4,096	44.30	99	3,356	53.90	32	2,652	60.60	3	10	17	2,459	57.50	2	5
경상남도	양산시	66	138	232	71.80	2,856	3.30	152	2,494	4.70	46	1,988	8.00		39	26	1,623	12.50		22
경상남도	사천시	84	35	45	68.50	2,380	26.80	21	1,869	52.80	10	1,425	66.90	2	3	5	1,150	67.90		
경상남도	함안군	88	71	21	68.50	3,040	7.10	9	2,678	16.80	5	2,590	17.70		5	5	2,590	17.70		5
경상남도	통영시	118	51	98	67.40	4,490	23.10	37	3,381	32.40	15	2,793	31.00	2	9	8	2,081	39.90	2	4
경상남도	밀양시	140	137	50	63.00	4,232	4.10	10	2,150	7.70	3	2,733	3.30		3	2	2,750	-4.40		2
경상남도	거창군	155	147	20	59.40	4,791	-6.80													
경상남도	창원시	157	33	430	64.00	7,870	17.60	115	4,380	29.20	37	4,023	31.80	1	26	5	2,400	57.50		1
합계				1,538	67.69		14.64	704		27.02	226		30.16	12	148	106		34.67	7	65

경남 지역에서는 진주가 그나마 추천 순위 30위 이내이긴 하지만, 29위로 거의 끄트머리다. 진주는 투자 결과도 좋지 않다.

경남 지역의 2014년~2016년 자료를 살펴보자.

경남에서는 진주가 2016년도 추천 순위도 높고, 투자 결과도 좋다. 투자 자료로 쓸 만하다. 다만 2014년도 사천의 경우 추천 순위는 낮지만, 투자 결과가 좋다. 슬프다. 이것이 인공지능 프로그램의 한계다. 아쉽지만 인공지능 프로그램이 추천하는 지역 중 문제가 있을 법한 지역을 투자자의 안목으로 필터링하는 수밖에 없다. 인공지능 프로그램이 추천하지 않은 곳의 투자 결과가 좋은 것은 아쉽지만 연구자들의 몫이다. 다만 결과에 대해 해석을 하고, 참고를 할 수는 있다.

| 2014년 경남 지역의 투자 예측 결과 및 데이터 항목 |

지역	가구증가	전세종합	수요공급종합	미분양	거래량 증가	주변입주량	추천 순위 ▲	과거결과 순위
경남 진주시	0.00	251.40	-60.83	50.00	30.00	-5	36	106
경남 김해시	56.00	159.27	31.75	60.00	15.30	-5	39	67
경남 거제시	63.00	237.50	-61.48	60.00	22.20	-5	90	63
경남 창원시	0.00	176.63	-68.72	60.00	30.00	-5	97	84
경남 사천시	63.00	198.90	50.27	-80.00	-2.40	-5	113	24
경남 함안군	42.00	167.90	-35.95	50.00	1.50	-5	120	112
경남 통영시	21.00	184.20	-17.57	-40.00	30.00	-5	123	59
경남 양산시	63.00	207.90	-51.06	-80.00	30.00	-5	132	45
경남 밀양시	21.00	153.41	-41.83	60.00	30.00	-5	149	157
경남 거창군	14.00	145.82	72.52	-40.00	30.00	7	157	152

| 2015년 경남 지역의 투자 예측 결과 및 데이터 항목 |

지역	가구증가	전세종합	수요공급종합	미분양	거래량 증가	주변입주량	추천 순위 ▲	과거결과 순위
경남 진주시	49.00	257.70	-45.09	40.00	-6.60	0	26	27
경남 함안군	49.00	188.20	61.03	60.00	30.00	-5	80	121
경남 거제시	63.00	214.60	-6.04	60.00	14.40	-5	85	117
경남 창원시	7.00	172.08	-55.10	50.00	24.30	-5	89	143
경남 사천시	14.00	222.20	40.75	30.00	9.90	-5	97	40
경남 통영시	14.00	184.80	54.85	-40.00	30.00	-5	112	83
경남 김해시	42.00	154.56	21.42	40.00	-16.20	-5	117	111
경남 양산시	63.00	212.70	-48.28	50.00	-11.40	-5	122	51
경남 밀양시	28.00	153.18	-32.81	60.00	12.90	-5	152	142
경남 거창군	7.00	148.12	-27.26	-80.00	-24.60	10	160	141

2016년 경남 지역의 투자 예측 결과 및 데이터 항목

지역	가구증가	전세종합	수요공급종합	미분양	거래량 증가	주변입주량	추천 순위 ▲	과거결과 순위
경남 진주시	56.00	261.90	-2.05	60.00	15.00	-5	3	19
경남 함안군	28.00	192.40	56.07	60.00	-11.70	-5	95	145
경남 창원시	14.00	158.80	-48.46	60.00	-7.80	-5	105	124
경남 양산시	63.00	206.70	-46.93	60.00	3.30	-5	117	76
경남 거제시	49.00	222.70	-47.44	40.00	-4.50	-5	120	162
경남 통영시	7.00	176.70	-16.58	50.00	9.30	-5	129	117
경남 사천시	-21.00	196.30	30.42	20.00	-11.70	-5	130	94
경남 밀양시	35.00	154.79	-26.36	60.00	30.00	-5	135	87
경남 거창군	14.00	146.51	-30.66	-40.00	27.30	10	159	163
경남 김해시	28.00	-190.00	-63.22	-40.00	-11.10	-5	164	164

2014년 경남 지역의 투자 예측 결과 및 지역 내 추천 아파트 통계

81.50

				전체(평균)				전세가율70%(평균)			공격적 단지(평균)					보수적 단지(평균)				
SIDO	GUSI	최종순위 ▲	결과순위	물건수	전세가율	투자갭	수익률	70%단지수	투자갭	수익률	공격적 단지수	투자갭	수익률	best단지수	worst수	보수적 단지수	투자갭	수익률	best단지수	worst수
경상남도	진주시	36	106	238	75.20	3,329	6.40	193	3,038	7.00	48	2,730	16.00	1	39	27	1,844	26.40	1	19
경상남도	김해시	39	67	295	68.00	5,653	50.00	107	3,775	61.30	36	3,307	75.30	3	3	14	2,261	82.90	2	1
경상남도	거제시	90	63	171	74.10	4,285	27.10	131	3,797	25.30	37	3,004	28.30	1	29	21	2,483	26.00		16
경상남도	창원시	97	84	459	67.00	7,561	19.80	194	4,716	20.10	47	3,805	22.20		40	10	2,285	22.50		9
경상남도	사천시	113	24	53	72.10	2,230	109.70	34	1,963	157.30	11	1,255	203.00	10		8	1,338	201.50	7	
경상남도	함안군	120	112	24	70.40	3,425	6.80	13	2,604	5.40	2	2,500	-17.10		2	2	2,500	-17.10		2
경상남도	통영시	123	59	101	70.50	4,201	43.50	60	3,626	55.00	22	2,944	67.00	4	9	10	1,763	96.60	4	2
경상남도	양산시	132	45	246	72.10	2,980	26.90	165	2,629	30.40	46	2,441	39.90	4	27	26	1,917	34.90	3	19
경상남도	밀양시	149	157	54	66.70	4,016	3.60	15	1,877	1.50	9	1,706	2.20		9	7	1,793	1.90		7
경상남도	거창군	157	152	20	63.40	4,186	8.70	2	2,375	2.70	2	2,375	2.70		2	1	1,500	-10.00		1
합계				1,661	69.95		30.25	914		36.60	260		43.95	23	160	126		46.56	17	76

2015년 경남 지역의 투자 예측 결과 및 지역 내 추천 아파트 통계

82.87

				전체(평균)				전세가율70%(평균)			공격적 단지(평균)					보수적 단지(평균)				
SIDO	GUSI	최종순위 ▲	결과순위	물건수	전세가율	투자갭	수익률	70%단지수	투자갭	수익률	공격적 단지수	투자갭	수익률	best단지수	worst수	보수적 단지수	투자갭	수익률	best단지수	worst수
경상남도	진주시	26	27	243	76.00	3,162	58.30	202	2,991	64.50	47	2,588	88.90	14	12	19	1,961	126.80	9	1
경상남도	함안군	80	121	28	71.20	3,920	5.10	17	3,106	6.20	5	2,330	1.40		5	5	2,330	1.40		5
경상남도	거제시	85	117	195	73.30	5,018	-32.80	135	4,106	-37.30	45	3,202	-39.10		43	21	2,483	-45.40		19
경상남도	창원시	89	143	472	68.30	7,618	1.00	233	4,852	-2.70	61	3,814	-1.70		58	13	2,269	-1.90		12
경상남도	사천시	97	40	60	74.50	2,374	109.10	43	2,163	129.80	15	1,423	145.60	12	2	10	1,595	137.60	7	2
경상남도	통영시	112	83	104	71.50	4,297	23.10	62	3,825	34.30	20	2,650	49.10	4	10	13	1,885	55.60	4	6
경상남도	김해시	117	111	336	67.20	6,540	23.40	97	4,061	21.70	32	3,605	38.00	1	10	8	2,088	54.30	1	2
경상남도	양산시	122	51	274	73.00	3,182	44.40	188	2,776	49.60	51	2,102	55.20	7	22	35	1,849	54.00	5	15
경상남도	밀양시	152	142	57	66.60	4,344	15.10	14	1,925	1.00	6	1,892	4.70		5	5	1,910	5.60		4
경상남도	거창군	160	141	20	64.40	4,034	11.40	2	2,300	2.00	2	2,300	2.00		2	1	1,350	-3.70		1
합계				1,789	70.60		25.81	993		26.91	284		34.41	38	169	130		38.43	26	67

85.21

				전체(평균)				전세가율70%(평균)			공격적 단지(평균)					보수적 단지(평균)				
SIDO	GUSI	최종순위	결과순위	물건수	전세가율	투자갭	수익률	70%단지수	투자갭	수익률	공격적 단지수	투자갭	수익률	best단지수	worst수	보수적 단지수	투자갭	수익률	best단지수	worst수
경상남도	진주시	3	19	258	76.20	3,360	76.10	218	3,174	83.20	46	2,385	112.80	23	8	27	2,056	135.50	17	2
경상남도	함안군	95	145	29	73.10	3,785	-11.90	18	2,631	-8.20	3	1,600	3.40		3	1	1,400	7.10		1
경상남도	창원시	105	124	490	68.40	7,923	-27.90	251	5,353	-35.70	67	3,596	-36.30		67	20	2,328	-35.20		20
경상남도	양산시	117	76	288	72.20	3,544	15.50	192	3,239	14.90	47	2,598	14.30	2	38	25	1,978	25.00	2	16
경상남도	거제시	120	162	206	73.60	5,172	-67.10	148	4,186	-75.50	46	2,953	-85.20		46	21	2,488	-92.40		21
경상남도	통영시	129	117	107	70.70	4,627	-9.60	61	4,323	-13.60	18	3,081	-9.40		16	8	2,106	3.50		7
경상남도	사천시	130	94	60	70.50	3,126	32.60	38	2,970	27.10	8	2,019	56.60	1	3	6	1,925	57.50	1	2
경상남도	밀양시	135	87	59	67.30	4,350	32.60	18	2,475	33.00	8	2,206	32.70		6	5	2,170	37.70		3
경상남도	거창군	159	163	20	63.70	4,171	6.90	2	3,175	4.40	2	3,175	4.40		2	1	1,350	3.70		1
경상남도	김해시	164	164	361	68.40	6,828	-13.40	143	5,153	-25.40	36	3,871	-22.40		36	8	2,381	-25.30		8
합계				1,878	70.41		3.38	1,089		0.42	281		7.09	26	225	122		11.71	20	81

진주와 사천, 이 두 지역을 자세히 살펴보자.

먼저 '경남 진주시 주요 차트'를 보면 매매지수가 2015년 4월부터 상승하고 있다. 매매가 전세와 같이 움직여 전세 에너지는 쌓여 있는 상태다. 수요 에너지는 계속 하락 중이지만 자세히 보면 2016년 1월부터 2018년 5월쯤까지는 공급이 없어 상승하고 있다. 그나마 수요 에너지가 짧은 구간에서 상승했다. 전세 에너지는 워낙 높은 편이다. 수요 에너지의 짧은 상승 구간도 영향을 많이 받았다고 해석할 수 있지만, 전반적으로 수요 에너지는 하향 추세이므로 투자에 신중을 기해야 하는 지역이다.

다음으로 사천의 차트를 살펴보자. 사천의 경우 KB 시계열 매매·전세지수가 제공되지 않아 전세 에너지의 흐름은 알 수 없다. 다만 공급은 2013년 말부터 2017년 말까지 계속 부족했다가 그 이후 계속 많고, 미분양도 많아지고 있다.

| 경남 진주시 주요 차트 |

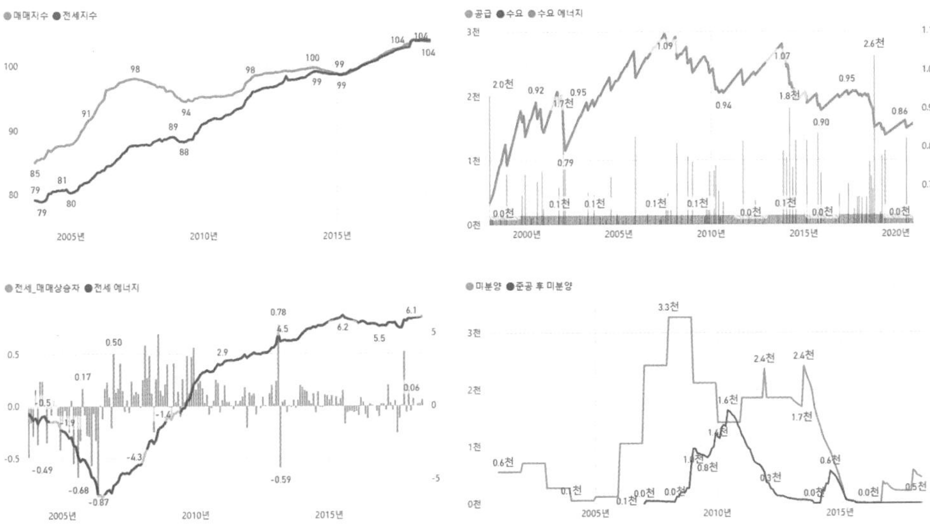

| 경남 사천시 주요 차트 |

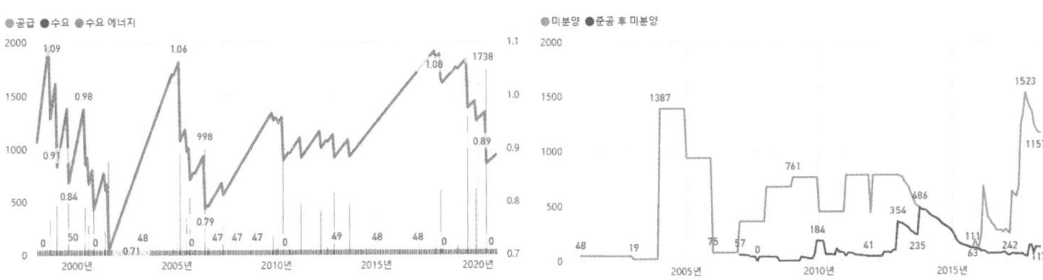

2. 경상북도 지역

이번에는 경북 지역을 살펴보자.

경북의 포항, 구미, 경산은 추천 순위가 좋으며 투자 결과도 좋다. 거의 10위권 이내다. 아쉬운 것은 칠곡군과 경주시가 추천 순위는 낮은데 투자 결과가 좋다는 사실이다. 예측이란 것이 100% 맞아떨어질 수는 없지만 이런 부분은 아쉬움이 남는다. 해당 지역에서는 수요 관련 데이터가 좋다.

| 2013년 경북 지역의 투자 예측 결과 및 데이터 항목 |

지역	가구증가	전세종합	수요공급종합	미분양	거래량 증가	주변입주량	추천 순위 ▲	과거결과 순위
경북 포항시	35.00	255.50	28.11	30.00	30.00	0	3	4
경북 구미시	28.00	253.40	30.44	-40.00	1.50	-5	10	5
경북 경산시	49.00	185.12	33.96	60.00	-15.30	0	12	6
경북 칠곡군	49.00	177.80	27.94	60.00	-1.50	-5	42	13
경북 경주시	21.00	175.70	28.74	50.00	-7.20	-5	59	9
경북 영주시	21.00	152.49	75.32	60.00	-10.50	10	65	45
경북 안동시	35.00	157.55	-57.64	50.00	16.80	-5	94	72
경북 김천시	35.00	155.94	-64.87	40.00	-15.00	-5	123	148
경북 영천시	-7.00	154.33	-65.01	60.00	8.70	0	128	30
경북 문경시	14.00	138.46	-46.06	50.00	0.00	10	146	111
경북 상주시	7.00	147.43	-38.08	60.00	-18.60	-5	147	139

| 2013년 경북 지역의 투자 예측 결과 및 지역 내 추천 아파트 통계 |

81.50

				전체(평균)				전세가율70%(평균)			공격적 단지(평균)					보수적 단지(평균)				
SIDO	GUSI	최종순위 ▲	결과순위	물건수	전세가율	투자갭	수익률	70%단지수	투자갭	수익률	공격적 단지수	투자갭	수익률	best단지수	worst수	보수적 단지수	투자갭	수익률	best단지수	worst수
경상북도	포항시	11	5	337	76.20	2,957	107.50	267	2,711	118.60	72	2,342	139.60	50	3	37	1,565	157.60	25	3
경상북도	구미시	24	75	235	75.00	3,214	14.20	177	3,032	9.80	58	2,466	19.70	1	45	30	1,885	25.50	1	21
경상북도	경산시	30	13	182	68.90	4,078	106.10	79	3,561	130.90	30	3,017	154.60	28		17	2,306	171.90	16	
경상북도	칠곡군	103	101	68	71.50	2,637	17.20	34	2,125	-2.90	12	1,825	-20.50		12	8	1,375	-21.60		8
경상북도	경주시	109	90	153	68.70	4,350	39.70	66	3,522	47.30	21	3,167	48.90		6	11	2,236	50.80		3
경상북도	영주시	116	89	59	67.00	3,195	26.40	19	2,250	33.00	7	1,671	48.00	2	4	6	1,408	53.40	2	3
경상북도	안동시	125	91	102	70.30	3,302	18.80	59	2,685	21.10	19	2,416	23.90	1	15	14	1,904	29.60	1	10
경상북도	김천시	128	108	70	71.00	3,339	-8.80	46	3,175	-10.80	9	2,561	5.20		8	6	1,908	12.70		5
경상북도	상주시	141	127	44	64.20	3,192	6.50	11	2,036	9.40	4	2,200	6.00		4	3	2,233	6.40		3
경상북도	영천시	148	87	37	64.70	3,197	50.30	10	2,125	50.00	3	2,450	51.30		1	2	1,550	47.60		1
경상북도	문경시	152	113	21	65.30	3,621	39.70	5	2,420	31.40	1	1,500	66.70			1	1,500	66.70		
합계				1,308	69.35		37.96	773		39.80	236		49.40	82	98	135		54.60	45	57

마찬가지로 2014년부터 2016년까지 경북 지역을 살펴보자. 2013년에 추천 순위에 포함되어 있던 포항, 구미, 경산은 2014년에 전체적으로 순위가 낮아졌다가 2015년에는 구미, 경산의 순위가 많이 밀렸다. 포항의 추천 순위는 8위로 높은 편이었지만 투자 결과는 좋지 않았다. 그리고 2015년, 2016년 문경의 경우 추천 순위나 투자 결과와 상관없이 수익률이 높은 아파트가 있었다.(2015년과 2016년 '경북 지역의 투자 예측 결과 및 지역 내 추천 아파트 통계' 참고) 이 4개 지역을 차트와 함께 자세히 살펴보도록 하자.

| 2014년 경북 지역의 투자 예측 결과 및 데이터 항목 |

지역	가구증가	전세종합	수요공급종합	미분양	거래량 증가	주변입주량	추천 순위 ▲	과거결과 순위
경북 포항시	28.00	245.60	24.44	60.00	-1.50	-5	11	5
경북 구미시	21.00	233.50	-1.47	-20.00	30.00	-5	24	75
경북 경산시	63.00	158.47	18.05	60.00	30.00	-5	30	13
경북 칠곡군	42.00	164.45	12.92	60.00	21.00	-5	103	101
경북 경주시	21.00	158.01	31.74	60.00	30.00	-5	109	90
경북 영주시	0.00	154.10	59.43	60.00	30.00	-5	116	89
경북 안동시	35.00	179.30	-58.50	60.00	3.90	-5	125	91
경북 김천시	21.00	203.70	-63.88	40.00	30.00	-5	128	108
경북 상주시	7.00	147.66	-23.47	60.00	30.00	-5	141	127
경북 영천시	21.00	148.81	-69.74	60.00	7.50	-5	148	87
경북 문경시	28.00	150.19	-50.91	50.00	-3.60	0	152	113

| 2015년 경북 지역의 투자 예측 결과 및 데이터 항목 |

지역	가구증가	전세종합	수요공급종합	미분양	거래량 증가	주변입주량	추천 순위 ▲	과거결과 순위
경북 포항시	35.00	255.10	18.85	50.00	5.70	-5	8	41
경북 구미시	14.00	254.60	-68.80	-40.00	29.40	-5	68	123
경북 경산시	49.00	160.31	8.40	60.00	30.00	-5	81	81
경북 안동시	35.00	202.80	-56.08	60.00	-1.20	-5	125	104
경북 경주시	7.00	173.50	9.84	60.00	-6.90	-5	126	146
경북 문경시	28.00	145.13	46.19	60.00	26.10	-5	140	103
경북 영주시	-7.00	171.70	-28.27	60.00	-4.20	-5	144	147
경북 김천시	63.00	225.90	-59.32	-80.00	5.10	-5	145	133
경북 영천시	35.00	146.97	-63.05	60.00	30.00	-5	148	161
경북 칠곡군	21.00	162.38	-67.95	-40.00	11.70	-5	150	105
경북 상주시	21.00	148.58	-27.54	60.00	-21.90	-5	155	124

| 2016년 경북 지역의 투자 예측 결과 및 데이터 항목 |

지역	가구증가	전세종합	수요공급종합	미분양	거래량 증가	주변입주량	추천 순위 ▲	과거결과 순위
경북 포항시	21.00	237.50	-0.57	-40.00	24.60	-5	41	93
경북 구미시	0.00	271.30	-67.65	40.00	-22.80	-5	71	147
경북 안동시	28.00	197.00	25.68	60.00	19.20	-5	97	99
경북 김천시	63.00	234.70	-45.04	-40.00	-13.50	-5	125	133
경북 경산시	35.00	177.60	-61.75	-40.00	-15.90	-5	127	146
경북 영주시	7.00	169.10	-28.04	60.00	30.00	-5	128	134
경북 칠곡군	21.00	177.10	-63.81	60.00	-9.90	-5	134	90
경북 상주시	21.00	147.66	-21.35	50.00	-2.70	10	149	165
경북 경주시	14.00	170.50	-69.82	-40.00	10.80	-5	151	108
경북 문경시	7.00	139.38	-42.88	60.00	3.30	-5	158	91
경북 영천시	21.00	140.53	-67.25	50.00	-13.80	-5	161	135

2014년 경북 지역의 투자 예측 결과 및 지역 내 추천 아파트 통계

81.50

				전체(평균)				전세가율70%(평균)			공격적 단지(평균)					보수적 단지(평균)				
SIDO	GUSI	최종순위 ▲	결과순위	물건수	전세가율	투자갭	수익률	70%단지수	투자갭	수익률	공격적 단지수	투자갭	수익률	best단지수	worst수	보수적 단지수	투자갭	수익률	best단지수	worst수
경상북도	포항시	11	5	337	76.20	2,957	107.50	267	2,711	118.60	72	2,342	139.60	50	3	37	1,565	157.60	25	3
경상북도	구미시	24	75	235	75.00	3,214	14.20	177	3,032	9.80	58	2,466	19.70	1	45	30	1,885	25.50	1	21
경상북도	경산시	30	13	162	68.90	4,078	106.10	79	3,561	130.90	30	3,017	154.60	28		17	2,306	171.90	16	
경상북도	칠곡군	103	101	68	71.50	2,637	17.20	34	2,125	-2.90	12	1,825	-20.50		12	8	1,375	-21.60		8
경상북도	경주시	109	90	153	68.70	4,350	39.70	66	3,522	47.30	21	3,167	48.90		6	11	2,236	50.80		3
경상북도	영주시	116	89	59	67.00	3,195	26.40	19	2,250	33.00	7	1,671	48.00	2	4	6	1,408	53.40	2	3
경상북도	안동시	125	91	102	70.30	3,302	18.80	59	2,685	21.10	19	2,416	23.90	1	15	14	1,904	29.60	1	10
경상북도	김천시	128	108	70	71.00	3,339	-8.80	46	3,175	-10.80	9	2,561	5.20		8	6	1,908	12.70		5
경상북도	상주시	141	127	44	64.20	3,192	6.50	11	2,036	9.40	4	2,200	6.00		4	3	2,233	6.40		3
경상북도	영천시	148	87	37	64.70	3,197	50.30	10	2,125	50.00	3	2,450	51.30		1	2	1,550	47.60		1
경상북도	문경시	152	113	21	65.30	3,621	39.70	5	2,420	31.40	1	1,500	66.70			1	1,500	66.70		
합계				1,308	69.35		37.96	773		39.80	236		49.40	82	98	135		54.60	45	57

2015년 경북 지역의 투자 예측 결과 및 지역 내 추천 아파트 통계

82.87

				전체(평균)				전세가율70%(평균)			공격적 단지(평균)					보수적 단지(평균)				
SIDO	GUSI	최종순위 ▲	결과순위	물건수	전세가율	투자갭	수익률	70%단지수	투자갭	수익률	공격적 단지수	투자갭	수익률	best단지수	worst수	보수적 단지수	투자갭	수익률	best단지수	worst수
경상북도	포항시	8	41	356	76.40	3,320	39.20	293	3,152	41.80	76	2,493	46.90	12	39	34	1,801	45.50	5	23
경상북도	구미시	68	123	246	77.10	3,154	-44.90	202	2,973	-51.70	54	2,137	-73.70		54	30	1,617	-86.70		30
경상북도	경산시	81	81	184	69.70	4,565	29.70	82	4,187	42.40	23	3,289	68.20	5	8	6	2,400	67.40	1	2
경상북도	안동시	125	104	107	71.60	3,156	12.90	70	2,661	16.10	21	2,676	17.50	1	17	14	2,175	26.40	1	10
경상북도	경주시	126	146	159	70.20	4,461	-9.30	89	4,105	-21.30	26	3,494	-25.10		25	5	2,040	21.00		5
경상북도	문경시	140	103	21	63.10	3,905	73.90	3	2,167	158.30	1	1,500	300.00	1		1	1,500	300.00	1	
경상북도	영주시	144	147	65	69.70	3,312	9.80	36	3,336	12.00	8	2,131	0.20		8	4	1,638	-0.70		4
경상북도	김천시	145	133	70	71.90	3,214	-26.90	51	2,974	-31.90	13	2,192	-27.80		13	9	1,722	-34.90		9
경상북도	영천시	148	161	37	63.90	3,376	21.70	10	2,145	22.80	4	2,025	13.20		4	4	1,838	18.20		4
경상북도	칠곡군	150	105	73	70.60	3,061	-24.30	37	2,324	-49.40	14	1,818	-86.80		14	9	1,483	-98.20		9
경상북도	상주시	155	124	44	64.60	3,165	16.40	12	2,150	22.50	4	2,000	36.80		2	2	1,600	52.80		
합계				1,362	69.89		8.93	885		14.69	244		24.49	19	184	118		28.25	8	96

2016년 경북 지역의 투자 예측 결과 및 지역 내 추천 아파트 통계

85.21

				전체(평균)				전세가율70%(평균)			공격적 단지(평균)					보수적 단지(평균)				
SIDO	GUSI	최종순위 ▲	결과순위	물건수	전세가율	투자갭	수익률	70%단지수	투자갭	수익률	공격적 단지수	투자갭	수익률	best단지수	worst수	보수적 단지수	투자갭	수익률	best단지수	worst수
경상북도	포항시	41	93	385	74.30	4,259	-23.00	295	3,858	-26.30	67	2,713	-28.80		63	27	1,665	-28.10		25
경상북도	구미시	71	147	264	78.90	2,979	-76.00	231	2,812	-81.70	65	2,083	-115.40		64	38	1,704	-121.90		37
경상북도	안동시	97	99	107	70.60	3,307	2.20	68	2,815	3.70	26	2,765	2.40	1	23	16	2,169	3.30	1	13
경상북도	김천시	125	133	70	73.50	2,995	-34.90	53	2,701	-41.90	15	2,127	-40.10		15	8	1,825	-32.90		8
경상북도	경산시	127	146	192	70.30	5,019	-24.70	110	4,777	-27.60	33	3,453	-27.40		32	11	2,618	-33.50		11
경상북도	영주시	128	134	66	69.70	3,570	-7.30	36	3,143	-8.20	10	2,510	-22.20		10	6	2,033	-26.00		6
경상북도	칠곡군	134	90	84	72.20	3,121	-56.70	48	2,709	-76.90	12	1,429	-131.50		12	9	1,272	-123.60		9
경상북도	상주시	149	165	45	64.20	3,234	20.80	10	2,040	25.30	3	2,067	40.70		2	2	1,850	41.10		1
경상북도	경주시	151	108	160	70.90	4,414	-26.70	88	3,901	-39.60	31	3,197	-50.70		31	8	2,400	-36.30		8
경상북도	문경시	158	91	21	60.60	4,626	40.40	2	2,250	111.30	1	2,500	160.00	1		1	2,500	160.00	1	
경상북도	영천시	161	135	39	61.10	3,944	-25.40	8	2,650	-34.20	3	2,233	-40.40		3	3	2,233	-40.40		3
합계				1,433	69.66		-19.21	949		-17.83	266		-23.04	2	255	129		-21.66	2	121

포항의 경우 2017년 1월부터 공급이 늘어나면서 수요 에너지가 낮아지고 있다. 2015년에 투자 결과가 안 좋았던 것에 조금 먼저 영향을 줬다고 할 수 있다. 그리고 2015년부터 인근의 대구나 울산 지역이 2013년, 2014년에 비해 투자 환경이 나빠지면서 포항도 영향을 받았다고 해석할 수 있다.

| 경북 포항시 주요 차트 |

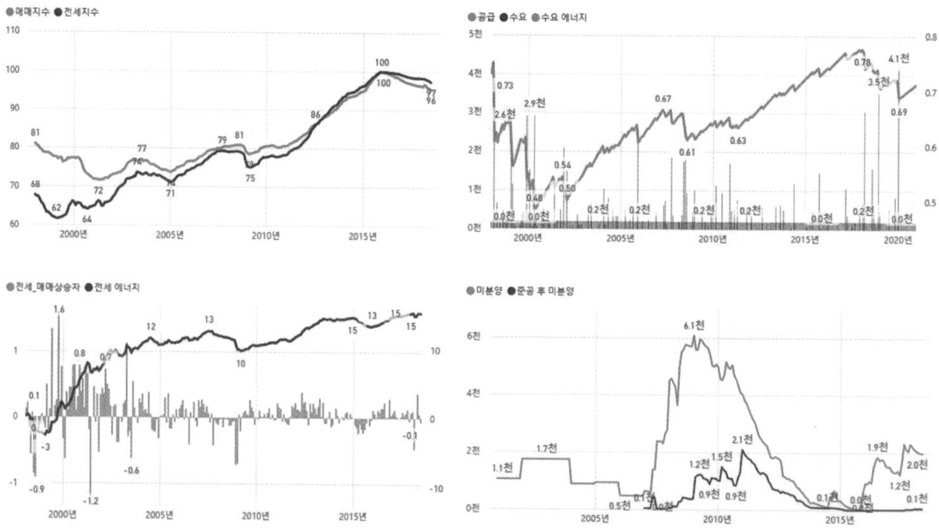

구미는 2015년 초부터 공급으로 인해 수요 에너지가 하향 추세다. 2014년에 비록 추천 순위는 24위이지만 실제 투자에서는 신중해야 한다.

| 경북 구미시 주요 차트 |

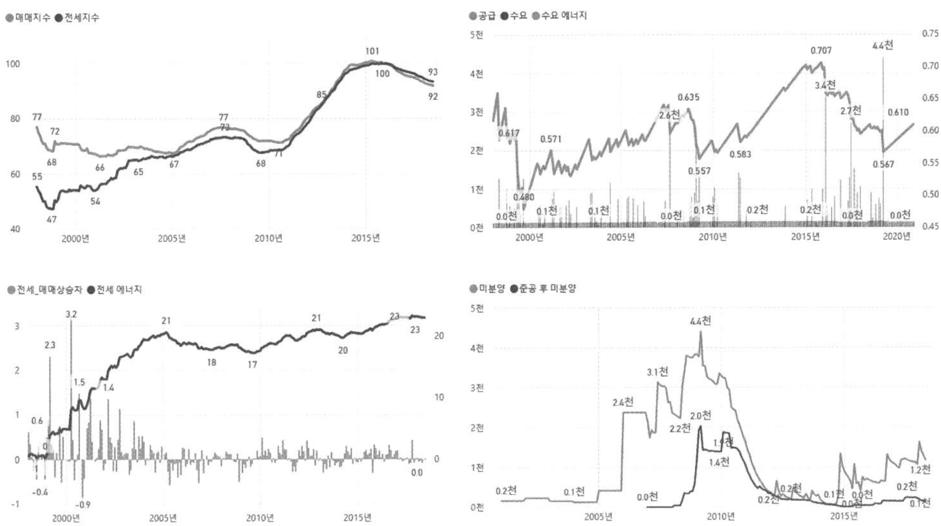

경산은 지방으로서는 특이하게 2013년 초부터 전세 에너지가 낮아지고 있다. 이는 매매가의 상승이 더 많았다는 뜻이다. 수요 에너지는 2015년 10월을 기점으로 2019년 6월까지 하락할 것으로 보이고 있다. 수요 에너지 측면에서 경산은 포항과 반대로 나중에 영향을 받았다고 할 수 있다. 경산도 포항과 같이 2015년 대구 시장의 영향을 받은 것으로 해석된다.

| 경북 경산시 주요 차트 |

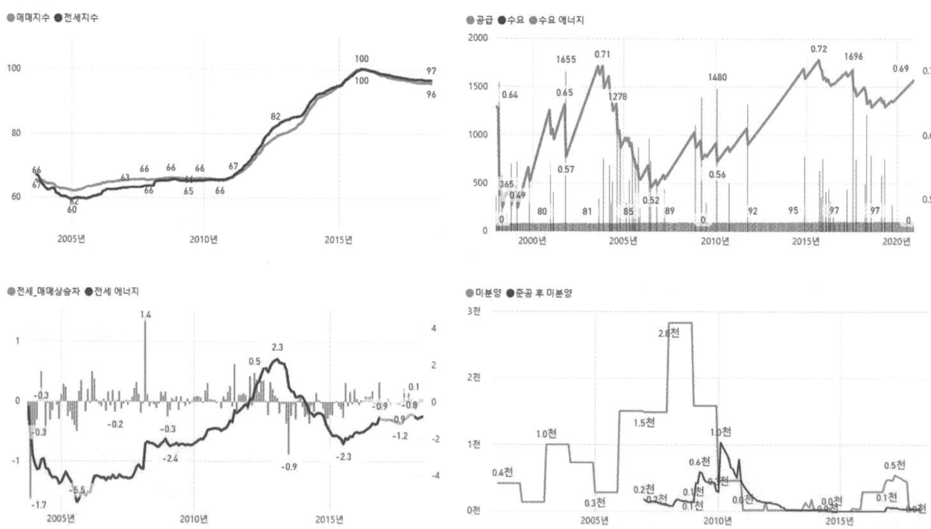

문경시의 경우도 KB 시계열 매매 · 전세지수가 제공되지 않아 전세 에너지의 흐름은 알 수 없다. 다만 공급은 많지도, 적지도 않은 수준이다. 문경은 전체 아파트수가 29개다. 따라서 해당 지역의 상황을 잘 아는 사람이 아니면 투자하기가 쉽지 않다.

| 경북 문경시 주요 차트 |

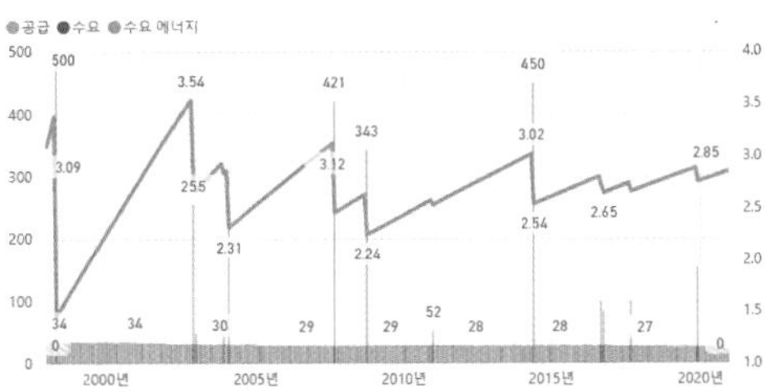

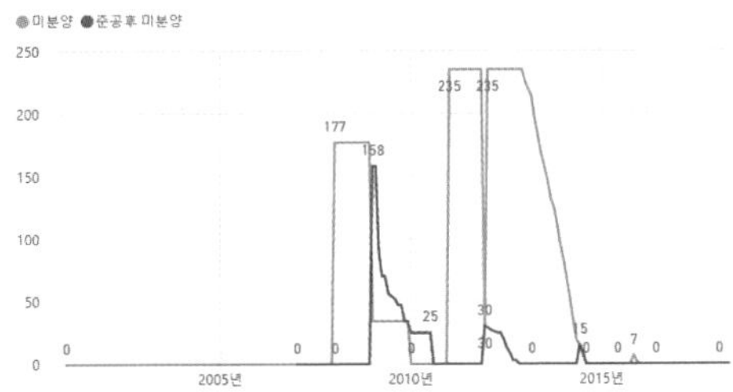

다음은 문경의 아파트 데이터 현황이다. 이를 통해 총 세대수와 평균 연식을 확인할 수 있다.

| 지역 내 아파트 단지 분석 프로그램(경북 문경시) |

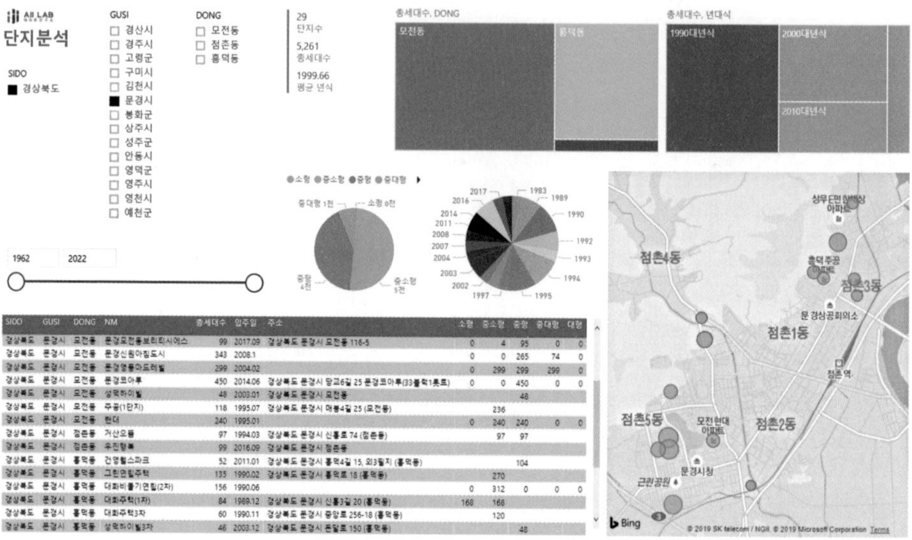

다음은 2015년도 문경의 투자 결과다. 당시 1,500만 원으로 갭투자를 해서 4,500만 원의 수익을 본 경우도 있다. 참고로 지역 내 공격적 조건을 클릭하면 투자하기 제일 좋은 한 건만 남는다.

| 추천 단지 리스트 프로그램(2015년 1월 경북 문경시) |

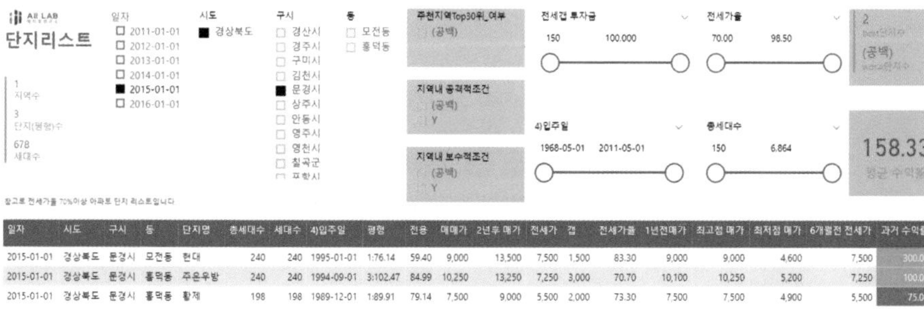

일자	시도	구시	동	단지명	총세대수	세대수	4)입주일	평형	전용	매매가	2년후 매가	전세가	갭	전세가율	1년전매가	최고점 매가	최저점 매가	6개월전 전세가	과거 수익률
2015-01-01	경상북도	문경시	모전동	현대	240	240	1995-01-01	1:76.14	59.40	9,000	13,500	7,500	1,500	83.30	9,000	9,000	4,600	7,500	300.00
2015-01-01	경상북도	문경시	흥덕동	주은우방	240	240	1994-09-01	3:102.47	84.99	10,250	13,250	7,250	3,000	70.70	10,100	10,250	5,200	7,250	100.00
2015-01-01	경상북도	문경시	흥덕동	황제	198	198	1989-12-01	1:89.91	79.14	7,500	9,000	5,500	2,000	73.30	7,500	7,500	4,900	5,500	75.00

| 추천 단지 리스트 프로그램(2015년 1월 경북 문경시) + 공격적 조건 추가 |

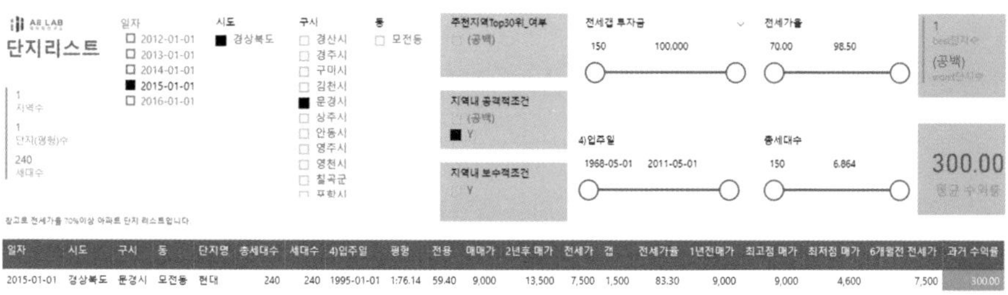

일자	시도	구시	동	단지명	총세대수	세대수	4)입주일	평형	전용	매매가	2년후 매가	전세가	갭	전세가율	1년전매가	최고점 매가	최저점 매가	6개월전 전세가	과거 수익률
2015-01-01	경상북도	문경시	모전동	현대	240	240	1995-01-01	1:76.14	59.40	9,000	13,500	7,500	1,500	83.30	9,000	9,000	4,600	7,500	300.00

3. 전라남도 지역

이제 전라남도 지역을 살펴보자.

전남 지역은 앞의 경남과 비슷하다. 여수만 추천 순위 30위권 내에 있고, 투자 결과도 좋지 않다.

| 2013년 전남 지역의 투자 예측 결과 및 데이터 항목 |

지역	가구증가	전세종합	수요공급종합	미분양	거래량 증가	주변입주량	추천 순위 ▲	과거결과 순위
전남 여수시	28.00	155.09	66.56	60.00	-9.30	-5	28	46
전남 목포시	0.00	169.20	57.51	-40.00	7.50	2	31	112
전남 순천시	42.00	171.38	-36.39	30.00	-0.60	-5	37	140
전남 광양시	28.00	156.17	48.24	20.00	30.00	-5	69	86
전남 화순군	0.00	143.29	49.22	60.00	-22.20	-5	138	73

| 2013년 전남 지역의 투자 예측 결과 및 지역 내 추천 아파트 통계 |

86.65

				전체(평균)				전세가율70%(평균)			공격적 단지(평균)					보수적 단지(평균)				
SIDO	GUSI	최종순위 ▲	결과순위	물건수	전세가률	투자갭	수익률	70%단지수	투자갭	수익률	공격적 단지수	투자갭	수익률	best단지수	worst수	보수적 단지수	투자갭	수익률	best단지수	worst수
전라남도	여수시	28	46	122	64.20	3,541	18.50	40	1,954	32.50	12	2,156	43.00	1	7	9	1,944	46.30	1	5
전라남도	목포시	31	112	137	69.40	3,259	-8.70	62	2,765	-9.50	16	2,600	-15.00		16	9	1,867	-22.60		9
전라남도	순천시	37	140	156	68.90	3,824	-15.90	78	2,705	-19.20	29	2,340	-19.20		29	16	2,019	-25.60		16
전라남도	광양시	69	86	70	67.90	2,563	-21.50	30	2,197	-26.40	11	2,000	-22.80		11	10	1,925	-27.80		10
전라남도	화순군	138	73	18	62.30	3,214	17.90	1	2,500	40.00	1	2,500	40.00		1	1	2,500	40.00		1
합계				503	66.54		-1.94	211		3.48	69		5.20	1	64	45		2.06	1	41

전남 지역은 지방에서 중요한 수요 에너지는 좋은 편이므로 투자 환경이 조금 더 좋아질 때가 올 것이다. 언제쯤 좋아질지 전남 지역의 2014년~2016년 '투자 예측 결과 및 데이터 항목'과 '투자 예측 결과 및 지역 내 추천 아파트 통계' 자료를 살펴보자.

| 2014년 전남 지역의 투자 예측 결과 및 데이터 항목 |

지역	가구증가	전세종합	수요공급종합	미분양	거래량 증가	주변입주량	추천 순위 ▲	과거결과 순위
전남 목포시	0.00	226.60	56.15	50.00	25.50	-5	10	97
전남 순천시	35.00	212.20	-28.62	-40.00	30.00	10	43	161
전남 여수시	28.00	177.71	-10.90	60.00	30.00	7	47	83
전남 광양시	35.00	161.00	45.91	-40.00	-2.40	7	136	114
전남 화순군	-7.00	145.82	42.43	60.00	20.10	-5	142	102

| 2015년 전남 지역의 투자 예측 결과 및 데이터 항목 |

지역	가구증가	전세종합	수요공급종합	미분양	거래량 증가	주변입주량	추천 순위	과거결과 순위
전남 목포시	0.00	254.40	-19.12	50.00	-5.10	10	22	52
전남 여수시	28.00	186.40	58.02	60.00	-9.60	-5	50	79
전남 순천시	35.00	217.40	-34.94	30.00	-7.80	0	58	58
전남 광양시	35.00	191.10	44.28	-40.00	-10.50	-5	127	125
전남 화순군	-14.00	146.74	-62.51	60.00	30.00	-5	156	108

| 2016년 전남 지역의 투자 예측 결과 및 데이터 항목 |

지역	가구증가	전세종합	수요공급종합	미분양	거래량 증가	주변입주량	추천 순위	과거결과 순위
전남 목포시	7.00	286.80	54.64	50.00	15.30	2	2	39
전남 순천시	35.00	277.60	-2.87	30.00	-1.20	-5	6	22
전남 여수시	21.00	183.41	66.24	60.00	-7.50	-5	29	35
전남 광양시	42.00	246.30	38.55	30.00	-0.60	-5	87	95
전남 화순군	0.00	162.84	-66.79	60.00	30.00	-5	141	101

| 2014년 전남 지역의 투자 예측 결과 및 지역 내 추천 아파트 통계 |

81.50

				전체(평균)				전세가율70%(평균)			공격적 단지(평균)					보수적 단지(평균)				
SIDO	GUSI	최종순위	결과순위	물건수	전세가율	투자갭	수익률	70%단지수	투자갭	수익률	공격적 단지수	투자갭	수익률	best단지수	worst수	보수적 단지수	투자갭	수익률	best단지수	worst수
전라남도	목포시	10	97	145	75.00	2,656	14.40	106	2,484	19.70	31	1,774	20.00	1	21	17	1,591	17.00	1	13
전라남도	순천시	43	161	168	73.10	3,321	-18.00	115	2,533	-19.40	35	2,246	-23.00		35	11	1,545	-32.90		11
전라남도	여수시	47	83	135	66.90	3,486	9.40	52	2,226	8.80	22	2,195	0.60	1	18	11	1,777	8.80	1	9
전라남도	광양시	136	114	72	70.00	2,392	-27.50	37	1,970	-31.00	10	1,650	-24.60		10	8	1,669	-27.90		8
전라남도	화순군	142	102	19	63.40	3,076	74.40	2	3,375	115.70	1	2,350	155.30	1		1	2,350	155.30	1	
합계				539	69.68		10.54	312		18.76	99		25.66	3	84	48		24.06	3	41

| 2015년 전남 지역의 투자 예측 결과 및 지역 내 추천 아파트 통계 |

82.87

				전체(평균)				전세가율70%(평균)			공격적 단지(평균)					보수적 단지(평균)				
SIDO	GUSI	최종순위	결과순위	물건수	전세가율	투자갭	수익률	70%단지수	투자갭	수익률	공격적 단지수	투자갭	수익률	best단지수	worst수	보수적 단지수	투자갭	수익률	best단지수	worst수
전라남도	목포시	22	52	156	75.90	2,596	43.70	128	2,524	52.30	31	1,684	68.30	9	11	18	1,356	68.20	7	7
전라남도	여수시	50	79	138	67.70	3,509	31.90	58	2,310	41.50	25	2,348	44.80	4	14	17	1,874	38.20	2	11
전라남도	순천시	58	58	174	75.20	3,151	21.60	122	2,338	31.30	37	1,900	56.50	9	21	16	1,516	55.20	4	7
전라남도	광양시	127	125	73	71.40	2,197	-6.40	45	1,783	-0.50	13	1,269	8.30		9	9	1,100	7.20		6
전라남도	화순군	156	108	19	63.80	3,153	58.20	3	3,467	89.50										
합계				560	70.80		29.80	356		42.82	106		44.48	22	55	60		42.20	13	31

| 2016년 전남 지역의 투자 예측 결과 및 지역 내 추천 아파트 통계 |

85.21

				전체(평균)				전세가율70%(평균)			공격적 단지(평균)					보수적 단지(평균)				
SIDO	GUSI	최종순위	결과순위	물건수	전세가율	투자갭	수익률	70%단지수	투자갭	수익률	공격적 단지수	투자갭	수익률	best단지수	worst수	보수적 단지수	투자갭	수익률	best단지수	worst수
전라남도	목포시	2	39	187	79.20	2,913	54.40	173	2,771	54.20	40	1,704	74.80	12	10	26	1,565	74.70	8	8
전라남도	순천시	6	22	182	80.70	2,376	92.40	163	2,103	101.40	45	1,671	174.30	24	9	29	1,288	197.20	16	5
전라남도	여수시	29	35	152	71.30	3,575	66.60	83	2,511	86.30	25	2,350	120.30	12	2	16	1,822	137.70	9	2
전라남도	광양시	87	95	73	74.50	1,915	15.30	58	1,637	21.20	9	1,711	32.50	1	5	7	1,493	40.80	1	3
전라남도	화순군	141	101	22	70.80	2,966	-7.40	11	2,718	-5.60	5	2,080	-7.10		5	3	2,033	-2.60		3
합계				616	75.30		44.26	488		51.50	124		78.96	49	31	81		89.56	34	21

전남 지역의 경우 2016년에 이르러서야 겨우 투자할 만해졌다. 즉, 2017년~2018년에 걸쳐 겨우 부동산 가격이 상승한 것이다. 특히 전남에서 여수, 순천, 광양은 광양경제자유구역(여수, 순천, 광양의 인접 지역) 중심으로 산업단지가 형성되어 있어 세 지역이 서로 영향을 많이 받는다.

이제 목포, 순천, 여수, 광양 4개 지역의 매매 · 전세지수, 수요 · 전세 · 에너지 지수, 미분양 차트를 살펴보자. 앞에서 언급했듯이 지방의 전세 에너지는 2005년쯤 이후 계속 높은 수준을 유지하고 있다. 이 말은 곧 지방의 경우 투자 수요에 의한 거품이 형성되어 있지 않다는 뜻이다. 결국 지방은 공급과 수요가 중요한 시장이다.

목포의 경우 2013년 이후 수요 에너지도 높은 편이고, 다른 차트도 전부 양호하다. 하지만 2015년 12월 이후 상승 반전했다. 화순을 제외하고 위의 4개 지역 모두 비록 인구가 줄어들고 있기는 하지만 세대수는 아직까지 늘어나고 있다. 그래도 인구수가 줄어들고 있으므로 에너지가 상승하려면 많이 쌓여야 한다.

| 전남 목포시 주요 차트 |

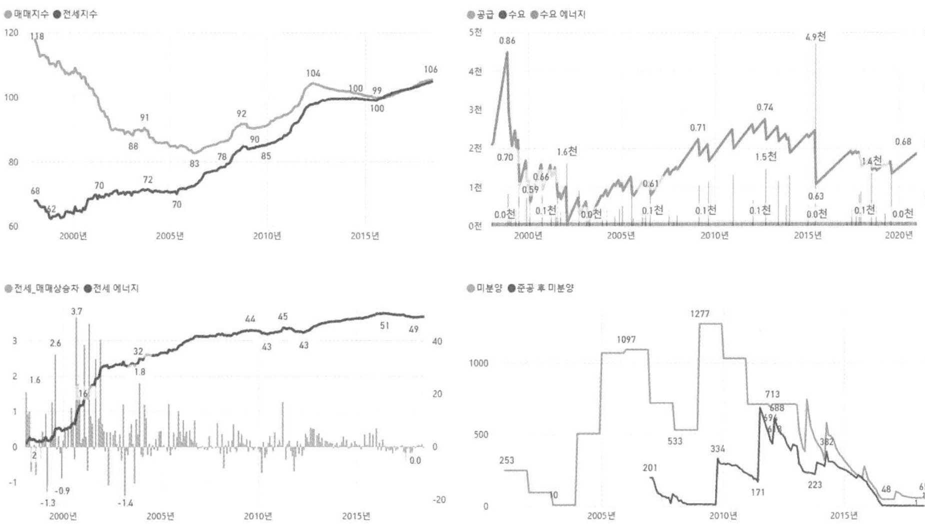

순천의 수요 에너지는 2012년 9월에 정점을 찍고 2015년 6월까지 하락하다가 다시 상승 중이다. 미분양도 2015년쯤부터 상태가 양호하다.

| 전남 순천시 주요 차트 |

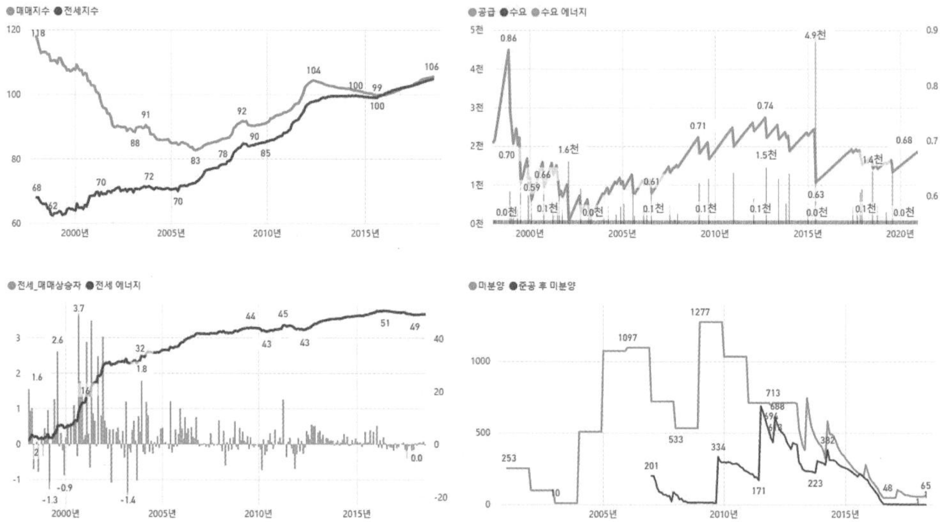

여수는 수요와 공급이 일정하게 유지되고 있다. 다만 2015년을 기점으로 전세 에너지가 약간 하락 추세다.

| 전남 여수시 주요 차트 |

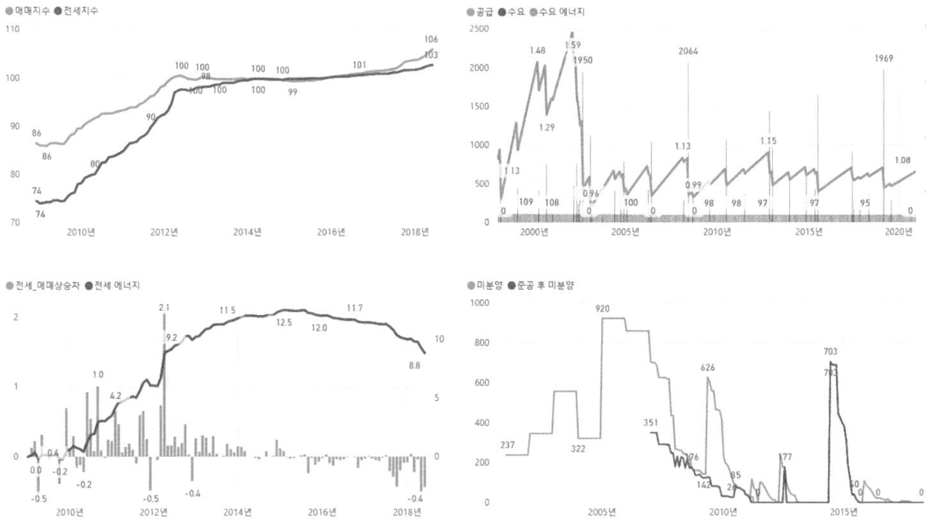

광양의 경우 KB 매매 · 전세지수가 제공되지 않는다. 따라서 수요와 미분양 차트만 보면 수요 에너지가 계속 상승 중이다.

| 전남 광양시 주요 차트 |

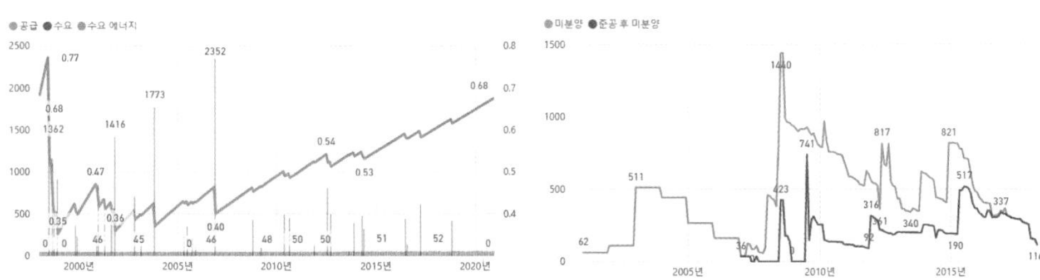

2016년 당시 전남 지역 중 투자할 곳 하나를 고른다면 투자 예측 결과표나 차트의 흐름상 목포를 선정했을 것이다. 하지만 수익률은 순천, 여수가 더 좋았다.

| 투자 예측(결과) 및 지역 내 추천 아파트 통계 프로그램(2016년 1월 전남 광양) |

85.21

				전체(평균)				전세가율70%(평균)			공격적 단지(평균)					보수적 단지(평균)				
SIDO	GUSI	최종순위	결과순위	물건수	전세가율	투자갭	수익률	70%단지수	투자갭	수익률	공격적 단지수	투자갭	수익률	best단지수	worst수	보수적 단지수	투자갭	수익률	best단지수	worst수
전라남도	목포시	2	39	187	79.20	2,913	54.40	173	2,771	54.20	40	1,704	74.80	12	10	26	1,565	74.70	8	8
전라남도	순천시	6	22	182	80.70	2,376	92.40	163	2,103	101.40	45	1,671	174.30	24	9	29	1,288	197.20	16	5
전라남도	여수시	29	35	152	71.30	3,575	66.60	83	2,511	86.30	25	2,350	120.30	12	2	16	1,822	137.70	9	2
전라남도	광양시	87	95	73	74.50	1,915	15.30	58	1,637	21.20	9	1,711	32.50	1	5	7	1,493	40.80	1	3
전라남도	화순군	141	101	22	70.80	2,966	-7.40	11	2,718	-5.60	5	2,080	-7.10		5	3	2,033	-2.60		3
합계				616	75.30		44.26	488		51.50	124		78.96	49	31	81		89.56	34	21

예측이라는 것이 100% 맞을 수는 없지만 허무해지는 순간이다. 보수적으로 투자를 했다면 평균수익률 75% 정도로 만족해야 했다. 수익률이 옆의 순천은 190%, 여수는 140% 정도인데 말이다. 여러 조사를 통해 오늘 수익 가능성이 높은 지역과 아파트를 선정하는 것까지가 인간의 한계, 인공지능의 한계, 세상의 한계인 듯하다. 그중 어느 지역, 어느 아파트가 더 많이 오를지는 하늘의 뜻에 맡기는 수밖에 없다. 다만 그 한계를 넘는 것이 아닌, 다가가는 것을 목표로 계속적으로 도전하고 그 과정에서 또 다른 이치와 진리를 깨닫는 것이 투자자의 길이 아닐까 싶다.

우리가 할 수 있는 것은 화순이나 광양에 투자해 손해를 보는 게 아니라 75% 정도의 평균수익률을 기대할 만한 목포에 투자해 만족하는 정도이다.(목포의 여러 수치가 좋으므로 매도 시기를 2년 후가 아닌 4년 후로 하면 수익이 많이 올라갈 수도 있다.) 그래도 인공지능 프로그램 덕분에 얼마나 편해졌는지, 생각하는 바를 증명하는 데 걸리는 시간이 얼마나 단축되었는지 모른다. 또한 이 프로그램은 전세, 수요, 미분양, 가구수, 인구수, 2년 후 입주 물량, 거래량 등의 데이터를 종합적으로 볼 수 있는 분명한 장점이 있다. 과거 특정 지역의 부동산 가격이 올랐다면 그 원인을 단편적으로 찾기가 너무나 쉽다. 그 원인은 수요와 공급이 될 수도 있고 전세 에너지가 될 수도 있고 미분양이 줄어드는 추세가 될 수도 있다. 그중 가장 많이 언급되는 것이 개발 호재다. 하지만 투자 시에는 이러한 데이터 항목을 함께, 종합적으로, 다각도로 봐야 한다. 이 프로그램의 장점은 인공지능 기술을 이용해 예측을 하는 것이 아니다. 그보다는 여러 데이터 항목을 수치화하고 종합적으로 보여준다는 데 의의가 있다. 하나의 데이터 항목이 아닌, 여러 데이터를 표를 통해, 차트를 통해 한눈에 볼 수 있는 것이다. 전남 지역을 설명하다 이야기가 조금 옆으로 샜다.

4. 전라북도 지역

이제 전북 지역을 살펴보자. 전북은 전주, 익산, 군산 정도가 투자할 만한 지역이다. 2013년에는 전주와 익산 2개 지역이 추천 순위 30위권 이내에 있어 눈여겨볼 만하다.

| 2013년 전북 지역의 투자 예측 결과 및 데이터 항목 |

지역	가구증가	전세종합	수요공급종합	미분양	거래량 증가	주변입주량	추천 순위 ▲	과거결과 순위
전북 전주시	35.00	236.50	13.96	60.00	27.30	-5	6	38
전북 익산시	0.00	162.36	26.01	60.00	9.60	-5	26	114
전북 군산시	35.00	151.11	-1.70	60.00	-0.90	-5	46	122
전북 남원시	0.00	146.05	-19.65	60.00	30.00	5	131	55
전북 정읍시	-7.00	150.65	-26.94	60.00	3.60	2	132	123
전북 완주군	42.00	136.16	26.87	30.00	1.50	-5	135	113

| 2013년 전북 지역의 투자 예측 결과 및 지역 내 추천 아파트 통계 |

86.65

				전체(평균)				전세가율70%(평균)			공격적 단지(평균)					보수적 단지(평균)				
SIDO	GUSI	최종순위 ▲	결과순위	물건수	전세가율	투자갭	수익률	70%단지수	투자갭	수익률	공격적 단지수	투자갭	수익률	best단지수	worst수	보수적 단지수	투자갭	수익률	best단지수	worst수
전라북도	전주시	6	38	468	73.70	3,722	-4.70	357	3,443	-5.30	111	2,808	-1.80	3	106	43	2,063	0.40	2	41
전라북도	익산시	26	114	198	67.40	3,542	-8.00	89	2,750	-9.90	21	2,224	-13.70		21	11	1,745	-12.40		11
전라북도	군산시	46	122	152	65.70	3,961	-2.60	46	2,219	-1.60	17	1,966	4.90		15	12	1,902	5.60		10
전라북도	남원시	131	55	27	63.50	2,883	54.70	5	1,580	75.90	1	1,200	83.30							
전라북도	정읍시	132	123	37	65.50	3,366	-0.60	10	1,885	-4.90	6	1,700	-7.60		6	5	1,610	-11.00		5
전라북도	완주군	135	113	15	59.20	2,640	11.50	1	1,450	34.50	1	1,450	34.50		1	1	1,450	34.50		1
합계				897	65.83		8.38	508		14.78	157		16.60	3	149	72		3.42	2	68

전주, 익산, 군산, 세 지역의 차트를 통해 흐름을 관찰해 보자.

군산의 수요 에너지가 조금 떨어지기는 했지만 세 지역의 전세 에너지, 수요 에너지 모두 양호한 편이다. 광역시가 아닌 지방 지역은 투자 환경이 좋아도 결과가 나오기까지 시간이 오래 걸릴 수 있다.

| 전북 군산시 주요 차트 |

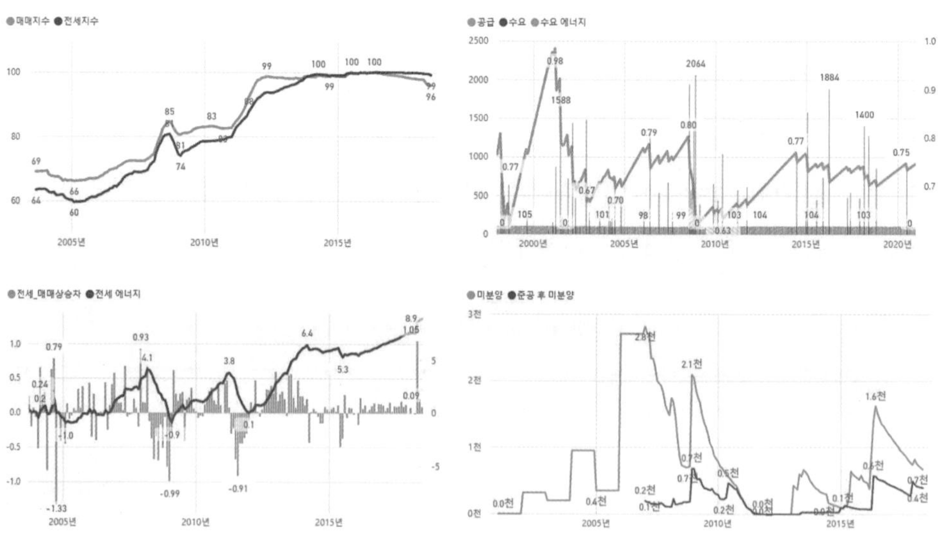

| 전북 익산시 주요 차트 |

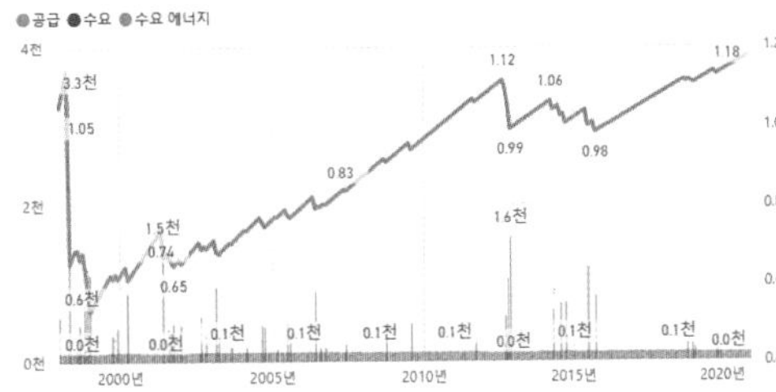

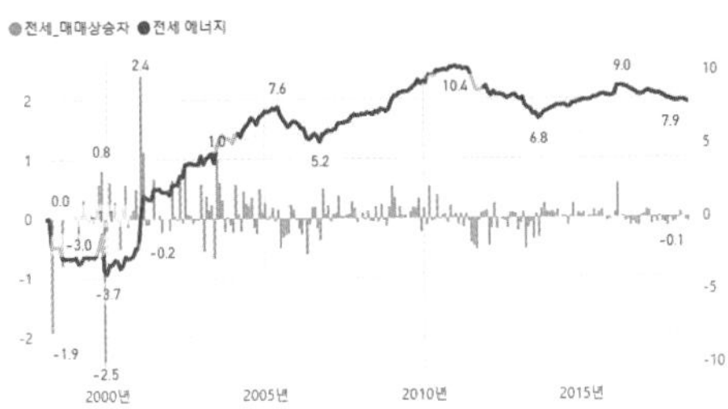

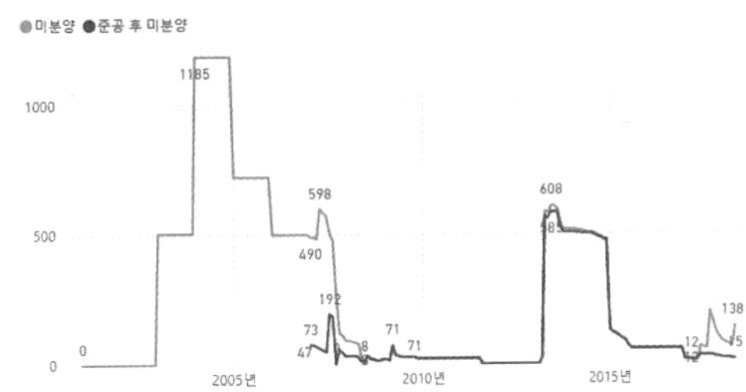

| 전북 전주시 주요 차트 |

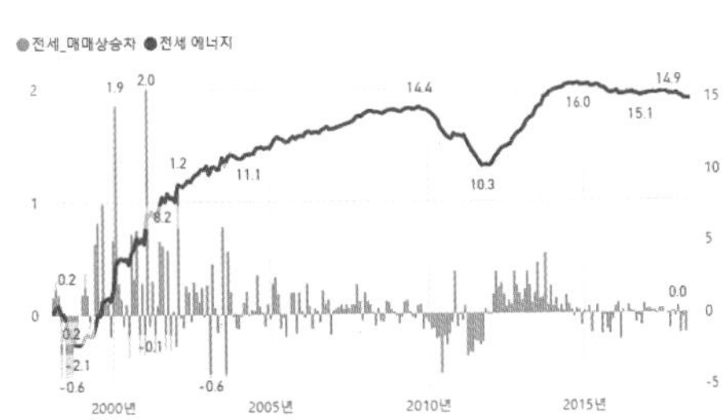

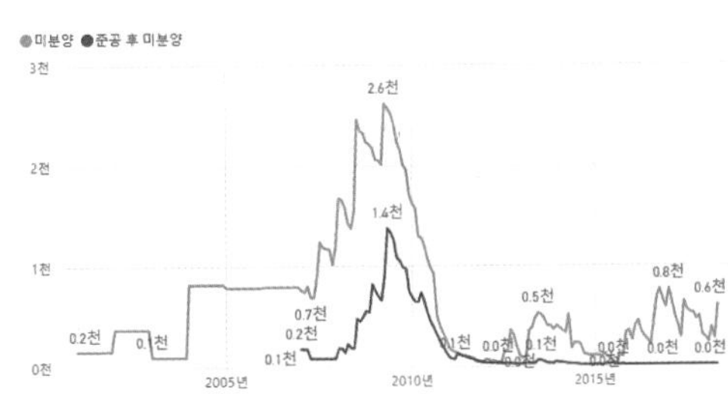

실제 전북 지역의 2014년부터 2016년까지 투자 예측 결과 및 데이터 항목과 투자 예측 결과 및 지역 내 추천 아파트 통계를 살펴보자.

| 2014년 전북 지역의 투자 예측 결과 및 데이터 항목 |

지역	가구증가	전세종합	수요공급종합	미분양	거래량 증가	주변입주량	추천 순위 ▲	과거결과 순위
전북 전주시	28.00	257.90	17.84	50.00	13.80	-5	9	64
전북 군산시	14.00	159.16	-25.47	50.00	-10.80	-5	84	115
전북 익산시	7.00	178.40	-55.91	30.00	-16.80	-5	104	158
전북 정읍시	0.00	161.92	-29.65	60.00	30.00	5	127	120
전북 완주군	63.00	141.68	33.88	60.00	30.00	-5	130	116
전북 남원시	0.00	145.13	-21.91	60.00	-10.80	10	153	103
전북 김제시	-7.00	139.38	-48.27	60.00	7.50	-5	158	135

| 2015년 전북 지역의 투자 예측 결과 및 데이터 항목 |

지역	가구증가	전세종합	수요공급종합	미분양	거래량 증가	주변입주량	추천 순위 ▲	과거결과 순위
전북 전주시	28.00	264.00	13.54	60.00	2.10	-5	6	59
전북 익산시	0.00	202.20	24.72	30.00	21.90	-5	56	69
전북 군산시	21.00	172.20	-27.44	60.00	18.60	0	75	118
전북 완주군	63.00	144.90	18.57	60.00	-17.10	2	135	149
전북 정읍시	0.00	161.00	63.64	-80.00	-8.10	0	146	153
전북 김제시	-7.00	145.36	-35.89	50.00	30.00	-5	157	148
전북 남원시	0.00	142.14	-16.93	-40.00	23.10	7	159	115

| 2016년 전북 지역의 투자 예측 결과 및 데이터 항목 |

지역	가구증가	전세종합	수요공급종합	미분양	거래량 증가	주변입주량	추천 순위 ▲	과거결과 순위
전북 전주시	28.00	276.10	9.27	60.00	-8.10	-5	14	52
전북 익산시	0.00	211.60	34.38	60.00	-8.70	-5	46	47
전북 군산시	21.00	199.70	-22.72	50.00	1.50	-5	74	141
전북 정읍시	0.00	166.30	-26.00	60.00	-12.60	10	138	109
전북 완주군	63.00	149.50	-57.32	-20.00	24.00	7	148	136
전북 김제시	0.00	154.56	-39.31	60.00	-17.10	-5	153	118
전북 남원시	7.00	139.61	-17.81	60.00	-13.80	10	157	148

| 2014년 전북 지역의 투자 예측 결과 및 지역 내 추천 아파트 통계 |

81.50

				전체(평균)				전세가율70%(평균)			공격적 단지(평균)					보수적 단지(평균)				
SIDO	GUSI	최종순위 ▲	결과순위	물건수	전세가율	투자갭	수익률	70%단지수	투자갭	수익률	공격적 단지수	투자갭	수익률	best단지수	worst수	보수적 단지수	투자갭	수익률	best단지수	worst수
전라북도	전주시	9	64	500	76.60	3,312	8.90	416	3,093	9.20	120	2,392	13.90	3	101	57	1,811	16.70	3	47
전라북도	군산시	84	115	163	69.20	3,505	-14.20	83	2,433	-17.40	33	2,082	-17.00		32	23	1,672	-17.30		22
전라북도	익산시	104	158	205	70.10	3,295	2.50	118	2,644	0.90	30	2,148	-1.70		30	20	1,708	2.00		20
전라북도	정읍시	127	120	39	70.40	3,078	0.90	19	2,261	1.10	9	1,839	0.80		9	6	1,475	-1.80		6
전라북도	완주군	130	116	19	61.60	2,895	2.90	2	2,425	16.40	2	2,425	16.40		2	2	2,425	16.40		2
전라북도	남원시	153	103	28	63.10	3,155	26.00	6	2,233	41.30	2	3,500	7.20		2					
전라북도	김제시	158	135	15	60.60	3,173	-12.60	1	900	0.00	1	900	0.00		1	1	900	0.00		1
합계				969	67.37		2.06	645		7.36	197		2.80	3	177	109		2.67	3	98

| 2015년 전북 지역의 투자 예측 결과 및 지역 내 추천 아파트 통계 |

82.87

				전체(평균)				전세가율70%(평균)			공격적 단지(평균)					보수적 단지(평균)				
SIDO	GUSI	최종순위 ▲	결과순위	물건수	전세가율	투자갭	수익률	70%단지수	투자갭	수익률	공격적 단지수	투자갭	수익률	best단지수	worst수	보수적 단지수	투자갭	수익률	best단지수	worst수
전라북도	전주시	6	59	532	77.60	3,295	20.50	453	3,050	22.70	124	2,269	35.30	12	79	69	1,794	38.70	8	38
전라북도	익산시	56	69	207	71.20	3,158	28.60	135	2,591	35.20	35	2,116	52.40	4	14	23	1,737	59.40	3	9
전라북도	군산시	75	118	171	70.50	3,410	-17.10	95	2,387	-22.40	41	1,979	-27.40		41	23	1,661	-31.80		23
전라북도	완주군	135	149	22	63.00	2,852	3.00	7	2,579	5.90	4	2,350	9.80		4	3	1,767	11.80		3
전라북도	정읍시	146	153	40	70.00	3,324	5.90	20	2,200	5.70	11	1,850	2.70		10	8	1,525	-3.90		8
전라북도	김제시	157	148	15	63.20	2,897	-14.10	1	900	0.00	1	900	0.00		1					
전라북도	남원시	159	115	28	61.80	3,384	8.00	4	2,613	-8.20	4	2,613	-8.20		4	3	2,317	-11.00		3
합계				1,015	68.19		4.97	715		5.56	220		9.23	16	153	129		10.53	11	84

| 2016년 전북 지역의 투자 예측 결과 및 지역 내 추천 아파트 통계 |

85.21

				전체(평균)				전세가율70%(평균)			공격적 단지(평균)					보수적 단지(평균)				
SIDO	GUSI	최종순위 ▲	결과순위	물건수	전세가율	투자갭	수익률	70%단지수	투자갭	수익률	공격적 단지수	투자갭	수익률	best단지수	worst수	보수적 단지수	투자갭	수익률	best단지수	worst수
전라북도	전주시	14	52	576	78.70	3,405	17.90	513	3,255	19.90	141	2,306	33.40	12	92	77	1,671	42.80	9	45
전라북도	익산시	46	47	211	71.40	3,135	47.80	144	2,751	58.60	36	2,035	92.50	13	7	19	1,603	115.80	9	3
전라북도	군산시	74	141	177	72.60	3,212	-30.50	114	2,427	-37.30	44	1,864	-45.90		44	24	1,535	-49.20		24
전라북도	정읍시	138	109	41	70.80	3,372	5.80	22	2,059	5.50	11	1,845	13.60		11	8	1,594	14.50		8
전라북도	완주군	148	136	24	65.00	2,598	0.20	7	2,336	-0.20	3	2,050	2.90		3	2	1,275	2.30		2
전라북도	김제시	153	118	17	67.20	2,471	-5.70	5	1,480	3.90	1	900	0.00		1	1	900	0.00		1
전라북도	남원시	157	148	29	60.70	3,536	1.40	4	2,363	13.90	4	2,363	13.90		4	4	2,363	13.90		4
합계				1,075	69.49		5.27	809		9.19	240		15.77	25	162	135		20.01	18	87

결과적으로 2016년에야 겨우 전북의 부동산 가격이 상승했다. 그것도 익산이 상승했다. 익산은 2012년에서 2015년 사이에 공급이 약간 있어 수요 에너지 지수를 약간 끌어내렸지만, 그 이후 공급이 부족해 수요 에너지가 계속 상승 중이다. 전주는 2018년 2월부터 공급이 있어 그 이후 수요 에너지가 조금씩 하락 중이다.

입주량은 인접한 지역(시 · 구 단위)까지 포함하고 있어 2016년 1월 당시 전주가 익산보다 추천 순위가 높게 나왔지만, 공급을 좀 더 자세히 살펴보면 2018년에 전주 여러 곳에 공급되고 있던 5,360세대는 적은 수가 아니다. 고로 전주와 익산 둘 중에 하나를 선택한다면 비록 추천 순위는 전주가 높지만 익산을 선택해야 할 것이다. 거듭 말하지만 지방은 공급과 수요의 영향이 크고, 이에 따라 해당 지역의 2년 후 공급 예정 물량도 매우 중요하다. 특히 2년 후 공급 물량은 투자할 아파트와 위치까지 상세하게 체크해야 한다.

5. 충청남도 지역

이제 충청도 중 먼저 충남을 살펴보자.

충남은 천안, 논산, 공주가 추천 순위 30위권 내에 있으니 눈여겨볼 만하다. 그 외에 아산도 같이 살펴보도록 하자. 논산의 경우 수요에너지도 좋지 않고, 투자 결과도 좋지 않았다.

천안, 논산, 공주, 세 지역의 차트를 통해 흐름을 관찰해보자.

| 2013년 충남 지역의 투자 예측 결과 및 데이터 항목 |

지역	가구증가	전세종합	수요공급종합	미분양	거래량 증가	주변입주량	추천 순위 ▲	과거결과 순위
충남 천안시	49.00	197.70	-0.96	40.00	7.50	-5	14	16
충남 논산시	7.00	236.20	-25.73	60.00	9.90	-5	21	85
충남 공주시	-21.00	171.28	42.77	60.00	-9.90	0	27	31
충남 계룡시	-21.00	263.50	62.80	50.00	9.90	-5	32	103
충남 아산시	49.00	151.80	-7.50	50.00	-4.20	-5	38	94
충남 보령시	0.00	222.40	23.94	50.00	-1.20	10	43	57
충남 서산시	42.00	249.00	41.39	-40.00	-7.50	7	47	62
충남 예산군	7.00	150.88	58.48	50.00	23.40	5	92	54
충남 홍성군	42.00	149.96	-31.45	60.00	30.00	7	114	121
충남 태안군	28.00	135.93	-60.53	30.00	30.00	10	150	95

| 2013년 충남 지역의 투자 예측 결과 및 지역 내 추천 아파트 통계 |

86.65				전체(평균)				전세가율70%(평균)			공격적 단지(평균)					보수적 단지(평균)					
SIDO	GUSI	최종순위	결과순위	물건수	전세가율	투자갭	수익률	70%단지수	투자갭	수익률	공격적 단지수	투자갭	수익률	best단지수	worst수	보수적 단지수	투자갭	수익률	best단지수	worst수
충청남도	천안시	14	16	414	71.60	4,431	52.90	264	3,831	59.70	68	3,084	71.60	15	11	17	2,062	79.00	5	5
충청남도	논산시	21	85	21	72.80	2,988	8.30	16	2,791	-0.30	6	2,025	-7.40		6	5	1,830	-10.60		5
충청남도	공주시	27	31	47	68.70	3,032	47.30	22	2,282	69.10	9	2,133	76.40	3		4	1,438	103.50	3	
충청남도	계룡시	32	103	20	75.30	2,628	2.50	17	2,724	1.90	5	2,630	1.80		5	3	2,167	2.40		3
충청남도	아산시	38	94	95	66.00	3,407	30.20	32	2,972	43.70	17	2,738	48.90		7	13	2,381	54.50		4
충청남도	보령시	43	57	46	73.00	2,952	26.90	33	2,545	28.70	8	2,069	28.80	1	6	7	1,886	30.10	1	5
충청남도	서산시	47	62	61	73.70	3,048	26.40	49	2,831	29.90	16	2,456	41.00	1	10	8	1,725	49.50	1	4
충청남도	예산군	92	54	26	65.60	3,271	43.40	5	1,930	75.20	3	1,667	70.70	1	1	2	1,750	89.40	1	
충청남도	홍성군	114	121	25	65.20	3,682	-3.20	6	1,942	-18.90	6	1,942	-18.90		6	6	1,942	-18.90		6
충청남도	태안군	150	95	16	59.10	3,591	15.20													
합계				771	69.10		24.99	444		32.11	138		34.77	21	52	65		42.10	11	32

천안은 2015년까지 공급이 부족해 수요 에너지가 계속 상승했다. 그 후 2019년까지 공급량이 많아 계속 하락 추세를 보이다가 그 이후 다시 상승할 것으로 보인다. 2015년 이후 미분양이 계속 증가하고 있는 것도 주의해야 할 부분이다.

| 충남 천안시 주요 차트 |

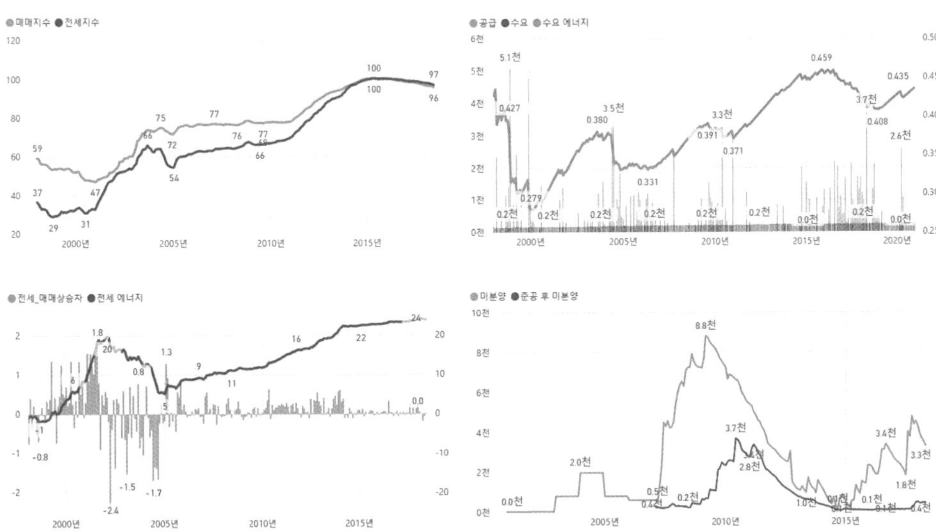

논산 역시 2014년 12월부터 계속된 공급으로 2019년 1월까지 수요 에너지가 계속 하락할 전망이다. 미분양도 300세대 정도 있어 2009년도와 수치가 같다.

| 충남 논산시 주요 차트 |

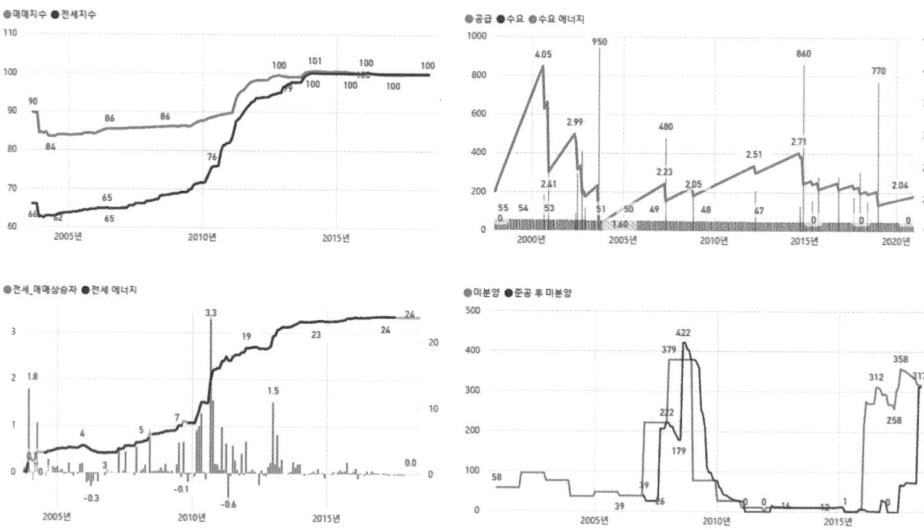

공주는 2017년 4월부터 2018년 8월까지 수요 에너지가 하락했다. 입주량까지 고려하면 공주는 2014년 1월쯤부터 조심해야 하는 상황이다. 미분양도 눈여겨봐야 한다.

| 충남 공주시 주요 차트 |

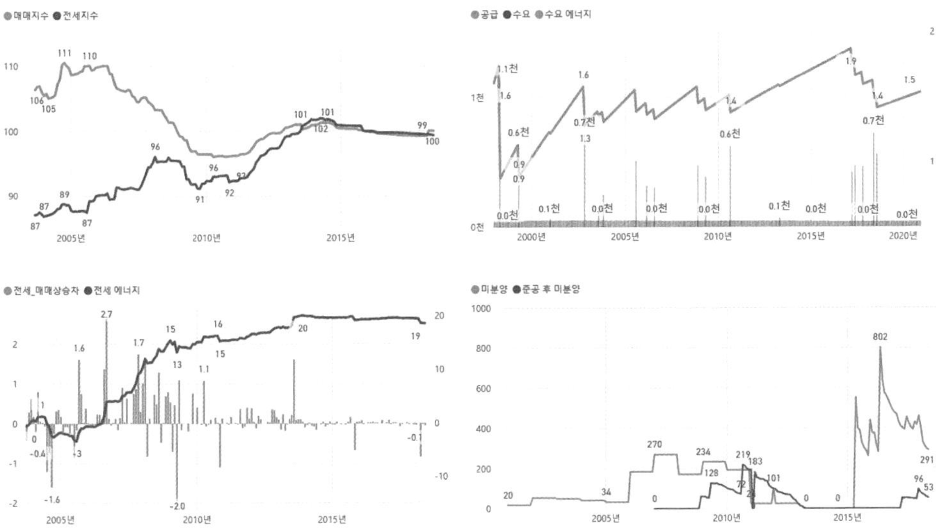

아산은 2014년 8월부터 공급이 진행되어 수요 에너지가 유지되다가 2017년 1월을 기점으로 하락했다. 그리고 다시 2018년 9월부터 상승하는 흐름을 보이고 있다. 또 미분양도 있다.

| 충남 아산시 주요 차트 |

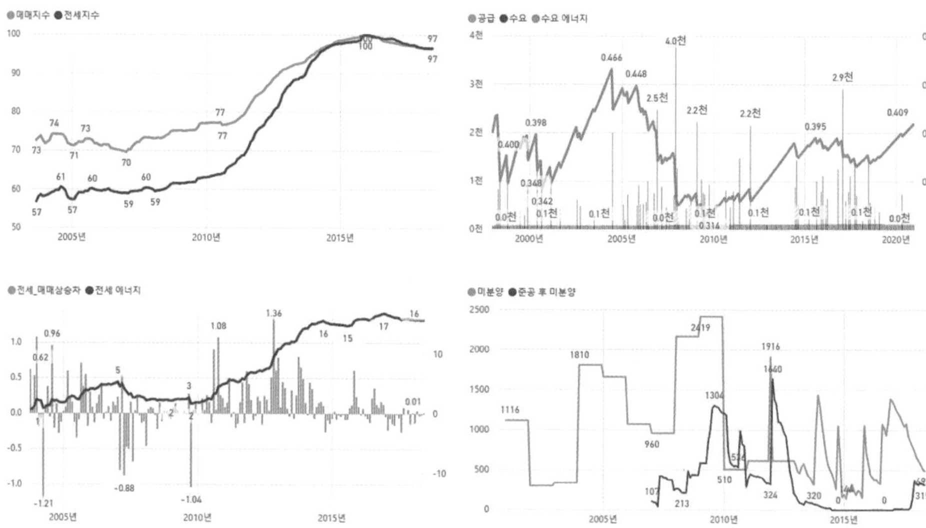

수요 데이터를 보면 천안, 공주도 2013년 정도가 투자 시점이고 그 이후는 아닐 것으로 예상할 수 있다. 2015년 아산의 경우도 인접한 천안의 추천 순위와 수요 에너지를 생각하면 투자하기 어렵다.

마찬가지로 충남 지역의 2014년부터 2016년까지 투자 예측 결과 및 데이터 항목과 지역 내 추천 아파트 통계를 살펴보자.

2014년에는 공주와 천안이 추천 순위 30위권 내에 있었고, 2015년에는 아산 지역 한 군데만 여기에 포함되었다가 2016년에는 70위권 밖으로 밀려났다. 수요 에너지를 보면서 예상했던 결과다. 2013년에는 수익률이 괜찮았고, 2014년에는 그래도 보수적 조건의 아파트 수익률이 천안 49.8%, 공주 24.7%였지만(전세가율 70% 이상의 경우 천안도 28.7%였다.) 2015년, 2016년에는 수익률이 마이너스였다.

| 2014년 충남 지역의 투자 예측 결과 및 데이터 항목 |

지역	가구증가	전세종합	수요공급종합	미분양	거래량 증가	주변입주량	추천 순위 ▲	과거결과 순위
충남 공주시	-7.00	232.50	39.68	60.00	30.00	7	8	77
충남 천안시	49.00	228.90	-2.85	20.00	8.70	-5	25	43
충남 아산시	49.00	179.20	-7.11	-40.00	18.30	-5	37	96
충남 서산시	49.00	264.40	41.09	-40.00	30.00	-5	54	53
충남 계룡시	-21.00	272.80	-7.45	30.00	27.90	-5	61	118
충남 논산시	0.00	181.99	-29.43	60.00	19.20	-5	63	126
충남 보령시	7.00	269.10	33.48	-40.00	30.00	-5	76	50
충남 홍성군	56.00	190.80	-33.72	60.00	-27.30	-5	129	156
충남 예산군	14.00	146.74	44.83	50.00	-20.40	-5	145	151
충남 태안군	28.00	151.80	-65.67	60.00	30.00	2	146	145

| 2015년 충남 지역의 투자 예측 결과 및 데이터 항목 |

지역	가구증가	전세종합	수요공급종합	미분양	거래량 증가	주변입주량	추천 순위 ▲	과거결과 순위
충남 아산시	42.00	199.00	-10.28	60.00	23.40	-5	14	160
충남 공주시	-21.00	211.80	32.04	60.00	-7.80	-5	39	162
충남 논산시	14.00	184.23	-18.58	60.00	30.00	-5	49	130
충남 천안시	42.00	235.30	-65.07	-40.00	12.00	-5	66	151
충남 보령시	28.00	265.70	25.97	60.00	11.40	-5	72	96
충남 홍성군	63.00	232.50	-21.68	60.00	30.00	-5	94	138
충남 계룡시	35.00	250.40	-23.30	30.00	-14.70	2	110	139
충남 서산시	42.00	273.70	-45.49	-40.00	-4.20	-5	113	89
충남 태안군	42.00	156.40	36.26	60.00	-13.50	-5	134	152
충남 예산군	14.00	153.18	31.49	50.00	10.50	-5	136	137

| 2016년 충남 지역의 투자 예측 결과 및 데이터 항목 |

지역	가구증가	전세종합	수요공급종합	미분양	거래량 증가	주변입주량	추천 순위 ▲	과거결과 순위
충남 천안시	42.00	239.10	-68.14	-40.00	-6.60	-5	76	132
충남 아산시	28.00	216.10	-32.72	-40.00	-0.30	-5	79	139
충남 홍성군	63.00	253.60	-4.46	50.00	-0.30	-5	90	114
충남 공주시	0.00	218.50	-63.98	-20.00	10.80	-5	91	131
충남 논산시	14.00	188.24	-16.51	-40.00	-22.80	-5	93	121
충남 서산시	35.00	270.80	-43.69	-40.00	30.00	-5	108	105
충남 보령시	28.00	265.70	-55.31	60.00	-8.70	10	111	161
충남 태안군	42.00	157.32	35.25	60.00	21.60	-5	118	106
충남 당진시	42.00	239.70	-6.70	-40.00	-12.60	-5	121	104
충남 계룡시	49.00	198.10	-25.01	-80.00	15.30	-5	140	92
충남 예산군	-7.00	152.72	-50.55	-40.00	4.20	-5	162	113

| 2014년 충남 지역의 투자 예측 결과 및 지역 내 추천 아파트 통계 |

81.50

				전체(평균)				전세가율70%(평균)			공격적 단지(평균)					보수적 단지(평균)				
SIDO	GUSI	최종순위 ▲	결과순위	물건수	전세가율	투자갭	수익률	70%단지수	투자갭	수익률	공격적 단지수	투자갭	수익률	best단지수	worst수	보수적 단지수	투자갭	수익률	best단지수	worst수
충청남도	공주시	8	77	56	74.00	3,034	19.20	42	2,300	24.20	11	2,718	17.70		10	6	2,067	24.70		5
충청남도	천안시	25	43	474	75.40	4,004	28.80	350	3,686	28.70	101	2,796	40.80	9	65	44	2,026	49.80	7	24
충청남도	아산시	37	96	128	68.40	3,858	19.10	74	3,687	25.30	33	2,795	33.20	1	22	20	2,068	39.70	1	12
충청남도	서산시	54	53	68	75.60	2,996	58.20	58	2,998	62.50	23	2,321	77.30	5	4	17	1,949	81.70	4	2
충청남도	계룡시	61	118	25	80.00	2,518	-16.80	22	2,620	-18.70	8	2,194	-26.10		8	6	1,758	-26.90		6
충청남도	논산시	63	126	26	71.20	2,775	-9.70	15	2,507	-20.40	6	2,567	-16.00		6	3	1,583	-27.60		3
충청남도	보령시	76	50	53	75.10	2,896	54.20	46	2,488	58.10	16	1,938	68.10	4	3	13	1,731	68.90	4	3
충청남도	홍성군	129	156	26	73.30	2,940	-18.90	16	2,341	-18.80	4	1,425	-6.20		4	3	1,500	-5.50		3
충청남도	예산군	145	151	35	63.80	3,919	9.30	5	1,860	24.40	3	1,683	25.30		2	3	1,683	25.30		2
충청남도	태안군	146	145	18	66.00	3,464	6.90	4	1,625	13.80	3	1,550	13.00		3	3	1,550	13.00		3
합계				909	72.28		15.03	632		17.91	208		22.71	19	127	118		24.31	16	63

| 2015년 충남 지역의 투자 예측 결과 및 지역 내 추천 아파트 통계 |

82.87

				전체(평균)				전세가율70%(평균)			공격적 단지(평균)					보수적 단지(평균)				
SIDO	GUSI	최종순위 ▲	결과순위	물건수	전세가율	투자갭	수익률	70%단지수	투자갭	수익률	공격적 단지수	투자갭	수익률	best단지수	worst수	보수적 단지수	투자갭	수익률	best단지수	worst수
충청남도	아산시	14	160	148	71.10	3,956	-6.70	95	3,821	-9.10	32	2,884	-2.70		31	18	2,150	-2.90		17
충청남도	공주시	39	162	60	72.10	3,583	-7.30	41	2,762	-7.90	10	2,540	-8.60		8	3	1,800	-7.80		2
충청남도	논산시	49	130	28	72.40	2,614	-11.70	16	2,347	-18.60	8	2,350	-13.90		8	7	2,057	-15.40		7
충청남도	천안시	66	151	494	76.70	4,110	-16.70	375	3,783	-23.20	112	2,774	-32.00		111	50	2,084	-35.90		49
충청남도	보령시	72	96	56	74.00	3,255	28.10	48	2,869	28.40	19	1,859	43.00	3	8	13	1,702	48.30	3	6
충청남도	홍성군	94	138	32	73.30	3,570	-27.70	24	2,475	-31.30	5	1,510	-45.70		5	6	1,542	-40.50		6
충청남도	계룡시	110	139	26	80.20	2,594	-4.40	21	2,319	-3.00	6	2,342	2.10		6	4	1,513	-4.10		4
충청남도	서산시	113	89	94	76.70	3,420	38.40	83	3,240	41.80	27	2,371	59.30	3	4	23	2,201	54.70	2	4
충청남도	태안군	134	152	19	68.00	3,411	17.50	6	1,325	36.80	2	1,700	49.70			2	1,700	49.70		
충청남도	예산군	136	137	37	66.60	3,546	-3.40	13	2,442	0.30	7	2,371	-1.10		7	4	2,050	-6.50		4
합계				994	73.11		0.61	722		1.42	228		5.01	6	188	130		3.96	5	99

| 2016년 충남 지역의 투자 예측 결과 및 지역 내 추천 아파트 통계 |

85.21

				전체(평균)				전세가율70%(평균)			공격적 단지(평균)					보수적 단지(평균)				
SIDO	GUSI	최종순위 ▲	결과순위	물건수	전세가율	투자갭	수익률	70%단지수	투자갭	수익률	공격적 단지수	투자갭	수익률	best단지수	worst수	보수적 단지수	투자갭	수익률	best단지수	worst수
충청남도	천안시	76	132	520	77.50	3,968	-35.30	401	3,574	-44.50	121	2,657	-66.80		120	59	2,059	-77.90		58
충청남도	아산시	79	139	175	72.60	3,963	-19.00	122	3,840	-23.10	43	2,948	-23.00		41	26	2,217	-23.30		24
충청남도	홍성군	90	114	33	74.70	3,308	-26.20	27	2,404	-28.90	4	1,363	-27.50		4	2	1,550	-35.30		2
충청남도	공주시	91	131	61	72.20	3,667	-7.20	43	2,691	-7.50	14	2,768	-5.50		14	6	1,875	-0.70		6
충청남도	논산시	93	121	30	73.10	2,715	0.30	18	2,172	3.00	6	1,992	-5.70		6	5	1,520	-6.80		5
충청남도	서산시	108	105	95	78.50	3,239	-13.70	83	3,166	-14.80	29	2,329	-16.70		29	19	2,003	-17.20		19
충청남도	보령시	111	161	56	74.30	3,369	-27.90	48	2,923	-33.80	13	2,181	-46.20		13	10	1,760	-56.60		10
충청남도	태안군	118	106	19	68.40	3,397	13.50	7	1,814	30.60	3	1,533	35.30		1	3	1,533	35.30		1
충청남도	당진시	121	104	75	76.00	3,458	-32.10	58	2,987	-41.00	11	2,123	-39.10		9	10	1,910	-41.30		8
충청남도	계룡시	140	92	36	75.00	4,532	20.50	23	2,763	24.60	6	2,158	25.90		4	5	1,590	20.00		4
충청남도	예산군	162	113	41	66.40	3,993	-8.10	12	2,588	-9.10	5	2,490	-11.30		5	3	1,917	-12.00		3
합계				1,141	73.70		-12.29	842		-13.14	255		-16.42		246	148		-19.62		140

6. 충청북도 지역

마지막으로 충북 지역을 살펴보자. 2013년, 충주와 청주 지역 중 충주가 추천 순위 상위에 랭크되어 있지만, 투자 결과는 청주가 좋다.

| 2013년 충북 지역의 투자 예측 결과 및 데이터 항목 |

지역	가구증가	전세종합	수요공급종합	미분양	거래량 증가	주변입주량	추천 순위 ▲	과거결과 순위
충북 충주시	28.00	166.20	30.01	60.00	-3.90	-5	18	42
충북 청주시	63.00	168.30	29.52	60.00		-5	24	12
충북 제천시	63.00	150.42	51.40	60.00	0.00	-5	53	34
충북 진천군	49.00	195.80	31.91	-80.00	-22.50	-5	98	49
충북 옥천군	7.00	139.38	60.33	60.00	-6.00	10	129	96
충북 음성군	49.00	142.60	-36.32	30.00	-18.00	-5	144	60

| 2013년 충북 지역의 투자 예측 결과 및 지역 내 추천 아파트 통계 |

86.65

				전체(평균)				전세가율70%(평균)			공격적 단지(평균)					보수적 단지(평균)				
SIDO	GUSI	최종순위 ▲	결과순위	물건수	전세가율	투자갭	수익률	70%단지수	투자갭	수익률	공격적 단지수	투자갭	수익률	best단지수	worst수	보수적 단지수	투자갭	수익률	best단지수	worst수
충청북도	충주시	18	42	125	68.60	2,887	23.70	67	2,513	28.10	27	2,085	35.50	1	18	15	1,893	37.20		9
충청북도	청주시	24	12	431	68.60	4,257	56.20	234	3,555	67.10	82	3,020	72.40	18	20	34	2,340	85.00	11	4
충청북도	제천시	53	34	70	65.40	2,747	55.10	27	2,537	62.20	9	2,950	67.10	2	2	4	1,888	97.80	2	
충청북도	진천군	98	49	19	71.00	2,208	43.30	12	1,738	58.80	3	1,233	85.00	1		3	1,233	85.00	1	
충청북도	옥천군	129	96	19	60.60	4,263	18.20													
충청북도	음성군	144	60	34	62.00	2,919	27.30	7	1,664	57.30	2	925	133.00	1		1	850	205.90	1	
합계				698	66.03		37.30	347		54.70	123		78.60	23	40	57		102.18	15	13

충주와 청주의 차트를 보자.

충주는 2014년 7월을 기점으로 공급이 있어 수요 에너지가 유지되다가 2017년 11월 2,378세대를 기점으로 급격히 하락한 뒤 낮은 상태를 유지하고 있다.

충북 충주시 주요 차트 |

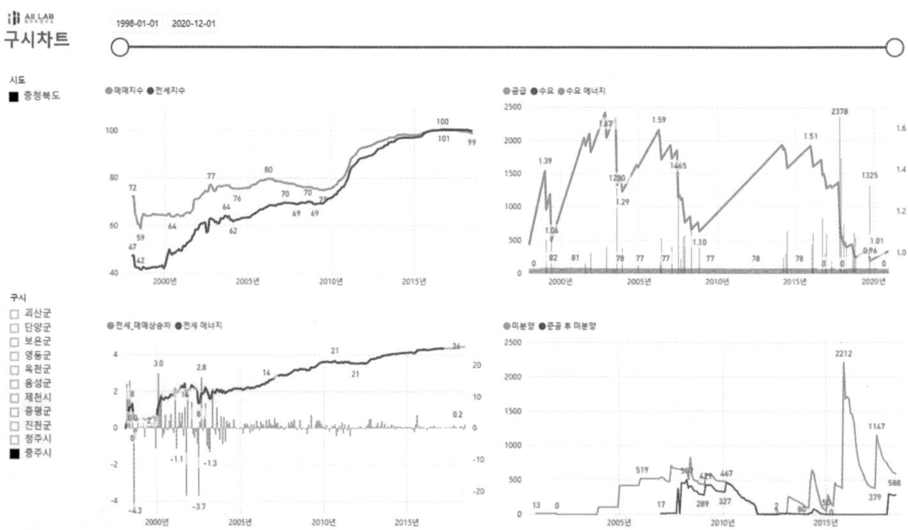

청주는 2015년 11월을 기점으로 수요가 공급을 초과하여 수요 에너지가 하락하다가 2019년 3월부터 다시 상승하는 모습을 보이고 있다. 역시 추천 순위는 높지만 수요 에너지 측면에서 충주는 문제가 있다. 지방은 수요와 공급 관련 데이터가 더 중요하다는 사실을 다시 한번 상기시켜 주는 사례다. 수요 에너지를 보면 충북에서는 2013년에 청주 정도가 투자할 만한 상황이었고, 그 이후는 미지수다. 이렇게 지방 투자 시 제일 중요한 수요 에너지는 2~3년 후의 미래를 예측할 수 있다는 측면에서 아주 훌륭한 정보다.

2013년 청주의 경우처럼 당시만 투자하기 좋고 그 이후 수요 에너지가 하락할 것으로 예상되면 2013년에도 투자를 하지 않는 것이 좋다. 2013년에 비해 2015년의 매매 가격이 많이 올라도, 2015년의 분위기가 좋지 않으면 급매로 팔려고 해도 안 팔릴 수 있기 때문이다. 더구나 입주 물량이 많으면 전세 가격도 내려가 역전세 현상이·발생할 수 있어 계속 갖고 있기에도 부담스럽다.

| 충북 청주시 주요 차트 |

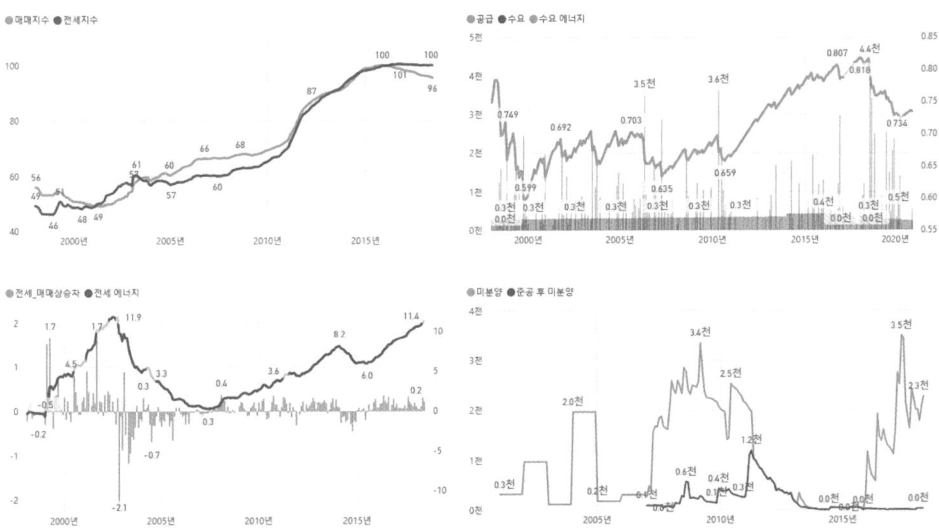

충북 지역은 2014년 이후 상황이 계속 좋지 않다. 투자 예측 결과 및 지역 내 추천 아파트 통계를 통해 결과만 확인하도록 하자.

| 2014년 충북 지역의 투자 예측 결과 및 지역 내 추천 아파트 통계 |

81.50

				전체(평균)				전세가율70%(평균)			공격적 단지(평균)					보수적 단지(평균)				
SIDO	GUSI	최종순위 ▲	결과순위	물건수	전세가율	투자갭	수익률	70%단지수	투자갭	수익률	공격적 단지수	투자갭	수익률	best단지수	worst수	보수적 단지수	투자갭	수익률	best단지수	worst수
충청북도	충주시	14	107	131	70.10	3,011	20.00	82	2,870	21.40	31	2,123	26.90	1	23	18	1,658	39.60	1	10
충청북도	청주시	64	36	475	69.90	4,350	45.40	279	3,776	52.50	64	3,041	60.30	6	17	27	2,256	71.10	5	3
충청북도	제천시	86	49	71	68.10	2,665	64.00	35	2,614	69.90	9	2,783	72.90	3	3	5	1,510	107.10	3	
충청북도	진천군	106	119	22	73.40	2,073	24.00	16	1,981	25.20	5	1,580	27.10		3	4	1,413	28.40		2
충청북도	옥천군	139	146	19	62.70	4,358	3.90	1	3,000	16.70	1	3,000	16.70		1	1	3,000	16.70		1
충청북도	음성군	151	147	37	62.20	2,927	19.80	5	1,920	33.10	1	1,900	63.20			1	1,900	63.20		
합계				755	67.73		29.52	418		36.47	111		44.52	10	47	56		54.35	9	16

| 2015년 충북 지역의 투자 예측 결과 및 지역 내 추천 아파트 통계 |

82.87

				전체(평균)				전세가율70%(평균)			공격적 단지(평균)					보수적 단지(평균)				
SIDO	GUSI	최종순위 ▲	결과순위	물건수	전세가율	투자갭	수익률	70%단지수	투자갭	수익률	공격적 단지수	투자갭	수익률	best단지수	worst수	보수적 단지수	투자갭	수익률	best단지수	worst수
충청북도	충주시	41	145	135	72.10	2,899	15.90	92	2,909	18.30	24	2,246	28.60		17	15	1,717	35.40		9
충청북도	청주시	91	140	525	70.40	4,874	-4.30	322	4,676	-9.10	74	3,459	-5.80		72	27	2,396	-2.80		26
충청북도	진천군	109	132	26	76.40	1,837	10.90	21	1,710	10.40	6	1,250	16.30		5	6	1,250	16.30		5
충청북도	옥천군	123	116	19	67.50	3,926	2.20	8	2,288	1.90	2	1,750	0.00		2	2	1,750	0.00		2
충청북도	음성군	129	131	41	62.90	2,952	5.30	7	2,507	-5.20	1	4,500	11.10		1					
충청북도	제천시	139	113	77	72.20	2,873	24.80	50	2,574	23.60	14	2,193	31.40		10	8	1,681	17.60		7
합계				823	70.25		9.13	500		6.65	121		13.60		107	58		13.30		49

| 2016년 충북 지역의 투자 예측 결과 및 지역 내 추천 아파트 통계 |

85.21

				전체(평균)				전세가율70%(평균)			공격적 단지(평균)					보수적 단지(평균)				
SIDO	GUSI	최종순위 ▲	결과순위	물건수	전세가율	투자갭	수익률	70%단지수	투자갭	수익률	공격적 단지수	투자갭	수익률	best단지수	worst수	보수적 단지수	투자갭	수익률	best단지수	worst수
충청북도	청주시	75	116	566	70.20	5,116	-24.00	345	4,770	-29.10	81	3,614	-29.80		81	23	2,265	-22.70		23
충청북도	충주시	107	140	149	73.10	3,267	-4.10	111	3,299	-4.60	29	2,236	-6.80		29	19	1,826	-7.00		19
충청북도	옥천군	133	122	23	69.10	4,209	-0.80	15	3,303	-1.20	4	2,463	2.90		4	1	1,350	0.00		1
충청북도	진천군	139	123	30	75.60	2,112	-3.10	23	1,778	-3.70	8	1,200	3.00		7	5	1,200	17.20		4
충청북도	제천시	147	115	93	75.90	3,105	-34.30	72	2,981	-40.30	15	1,643	-54.70		15	11	1,514	-43.60		11
충청북도	음성군	156	107	45	65.40	2,916	2.10	10	2,235	-3.70	4	2,113	-8.30		4	2	1,550	-25.10		2
합계				908	71.55		-10.70	576		-13.77	141		-15.62		140	61		-13.53		60

이상으로 2013년도 대구, 광주, 울산, 경상도, 전라도, 충청도 지역의 상황을 살펴보았다. 앞서 설명했듯이 당시 투자하기 좋은 지역

은 대구, 광주, 울산이었다. 그 외 경상북도의 포항, 구미, 경산 정도였다. 추가로 전라북도의 전주와 익산, 충청남도의 천안, 논산, 공주, 충청북도의 충주, 청주가 그나마 수익 가능성이 있었던 지역으로 볼 수 있다. 하지만 대구나 광주처럼 더 유망한 지역이 있으면 그런 곳을 우선적으로 봐야 한다. 그리고 똑같이 유망하다면 서울, 수도권, 광역시, 지방 순으로 투자해야 한다.

이렇듯 추천 지역, 지역 내 추천 아파트수, 인접 지역 상황까지 고려하면 대략 어느 지역 위주로 투자해야 할지 알 수 있다. 계속해서 2014년도 상황을 살펴보도록 하자.

05

2014년 인공지능은 어디를 추천했는가?

'2014년 투자 예측 결과 및 데이터 항목'에서 2014년도 추천 순위 30위권 내의 지역을 살펴보자.

이 중 시 · 도 단위의 지역을 정리해 보면 경기도에서는 군포, 광명, 안양 3개 지역이 보인다. 광주에서는 2013년에 이어 5개 지역이 보인다. 대구에서 2013년에 비해 줄어든 수성구, 달서구, 북구, 남구가 보인다.(2013년에 있던 달성군이 빠졌다.) 대전에서는 유성구, 동구가 보인다. 부산에서는 금정구, 사상구, 부산진구가 포진되어 있다. 울산에서는 남구, 중구, 북구가 보인다.(2013년에 있던 울주군이 빠졌다.)

지방 중에서 그나마 있던 경상남도의 진주가 빠져서 보이지 않고, 경상북도에서는 2013년도와 똑같이 포항, 구미, 경산이 보인다.

전라남도에서는 목포 한 지역이 보이고, 전라북도는 전주 하나, 충청남도에서는 천안, 공주 정도가 보이며, 충청북도에서는 충주 하나만 보이고 있다. 이것만 봐서는 최고의 투자 유망 지역으로 2013년도와 비슷하게 광주와 대구를 뽑아야 할 것이다.

| 2014년 투자 예측 결과 및 데이터 항목 |

AII LAB

투자예측

81.50

투자 알고리즘 ...

일자

- ☐ 2007-01-01
- ☐ 2008-01-01
- ☐ 2009-01-01
- ☐ 2010-01-01
- ☐ 2011-01-01
- ☐ 2012-01-01
- ☐ 2013-01-01
- ■ 2014-01-01
- ☐ 2015-01-01
- ☐ 2016-01-01
- ☐ 2018-04-01

시도

- ☐ 강원도
- ☐ 경기도
- ☐ 경상남도
- ☐ 경상북도
- ☐ 광주광역시
- ☐ 대구광역시
- ☐ 대전광역시
- ☐ 부산광역시
- ☐ 서울특별시
- ☐ 울산광역시
- ☐ 인천광역시
- ☐ 전라남도

지역	가구증가	전세종합	수요공급종합	미분양	거래량 증가	주변입주량	추천 순위 ▲	과거결과 순위
광주 광산구	42.00	287.00	-4.11	60.00	30.00	-5	1	6
광주 북구	63.00	279.10	14.32	60.00	30.00	-5	2	4
경기 군포시	63.00	226.10	77.16	60.00	30.00	0	3	17
대구 수성구	21.00	239.60	64.85	60.00	30.00	-5	4	1
광주 서구	14.00	261.40	26.56	60.00	20.10	-5	5	9
대구 달서구	35.00	260.00	-0.81	60.00	5.40	-5	6	2
울산 남구	42.00	234.90	44.69	30.00	30.00	-5	7	12
충남 공주시	-7.00	232.50	39.68	60.00	30.00	7	8	77
전북 전주시	28.00	257.90	17.84	50.00	13.80	-5	9	64
전남 목포시	0.00	226.60	56.15	50.00	25.50	-5	10	97
경북 포항시	28.00	245.60	24.44	60.00	-1.50	-5	11	5
대구 북구	21.00	257.00	-2.42	60.00	11.40	-5	12	3
대구 남구	63.00	189.60	94.27	60.00	30.00	0	13	18
충북 충주시	63.00	194.00	20.39	50.00	30.00	0	14	107
울산 중구	49.00	252.90	-23.31	60.00	30.00	-5	15	22
광주 남구	-7.00	273.80	-20.03	60.00	27.90	-5	16	8
부산 금정구	0.00	217.90	68.55	60.00	-5.70	-5	17	26
대전 유성구	63.00	239.80	-25.03	30.00	30.00	0	18	125
부산 사상구	0.00	230.60	33.52	60.00	30.00	0	19	124
울산 북구	63.00	230.10	-3.82	-40.00	30.00	-5	20	34
광주 동구	-21.00	226.30	32.82	60.00	17.70	-5	21	30
경기 광명시	-21.00	199.60	76.07	60.00	30.00	2	22	15
대전 동구	-7.00	165.38	74.16	60.00	30.00	10	23	143
경북 구미시	21.00	233.50	-1.47	-20.00	30.00	-5	24	75
충남 천안시	49.00	228.90	-2.85	20.00	8.70	-5	25	43
부산 부산진구	28.00	158.93	51.53	60.00	15.00	7	26	51
경기 안양시	-14.00	175.00	55.92	60.00	30.00	2	27	16
제주도 제주시	63.00	189.35	53.27	30.00	15.00	7	28	23
부산 남구	0.00	162.00	46.47	60.00	19.80	10	29	32
경북 경산시	63.00	158.47	18.05	60.00	30.00	-5	30	13

공부 차원에서 경기도 지역도 자세히 살펴보자. 그 외 서울, 인천, 대전, 부산, 강원도 지역이 남아 있다. 해당 지역은 2015년, 2016년 데이터에서 자세히 살펴보도록 하겠다.

06

2014년 경기도 상세 분석

'2014년 경기도의 투자 예측 결과 및 데이터 항목'을 살펴보자. 비록 추천 순위 지역 30위권 밖이지만 고양, 수원, 이천, 용인, 안산, 화성, 성남이 50위권 내에 있다. 참고로 서울도 30위권 내에는 없지만 50위권대에 진입한 지역이 성북구, 동작구, 양천구, 관악구, 광진구 5개 있다. 2014년은 광주나 대구같이 수도권 외 지역도 투자하기 좋았지만, 수도권도 상승세가 시작되는 시점이었다.

'2014년 경기도의 투자 예측 결과 및 데이터 항목'을 보면 경기도는 수요와 공급 관련해서 전반적으로 투자하기 좋았고, 거의 모든 지역의 거래량이 증가했다.

| 2014년 경기도의 투자 예측 결과 및 데이터 항목 |

AII LAB

투자예측

81.50

투자 알고리즘 ...

일자
- ☐ 2007-01-01
- ☐ 2008-01-01
- ☐ 2009-01-01
- ☐ 2010-01-01
- ☐ 2011-01-01
- ☐ 2012-01-01
- ☐ 2013-01-01
- ■ 2014-01-01
- ☐ 2015-01-01
- ☐ 2016-01-01
- ☐ 2018-04-01

시도
- ☐ 강원도
- ■ 경기도
- ☐ 경상남도
- ☐ 경상북도
- ☐ 광주광역시
- ☐ 대구광역시
- ☐ 대전광역시
- ☐ 부산광역시
- ☐ 서울특별시
- ☐ 울산광역시
- ☐ 인천광역시

지역	가구증가	전세종합	수요공급종합	미분양	거래량 증가	주변입주량	추천 순위 ▲	과거결과 순위
경기 군포시	63.00	226.10	77.16	60.00	30.00	0	3	17
경기 광명시	-21.00	199.60	76.07	60.00	30.00	2	22	15
경기 안양시	-14.00	175.00	55.92	60.00	30.00	2	27	16
경기 고양시	49.00	153.87	62.71	30.00	6.30	-5	40	7
경기 수원시	63.00	172.10	20.00	-20.00	-5.70	0	42	11
경기 이천시	7.00	168.74	37.74	60.00	30.00	0	44	65
경기 용인시	49.00	161.31	36.44	30.00	6.90	-5	45	20
경기 안산시	14.00	153.60	46.57	60.00	30.00	-5	49	33
경기 화성시	-7.00	216.80	-57.96	60.00	30.00	-5	50	81
경기 성남시	7.00	159.80	76.09	60.00	7.80	-5	51	25
경기 시흥시	-14.00	161.75	13.08	60.00	30.00	-5	75	54
경기 부천시	-28.00	146.05	73.78	50.00	30.00	0	78	39
경기 김포시	63.00	173.98	-13.92	30.00	15.30	-5	79	40
경기 의정부시	21.00	155.29	28.23	60.00	30.00	-5	80	82
경기 평택시	49.00	153.20	16.95	-40.00	30.00	-5	82	52
경기 파주시	42.00	149.80	-0.70	30.00	3.00	0	83	131
경기 구리시	-21.00	154.33	30.32	-20.00	30.00	-5	89	71
경기 오산시	42.00	170.00	31.62	30.00	30.00	-5	102	130
경기 남양주시	63.00	145.26	-0.80	30.00	-15.60	-5	105	72
경기 과천시	-14.00	179.90	84.95	60.00	30.00	2	107	153
경기 의왕시	-28.00	164.40	-0.40	50.00	-13.50	0	124	42
경기 안성시	14.00	149.96	32.97	60.00	10.80	-5	126	154
경기 포천시	0.00	141.45	77.42	60.00	25.50	-5	135	123
경기 광주시	63.00	132.94	-0.35	60.00	23.70	-5	138	110
경기 여주시	-28.00	147.66	36.58	60.00	12.00	5	140	111
경기 양주시	7.00	128.11	33.18	60.00	30.00	10	144	149
경기 동두천시	-21.00	132.71	57.67	30.00	21.00	5	147	148
경기 하남시	35.00	152.95	-67.52	30.00	-13.50	-5	155	80
경기 연천군	21.00	122.59	-11.53	60.00	30.00	5	156	129

앞서 이야기했듯이 수도권은 전세 에너지가, 지방은 수요 에너지가 더 중요하다. 전세 에너지의 흐름을 보려면 차트를 봐야 한다. 경기도 전체를 보면 2013년부터 반등장이 시작되었다. 수요 에너지는 2017년 5월까지 상승이 예정되어 있고, 전세 에너지도 80% 수준까지 넘어오고 있다. 당시 군포시의 경우 전세가율 평균이 73.1%였고, 인접한 의왕시의 경우도 68.4%였다.

보통 추천 순위 30위권을 기준으로 하지만 주도하는 시장에 따라 상위의 기준이 달라져야 한다. 지방 위주는 20위권 내, 광역시는 30위권, 수도권은 50위권까지 보는 게 좋다. 2014년 1월은 수도권의 투자 시작 시점이었지만, 중반 정도부터 수도권 시장이 형성되었다고 봐야 한다. 그러면 50~60위권대의 추천 지역을 후보로 두고, 차트를 통해 투자 지역을 결정한 다음 최종적으로 지역 내 투자 아파트를 선별해야 한다.

| 경기도 주요 차트 |

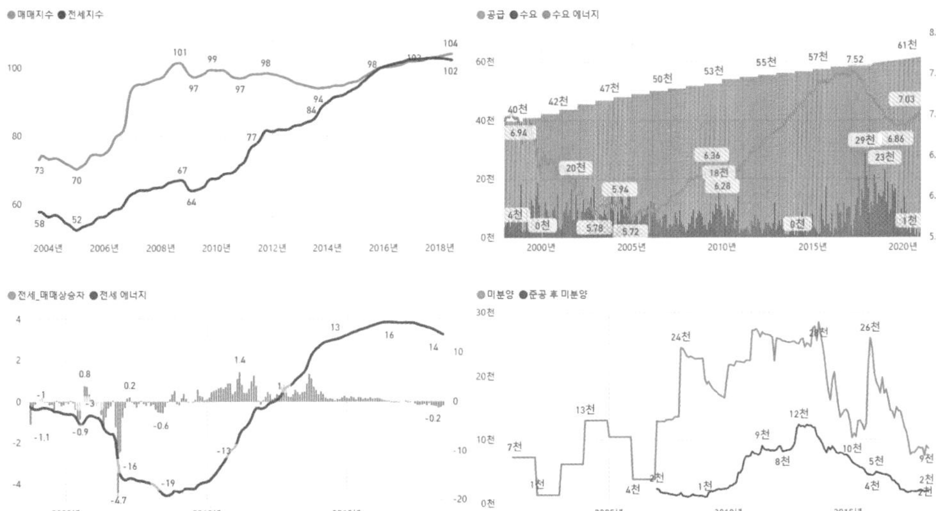

경기도에서 2014년 50위권 내의 군포, 광명, 안양, 고양, 수원, 이천, 용인, 안산, 화성, 성남의 차트를 살펴보도록 하자.

다음은 군포의 차트다. 먼저 언급했던 경기도 전체 차트와 비슷한 흐름을 보인다.

| 경기도 군포시 주요 차트 |

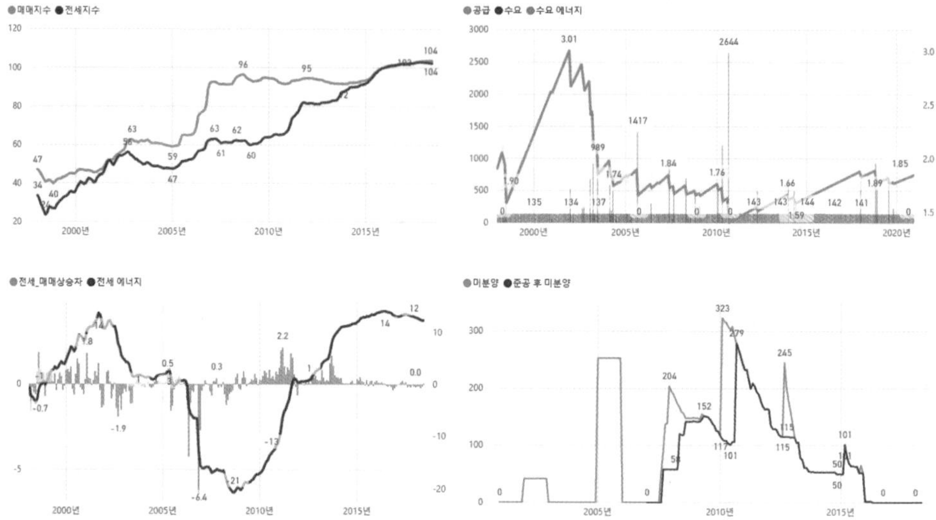

| 경기도 광명시 주요 차트 |

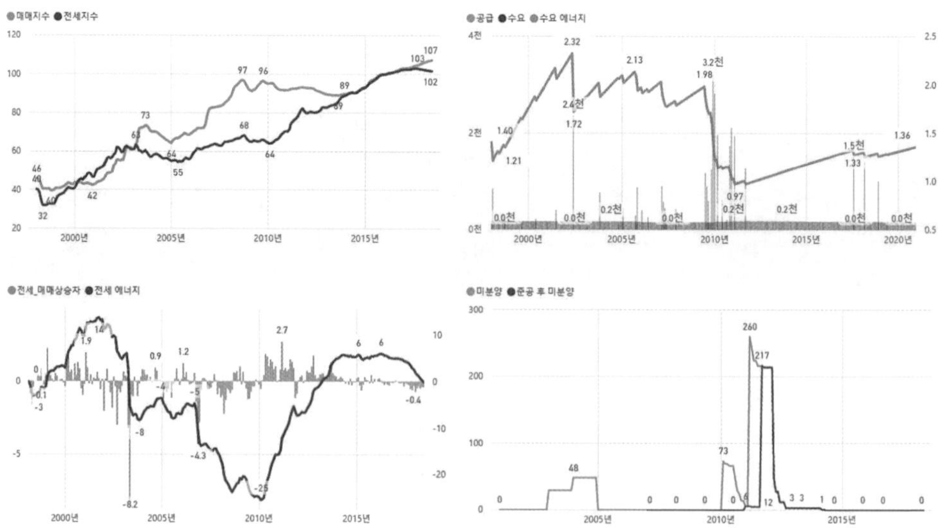

경기도와 흐름세는 비슷하지만 전세 에너지가 과거보다 먼저 꺾였다. 군포는 2016년 7월까지 전세 에너지가 정점이었지만, 광명은 2014년 3월에서 2016년 6월까지 비슷하게 유지하다가 꺾였다. 두 개의 매매 · 전세지수 차트를 보면 군포는 매매지수와 전세지수가 끝까지 비슷하게 유지되었지만, 광명은 2016년 12월부터 매매지수와 전세지수가 벌어지고 있다.

경기도 내에서도 매매지수와 전세지수가 비슷하게 유지되고 있는 지역은 군포, 의왕, 안산같이 실수요(전세 수요)가 강한 곳이다. 반면 과천, 광명, 성남 같은 지역은 가수요(투자 수요)가 있는 곳으로 분류된다. 이 지역들은 서울의 강남과 같이 선호도가 강하다. 수도권의 본격적인 상승장에서는 이런 가수요(투자 수요)가 시장을 주도한다. 2018년 3월 현시점에는 이 가수요 지역들이 주도하여 부동산 가격이 상승했지만 공급량, 정부 규제로 인해 전체 시장이 가수요장으로 변화되고 있지는 않다.

과거 2005년에서 2008년과 같은 상승장에서는 전세 에너지가 완전히 마이너스로 방전하면서 실수요가 강한 지역까지 가수요장의 흐름으로 바뀌었다. 하지만 지금은 가수요가 강한 지역에 가수요장이 형성되고, 실수요가 강한 지역은 실수요장이 형성되는 흐름을 보인다. 강남 3구나 과천, 광명 같은 지역을 보면 서울 강서구나 군포 실수요 지역에 비해 전세 에너지가 많이 꺾였다. 가수요 지역 역시 과거의 상승장에 비하면 조금씩은 꺾였다. 하지만 가수요 지역과 실수요 지역, 두 개 지역의 패턴은 비슷하다고 할 수 있다. 또한 가수요와 실수요의 패턴은 전세 에너지가 많이 꺾였는지, 조금 꺾였는지에 따라 구분할 수 있다.

다음은 안양의 차트다. 안양의 경우 군포, 의왕보다는 가수요가 있으며, 공급은 계속 부족해 보인다.

| 경기도 안양시 주요 차트 |

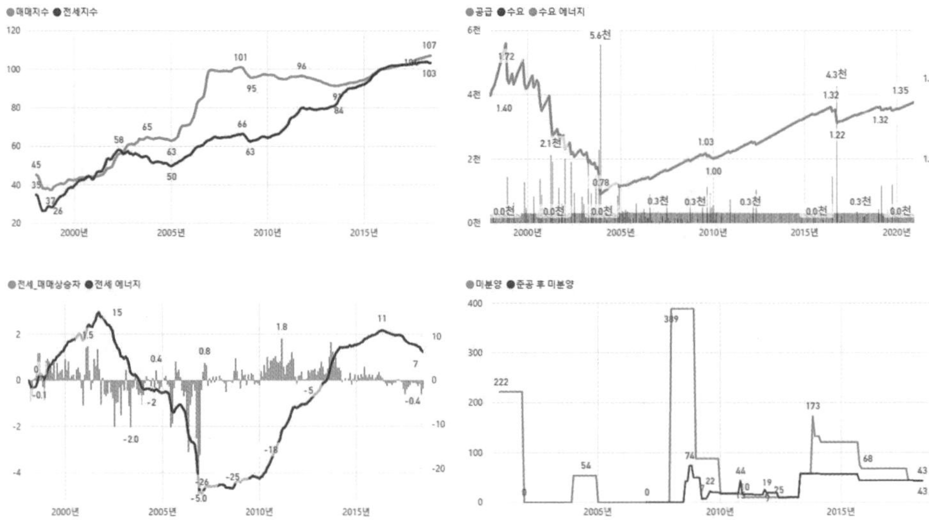

다음은 고양의 차트다. 고양의 경우 경기도 전체와 비슷한 흐름세를 보이며, 최근에는 실수요 흐름을 보이고 있다.

| 경기도 고양시 주요 차트 |

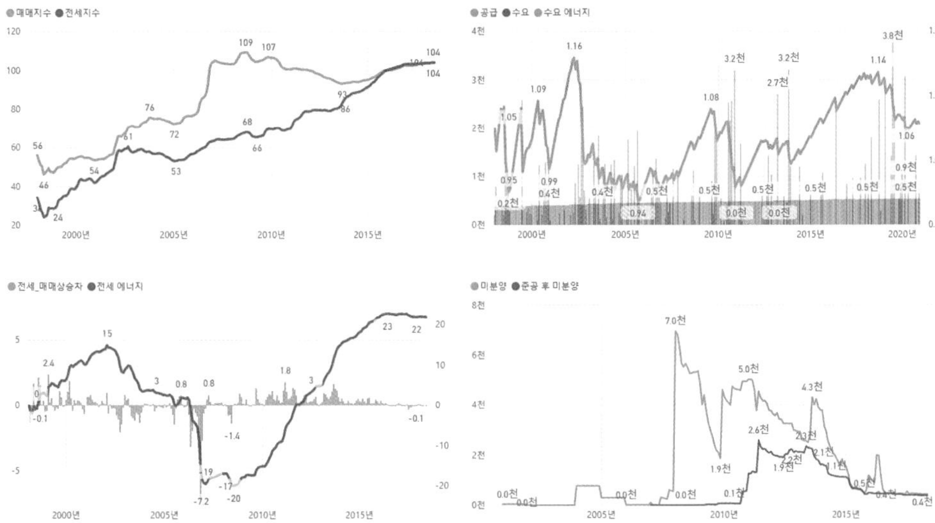

다음은 수원시 차트다. 역시 최근 실수요 흐름을 보이고 있으며, 수요 에너지도 좋은 편이다.

| 경기도 수원시 주요 차트 |

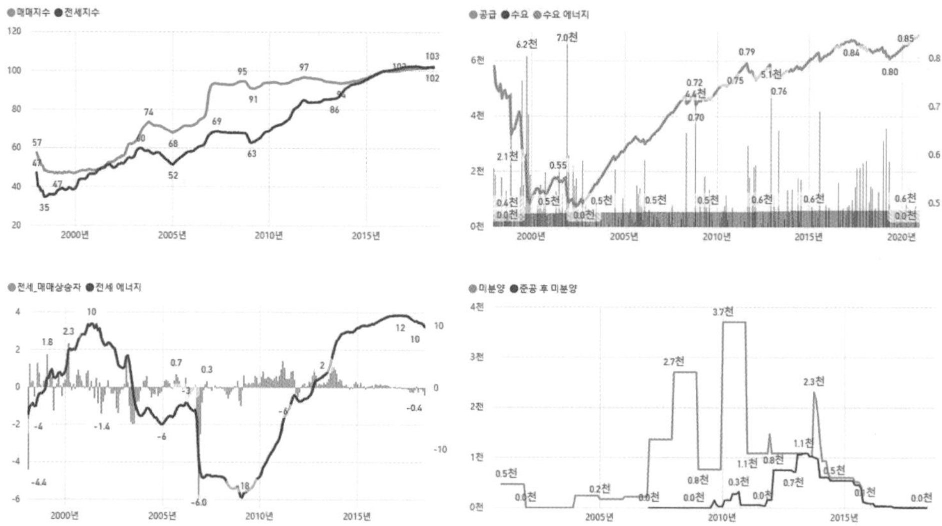

다음은 이천시 차트이다.

이천은 경기도 중 외곽에 속하는 지역이다. 하이닉스로 인해 반도체 경기에 절대적인 영향을 받고 있으며 몇 년 전부터 반도체 호황에다 여주-판교 경강선의 영향을 받아 투자하기 좋은 지역이다. 더구나 수요 에너지가 좋다.

| 경기도 이천시 주요 차트 |

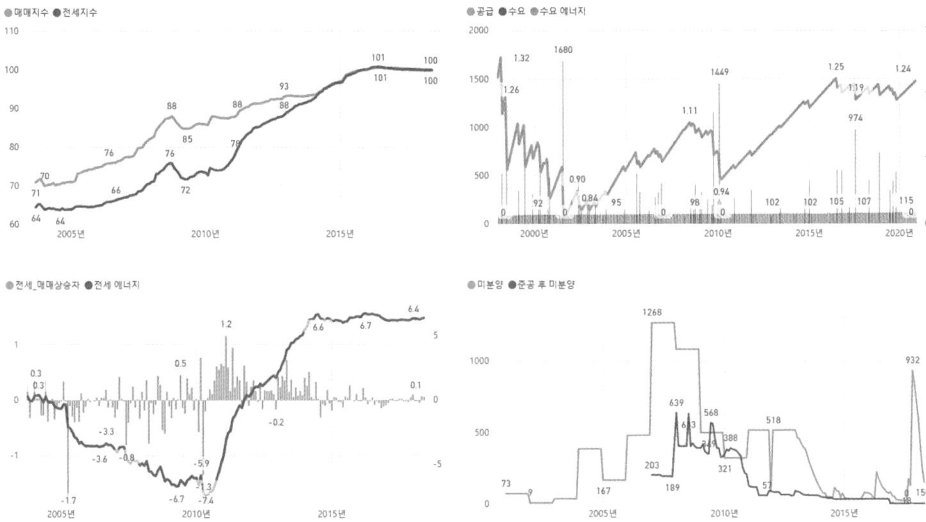

이런 지역은 나의 경우에도 그랬지만 처음 투자를 시작할 때 투자금이 적을 때 투자하기 좋은 지역이다. 이런 지역은 지방과 마찬가지로 갭투자 1,000만 원 이내로도 투자할 수 있기 때문이다.

지방처럼 상승의 한계가 있기는 하지만 1천만 원 이내로 투자를 할 수 있고 실수요가 강한 지역, 매매가와 전세가 차이가 1천만 원 정도밖에 되지 않는 지역에서는 손해를 보지 않을 가능성이 높다. 비슷한 투자 환경이라면 광역시, 수도권 외곽 지역, 광역시 외 지방 지역 순으로 수익률 결과가 좋을 확률이 높다.

예를 들어 5천만 원의 투자금이 있다면 1천만 원씩 쪼개서 4개 지역 정도에 투자를 하고, 2년 뒤에는 그 4개 지역이 기존 투자금과 수익금을 합해서 2천만 원이 되고, 그 2천만 원으로 재투자를 하는 식으로 투자금을 키우면 좋다.

2011년쯤 지방 시장이 좋을 때 투자를 시작한 사람들은 그런 호기를 맞았다. 그들은 2010년 지방 시장에 소액으로 투자를 해서 투자금을 불린 후 수도권 고액 투자를 통해 자산을 금방 키웠다.

다음은 용인의 차트다. 용인 지역 역시 실수요 흐름을 보이고 있으며, 수요 에너지도 좋은 편이다.

| 경기도 용인시 주요 차트 |

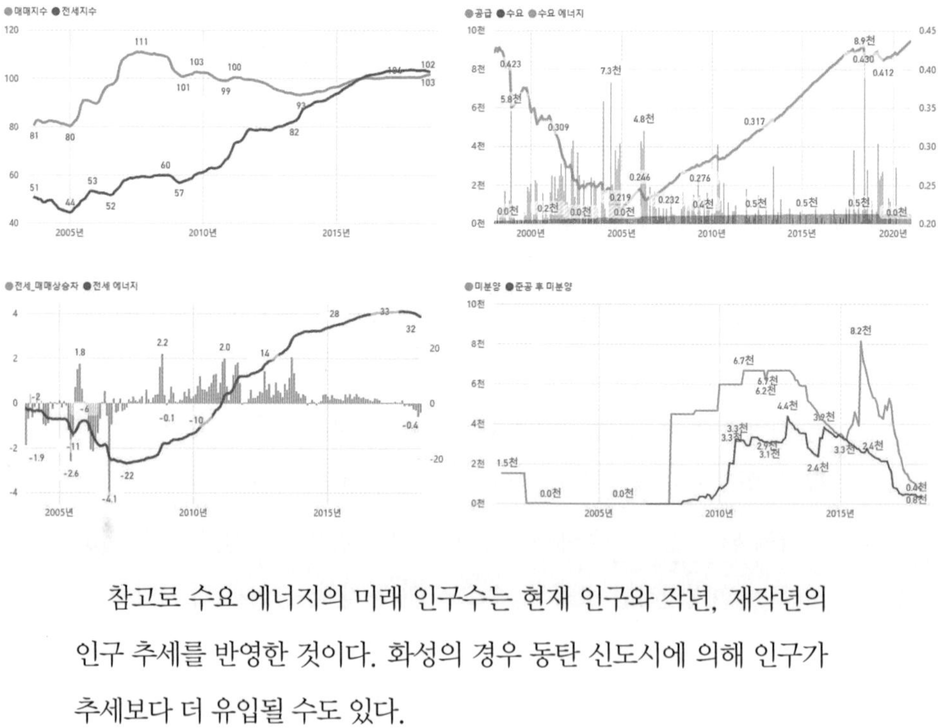

참고로 수요 에너지의 미래 인구수는 현재 인구와 작년, 재작년의 인구 추세를 반영한 것이다. 화성의 경우 동탄 신도시에 의해 인구가 추세보다 더 유입될 수도 있다.

화성시는 2015년부터 공급량이 12만3천 가구에 이르며, 이는 경기도 전체 공급량의 20%에 가까운 수치로 절대적으로 많은 양을 차지하고 있다. 특히 2015년(2.2만 가구), 2016년(1.45만 가구), 2017년(2.4만 가구), 2018년(3.7만 가구), 2019년(2.3만 가구)으로 2015년부터 인근 수원, 용인까지 영향을 줄 수 있다.

| 경기도 화성시 주요 차트 |

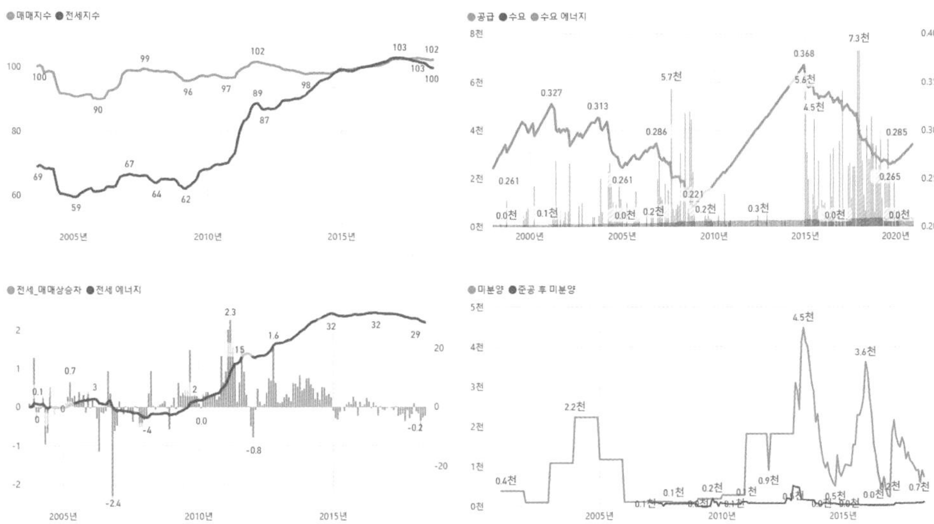

다음으로 안산의 차트를 보자. 안산의 경우 경기도 전체 흐름과 유사하다.

| 경기도 안산시 주요 차트 |

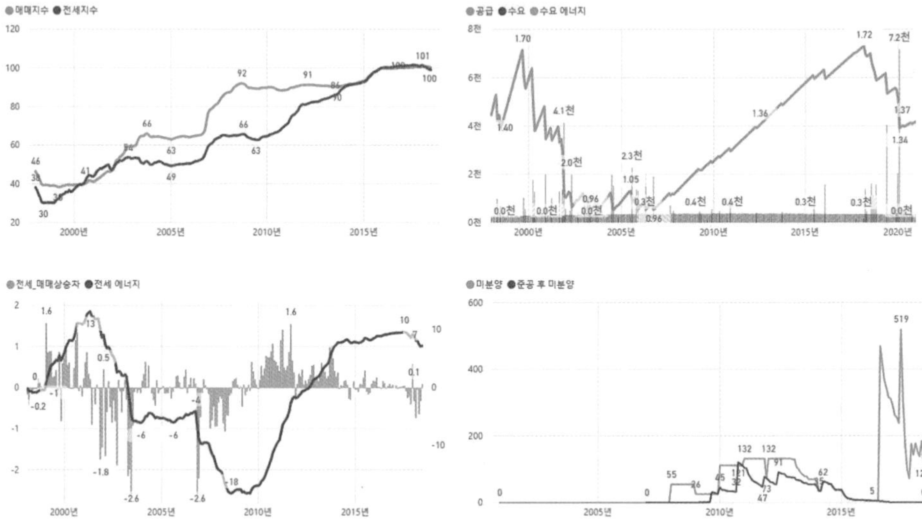

마지막으로 성남의 차트다. 성남의 경우 공급이 많아 수요 에너지가 낮은 것으로 보인다. 하지만 성남의 공급 물량은 좀 더 자세히 살펴봐야 한다. 2012년부터 성남의 공급 절대량은 위례 신도시에 위치하고 있는 창곡동이 큰 비중을 차지하고 있다. 구체적으로 총 28,300여 세대 중창곡동이 1만2천여 세대를 차지하며 선호도가 높은 지역이다. 수요 에너지는 낮은 것으로 나오지만 선호도가 높은 지역에 공급이 많은 만큼 투자 환경이 좋다고 할 수 있다.

| 경기도 성남시 주요 차트및 단지 분석 |

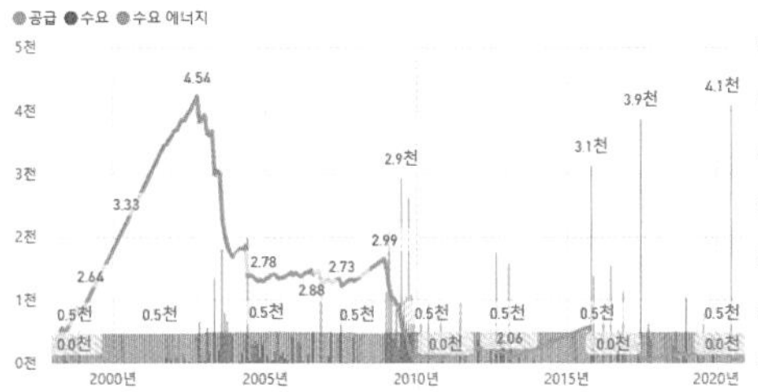

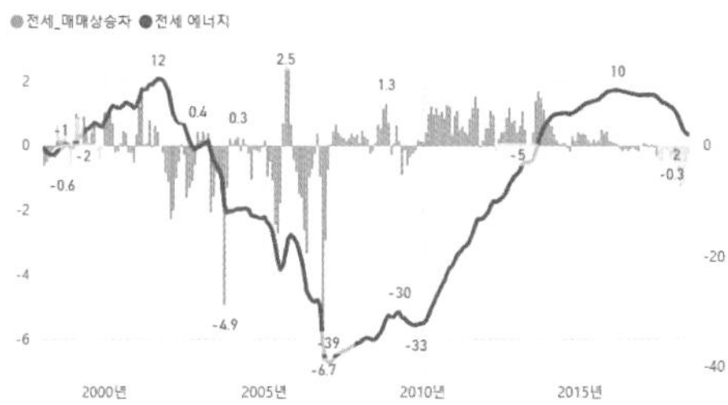

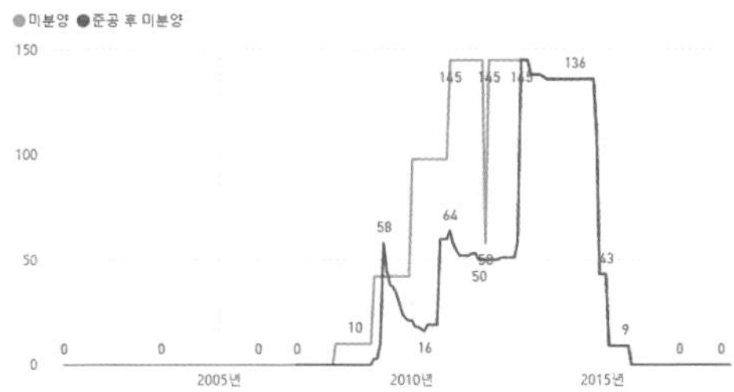

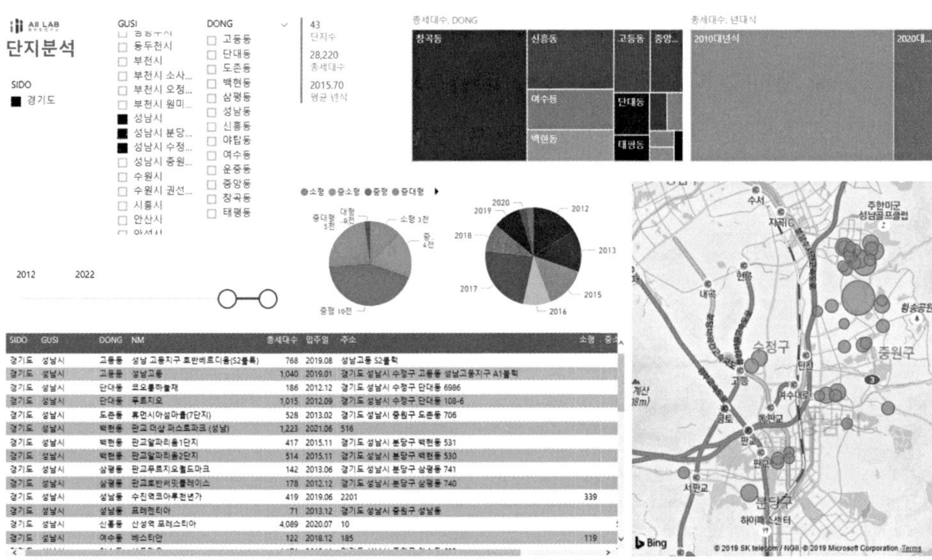

2014년 경기도 군포, 광명, 안양, 고양, 수원, 이천, 용인, 안산, 화성, 성남 중에서는 공급량이 많은 화성 지역을 주의해야 한다. 화성의 경우 2017년부터 공급량이 더 많아지고 있으므로 2015년부터 인근의 수원, 용인도 조심해서 투자해야 한다.

앞의 전세 에너지 데이터 항목에서 설명했듯이 2002년~2007년과 같은 상승장에서는 전세 에너지가 완전히 소진될 때까지 상승장이 지속된다. 그때도 2002년까지는 수요가 부족해 수요 에너지는 계속 상승했다.

혹자는 2017년, 2018년의 공급이 그동안 공급 부족의 일시적인 해소였고, 과거처럼 전세 에너지가 완전히 방출될 때까지 유동성장이 연출될 것으로 예견한다. 수요 에너지와 전세 에너지 측면만 보자면 그 말이 맞을 것이다. 하지만 과거와 경제성장률이 다르니 과거와 다른 패턴이 나타날 가능성이 있다.

과거에는 경제성장률이 4%~5%였는데, 지금은 2% 후반대다. 또한 지금은 전국적으로 전세가율이 역대 최대다. 서울의 경우 70%가 넘었다. 뿐만 아니라 이번 문재인 정부는 다주택자들의 임대등록기간이 8년이 되어야 양도세 중과 배제를 하는 등의 강력한 수요 억제 정책을 취하고 있다. 이런 여러 가지 상황에도 불구하고 과거와 같이 전세 에너지를 완전히 소진하면서 유동적인 상승장이 연출될지 예의주시해야 한다.

이제 2014년도 경기도 투자 예측 결과 및 지역 내 추천 아파트 통계를 통해 투자 결과를 확인해 보자.

앞서 언급한 화성을 빼고 이천의 수익률이 살짝 낮은 것 말고는 다

수익률이 좋다(공격적 · 보수적 단지 기준). 그리고 부천, 김포, 의정부, 의왕도 추천 순위는 낮지만 수익률은 좋다.

| 2014년 경기도 지역 투자 예측 결과 및 지역 내 추천 아파트 통계 |

81.50				전체(평균)				전세가율70%(평균)			공격적 단지(평균)					보수적 단지(평균)				
SIDO	GUSI	최종순위 ▲	결과순위	물건수	전세가율	투자갭	수익률	70%단지수	투자갭	수익률	공격적 단지수	투자갭	수익률	best단지수	worst수	보수적 단지수	투자갭	수익률	best단지수	worst수
경기도	군포시	3	17	181	73.10	8,718	62.90	132	5,548	83.10	19	2,879	149.70	16	1	5	2,360	170.20	3	
경기도	광명시	22	15	160	68.60	9,034	84.60	103	5,523	109.60	9	3,194	167.10	7		2	2,500	229.30	2	
경기도	안양시	27	16	480	69.90	9,727	47.40	271	6,852	69.10	56	4,020	117.60	34	1	8	2,569	181.10	8	
경기도	고양시	40	7	791	66.90	10,465	43.70	337	5,143	81.80	39	2,923	133.30	30	4	18	2,375	146.90	14	2
경기도	수원시	42	11	652	69.90	7,667	46.00	362	5,285	67.60	43	2,659	129.10	33	1	20	2,235	127.40	15	1
경기도	이천시	44	65	122	67.50	4,871	44.70	43	3,549	63.90	7	2,700	81.40	2		5	2,380	88.10	2	
경기도	용인시	45	20	694	68.10	11,546	34.90	293	7,098	57.80	27	3,007	119.40	20	3	11	2,227	119.10	8	2
경기도	안산시	49	33	352	65.80	8,801	47.70	126	5,988	72.40	14	3,571	108.90	7		5	2,680	146.50	5	
경기도	화성시	50	81	143	74.30	4,881	24.80	100	3,906	33.80	13	2,388	42.80	1	5	10	2,080	42.20	1	4
경기도	성남시	51	25	685	65.40	20,828	26.10	224	9,490	59.40	29	4,131	117.90	18		3	2,917	195.70	3	
경기도	시흥시	75	54	402	64.70	6,467	27.00	149	3,893	46.90	21	2,964	78.80	4	2	9	2,078	87.00	2	1
경기도	부천시	78	39	514	63.50	9,479	25.70	161	5,798	56.20	30	3,677	83.20	8	3	6	2,608	142.40	6	
경기도	김포시	79	40	163	61.80	8,185	54.70	34	4,507	104.10	6	3,317	148.70	5		4	2,975	176.90	4	
경기도	의정부시	80	82	335	64.20	7,425	21.30	67	4,239	46.30	14	3,439	63.30	2	1	1	2,250	100.00	1	
										....										
합계				7,545	64.08		31.62	2,868		54.86	423		82.36	204	49	145		103.11	81	22

2015년, 2016년의 데이터를 살펴볼 때 이런 지역도 같이 눈여겨보도록 하자.

| 2015년 경기도 지역 투자 예측 결과 및 데이터 항목 |

AII LAB

투자예측b

82.87

투자 알고리즘 ...

일자

- ☐ 2007-01-01
- ☐ 2008-01-01
- ☐ 2009-01-01
- ☐ 2010-01-01
- ☐ 2011-01-01
- ☐ 2012-01-01
- ☐ 2013-01-01
- ☐ 2014-01-01
- ■ 2015-01-01
- ☐ 2016-01-01
- ☐ 2018-04-01

시도

- ☐ 강원도
- ■ 경기도
- ☐ 경상남도
- ☐ 경상북도
- ☐ 광주광역시
- ☐ 대구광역시
- ☐ 대전광역시
- ☐ 부산광역시
- ☐ 서울특별시
- ☐ 울산광역시
- ☐ 인천광역시

지역	가구증가	전세종합	수요공급종합	미분양	거래량 증가	주변입주량	추천 순위 ▲	과거결과 순위
경기 군포시	14.00	248.30	83.41	60.00	-4.80	0	4	15
경기 수원시	49.00	229.30	16.85	60.00	-6.60	-5	12	11
경기 이천시	14.00	187.40	32.18	60.00	28.20	-5	18	100
경기 화성시	63.00	289.70	-63.22	-20.00	3.90	-5	19	56
경기 고양시	49.00	200.30	50.60	30.00	-1.80	-5	24	1
경기 용인시	42.00	200.90	29.01	30.00	8.10	-5	33	64
경기 광명시	-21.00	210.90	73.01	60.00	9.30	-5	34	21
경기 파주시	49.00	164.15	-1.07	50.00	26.70	-5	51	49
경기 의정부시	28.00	176.98	18.47	60.00	-1.50	-5	53	67
경기 남양주시	63.00	169.41	-0.94	40.00	30.00	-5	60	95
경기 부천시	-7.00	156.17	66.10	50.00	6.00	0	61	14
경기 안양시	-7.00	223.70	-35.12	60.00	9.90	-5	63	10
경기 안산시	-14.00	158.01	34.09	60.00	3.90	-5	77	134
경기 성남시	0.00	176.40	-6.45	60.00	3.60	-5	79	36
경기 평택시	49.00	170.60	-60.43	50.00	30.00	-5	83	119
경기 구리시	-21.00	198.50	-58.21	-40.00	30.00	-5	98	53
경기 의왕시	-7.00	210.90	39.60	50.00	3.00	-5	107	39
경기 과천시	-14.00	184.40	83.37	60.00	6.30	-5	114	154
경기 오산시	7.00	245.30	-4.03	-40.00	-7.20	-5	115	114
경기 김포시	63.00	179.55	-15.01	-80.00	-9.90	-5	119	47
경기 하남시	63.00	223.90	-54.18	30.00	30.00	-5	120	73
경기 시흥시	0.00	176.10	-67.56	-40.00	-2.40	-5	121	57
경기 여주시	49.00	148.81	51.26	60.00	30.00	-5	124	107
경기 안성시	0.00	195.50	-57.84	60.00	30.00	-5	130	155
경기 포천시	14.00	146.97	73.77	60.00	3.60	-5	132	156
경기 연천군	42.00	126.27	116.37	60.00	-6.00	10	138	127
경기 광주시	63.00	143.98	-1.38	60.00	30.00	-5	141	126
경기 양주시	35.00	136.39	-0.64	-40.00	22.80	-5	153	92
경기 동두천시	21.00	145.36	60.56	-80.00	11.40	-5	154	101

| 2016년 경기도 지역 투자 예측 결과 및 데이터 항목 |

AII LAB

투자예측

85.21

투자 알고리즘 ...

일자

- ☐ 2007-01-01
- ☐ 2008-01-01
- ☐ 2009-01-01
- ☐ 2010-01-01
- ☐ 2011-01-01
- ☐ 2012-01-01
- ☐ 2013-01-01
- ☐ 2014-01-01
- ☐ 2015-01-01
- ■ 2016-01-01
- ☐ 2018-04-01

시도

- ☐ 강원도
- ■ 경기도
- ☐ 경상남도
- ☐ 경상북도
- ☐ 광주광역시
- ☐ 대구광역시
- ☐ 대전광역시
- ☐ 부산광역시
- ☐ 서울특별시
- ☐ 울산광역시
- ☐ 인천광역시
- ☐ 전라남도
- ☐ 전라북도

지역	가구증가	전세종합	수요공급종합	미분양	거래량 증가	주변입주량	추천 순위 ▲	과거결과 순위
경기 군포시	-21.00	284.90	73.36	60.00	-13.20	0	7	64
경기 고양시	49.00	279.30	35.30	-40.00	-9.90	-5	16	11
경기 성남시	14.00	266.30	-4.27	60.00	30.00	-5	17	1
경기 수원시	35.00	247.20	10.70	60.00	-7.20	-5	20	66
경기 광명시	-14.00	260.10	63.55	60.00	6.90	0	21	30
경기 용인시	42.00	272.80	18.26	-40.00	-10.80	-5	27	80
경기 의정부시	35.00	264.80	-62.79	60.00	-7.20	-5	31	71
경기 화성시	63.00	287.10	-55.81	-40.00	5.10	-5	32	70
경기 구리시	35.00	261.10	-61.73	60.00	-17.10	-5	36	43
경기 부천시	63.00	209.80	-18.36	60.00	-2.40	-5	37	26
경기 남양주시	49.00	217.50	-1.97	-40.00	-0.60	-5	38	61
경기 파주시	42.00	220.00	-2.06	-40.00	-17.70	-5	39	24
경기 안양시	0.00	267.20	-38.48	60.00	-8.70	-5	42	6
경기 이천시	42.00	233.70	-56.78	60.00	-9.90	-5	44	155
경기 안산시	-21.00	217.40	28.26	60.00	-4.80	-5	53	85
경기 시흥시	21.00	206.40	-66.33	60.00	30.00	-5	62	48
경기 과천시	-21.00	189.28	80.34	60.00	-8.10	0	83	57
경기 의왕시	63.00	254.50	-0.03		-2.70	-5	85	36
경기 김포시	63.00	205.60	-49.13	-40.00	-15.90	-5	86	84
경기 하남시	63.00	297.20	-46.03	60.00	3.60	-5	89	78
경기 동두천시	63.00	155.25	56.57	60.00	1.80	-5	99	96
경기 평택시	56.00	170.60	-59.83	-40.00	18.30	-5	101	119
경기 여주시	63.00	156.40	47.17	60.00	-6.60	-5	114	100
경기 광주시	63.00	209.30	-64.72	40.00	-2.10	-5	123	137
경기 포천시	14.00	154.56	54.12	60.00	-0.60	-5	126	110
경기 오산시	14.00	257.90	-61.18	-40.00	-7.20	-5	131	83
경기 안성시	28.00	214.90	-65.63	-40.00	-18.60	-5	142	125
경기 양평군	63.00	149.27	-22.46	50.00	6.30	-5	143	142
경기 연천군	42.00	125.12	115.20		15.00	-5	145	154
경기 가평군	42.00	125.58	65.39	60.00	-18.60	-5	146	102
경기 양주시	28.00	153.87	-55.67	-40.00	-10.50	5	154	150

수요와 공급의 종합점수가 낮은 지역이 점점 더 많아지고 있다. 그래도 전체적으로는 수요 에너지가 2017년까지 높고, 전세 에너지도 좋은 편이므로 투자할 만하다. 무엇보다 지역을 잘 선별해야 한다.

우선 2014년 설명에서 언급했던 지역 중 이천과 안산의 결과가 좋지 않다. 두 곳 다 실수요 성격이 강한 경기도 외곽 지역으로 수요 에너지의 영향을 더 받는다. 안산은 2018년 3월부터 하락하고 있고, 이천은 2016년 7월부터 하락 · 보합을 하고 있다. 두 지역 다 수요 에너지의 영향을 받았다.

화성의 영향을 많이 받는 용인은 2015년에 살짝 영향을 받아 추천 순위가 조금 낮아졌다. 뒤에 설명이 나오지만 수원 역시 2016년부터는 영향을 받아 수익률이 많이 떨어졌고, 용인은 더 떨어졌다.

| 2015년 경기도 투자 예측 결과 및 지역 내 추천 아파트 통계 |

82.87				전세(평균)				전세가율70%(평균)			공격적 단지(평균)					보수적 단지(평균)				
SIDO	GUSI	최종순위 ▲	결과순위	물건수	전세가율	투자갭	수익률	70%단지수	투자갭	수익률	공격적 단지수	투자갭	수익률	best단지수	worst수	보수적 단지수	투자갭	수익률	best단지수	worst수
경기도	군포시	4	15	191	76.10	7,694	73.40	153	5,596	89.30	25	2,672	172.70	25		9	2,200	213.90	9	
경기도	수원시	12	11	684	74.50	6,596	42.80	506	5,207	50.80	53	2,396	120.20	32	2	31	2,045	142.70	24	
경기도	이천시	18	100	129	71.80	4,673	30.00	78	3,652	34.40	10	2,460	60.80	2	1	6	2,167	60.00	1	1
경기도	화성시	19	56	214	81.00	4,449	36.10	200	4,354	38.00	15	2,240	72.40	6	6	13	2,200	72.90	6	6
경기도	고양시	24	1	814	71.50	9,081	64.60	526	5,823	91.20	44	2,855	172.80	40	1	23	2,370	190.50	22	
경기도	용인시	33	64	722	72.40	10,363	22.20	468	7,683	28.70	22	2,791	85.50	7	4	16	2,338	90.20	6	3
경기도	광명시	34	21	169	69.70	9,260	82.90	115	5,957	97.00	13	3,823	134.30	10		3	2,550	181.20	3	
경기도	파주시	51	49	211	64.50	7,089	42.50	81	3,844	80.70	17	2,479	112.40	10	1	8	2,038	132.30	6	1
경기도	의정부시	53	67	358	69.10	6,413	39.30	186	4,655	55.20	24	3,352	78.80	7	5	7	2,443	110.60	5	
경기도	남양주시	60	95	521	66.10	7,753	28.20	205	5,915	39.70	21	3,393	69.50	3	4	10	2,825	82.50	3	1
경기도	부천시	61	14	537	67.90	8,402	45.50	265	6,057	73.90	49	3,279	129.40	35		16	2,406	157.60	15	
경기도	안양시	63	10	485	73.70	8,629	56.90	350	7,156	67.10	63	3,775	124.00	43		11	2,582	170.50	11	
경기도	안산시	77	134	362	68.70	8,244	34.40	183	6,228	41.80	15	4,013	62.40		1					
경기도	성남시	79	36	710	69.90	17,823	30.00	404	12,067	44.40	24	4,421	118.70	17	1	1	2,850	122.80	1	
										....										
합계				7,976	68.04		40.48	4,530		56.51	524		92.26	279	51	215		110.71	128	28

| 2016년 경기도 투자 예측 결과 및 지역 내 추천 아파트 통계 |

85.21				전체(평균)				전세가율70%(평균)			공격적 단지(평균)					보수적 단지(평균)				
SIDO	GUSI	최종순위	결과순위	물건수	전세가율	투자갭	수익률	70%단지수	투자갭	수익률	공격적 단지수	투자갭	수익률	best단지수	worst수	보수적 단지수	투자갭	수익률	best단지수	worst수
경기도	군포시	7	64	198	81.50	6,231	39.80	182	5,328	42.70	33	3,052	52.90	4	18	11	2,457	78.20	4	5
경기도	고양시	16	11	838	80.20	6,513	51.10	755	5,609	55.20	50	2,189	136.80	34	5	28	1,904	144.70	22	2
경기도	성남시	17	1	717	76.80	13,818	90.50	616	11,597	99.60	38	4,099	218.40	35		8	2,938	268.90	7	
경기도	수원시	20	66	711	76.60	6,327	20.90	567	5,262	21.70	50	2,868	44.90	6	26	28	2,389	47.50	6	15
경기도	광명시	21	30	180	74.10	8,784	60.60	151	6,396	64.50	13	3,608	144.90	12		3	2,667	158.80	3	
경기도	용인시	27	80	742	79.20	8,078	1.80	653	7,097	2.20	26	2,523	21.90	1	19	11	1,868	9.70		10
경기도	의정부시	31	71	377	77.10	5,002	29.70	322	4,339	32.40	34	2,225	52.20	3	14	19	2,050	55.10	1	7
경기도	화성시	32	70	298	80.40	5,244	28.20	276	4,945	29.40	16	2,394	64.60	4	6	12	2,233	75.70	4	3
경기도	구리시	36	43	171	77.30	7,820	57.90	144	6,661	65.20	21	3,362	110.40	12		5	2,380	105.70	2	
경기도	부천시	37	26	566	73.40	7,073	43.30	383	6,247	53.20	43	2,890	98.80	20	1	18	2,083	116.60	11	
경기도	남양주시	38	61	553	74.40	5,883	19.40	388	4,992	23.50	32	2,880	37.60	1	19	15	2,303	38.90	1	9
경기도	파주시	39	24	217	74.90	4,902	71.10	154	3,581	95.70	18	1,542	213.80	16		10	1,275	237.30	10	
경기도	안양시	42	6	500	79.20	7,048	78.30	431	6,403	84.90	72	3,330	125.10	41	7	22	2,534	189.70	20	
경기도	이천시	44	155	134	74.50	4,464	1.10	101	4,059	-2.10	9	2,439	-11.40		9	5	2,540	-12.20		5
경기도	안산시	53	85	365	73.40	7,524	2.90	256	6,434	1.50	17	3,665	16.10		16	3	2,833	20.20		3
경기도	시흥시	62	48	419	73.10	5,111	38.80	279	4,192	46.30	34	2,513	73.10	6	2	15	1,990	76.40	4	1
경기도	과천시	83	57	35	50.70	37,421	113.40	13	18,731	121.50										
경기도	의왕시	85	36	134	77.70	5,931	64.30	110	5,484	69.10	9	2,822	102.80	4	2	4	2,313	117.70	2	1
경기도	김포시	86	84	193	71.70	7,169	26.50	128	6,235	30.00	14	3,575	60.60	2	4	4	2,688	84.80	2	
경기도	하남시	89	78	97	78.00	8,385	40.30	93	8,021	41.40	5	4,350	62.10		1					
경기도	동두천시	99	96	89	67.50	4,621	23.80	42	2,764	41.10	8	1,631	65.30	1	3	4	1,513	106.50	1	
경기도	평택시	101	119	224	68.00	5,692	6.60	108	4,705	6.20	15	3,677	5.60		13	3	2,900	29.10		2
경기도	여주시	114	100	32	68.00	5,216	24.20	13	3,696	21.20	3	2,400	48.60	1	2	2	1,975	57.50	1	1
경기도	광주시	123	137	157	72.30	7,270	6.30	106	6,017	6.00	12	4,042	25.80		10	1	2,500	20.00		1
경기도	포천시	126	110	63	67.20	4,585	8.70	22	3,505	13.10	6	2,375	14.50		6	2	1,875	14.00		2
경기도	오산시	131	83	119	77.10	4,629	13.90	99	4,025	15.40	11	2,409	23.90		9	10	2,335	23.60		8
경기도	안성시	142	125	75	71.50	4,551	0.30	52	4,181	-0.50	6	2,725	8.20		6	4	2,538	11.70		4
경기도	양평군	143	142	15	64.90	6,690	21.40	4	3,938	30.90	1	3,500	42.90							
합계				8,416	72.15		33.33	6,504		39.85	605		68.32	203	201	252		82.25	101	80

2015년에는 파주, 의정부, 남양주, 부천이 새롭게 추천 순위 60위권 대에 진입했고 2016년에는 구리와 시흥이 진입했다. 의왕과 동두천의 경우 KB 시계열 정보가 없어 전세 종합점수가 낮아 순위가 낮다. 다만 동두천은 이 점수가 있다고 해도 추천 순위는 여전히 낮으므로 의왕만 살펴보도록 하자.

2015년도 김포, 하남, 시흥의 경우 추천 순위가 낮은데도 수익률이 좋다. 이 지역들을 각각 차트를 통해 세부적으로 확인해 보자.

먼저 '경기도 주요 차트'를 다시 한 번 보자. 수요 에너지는 2016년 4월부터 상승을 멈추다가 2017년 6월부터 하락했고, 전세 에너지도 2016년 7월을 정점으로 상승을 멈추고 하락장으로 진입했다.

| 경기도 주요 차트 |

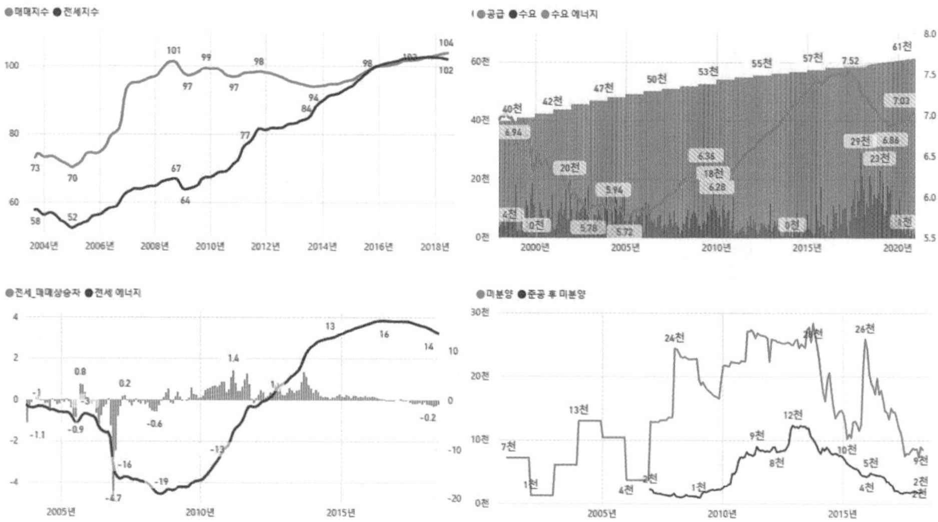

2015년보다 2016년의 투자 환경이 더 좋지 않았지만, 그래도 전반적으로는 좋은 편이었다. 수익률이 좋았던 지역은 수익률이 조금 낮아졌고 앞서 언급한 수원, 용인, 이천, 안산은 수익률이 확실히 나빠졌다. 그 외 2016년에 수익률이 낮은 남양주 역시 공급이 많은 지역이다. 그리고 2016년에 의정부도 수익률이 좋지 않다.

다음 파주시 주요 차트다. 2017년 9월부터 2018년 7월에 살짝 공급이 있었지만, 전반적으로 공급이 부족한 편이다.

파주는 이천, 여주와 함께 경기도 외곽 지역에서 소액 투자를 할 수 있는 대표적인 도시다. 물론 파주가 이천보다 서울에서 훨씬 가깝고 교통망도 더 발달되어 있어 비교하는 데 무리가 있기는 하지만, 수요와 전세 에너지 측면에서 두 지역을 비교하자면 이천은 2014년 6월부 터 전세 에너지가 꽤 오랫동안 보합된 상태이고, 예정된 수요 에너지의 보합 정도도 훨씬 길다. 2015년 1월 당시 두 곳 중 선택한다면 당연히 파주를 선택해야 한다.

| 경기도 파주시 주요 차트 |

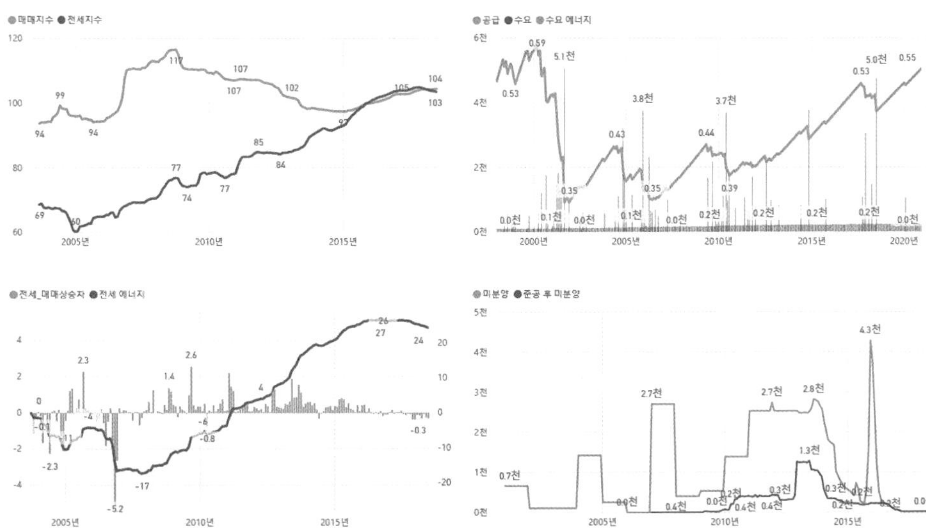

다음은 의정부시 주요 차트다. 자세히 보면 2017년 6월부터 수요 에너지가 계속적으로 낮아지고 있다. 2015년의 투자는 성공적이지만, 2016년에 투자해서 2018년 결과를 얻는 전세 갭투자는 좋지 않을 수밖에 없다. 전세 에너지도 2016년 6월을 정점으로 하락 중이다.

| 경기도 의정부시 주요 차트 |

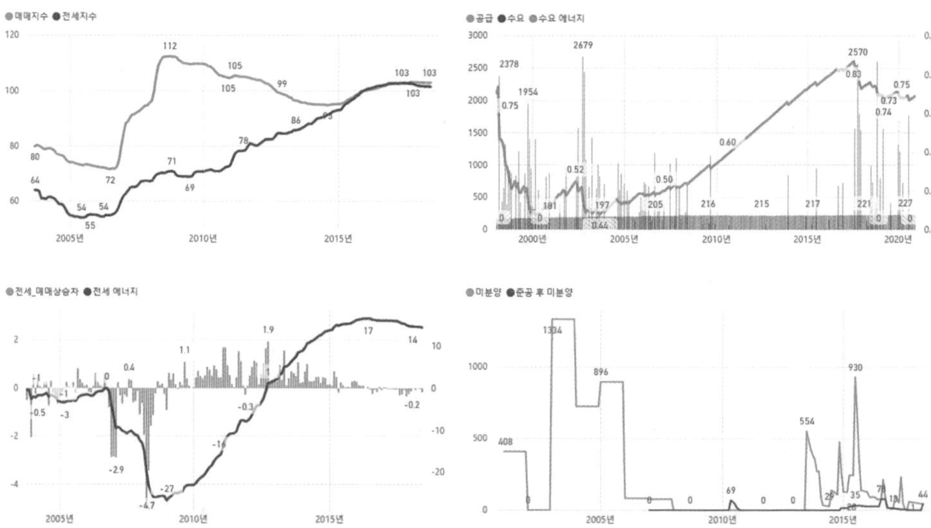

다음은 남양주시 주요 차트다. 남양주는 그래도 수요 에너지가 하락하지 않고 유지되고 있다. 하지만 미분양이 2015년 5월에 거의 제로에 근접하게 떨어졌다가 2016년 6월까지 계속 상승 중이다.

당시 미분양이 발생한 아파트를 자세히 살펴봐야겠지만, 2016년 1월 시점에서는 찜찜한 요소가 될 수 있다. 수요 에너지도 계속 상승장이 아니고, 다른 유망한 투자 지역도 많으므로 투자대상 지역에서 제외하는 것이 좋다.

| 경기도 남양주시 주요 차트 |

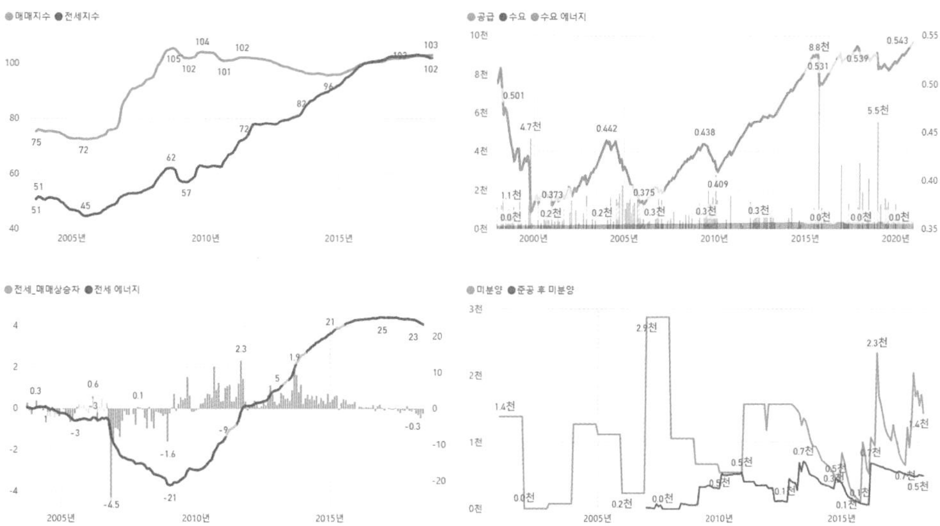

다음은 부천시 차트다. 부천은 수요 에너지가 2017년 12월 2,783세대 공급 외에 꾸준히 상승 곡선을 그리고 있다. 2015년 1월은 조심해야 하지만, 해당 공급의 대부분은 옥길지구 공급이다. 1호선과 7호선 전철을 이용하는 지역은 영향이 없는 공급 물량이다.

| 경기도 부천시 주요 차트 |

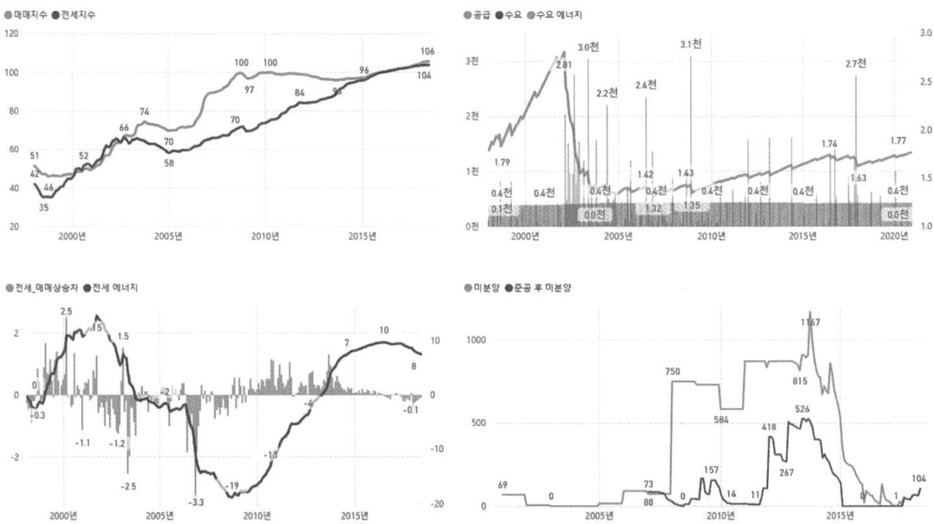

구리의 차트를 보면 앞의 미분양 차트를 빼고는 남양주와 패턴이 비슷하다.

| 경기도 구리시 주요 차트 |

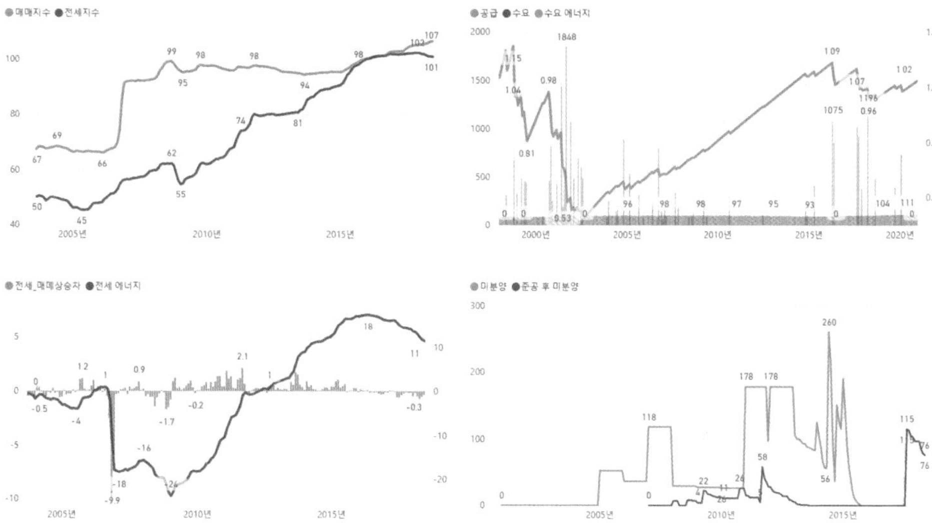

다음은 시흥의 차트다. 수요 에너지 하락이 큰 편이지만, 비교적 선전했다. 시흥은 목감지구, 배곧지구 등 공급량이 많다. 이는 기존의 시흥 아파트에 약간만 영향을 미친 것으로 판단할 수 있다. 하지만 위험 요소일 수 있으므로 투자 지역에서 배제하는 것이 맞다.

| 경기도 시흥시 주요 차트 |

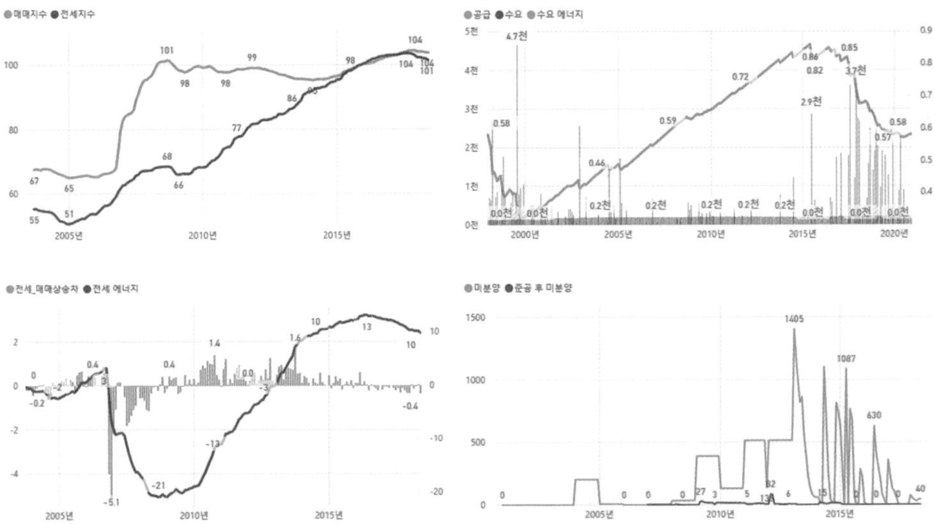

다음은 의왕의 차트다. 의왕은 4만여 세대로, 아파트 세대수가 많은 지역임에도 KB 시계열 정보가 제공되지 않고 있다. 수요 에너지는 경기 전체와 비슷하다. 즉, 2018년 9월을 정점으로 하락하고 있다.

2016년 10월까지 미분양이 많아 보이지만 수량 자체는 500세대 정도로, 전체 세대수의 1% 정도다. 그래픽 프로그램에서 제공하는 차트는 상대적인 값으로 결정되므로 반드시 수치까지 확인해야 한다.

| 경기도 의왕시 주요 차트 |

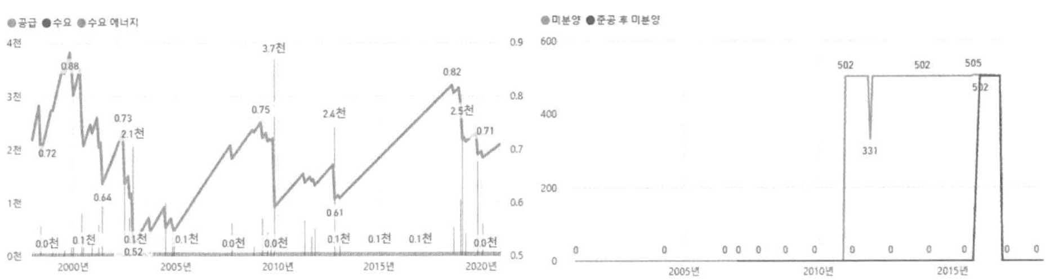

다음은 김포의 차트다. 경기도의 대표적인 미분양 도시였고, 지금도 2017년 1월을 기점으로 하락 · 반등하고 있다. 하지만 김포는 서울 강서구와 함께 마곡지구의 영향도 받고 김포 골프밸리, 한강 시네폴리스 조성 사업 등 자체적인 호재도 많다.

| 경기도 김포시 주요 차트 |

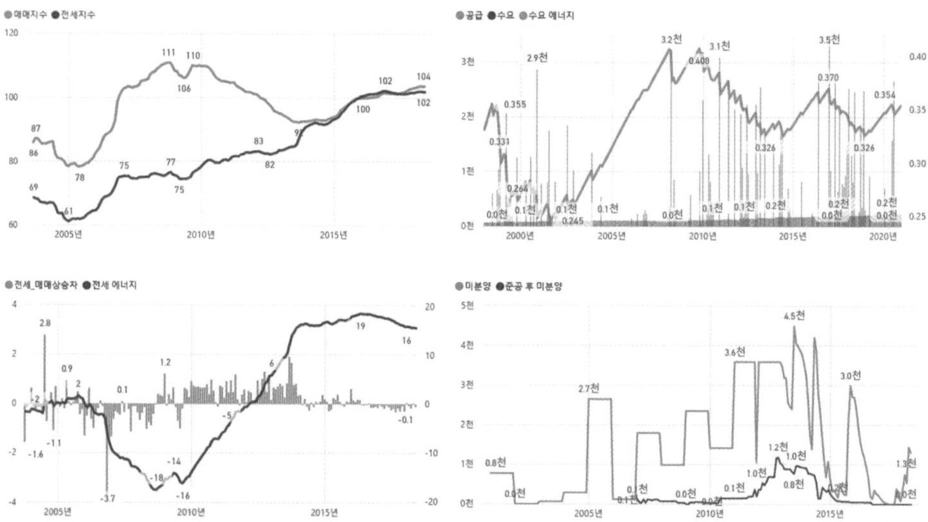

마지막으로 하남의 차트다. 하남은 공급량에 비하면 선전한 편이다. 공급량이 많지만 서울 강남권인 강동구, 송파구에 인접해 입지가 좋은 편이다. 성남, 수원, 용인 뒤쪽에 있는 화성과는 입지가 다르다.

| 경기도 하남시 주요 차트 |

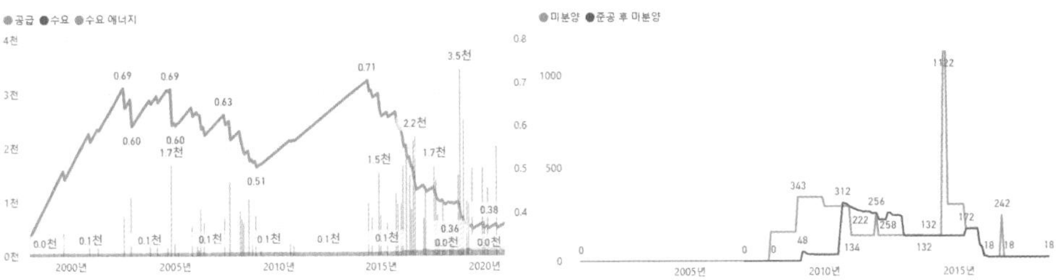

지금까지 경기도 지역의 전반적인 흐름을 살펴보았다. 2014년 전세 갭투자는 2013년과 마찬가지로 대구, 광주 지역 위주로 해야 했다. 하지만 수도권도 전세 에너지가 많이 올라와 서서히 준비해야 한다. 그리고 수도권에 근무지를 두고 있어 지방에 투자하기 어려운 상황이라면 수도권 중 경기도 군포나 광명, 안양, 고양 같은 투자유망 지역을 미리 선점하는 것도 나쁘지 않다.

07

2015년 인공지능은 어디를 추천했는가?

먼저 2015년 추천 순위 30위권 내의 지역을 살펴보자. 단, 수도권은 시 · 구 단위 지역이 많으므로 50위까지 살펴보자.

시 · 도 단위의 지역으로 정리해 보면 서울시는 강서구, 관악구, 동대문구, 마포구, 성북구, 광진구, 중구, 동작구 등 8개 지역이, 경기도는 군포, 수원, 이천, 화성, 고양, 용인, 광명 등 7개 지역이 눈에 띈다. 광주 지역은 2014년에 있던 동구를 제외한 4개 지역이 보인다. 대구 지역도 2014에 비해 줄어들어 달서구, 북구, 수성구가 보인다.(2014년에 있던 남구가 추가적으로 빠졌다.) 대전은 유성구 하나만 보인다. 부산은 금정구, 동구, 북구가 포진되어 있다. 울산은 남구, 울주군이 있다. 인천도 연수구, 남동구, 부평구가 50위권 내에 포진되어 있다.

| 2015년 투자 예측 결과 및 데이터 항목 |

AII LAB

투자예측

82.87

투자 알고리즘 ...

일자

- ☐ 2007-01-01
- ☐ 2008-01-01
- ☐ 2009-01-01
- ☐ 2010-01-01
- ☐ 2011-01-01
- ☐ 2012-01-01
- ☐ 2013-01-01
- ☐ 2014-01-01
- ■ 2015-01-01
- ☐ 2016-01-01
- ☐ 2018-04-01

시도

- ☐ 강원도
- ☐ 경기도
- ☐ 경상남도
- ☐ 경상북도
- ☐ 광주광역시
- ☐ 대구광역시
- ☐ 대전광역시
- ☐ 부산광역시
- ☐ 서울특별시
- ☐ 울산광역시
- ☐ 인천광역시
- ☐ 전라남도
- ☐ 전라북도

지역	가구증가	전세종합	수요공급종합	미분양	거래량 증가	주변입주량	추천 순위 ▲	과거결과 순위
광주 광산구	49.00	285.90	-3.69	60.00	-5.70	2	1	5
광주 북구	35.00	286.40	21.65	60.00	19.50	-5	2	3
광주 남구	49.00	287.80	-14.16	60.00	27.00	-5	3	7
경기 군포시	14.00	248.30	83.41	60.00	-4.80	0	4	15
대전 유성구	63.00	231.30	-7.13	60.00	0.00	-5	5	120
전북 전주시	28.00	264.00	13.54	60.00	2.10	-5	6	59
부산 금정구	0.00	224.00	68.20	60.00	30.00	-5	7	25
경북 포항시	35.00	255.10	18.85	50.00	5.70	-5	8	41
대구 달서구	14.00	271.40	-0.36	60.00	-0.90	-5	9	46
대구 북구	28.00	258.30	-2.91	60.00	-1.20	-5	10	8
대구 수성구	0.00	260.90	59.51	60.00	-4.80	-5	11	4
경기 수원시	49.00	229.30	16.85	60.00	-6.60	-5	12	11
광주 서구	0.00	264.30	17.96	60.00	7.20	-5	13	37
충남 아산시	42.00	199.00	-10.28	60.00	23.40	-5	14	160
서울 강서구	49.00	172.77	50.18	60.00	18.00	-5	15	6
서울 관악구	0.00	206.70	59.41	60.00	14.40	0	16	65
서울 동대문구	0.00	217.60	61.52	60.00	3.30	-5	17	62
경기 이천시	14.00	187.40	32.18	60.00	28.20	-5	18	100
경기 화성시	63.00	289.70	-63.22	-20.00	3.90	-5	19	56
서울 마포구	28.00	185.10	55.06	60.00	10.20	-5	20	33
울산 남구	21.00	233.90	37.30	60.00	10.80	-5	21	24
전남 목포시	0.00	254.40	-19.12	50.00	-5.10	10	22	52
부산 동구	-7.00	180.22	70.50	60.00	30.00	5	23	70
경기 고양시	49.00	200.30	50.60	30.00	-1.80	-5	24	1
서울 성북구	-28.00	245.50	40.78	60.00	6.90	-5	25	19
경남 진주시	49.00	257.70	-45.09	40.00	-6.60	0	26	27
부산 북구	35.00	221.10	-36.22	60.00	30.00	-5	27	26
강원 춘천시	35.00	183.30	36.82	30.00	17.10	5	28	18
제주도 제주시	63.00	182.08	55.62	60.00	-2.40	-5	29	32
울산 울주군	63.00	199.90	13.72	60.00	30.00	-5	30	28
대전 동구	-21.00	188.69	67.62	60.00	13.50	7	31	109

지방 중에는 강원도가 처음으로 나오고 추천 순위 30위권 내에 춘천이 있다. 경상남도는 진주가 다시 랭크되어 있고, 경상북도에서는 2014년도에 있던 구미, 경산이 빠지고 포항만 남았다. 전라남도에서는 목포 한 지역이 보이고, 전라북도는 전주시 하나, 충청남도 지역

에서는 아산 정도가 보이고 있으며, 충청북도는 충주 하나만 보이고 있다.

2014년의 대구와 광주 중 대구 지역을 투자 목록에서 빼야 한다. 광주가 여전히 유망 지역이기는 하지만 앞에서 살펴본 광주 지역 상세분석 차트를 보면 2016년 초순부터 수요 에너지의 상승세가 멈추고 2020년까지 보합이 예상된다. 즉, 수요와 공급이 균형을 맞추고 있다.

2015년의 추천 순위는 광주 광산구 1위, 북구 2위, 남구 3위, 서구는 13위다. 워낙 추천 순위가 높으니 수요 에너지가 보합이어도 투자할 수 있을 것으로 보인다. 하지만 수요 에너지가 보합이고, 3년 연속 같은 지역에 투자하는 것은 아무래도 옳지 않다고 판단된다면 다른 지역에 투자해도 괜찮다.

만약 다른 지역을 선정한다면 수도권을 유심히 봐야 한다. 2014년 경기도부터 초기 상승장이 시작되어 2015년 본격적인 상승장이 되었고, 2015년에는 서울과 인천이 초기 상승장이 되어 2016년부터는 본격적인 상승장이 시작되고 있는 양상이다.

서울과 인천의 차트를 통해 2015년 부동산 투자 시장을 자세히 살펴보자. 그런 다음 강원도와 부산광역시를 살펴보도록 하겠다. 남은 지역은 대전광역시인데, 대전은 2016년 데이터를 분석해 보겠다.

08

2015년 서울 상세 분석

서울 전체 지역의 차트 '서울 지역 주요 차트 흐름'을 살펴보자. 서울은 2016년 7월까지 수요 에너지가 상승하다 그 이후 공급으로 인해 보합을 유지하고 있다. 전세 에너지는 2015년 1월 시점에 계속 상승하고 있다. 2013년 9월부터 미분양은 계속 하락 중이다.

서울은 모든 투자 환경이 좋다. 다만 경기도처럼 심하지는 않지만, 서울도 지역적으로 차이가 심하다. 예를 들어 서울 도봉구 등의 북쪽 외곽 지역이나 금천구 같은 지역은 경기도 성남보다 평당가가 훨씬 낮다. 참고로 성남시의 최근 KB 시세 평당가는 1,880만 원인데, 그보다 평당가가 높은 서울의 지역은 강남구, 광진구, 동작구, 마포구, 서초구, 성동구, 송파구, 영등포구, 용산구 정도다.

| 서울 지역 주요 차트 |

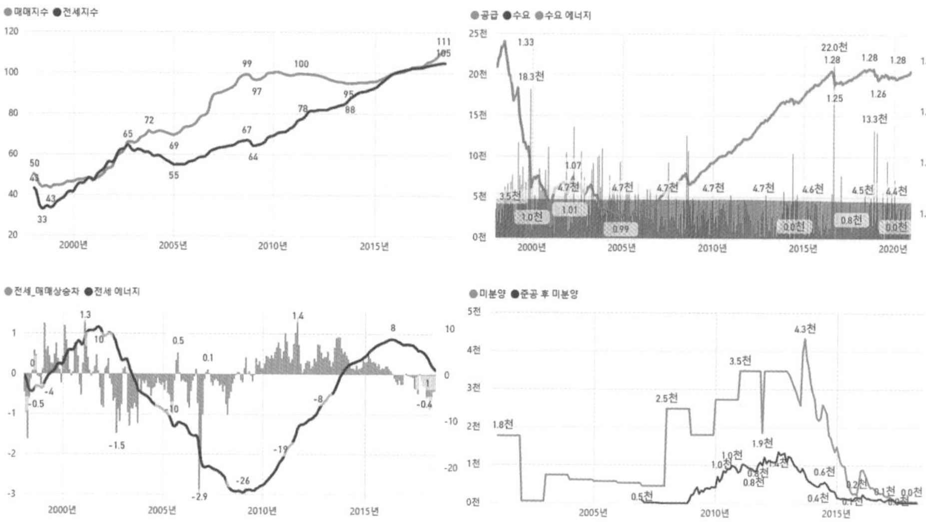

2015년에는 강서구, 관악구, 동대문구, 마포구, 성북구, 광진구, 중구, 동작구 8개 지역이 추천 순위 50위권 안에 랭크되어 있다. 2016년에는 구로구, 도봉구, 노원구, 강북구, 서대문구, 양천구, 성동구, 중랑구 8개 지역이 추가되어 16개 지역이 추천 순위 50위권 안에 랭크 되어 있다. 그 뒤 60위권대에 은평구, 강남구, 금천구, 영등포구가 있다. 다만 2015년에 비해 2016년에 수요 · 공급 관련 수치가 나쁜 지역이 조금 더 늘었다.

앞서 서울의 수요 에너지는 2016년 7월까지 상승하다가 그 이후 보합을 유지하고 있는 상황이라고 했다. 하지만 수도권인 서울은 수요 에너지보다 2016년 4월까지 상승하고 있던 전세 에너지가 더 중요하다. 서울은 경기도나 인천에 비해 최근 최고점 이후 전세 에너지의 하락이 크다. 과거와 같이 전세 에너지가 완전히 방전될 때까지 상승장이 이어질지는 모르겠지만, 전세가에 비해 매매가의 상승폭이 커서 전세 에너지가 경기도나 인천에 비해 정점에서 많이 하락했다.

| 2015년 서울 지역의 투자 예측 결과 및 데이터 항목 |

AII LAB

투자예측b

82.87

투자 알고리즘 ...

일자
- ☐ 2007-01-01
- ☐ 2008-01-01
- ☐ 2009-01-01
- ☐ 2010-01-01
- ☐ 2011-01-01
- ☐ 2012-01-01
- ☐ 2013-01-01
- ☐ 2014-01-01
- ■ 2015-01-01
- ☐ 2016-01-01
- ☐ 2018-04-01

시도
- ☐ 강원도
- ☐ 경기도
- ☐ 경상남도
- ☐ 경상북도
- ☐ 광주광역시
- ☐ 대구광역시
- ☐ 대전광역시
- ☐ 부산광역시
- ■ 서울특별시

지역	가구증가	전세종합	수요공급종합	미분양	거래량 증가	주변입주량	추천 순위 ▲	과거결과 순위
서울 강서구	49.00	172.77	50.18	60.00	18.00	-5	15	6
서울 관악구	0.00	206.70	59.41	60.00	14.40	0	16	65
서울 동대문구	0.00	217.60	61.52	60.00	3.30	-5	17	62
서울 마포구	28.00	185.10	55.06	60.00	10.20	-5	20	33
서울 성북구	-28.00	245.50	40.78	60.00	6.90	-5	25	19
서울 광진구	-14.00	187.70	68.39	60.00	9.90	-5	36	84
서울 중구	-28.00	213.80	51.11	60.00	-0.30	-5	37	78
서울 동작구	-21.00	200.40	58.40	60.00	-4.20	-5	40	43
서울 구로구	0.00	172.24	36.33	60.00	7.50	-5	52	29
서울 도봉구	-14.00	171.19	65.31	60.00	10.50	2	62	94
서울 은평구	0.00	155.25	56.85	60.00	17.40	-5	65	66
서울 서대문구	0.00	220.10	-65.58	60.00	22.20	-5	70	30
서울 강동구	-28.00	176.10	25.87	50.00	17.10	-5	71	74
서울 영등포구	0.00	163.05	24.90	60.00	2.70	-5	74	20
서울 노원구	-21.00	169.17	45.59	60.00	9.90	-5	76	85
서울 강북구	-7.00	158.07	55.98	60.00	19.80	0	78	98
서울 성동구	0.00	184.20	-53.05	60.00	17.70	-5	84	35
서울 양천구	-14.00	168.20	48.48	60.00	-0.90	-5	87	48
서울 금천구	-7.00	161.45	-57.88	60.00	28.20	-5	90	80
서울 중랑구	0.00	178.00	-43.28	60.00	-14.70	2	93	88
서울 송파구	-21.00	170.11	56.47	60.00	-18.90	-5	100	97
서울 강남구	35.00	175.68	-30.80	60.00	2.10	-5	102	22
서울 서초구	7.00	172.66	-25.47	60.00	-16.80	-5	108	44
서울 종로구	-21.00	150.19	34.83	-40.00	-3.30	-5	128	91
서울 용산구	-21.00	148.13	35.10	-40.00	-3.90	-5	142	93

| 2016년 서울 지역의 투자 예측 결과 및 데이터 항목 |

AII LAB

투자예측b

85.21

투자 알고리즘 ...

일자
- ☐ 2007-01-01
- ☐ 2008-01-01
- ☐ 2009-01-01
- ☐ 2010-01-01
- ☐ 2011-01-01
- ☐ 2012-01-01
- ☐ 2013-01-01
- ☐ 2014-01-01
- ☐ 2015-01-01
- ■ 2016-01-01
- ☐ 2018-04-01

시도
- ☐ 강원도
- ☐ 경기도
- ☐ 경상남도
- ☐ 경상북도
- ☐ 광주광역시
- ☐ 대구광역시
- ☐ 대전광역시
- ☐ 부산광역시
- ■ 서울특별시

지역	가구증가	전세종합	수요공급종합	미분양	거래량 증가	주변입주량	추천 순위 ▲	과거결과 순위
서울 중구	63.00	310.00	-28.78	60.00	14.70	-5	1	50
서울 관악구	14.00	279.20	55.15	60.00	-5.40	2	4	27
서울 동작구	0.00	284.10	51.07	60.00	-5.70	0	5	7
서울 마포구	-7.00	278.50	53.87	60.00	0.90	0	8	14
서울 구로구	49.00	259.30	27.24	60.00	-8.40	-5	9	10
서울 도봉구	-7.00	271.00	61.73	60.00	-1.80	-5	10	23
서울 강서구	63.00	280.40	-33.43	60.00	-1.80	-5	11	2
서울 성북구	-21.00	290.20	32.93	60.00	-8.70	0	12	20
서울 동대문구	-7.00	269.80	58.68	60.00	-9.60	-5	13	25
서울 광진구	-7.00	248.00	50.11	60.00	-1.20	-5	18	17
서울 노원구	-14.00	258.80	41.75	60.00	-5.10	-5	22	12
서울 강북구	-7.00	238.50	43.75	60.00	-11.10	7	23	68
서울 서대문구	14.00	259.30	-51.88	60.00	16.50	0	28	18
서울 양천구	-21.00	202.00	43.15	60.00	5.40	-5	35	16
서울 성동구	21.00	257.40	-53.77		-11.40	-5	49	5
서울 중랑구	0.00	263.10	-52.30	60.00	-8.40	-5	50	37
서울 송파구	0.00	187.72	-20.39	60.00	27.00	-5	59	9
서울 은평구	-7.00	211.40	-18.29	60.00	-2.40	-5	60	44
서울 강남구	-14.00	186.07	54.21	60.00	-9.30	-5	63	4
서울 금천구	0.00	235.20	-64.81	60.00	-8.40	0	64	55
서울 영등포구	-14.00	214.00	-59.30	60.00	6.30	0	67	3
서울 강동구	-21.00	242.30	-64.23	60.00	-8.10	-5	70	13
서울 서초구	0.00	186.33	-28.26	60.00	-10.50	0	88	15
서울 용산구	-21.00	163.28	33.81	60.00	6.00	-5	98	31
서울 종로구	0.00	184.49	-60.78	60.00	-6.00	0	106	53

수익률의 결과도 살펴보자. 2015년 전세가율 70% 이상 아파트의 투자수익률은 50% 미만으로, 상승 정도가 약한 지역은 광진구, 도봉구, 노원구, 중랑구, 송파구 정도다. 2016년에는 강북구 정도였지만, 그래도 해당 지역 역시 공격적 단지의 평균수익률이 80%가 넘는다.

2015년에 서울에서 해당 지역의 전세가율 70% 이상 아파트나 인공지능 프로그램에서 공격적 조건 아파트의 평균수익률이 일부

50~60% 정도 되는 것은 재건축 공급 물량이 많은 강동구를 제외하고는 확실한 원인을 찾을 수는 없다. 단지 이곳들의 데이터를 보면 전세 · 수요 에너지 등 여러 항목의 종합점수가 미세하게 낮은 정도다. 광진구만 50위권 내에 있고, 나머지 지역은 50위권 밖이다. 그렇기는 해도 도봉구 62위, 강동구 71위로 미세한 차이다.

광진구 같은 경우 2015년 수익률은 약했지만 2016년 수익률은 전세가율 70% 이상 아파트의 평균수익률은 131%, 공격적 단지의 평균수익률은 247%에 육박한다. 2015년에 상승하지 못한 에너지가 2016년에 분출된 것으로 해석된다.

| 2015년 서울 지역의 투자 예측 결과 및 지역 내 추천 아파트 통계 |

82.87				전체(평균)				전세가율70%(평균)			공격적 단지(평균)					보수적 단지(평균)				
SIDO	GUSI	최종순위	결과순위	물건수	전세가율	투자갭	수익률	70%단지수	투자갭	수익률	공격적 단지수	투자갭	수익률	best단지수	worst수	보수적 단지수	투자갭	수익률	best단지수	worst수
서울특별시	강서구	15	6	342	68.70	11,762	81.60	186	8,220	113.40	25	4,216	212.70	24	1					
서울특별시	관악구	16	65	156	72.10	10,668	45.70	104	9,103	57.30	8	4,688	125.30	6	1					
서울특별시	동대문구	17	62	198	71.10	10,483	49.90	139	8,662	60.40	13	5,154	109.00	10						
서울특별시	마포구	20	33	206	71.50	14,477	67.80	123	9,222	91.20	11	4,200	118.40	5	1	2	2,700	88.10		
서울특별시	성북구	25	19	250	74.20	9,149	66.00	198	7,766	77.60	18	4,158	143.30	17	1	2	3,000	112.50	1	1
서울특별시	광진구	36	84	147	69.80	19,138	38.50	89	12,166	50.00	3	6,000	69.50							
서울특별시	중구	37	78	29	72.80	14,595	57.50	20	11,738	72.00										
서울특별시	동작구	40	43	215	71.70	14,262	57.70	139	10,333	74.50	9	4,944	148.30	6						
서울특별시	구로구	52	29	369	68.80	10,541	50.20	200	7,211	71.00	27	4,176	103.90	15		3	2,000	73.30	1	
서울특별시	도봉구	62	94	297	68.30	9,923	39.50	120	7,228	46.50	7	5,250	56.00		1					
서울특별시	은평구	65	66	118	67.50	10,331	49.10	50	7,555	77.00	7	5,429	101.60	3						
서울특별시	서대문구	70	30	162	72.70	9,668	63.10	115	7,713	80.30	10	4,625	136.60	10		1	3,000	133.30	1	
서울특별시	강동구	71	74	250	67.70	15,383	41.30	142	9,344	51.20	8	3,313	62.90	2	1	2	2,125	78.60	1	
서울특별시	영등포구	74	20	388	66.90	20,748	53.80	195	9,546	76.30	20	4,793	152.80	17						
서울특별시	노원구	76	85	555	68.20	9,944	39.00	246	8,047	45.10	31	4,921	70.50	4	2					
서울특별시	강북구	78	98	86	67.80	10,440	40.00	30	7,855	60.00	6	5,258	81.90	1						
서울특별시	성동구	84	35	202	70.30	15,080	67.30	120	10,386	87.50	8	4,906	189.20	8						
서울특별시	양천구	87	48	368	65.40	22,315	45.30	137	12,528	63.50	9	5,178	92.60	5	1					
서울특별시	금천구	90	80	83	67.70	9,024	45.00	43	6,659	63.00	5	4,050	100.70	2						
서울특별시	중랑구	93	88	216	69.00	9,934	33.60	124	7,680	46.10	18	4,739	75.90	3	1					
서울특별시	송파구	100	97	351	63.40	27,144	34.80	100	12,143	45.30	2	5,875	60.20		1					
서울특별시	강남구	102	22	520	61.30	47,933	55.40	160	17,931	79.20	12	3,729	106.00	6	2	4	2,750	139.20	3	1
서울특별시	서초구	108	44	394	65.00	33,903	52.90	162	16,849	63.50	8	3,594	167.70	5	2	2	2,250	360.00	2	
서울특별시	종로구	128	91	63	65.30	23,173	24.10	19	7,671	61.40	4	4,875	113.50	3						
서울특별시	용산구	142	93	178	57.20	40,926	32.40	31	15,694	65.30										
합계				6,143	68.18		49.26	2,992		67.14	269		112.98	152	15	16		140.71	9	2

| 2016년 서울 지역의 투자 예측 결과 및 지역 내 추천 아파트 통계 |

85.21				전체(평균)				전세가율70%(평균)			공격적 단지(평균)					보수적 단지(평균)				
SIDO	GUSI	최종순위	결과순위	물건수	전세가율	투자갭	수익률	70%단지수	투자갭	수익률	공격적 단지수	투자갭	수익률	best단지수	worst수	보수적 단지수	투자갭	수익률	best단지수	worst수
서울특별시	중구	1	50	40	81.80	9,838	107.40	40	9,838	107.40	2	5,750	230.40	2						
서울특별시	관악구	4	27	161	79.70	8,105	67.50	145	7,451	71.00	9	4,111	127.10	7	2					
서울특별시	동작구	5	7	227	80.30	10,373	114.90	208	9,133	122.20	11	3,673	259.00	11		5	2,900	317.00	5	
서울특별시	마포구	8	14	226	78.30	11,404	113.40	203	9,996	121.60	18	3,689	253.70	15		6	2,650	259.60	5	
서울특별시	구로구	9	10	385	77.50	7,680	84.10	322	6,725	94.40	38	3,104	167.20	34		15	2,500	192.60	13	
서울특별시	도봉구	10	23	302	76.80	7,760	61.00	264	6,708	66.00	11	4,182	73.80	2	2					
서울특별시	강서구	11	2	356	79.00	8,572	120.50	322	7,489	130.10	34	3,293	266.60	34		12	2,246	344.00	12	
서울특별시	성북구	12	20	282	81.70	6,903	75.50	264	6,518	78.70	31	3,315	144.20	20	1	7	2,500	225.50	7	
서울특별시	동대문구	13	25	208	76.90	8,865	73.50	181	7,816	78.40	17	4,294	156.00	15		1	2,500	240.00	1	
서울특별시	광진구	18	17	155	75.90	16,247	116.70	124	11,891	131.20	10	5,000	247.30	10		1	2,500	280.00	1	
서울특별시	노원구	22	12	557	76.00	7,769	66.90	465	6,921	70.90	62	3,875	99.30	26	2	10	2,800	131.80	9	
서울특별시	강북구	23	68	91	75.00	8,448	44.80	70	7,550	49.80	10	4,375	82.20	5						
서울특별시	서대문구	28	18	165	77.80	8,102	97.30	138	7,020	111.90	8	3,706	220.50	8		2	2,500	352.10	2	
서울특별시	양천구	35	16	376	73.70	17,794	77.40	245	11,839	84.60	18	4,819	130.70	14						
서울특별시	성동구	49	5	212	78.30	11,882	153.70	176	9,345	167.50	17	4,353	328.30	17		2	2,500	550.00	2	
서울특별시	중랑구	50	37	238	77.30	7,579	50.90	202	6,757	56.10	20	3,570	114.00	16	1	4	2,375	118.80	4	
서울특별시	송파구	59	9	386	70.40	23,028	96.20	226	13,154	111.50	6	5,333	146.00	6						
서울특별시	은평구	60	44	154	73.00	9,965	57.20	105	8,129	71.70	8	4,531	106.10	6	1					
서울특별시	강남구	63	4	544	66.30	45,492	96.10	275	20,883	118.70	12	3,813	117.60	8	1	1	2,750	45.50		
서울특별시	금천구	64	55	87	74.00	7,602	65.50	66	6,347	74.00	8	2,925	192.20	8		1	1,000	550.00	1	
서울특별시	영등포구	67	3	397	73.90	17,777	103.50	274	8,918	126.20	21	3,745	254.20	21		6	2,500	341.00	6	
서울특별시	강동구	70	13	261	74.40	13,136	106.80	204	8,617	116.40	24	3,981	123.10	13	2	3	1,717	70.80		
서울특별시	서초구	88	15	399	68.30	32,978	80.90	219	17,652	94.20	21	4,631	88.70	8	4					
서울특별시	용산구	98	31	189	61.50	38,459	61.30	65	16,973	107.30	1	6,000	158.30	1						
서울특별시	종로구	106	53	90	69.70	21,872	42.40	41	10,756	79.00	4	4,750	122.10	2						
합계				6,488	75.10		85.42	4,844		97.63	421		168.34	309	16	76		267.91	68	

서울 몇 개 지역(구 단위)에서 중요한 전세 · 수요 에너지를 체크해 보자. 강남구의 전세 에너지 하락세가 독보적이고 그 뒤를 서초구, 송파구, 강동구가 잇고 있다. 역시 선호도가 높은 강남구와 강남 4구답다. 서초구와 비슷하거나 하락세가 조금 덜한 지역은 마포구, 성동구, 양천구 정도다. 나머지 지역은 서울 전체 평균과 비슷하게 하락세이기는 하지만 아직까지는 에너지가 있는 상황이다.

수요 에너지에서 공급이 많은 지역은 단연 재건축 공급이 많은 강동구다. 그 다음 서울에서 비교적 공급으로 수요 에너지가 유지되거나 조금 하락하고 있는 지역은 금천구, 서대문구, 서초구, 은평구 정도다.

| 서울 강남구 주요 차트 |

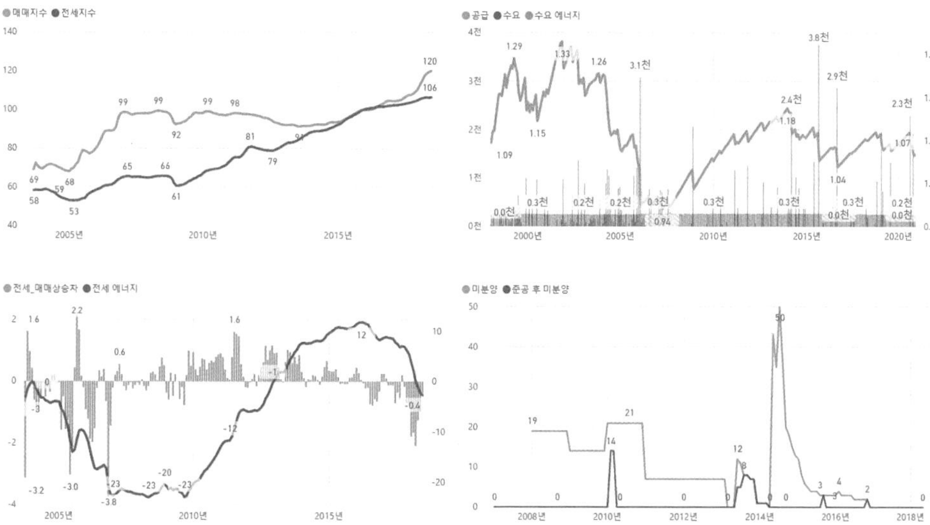

또 그 다음 공급 · 유지되고 있어 수요 에너지의 상승세가 멈춘 지역은 강남구, 강서구, 마포구, 성동구, 송파구, 영등포구, 중랑구 정도다. 해당 지역 중 대표적인 몇 개 지역의 차트를 살펴보자.

강동구는 공급이 많고, 강남구보다 전세 에너지 하락세가 조금 덜하다. 마포구의 경우 강동구나 서초구보다 전세 에너지 하락세는 조금 더 약하고, 수요 에너지는 공급으로 인해 상승세를 멈춘 뒤 유지하고 있다. 이는 서울 전체 평균과 비슷한 흐름이다.

관악구는 전세 에너지가 조금만 하락하고, 수요 에너지는 계속 우상향하는 지역이다. 이와 비슷하게 전세 에너지는 조금만 하락하고, 수요 에너지는 계속 상승 중인 지역으로 광진구, 구로구, 노원구, 도봉구, 동대문구, 동작구, 종로구, 중구가 있다.

| 서울 강동구 주요 차트 |

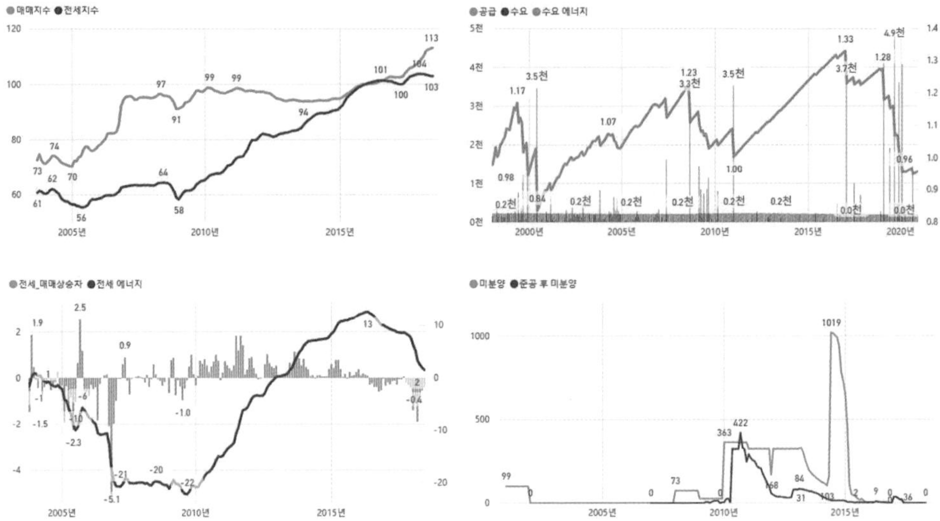

| 서울 마포구 주요 차트 |

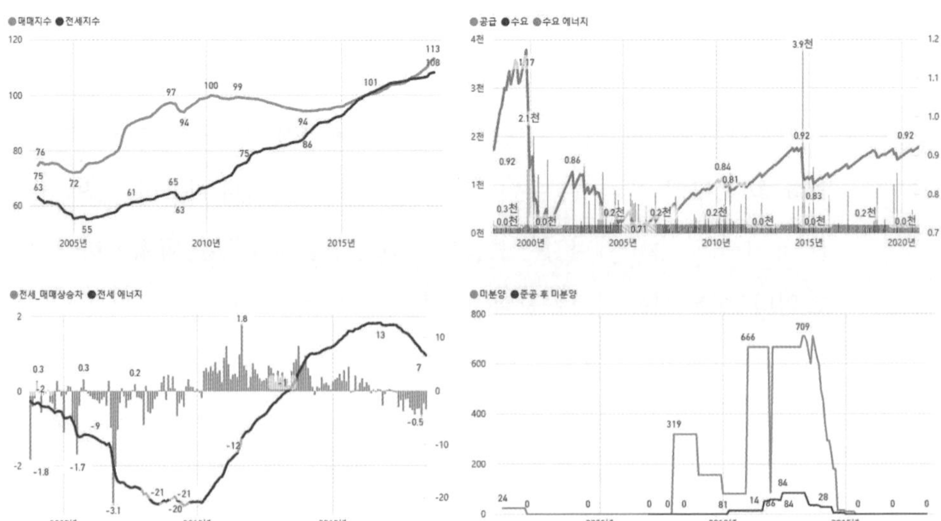

| 서울 관악구 주요 차트 |

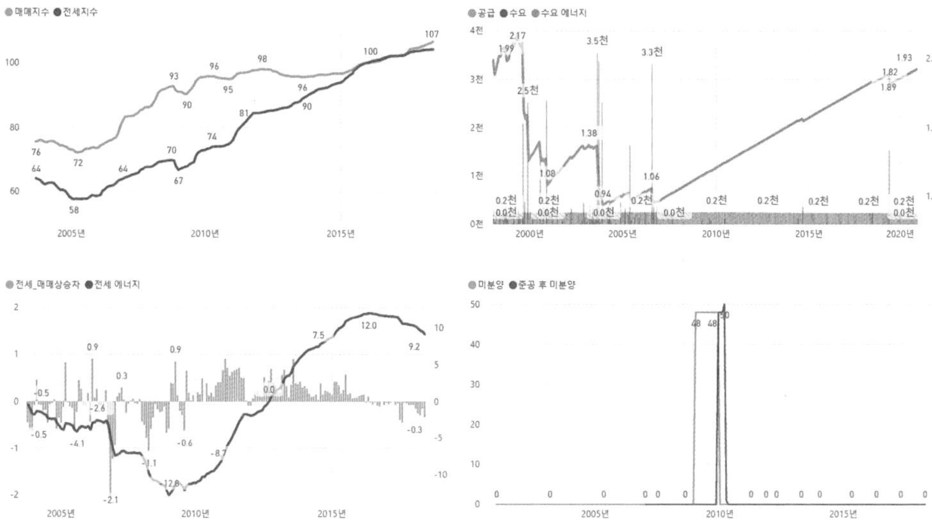

2000년대 초반의 상승장처럼 서울이 전세 에너지를 완전히 방출하면서 상승한다면 강남 중심의 선호 지역에 투자해야 할 것이다.(물론 투자금이 있다면 말이다.) 만약 공급량, 경제성장률, 유동성, 정부 정책 등 과거와 다른 상황으로 전세 에너지가 방출까지는 되지 않는다면 서울 지역에서 전세 에너지의 하락이 적고, 수요 에너지는 계속 상승 중인 관악구 같은 지역이 투자하기 좋은 환경이다. 물론 투자금과 세금, 다주택 보유 여부 등의 환경은 논외로 하고 말이다.

09

2015년 인천 상세 분석

자, 이제 인천 지역을 살펴보자. 인천은 연수구, 남동구, 부평구가 2015년 추천 순위 50위권 내의 지역이다. 2016년도의 추천 지역도 이 3곳이지만 순위는 많이 올랐다. 2016년에는 나머지 지역의 순위도 전체적으로 높아졌다. 순위만 보면 2016년에 투자 환경이 더 좋았던 것 같다.

| 2015년 인천 지역의 투자 예측 결과 및 데이터 항목 |

지역	가구증가	전세종합	수요공급종합	미분양	거래량 증가	주변입주량	추천 순위	과거결과 순위
인천 연수구	63.00	201.70	-18.56	60.00	-11.70	0	38	50
인천 남동구	56.00	177.21	-1.71	60.00	18.00	-5	45	61
인천 부평구	7.00	186.22	44.85	60.00	15.90	-5	46	17
인천 동구	-21.00	152.03	65.15	60.00	0.90	10	86	90
인천 계양구	-28.00	185.44	64.21	20.00	9.00	-5	96	38
인천 서구	28.00	176.99	-2.35	30.00	7.50	-5	103	54
인천 중구	56.00	178.30	-4.47	30.00	9.60	2	105	112
인천 남구	0.00	177.44	-25.95	40.00	7.20	0	111	99

| 2016년 인천 지역의 투자 예측 결과 및 데이터 항목 |

지역	가구증가	전세종합	수요공급종합	미분양	거래량 증가	주변입주량	추천 순위	과거결과 순위
인천 연수구	56.00	268.90	-14.79	40.00	30.00	-5	15	32
인천 부평구	0.00	223.80	40.24	60.00	-10.50	-5	26	28
인천 남동구	49.00	188.33	-1.11	-20.00	-11.40	-5	30	60
인천 동구	-21.00	176.40	63.54	60.00	17.10	-5	51	151
인천 계양구	-7.00	188.40	42.53	60.00	-2.10	-5	57	56
인천 중구	42.00	189.00	-10.80	30.00	9.00	-5	61	98
인천 남구	42.00	188.42	-34.20	30.00	5.10	-5	68	65
인천 서구	63.00	182.96	-3.45	-40.00	-12.30	-5	80	89

| 인천 지역 주요 차트 |

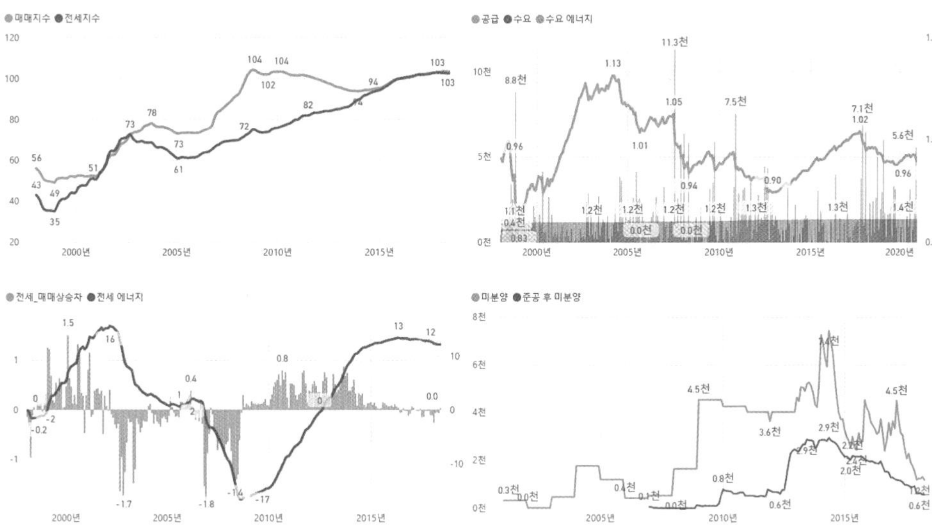

인천의 전세 에너지는 2016년 5월쯤 정점을 찍었지만 거의 보합 수준이다. 수요 에너지는 2013년 1월부터 2017년 11월까지 상승하다가 하락세로 반전하고 있다. 그 이후 2019년 말부터 다시 상승할 것으

로 보인다. 미분양도 2014년 5월 이후 하락세이고, 현재는 양호한 상황이다.

결과적으로 인천은 전세·수요 에너지가 계속 상승 중이었던 2015년이 에너지의 정점을 보인 2016년보다 상승세가 좋았다. 경기도와 비슷하다. 에너지가 정점일 때 수익률이 좋은 서울과는 차이가 난다.

| 2015년 인천 지역의 투자 예측 결과 및 지역 내 추천 아파트 통계 |

82.87				전체(평균)				전세가율70%(평균)			공격적 단지(평균)					보수적 단지(평균)				
SIDO	GUSI	최종순위	결과순위	물건수	전세가율	투자갭	수익률	70%단지수	투자갭	수익률	공격적 단지수	투자갭	수익률	best단지수	worst수	보수적 단지수	투자갭	수익률	best단지수	worst수
인천광역시	연수구	38	50	209	71.30	8,055	42.60	136	5,324	57.50	19	2,355	107.50	11	1	13	2,088	119.80	10	
인천광역시	남동구	45	61	252	66.00	6,471	41.90	80	4,619	66.90	11	2,859	88.70	4	1	7	2,486	91.50	2	
인천광역시	부평구	46	17	370	67.50	6,556	62.20	179	5,120	88.90	37	3,445	119.60	27		11	2,877	141.90	10	
인천광역시	동구	86	90	54	66.10	4,295	39.70	20	3,230	69.80	8	3,050	82.90	2		6	2,792	88.00	2	
인천광역시	계양구	96	38	319	64.50	5,615	51.90	96	4,469	83.40	22	3,325	99.50	11	1	7	2,664	124.00	6	
인천광역시	서구	103	54	372	58.60	7,057	39.70	58	4,936	88.80	11	3,777	103.90	6	1	1	3,000	58.30		
인천광역시	중구	105	112	57	54.10	7,411	39.00	2	4,850	86.50	2	4,850	86.50	1	1					
인천광역시	남구	111	99	226	65.30	5,849	28.10	73	4,517	46.00	9	3,317	40.10		5	2	2,250	45.90		1
합계				1,859	64.18		43.14	644		73.48	119		91.09	62	10	47		95.63	30	1

| 2016년 인천 지역의 투자 예측 결과 및 지역 내 추천 아파트 통계 |

85.21				전체(평균)				전세가율70%(평균)			공격적 단지(평균)					보수적 단지(평균)				
SIDO	GUSI	최종순위	결과순위	물건수	전세가율	투자갭	수익률	70%단지수	투자갭	수익률	공격적 단지수	투자갭	수익률	best단지수	worst수	보수적 단지수	투자갭	수익률	best단지수	worst수
인천광역시	연수구	15	32	234	77.50	7,274	46.80	203	5,867	52.70	19	2,289	136.60	10	2	12	2,167	165.20	7	1
인천광역시	부평구	26	28	381	75.30	5,229	54.80	275	4,514	61.80	46	2,624	93.80	16	7	16	2,231	134.40	11	2
인천광역시	남동구	30	60	304	72.50	5,873	27.40	182	4,918	37.80	15	2,517	61.10	2	6	7	2,057	81.10	2	1
인천광역시	동구	51	151	58	70.90	3,942	21.00	33	3,211	31.10	5	2,440	45.40		1	2	2,375	42.30		
인천광역시	계양구	57	56	323	69.50	5,067	35.50	165	4,731	45.60	17	2,529	83.10	7		7	2,079	102.20	4	
인천광역시	중구	61	98	57	61.40	6,336	29.80	25	5,350	49.60	3	3,833	46.10		2					
인천광역시	남구	68	65	235	71.50	4,994	27.90	136	4,433	35.00	11	2,736	27.70		9	4	2,088	30.50		4
인천광역시	서구	80	89	391	64.80	6,404	14.60	157	5,354	20.80	21	3,545	35.40	1	15	2	2,250	85.70	1	
합계				1,983	70.43		32.23	1,176		41.80	137		66.15	36	42	50		91.63	25	8

인천에서도 몇 개 지역의 차트를 세부적으로 살펴보자. 동구와 중구는 아파트 수가 적은 외곽 지역이라 제외한다. 결론부터 말하자면 투자 결과가 좋은 부평구, 남동구는 수요 에너지가 높다. 반면 남구와 서구는 수요 에너지가 높지 않다.

먼저 부평구를 보자. 부평구는 인천에서 서울과의 접근성이 가장 좋은 지역이다. 게다가 공급도 부족하므로 투자 결과가 좋을 수밖에 없다.

다만 2015년에는 전세가율 70% 이상의 아파트에만 투자해도 평균 수익률이 70%였지만, 2016년의 평균수익률은 61.8% 정도였다. 2015년 지역 내 공격적 조건으로 투자한 결과가 좋았던 연수구, 부평구, 남동구 중에서 남동구의 경우 2016년에는 투자 결과가 좋지 않았다. 시 · 도 단위의 지역을 선정하고, 시 · 도 단위 지역 내에 시 · 구 단위의 지역을 선택하고, 또 그 지역 내에서 동을 잘 선택하고 아파트를 잘 선택해야 한다. 2016년부터 이미 부동산 투자 시장은 어려워졌다. 큰돈이 들어가는 만큼 더욱 신중을 기해야 하고, 무엇보다 공부를 많이 해야 한다.

| 인천 부평구 주요 차트 |

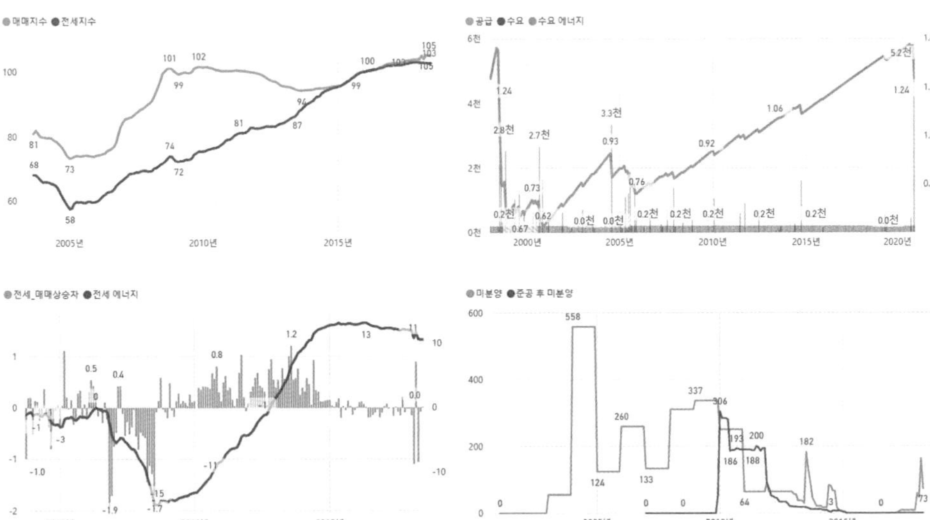

다음으로 남동구를 보자. 남동구는 전세 · 수요 에너지가 높다. 미분양 역시 차트상에는 조금 있어 보이지만, 자세히 보면 500세대 미만이다. 남동구 전체가 10만 세대 정도이므로 미미한 수준이다. 남동구는 20년 가까이 미분양이 많아야 500세대 정도였다.

| 인천 남동구 주요 차트 |

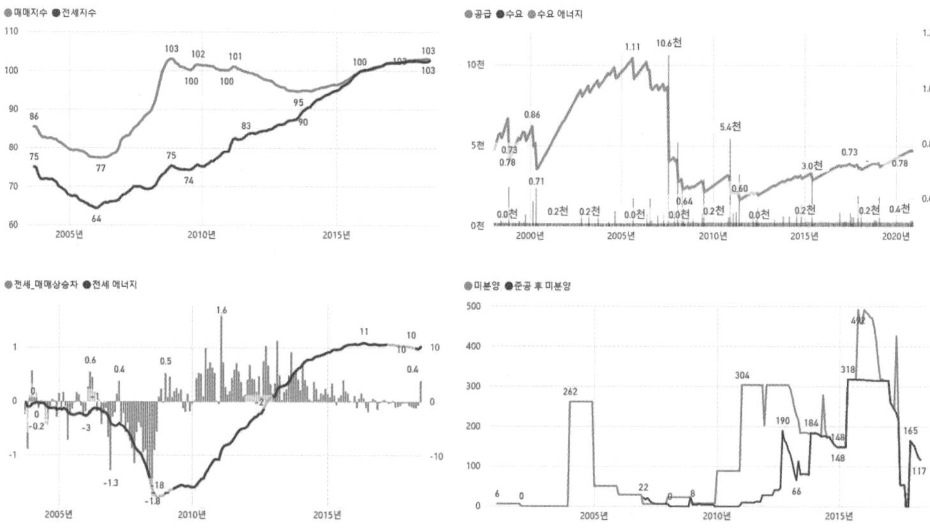

연수구는 공급이 많아 수요 에너지가 계속 하락 중이다. 다만 이 공급은 송도 신도시에 국한된다. 송도 신도시는 국제학교, 국제업무지구, 국제도시 경제자유구역 등 각종 호재를 지닌 잘 만들어진 계획도시로 향후 인천의 중심지, 인천의 강남이 될 지역이다. 고로 공급이 많아도 서울 강남이나 경기도 분당처럼 수요가 많아 문제가 없을 듯하다.

| 인천 연수구 주요 차트 |

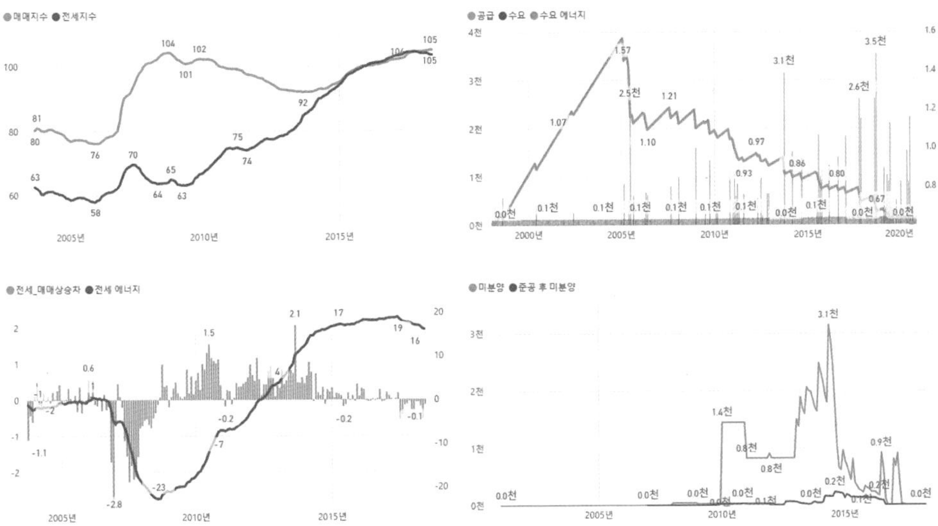

인천 남구는 2009년 말부터 시작된 공급 부족으로 2016년 5월까지 수요 에너지가 상승했다가 그 이후 계속 하락하고 있으며, 계속된 공급으로 2020년에는 수요 에너지가 거의 예전의 낮은 수준으로까지 떨어질 전망이다. 2015년, 2016년 계속 안 좋은 투자 결과를 보인 것은 당연한 현상이다.

| 인천 남구 주요 차트 |

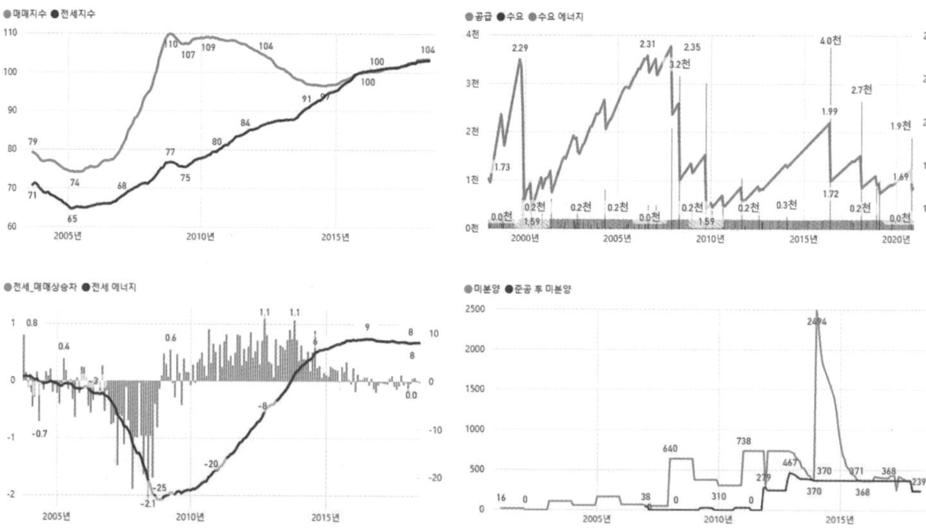

마지막으로 인천 서구의 차트를 보자. 남구만큼은 아니지만 서구도 공급이 많아 2017년 9월부터 2019년 11월까지 수요 에너지가 하락 추세를 보일 전망이다.

| 인천 서구 주요 차트 |

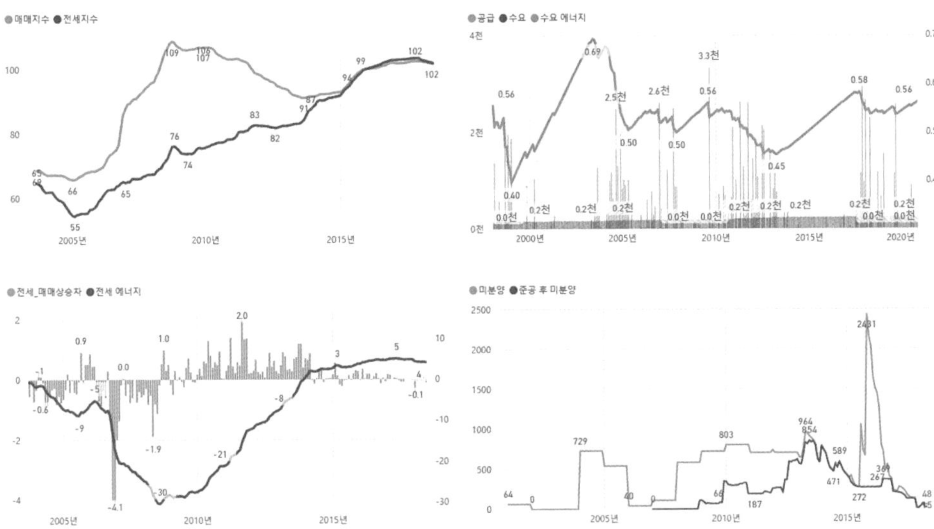

10

2015년 부산 상세 분석

이제 부산광역시를 살펴보자. 부산 지역은 광역시이지만 구 단위의 지역이 많다. 광주, 대전, 울산이 5개 구이고, 대구가 8개 구다. 다른 광역시를 추천 순위 30위권 내로 한정시키는 것은 인구수 등 여러 측면에서 확실한 신호가 있어야만 하기 때문이다. 부산을 다른 수도권 외 광역시와 같이 해석하는 것은 무리가 있다. 더구나 2015년, 2016년은 수도권장으로, 상위에 수도권 여러 지역이 포진되어 있다. 그러므로 2015년, 2016년의 부산은 50위권 내로 선정할 필요가 있다. 데이터 항목을 보면 2015년도의 투자 환경이 조금 더 좋아 보인다.

| 2015년 부산 지역의 투자 예측 결과 및 데이터 항목 |

지역	가구증가	전세종합	수요공급종합	미분양	거래량 증가	주변입주량	추천 순위 ▲	과거결과 순위
부산 금정구	0.00	224.00	68.20	60.00	30.00	-5	7	25
부산 동구	-7.00	180.22	70.50	60.00	30.00	5	23	70
부산 북구	35.00	221.10	-36.22	60.00	30.00	-5	27	26
부산 남구	-14.00	176.60	43.04	60.00	30.00	0	42	12
부산 사상구	0.00	223.30	41.12		15.00	-5	43	71
부산 부산진구	-21.00	179.00	48.62	60.00	30.00	-5	47	34
부산 해운대구	21.00	182.45	30.04	50.00	22.20	-5	48	2
부산 수영구	49.00	158.81	75.17	60.00	30.00	0	55	68
부산 연제구	28.00	194.80	-56.85	60.00	12.90	-5	59	16
부산 서구	0.00	203.10	-47.21		30.00	0	82	136
부산 영도구	-21.00	151.57	70.26	60.00	22.20	0	88	128
부산 동래구	7.00	184.66	-50.94	60.00	-15.60	-5	95	13
부산 기장군	63.00	147.66	-21.68	60.00	-7.50	2	101	135
부산 사하구	-7.00	174.70	-31.82	-40.00	18.00	-5	118	77

| 2016년 부산 지역의 투자 예측 결과 및 데이터 항목 |

지역	가구증가	전세종합	수요공급종합	미분양	거래량 증가	주변입주량	추천 순위 ▲	과거결과 순위
부산 북구	42.00	209.30	49.99	60.00	16.80	-5	24	29
부산 연제구	14.00	199.90	22.10	60.00	-12.00	0	52	42
부산 금정구	21.00	246.10	-13.05	60.00	-15.60	-5	54	49
부산 부산진구	0.00	197.90	38.78	60.00	-15.30	-5	65	46
부산 해운대구	14.00	169.10	30.23	50.00	-7.20	-5	69	8
부산 사상구	-14.00	203.90	30.26	60.00	-6.90	0	81	69
부산 남구	-14.00	207.80	30.43	60.00	-15.30	-5	84	34
부산 동래구	0.00	156.86	-44.49	60.00	30.00	0	96	41
부산 기장군	63.00	148.58	-18.37	60.00	-6.60	0	100	138
부산 수영구	42.00	140.76	-9.24	60.00	-9.00	-5	113	72
부산 서구	-21.00	192.40	-33.59	60.00	-23.40	0	115	77
부산 동구	-14.00	183.76	-28.90		-11.10	-5	119	156
부산 사하구	0.00	168.00	-37.45	60.00	-8.40	-5	122	75
부산 영도구	-14.00	163.62	-29.85	-40.00	-8.10	0	124	157

부산의 투자 수익 결과를 먼저 살펴보면 2015년의 투자 결과가 조금 더 좋다. 아파트 단지수가 적은 동구, 서구, 수영구, 영도구, 기장군을 제외하고 금정구, 남구, 사상구, 해운대구, 연제구, 동래구가 수익률이 좋은 편이다. 그리고 북구, 부산진구, 사하구의 결과가 비교적 좋지 않다. 특히 북구와 부산진구는 추천 순위 50위권 내에 있다. 각각 지역 내 공격적 조건의 아파트 평균수익률은 77.4%, 68.3%이다.

| 2015년 부산 지역의 투자 예측 결과 및 지역 내 추천 아파트 통계 |

82.87				전체(평균)				전세가율70%(평균)			공격적 단지(평균)					보수적 단지(평균)				
SIDO	GUSI	최종순위 ▲	결과순위	물건수	전세가율	투자갭	수익률	70%단지수	투자갭	수익률	공격적 단지수	투자갭	수익률	best단지수	worst수	보수적 단지수	투자갭	수익률	best단지수	worst수
부산광역시	금정구	7	25	191	73.90	6,226	76.60	138	4,620	84.30	19	2,939	95.80	10	4	8	2,069	92.40	4	1
부산광역시	동구	23	70	41	66.10	6,597	73.80	22	4,033	104.80	3	3,883	104.70	2		1	2,400	145.80	1	
부산광역시	북구	27	26	258	73.50	4,856	63.90	184	4,148	70.70	44	2,742	77.40	11	15	20	2,230	74.30	4	6
부산광역시	남구	42	12	344	70.30	6,525	73.60	196	4,929	83.40	42	3,632	94.90	16	1	12	2,658	101.40	5	
부산광역시	사상구	43	71	254	73.00	4,584	39.40	183	3,711	44.30	44	3,076	61.40	7	21	17	2,162	89.30	6	4
부산광역시	부산진구	47	34	440	70.50	6,043	49.60	254	4,491	58.30	61	3,457	68.30	12	13	19	2,145	68.10	7	7
부산광역시	해운대구	48	2	476	68.30	9,225	125.60	233	5,500	160.40	39	3,482	168.10	27	7	11	2,459	185.60	7	2
부산광역시	수영구	55	68	122	61.90	11,895	82.10	31	5,305	70.70	10	4,240	62.40	2	3	1	2,750	40.00		1
부산광역시	연제구	59	16	218	71.20	7,092	86.50	137	5,700	91.50	37	3,811	105.00	21	2	4	2,538	119.50	2	
부산광역시	서구	82	136	58	71.10	6,517	28.70	38	4,791	32.20	9	3,939	51.70		2	3	2,150	52.00		1
부산광역시	영도구	88	128	129	65.90	5,962	21.10	38	4,327	26.00	5	4,490	37.60		3					
부산광역시	동래구	95	13	297	69.40	7,006	83.80	148	5,167	91.50	23	3,596	118.50	16		7	2,664	101.40	4	
부산광역시	기장군	101	135	42	64.20	5,030	42.00	5	2,590	17.70	3	2,600	16.10		3	2	1,900	5.40		2
부산광역시	사하구	118	77	339	70.30	5,172	18.80	191	3,812	19.30	39	3,184	21.10		31	16	2,280	23.50		12
합계				3,209	69.26		61.82	1,798		68.22	378		77.36	124	105	121		84.52	40	36

| 2016년 부산 지역의 투자 예측 결과 및 지역 내 추천 아파트 통계 |

85.21				전체(평균)				전세가율70%(평균)			공격적 단지(평균)					보수적 단지(평균)				
SIDO	GUSI	최종순위 ▲	결과순위	물건수	전세가율	투자갭	수익률	70%단지수	투자갭	수익률	공격적 단지수	투자갭	수익률	best단지수	worst수	보수적 단지수	투자갭	수익률	best단지수	worst수
부산광역시	북구	24	29	271	72.00	5,507	62.10	183	4,579	72.00	47	2,873	80.30	17	8	23	2,228	91.00	12	3
부산광역시	연제구	52	42	228	71.90	7,805	67.10	147	6,290	74.50	22	3,941	124.00	11	2	6	2,167	216.40	5	
부산광역시	금정구	54	49	194	74.20	6,648	60.10	154	5,799	63.50	22	3,805	87.10	7	2	5	2,570	63.40		1
부산광역시	부산진구	65	46	470	71.30	6,208	47.70	300	5,194	50.50	66	3,409	55.30	6	18	20	1,960	59.90	4	6
부산광역시	해운대구	69	8	495	69.40	9,953	81.20	270	6,800	98.10	38	3,593	113.10	21	11	9	1,978	109.00	3	5
부산광역시	사상구	81	69	257	72.10	4,906	33.40	169	3,777	34.70	40	3,043	52.80	5	17	15	2,077	76.10	4	2
부산광역시	남구	84	34	379	71.90	6,689	59.70	254	5,691	64.80	41	4,184	73.10	7	2	7	2,750	75.10	1	
부산광역시	동래구	96	41	313	68.20	8,218	66.80	154	6,351	67.20	24	4,488	83.20	7	3	2	2,200	98.50	1	
부산광역시	기장군	100	138	45	64.60	5,541	51.60	7	3,664	46.80	5	2,430	52.40		2	2	2,175	65.20		1
부산광역시	수영구	113	72	129	61.20	14,267	58.10	44	7,720	72.30	7	4,171	52.60		1	3	2,483	50.60		
부산광역시	서구	115	77	58	71.30	6,633	41.80	36	4,869	49.10	11	4,177	66.50	3	3	2	1,850	101.20	1	
부산광역시	동구	119	156	42	64.60	7,052	39.00	15	5,353	51.20	4	4,725	57.10		1					
부산광역시	사하구	122	75	358	69.60	5,542	18.10	194	4,061	19.30	34	3,340	19.50		26	16	2,375	16.30		13
부산광역시	영도구	124	157	131	67.30	5,810	14.80	49	4,612	16.50	10	3,485	17.20		8	1	2,250	22.20		1
합계				3,370	69.26		50.11	1,976		55.75	371		66.73	84	104	111		80.38	31	32

부산 지역 전체 차트에서 수요 에너지의 하락이 큰 것처럼 보이지만, 실제 0.96에서 0.90까지 변화를 보이는 부산은 전체적으로 수요 에너지의 변화폭이 적은 편이다. 그래도 수요 에너지가 상승하고 있지는 않으므로 주의해야 한다.

미분양은 2013년 1월 이후 계속 하락하다 2017년 9월부터 상승하고 있다. 또 전세 에너지는 2014년 12월을 정점으로 서서히 하락 중이다. 부산 전체의 매매지수는 2013년 9월부터 상승해 2015년쯤 조금 가파르게 상승하다가 2017년 9월쯤 상승이 꺾였다. 투자 타이밍을 잡기가 어려운 지역이다. 2018년 3월 현시점도 투자 환경이 좋지 않다.

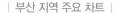

| 부산 지역 주요 차트 |

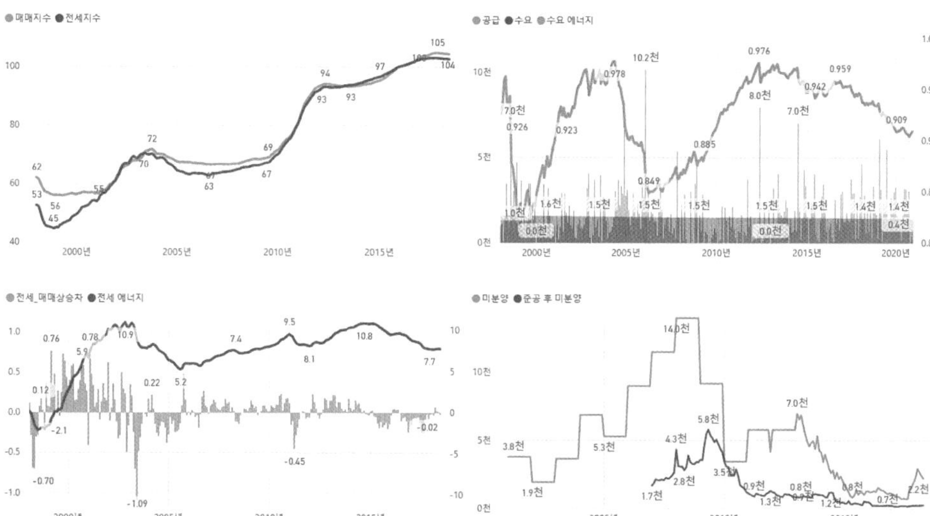

부산 지역별로 차트를 살펴보자.

부산 금정구의 차트를 보면 2005년쯤 수요 에너지가 높았다가 줄곧 낮은 상태다. 전세 에너지는 2014년 8월을 정점으로 하락하고 있다. 미분양 수치는 긍정적이다. 앞서 다른 광주, 대구, 서울, 경기 등의 지역에 비해 좋은 흐름은 아니다. 하지만 부산 지역 내에서는 금정구가 투자하기 좋은 편이다.

부산 지역 전체 차트를 보면 매매지수와 전세지수가 2001년 이후 비슷한 흐름을 보이고 있다. 전세 에너지가 높은 상태에서 조금씩 변화가 있을 뿐이다. 과거 수도권의 서울, 경기, 인천처럼 역동적인 흐름세는 아니다. 한마디로 실수요가 주도하는 시장이다. 수도권 외의 전세 에너지는 이런 식의 패턴을 보인다. 다만 시 · 구 단위의 지역별로 전세 에너지의 흐름이 많이 차이나는 지역이 있는데, 부산이 바로 그런 경우다.

금정구는 전세 에너지가 2014년 8월을 정점으로 하락하고 있지만, 부산의 다른 지역에 비해서는 상대적으로 높은 편이다. 다른 지역의 차트를 보면서 같이 확인해 보자. 전세 에너지는 상대적인 높이가 중요하다.

| 부산 금정구 주요 차트 |

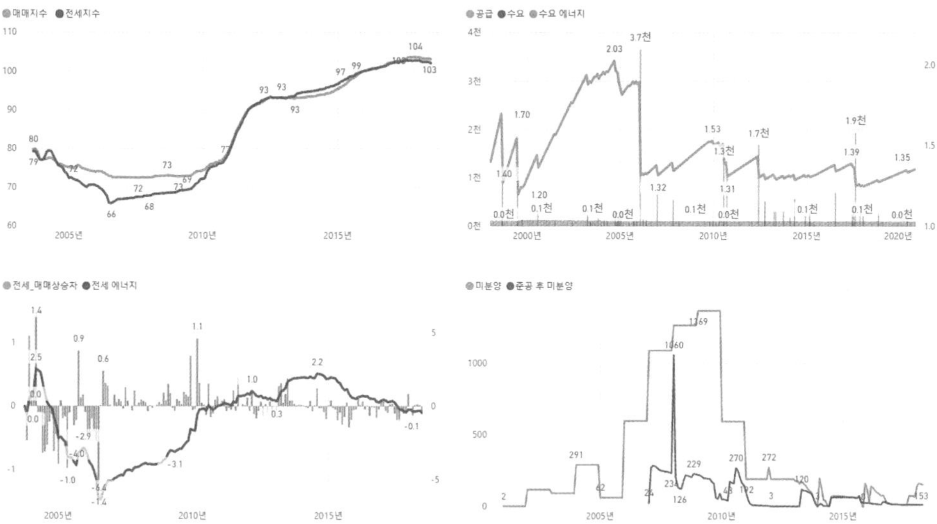

남구의 전세 에너지는 2014년 9월부터 현재까지 하락세다. 다만 수요 에너지는 2018년 1월까지 계속 상승중이다. 하지만 그 이후 수요 에너지가 너무 가파르게 하락했다. 이처럼 수요 에너지가 급격히 하락하는 시점의 2년 전 투자는 조심해야 한다. 2016년 결과도 그렇게 나타났다.

| 부산 남구 주요 차트 |

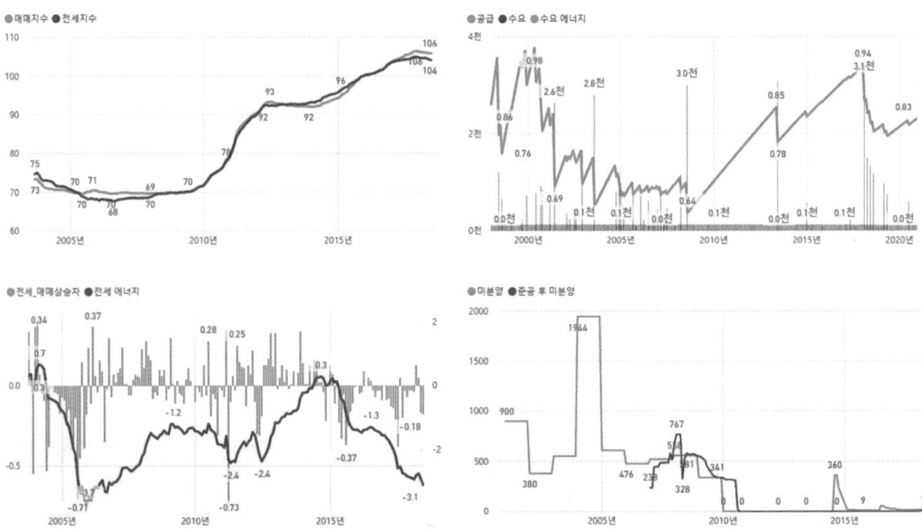

부산 사상구의 차트를 보면 전세 에너지는 남구와 비슷하지만, 수요 에너지는 높은 편이다. 다만 2015년 1월 당시 미분양 수치가 하락세이긴 하지만 338세대가 있었다.

| 부산 사상구 주요 차트 |

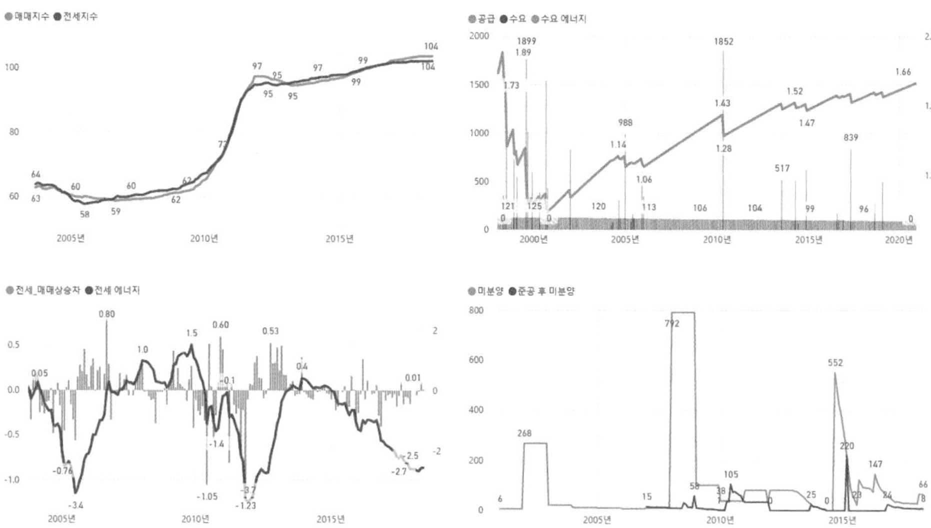

서울 강남, 경기도 과천과 성남, 대구의 수성구, 부산의 해운대구는 선호도가 높은 지역이다. 부산 해운대구는 통상적으로 전세 갭투자를 하기에는 투자금이 많이 들어가는 지역이다.

해운대구의 경우 2015년 평균 전세가율을 보면 다른 지역과 비슷하지만, 평균 투자 갭은 훨씬 크다. 2015년 서울에서도 평균 투자 갭이 다른 지역은 1억~2억이었지만 강남구는 4.7억으로 압도적으로 높았다. 해운대구는 전세가율도 다른 지역에 비해 낮은 편이다.

| 부산 해운대구 주요 차트 |

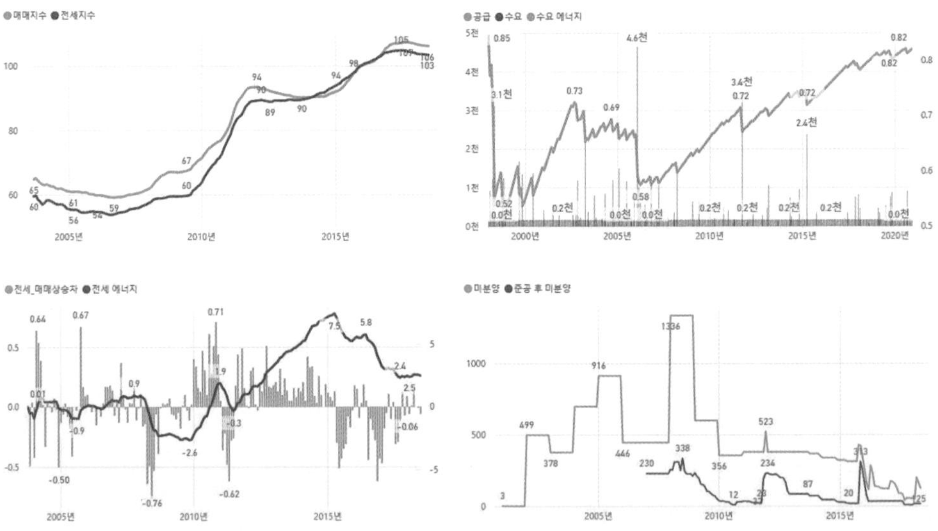

이번 인공지능 프로그램은 전세 갭투자를 위한 프로그램이다. 최적의 전세 갭투자 방법을 알려주는 프로그램인 셈이다. 인공지능 프로그램에서는 전세 갭투자 금액이 큰 지역(서울 강남, 경기도 과천과 성남, 대구의 수성구, 부산의 해운대구)에 점수를 높게 주지 않는다. 즉, 2015년도 해운대구에서처럼 실제 투자 결과가 좋아도 인공지능 프로그램에서는 예측 순위가 낮게 나타나 버리는 것이다. 현재 전세 갭투자용 인공지능 프로그램의 대표적인 한계점이다. 다음 버전에선 이러한 약점을 보완하려고 열심히 연구하고 있다.

| 2015년 부산의 전세 갭투자 결과 데이터 |

82.87 전체(평균)

SIDO	GUSI	최종순위 ▲	결과순위	물건수	전세가율	투자갭	수익률
부산광역시	금정구	7	25	191	73.90	6,226	76.60
부산광역시	동구	23	70	41	66.10	6,597	73.80
부산광역시	북구	27	26	258	73.50	4,856	63.90
부산광역시	남구	42	12	344	70.30	6,525	73.60
부산광역시	사상구	43	71	254	73.00	4,584	39.40
부산광역시	부산진구	47	34	440	70.50	6,043	49.60
부산광역시	해운대구	48	2	476	68.30	9,225	125.60

장황하게 설명했지만, 결론적으로 이런 지역 내 선호도가 높은 지역은 사람이 별도로 걸러내야 한다. 만약 부산 지역에 투자하기로 했다면 해운대구를 먼저 살펴봐야 한다. 평균 전세가율이 낮은 지역 중에서도 높은 전세가율로 갭투자 금액이 낮은 아파트가 있기 때문이다.

인공지능 프로그램에는 이러한 조건을 추천 · 선택하여 아파트 리스트를 제공하는 기능이 있다. 예를 들어 해운대구를 선택하고 갭투자 금액, 500세대 이상의 아파트를 조건으로 선택한다고 하면 해운대구 전체에서 54개의 아파트가 보인다. 놀랍게도 수익률이 234% 정도다.(세대수와 입주일, 투자 갭은 지역 내 아파트를 선택하는 대표적인 조건으로 뒤에서 자세히 다루겠다.)

| 인공지능 프로그램의 추천 단지 리스트(2015년 1월 부산 해운대구) |

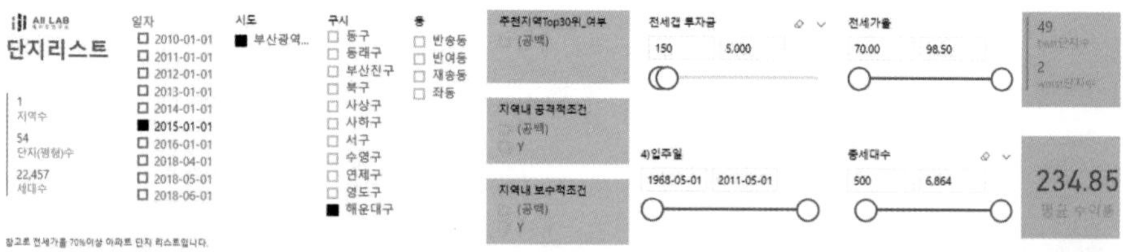

일자	시도	구시	동	단지명	총세대수	세대수	4)입주일	평형	전용	매매가	2년후 매가	전세가	갭	전세가율	1년전매가	최고점 매가	최저점 매가	6개월전 전세가	과거 수익률
2015-01-01	부산광역시	해운대구	반송동	벽산삼협한솔	764	764	1997-06-01	1:78.84	59.91	11,900	15,250	8,500	3,400	71.40	11,900	12,750	6,515	8,500	98.50
2015-01-01	부산광역시	해운대구	반송동	삼한그린타운2차	850	850	1997-06-01	1:80.44	59.92	11,250	14,350	8,000	3,250	71.10	11,350	12,250	6,350	8,000	95.40
2015-01-01	부산광역시	해운대구	반송동	삼한그린타운2차	850	850	1997-06-01	3:80.44B	59.98	11,250	14,350	8,000	3,250	71.10	11,400	11,500	11,000	8,000	95.40
2015-01-01	부산광역시	해운대구	반여동	센텀대림아파트	1,500	600	1996-07-01	1:75.55	59.99	17,000	24,750	13,500	3,500	79.40	15,750	17,500	7,350	12,750	221.40
2015-01-01	부산광역시	해운대구	반여동	센텀롯데캐슬2차	1,165	346	2005-02-01	1:82.18	59.96	20,250	30,750	16,500	3,750	81.50	19,000	21,250	19,000	15,500	280.00
2015-01-01	부산광역시	해운대구	반여동	센텀롯데캐슬2차	1,165	578	2005-02-01	2:109.12	84.97	24,750	37,500	19,750	5,000	79.80	24,250	26,000	24,000	18,250	255.00
2015-01-01	부산광역시	해운대구	반여동	센텀롯데캐슬3차	517	116	2005-12-01	1:81.87A	59.93	22,250	32,000	17,250	5,000	77.50	21,000	22,250	21,000	15,750	195.00
2015-01-01	부산광역시	해운대구	반여동	센텀롯데캐슬3차	517	112	2005-12-01	2:82.53B	59.62	20,500	30,000	17,000	3,500	82.90	19,500	20,500	19,500	15,500	271.40
2015-01-01	부산광역시	해운대구	반여동	센텀에스케이뷰	1,374	194	2000-06-01	1:79.72A	59.52	18,500	25,000	14,000	4,500	75.70	17,000	18,500	9,500	14,000	144.40
2015-01-01	부산광역시	해운대구	반여동	센텀에스케이뷰	1,374	1,374	2000-06-01	7:79.57B	59.91	18,000	24,500	13,750	4,250	76.40	16,500	18,150	16,250	13,750	152.90
2015-01-01	부산광역시	해운대구	반여동	우방신세계(타운)	998	284	2002-11-01	1:79.27	59.97	17,250	24,000	13,250	4,000	76.80	16,750	17,500	10,500	13,250	168.80
2015-01-01	부산광역시	해운대구	반여동	일동미라주	564	564	2001-07-01	1:81.54	56.97	15,000	20,500	12,250	2,750	81.70	15,000	16,250	7,950	12,250	200.00
2015-01-01	부산광역시	해운대구	반여동	장산1차롯데낙천대	1,198	298	2004-10-01	1:81.13A	59.96	21,500	29,750	16,750	4,750	77.90	20,750	21,500	20,750	16,000	173.70
2015-01-01	부산광역시	해운대구	반여동	장산1차롯데낙천대	1,198	180	2004-10-01	2:82.42B	59.76	20,750	29,500	16,750	4,000	80.70	20,000	21,000	20,000	15,500	218.80
2015-01-01	부산광역시	해운대구	재송동	센텀삼익	936	325	1982-09-01	1:55.37	49.96	9,900	16,000	7,000	2,900	70.70	9,800	10,450	4,500	7,000	210.30

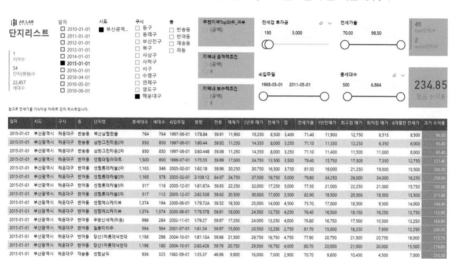

다시 한 번 말하지만 서울 강남, 경기도 과천과 성남, 대구의 수성구, 부산의 해운대구같이 선호도가 높은 시·구 단위의 지역은 시·도 단위의 지역을 먼저 선택한 후 해당 지역의 추천 순위가 낮더라도 꼭 살펴봐야 한다.

'연제구 주요 차트'와 '동래구 주요 차트'를 보면 부산 연제구와 동래구는 부산의 평균적인 흐름을 보인다.

| 부산 연제구 주요 차트 |

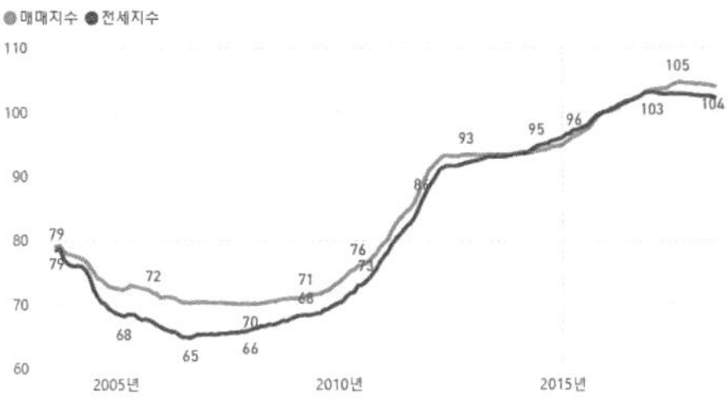

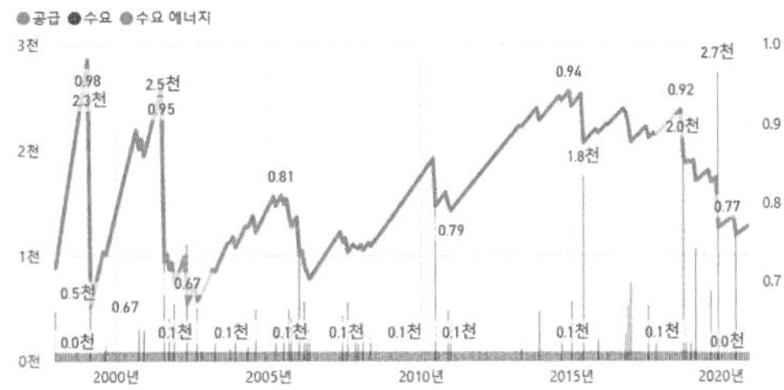

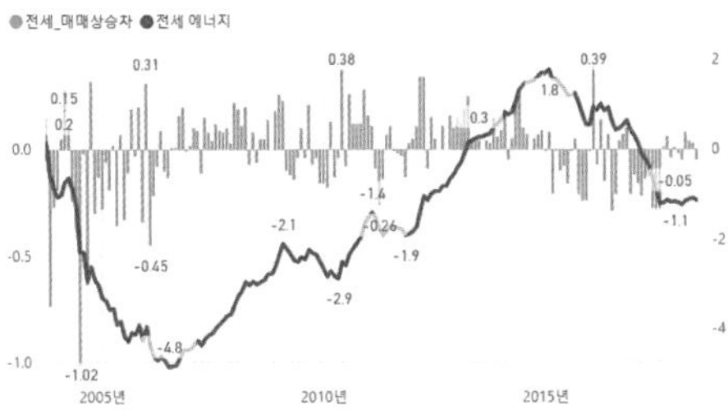

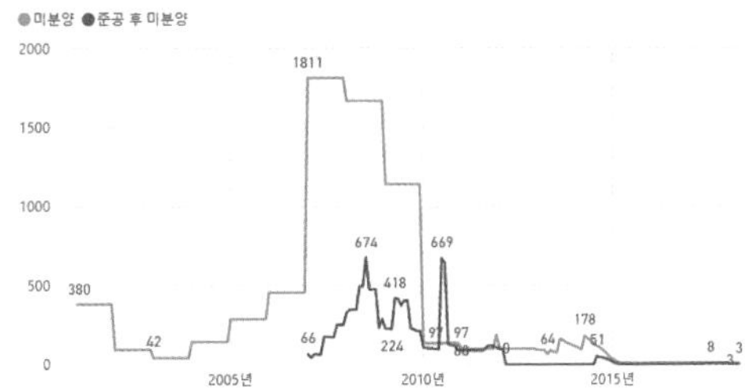

| 부산 동래구 주요 차트 |

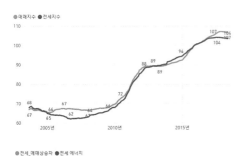

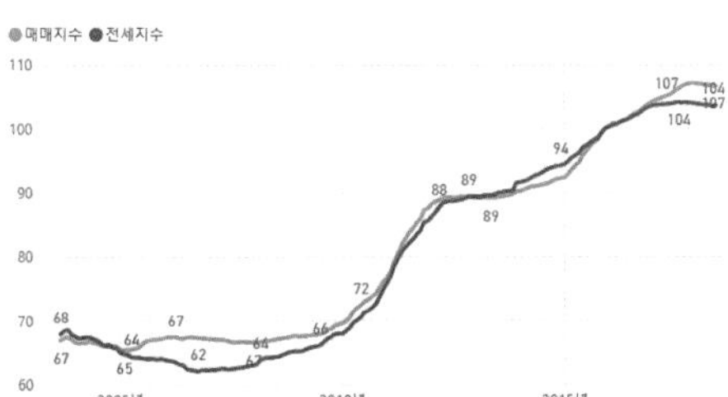

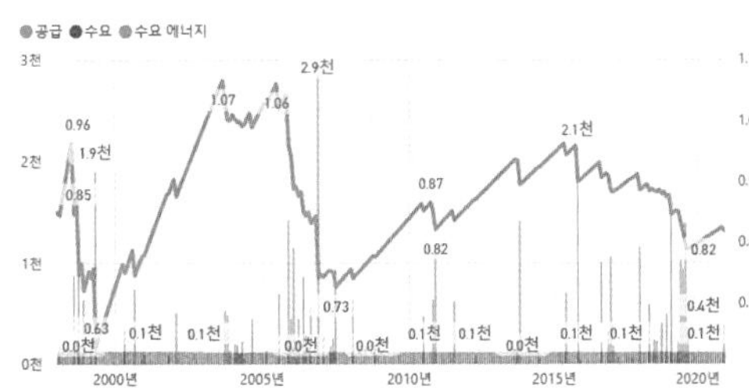

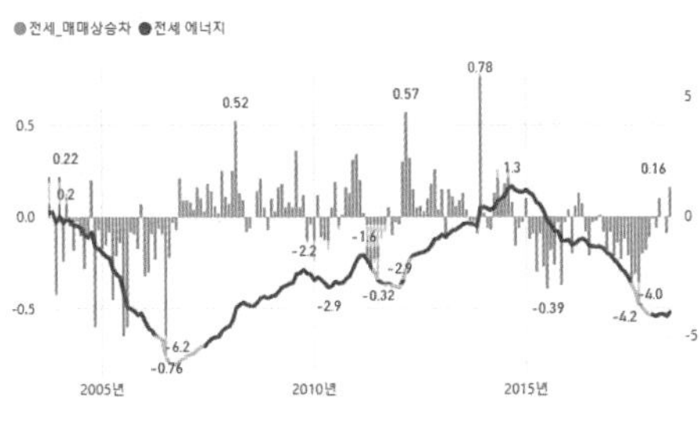

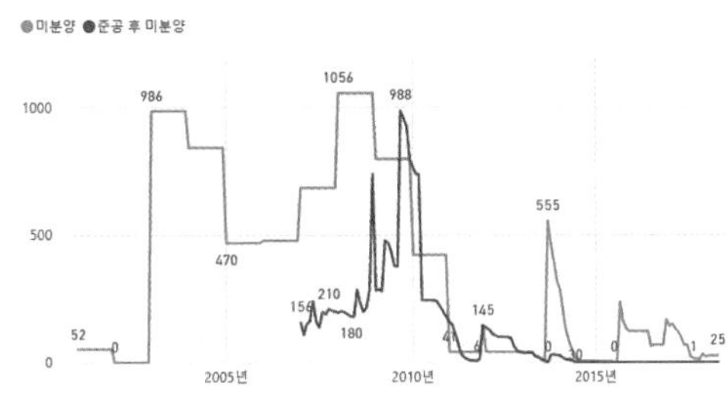

이제부터 북구, 부산진구, 사하구 3곳을 살펴볼 생각이다. 앞서 이들 지역은 수익률이 좋지 않다고 했다. 각각 2015년 당시 추천 순위는 27위, 47위, 118위였다.

부산 북구는 2015년 12월에 3,160세대 공급으로 수요 에너지가 떨어졌다가 이후 전반적으로 올라가고 있다. 사하구는 전세 에너지가 완전히 바닥이었다. 부산 진구는 좀 애매한 측면이 있지만 전체적으로 점수가 높지 않아 추천 순위가 47위였다.

| 부산 북구 주요 차트 |

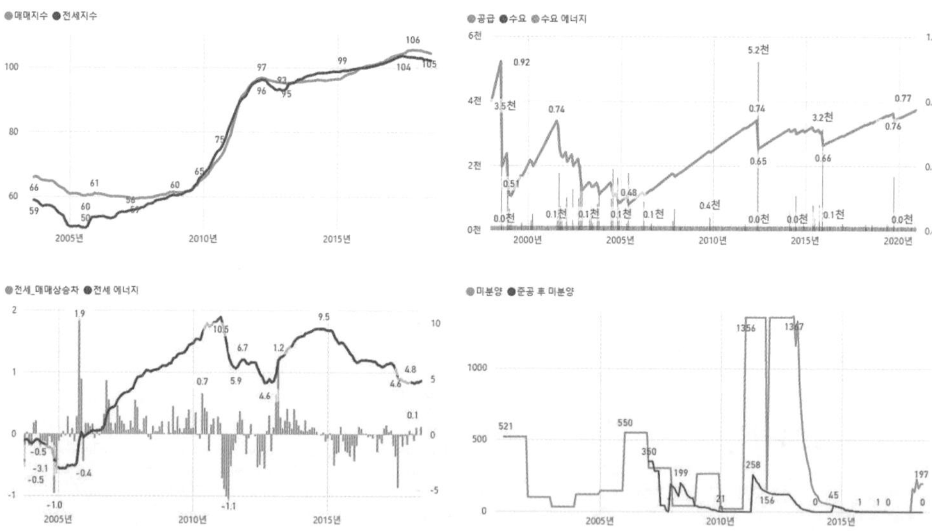

| 부산 부산진구 주요 차트 |

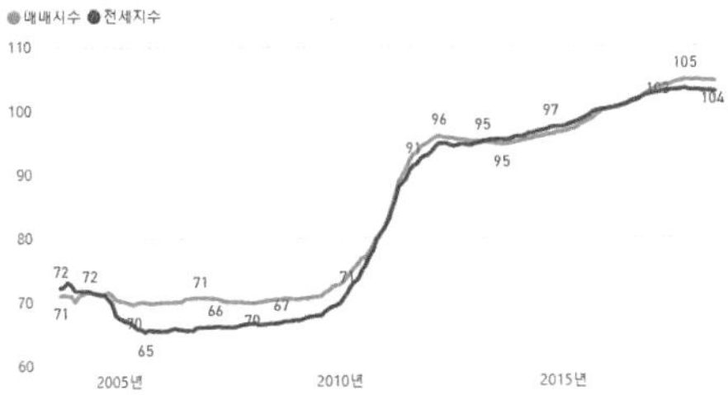

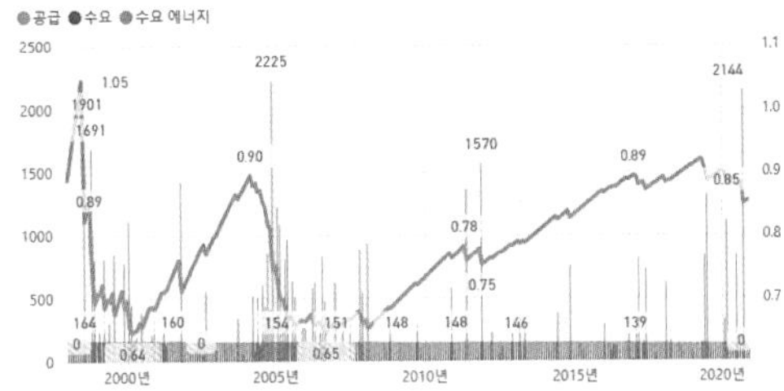

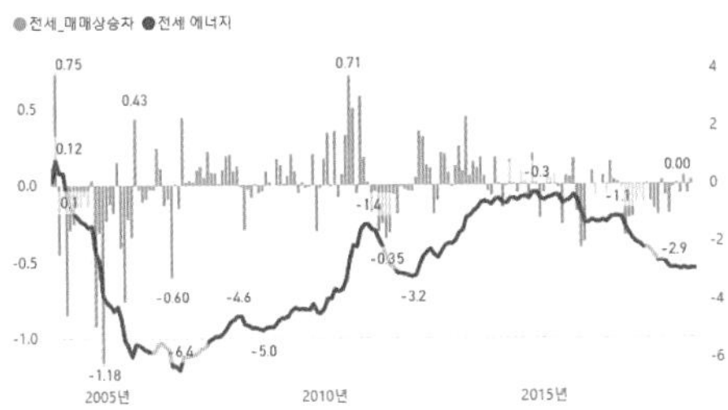

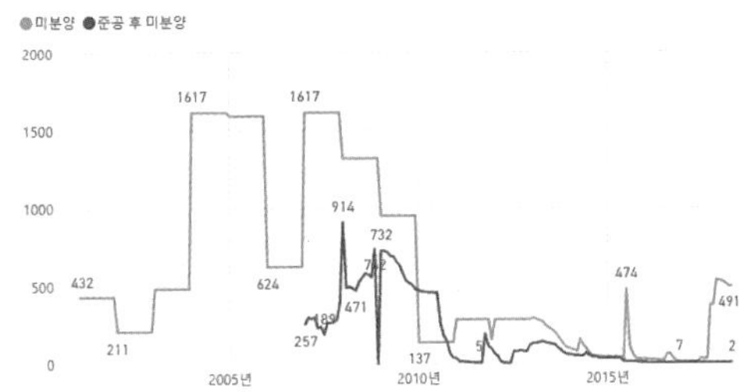

| 부산 사하구 주요 차트 |

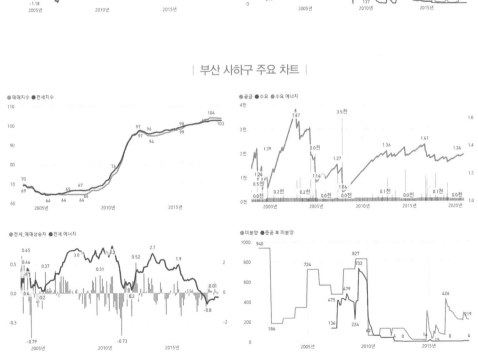

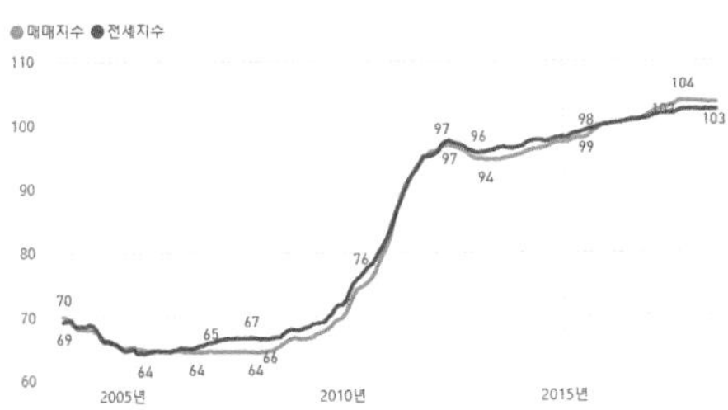

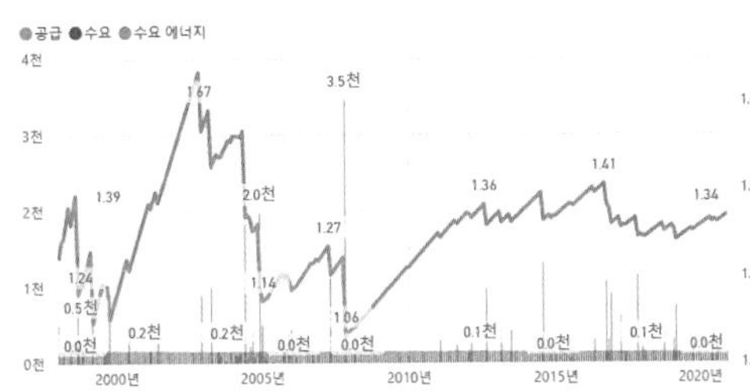

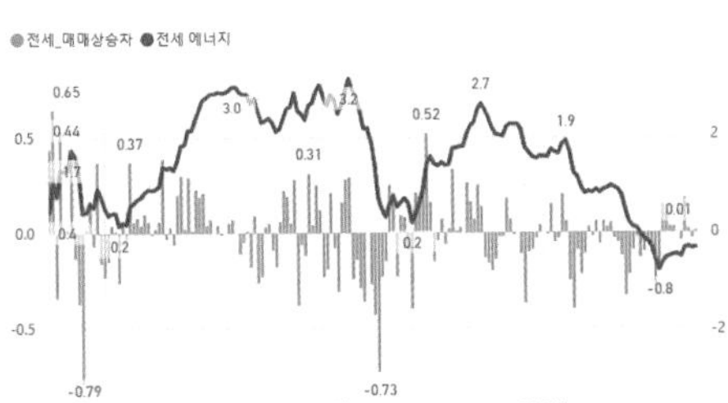

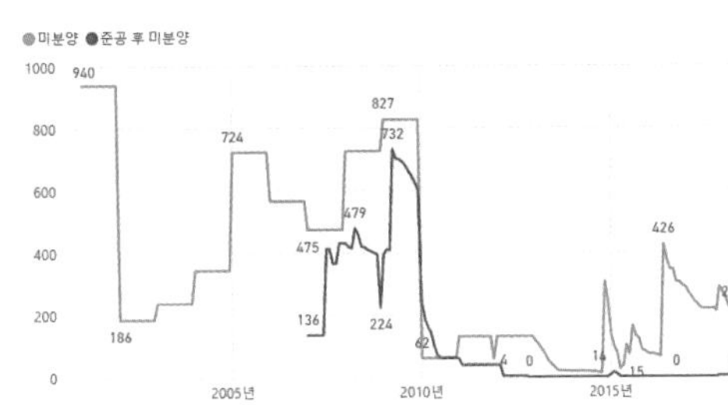

연제구, 동래구처럼 2015년 당시 추천 순위가 낮은데도 수익률이 높은 경우가 종종 있다. 왜 그런지 아직까지는 솔직히 원인을 찾지 못했다. 이 역시 인공지능 프로그램의 한계다. 추천 순위가 높은데도 투자결과가 나쁜 경우를 찾는 것은 그나마 가능하며, 이는 사람의 몫이다. 1차적으로 프로그램이 걸러주고, 2차적으로 사람의 판단으로 걸러야 한다. 조금이라도 나쁜 요소가 있으면 걸러내고, 좋은 요소만 있는 지역과 아파트를 선정하는 것이 인공지능 프로그램을 활용하는 방법이다. 어찌 되었건 인공지능 프로그램이 추천하는 30~50개 지역 내에 있는 수많은 아파트들이 우선 투자 대상이다.

2015년에는 광주 지역이나 일부 수도권이 우선 투자 대상이었다. 부산 지역은 수요 에너지가 미세한 약보합 상태였다. 당시 우상향 중이던 수도권과 광주 지역을 선택했다면 투자 결과가 좋았을 것이다.

11

2015년 강원도 상세 분석

강원도 지역을 살펴보자. 강원도도 부산처럼 파악하기가 쉽지 않은 지역이다. 먼저 2013년부터 살펴보자. 강원도는 전체적으로 투자 추천 순위가 낮은 편이다. 그중 2015년의 순위가 제일 높다.

| 2013년 강원 지역의 투자 예측 결과 및 데이터 항목 |

지역	가구증가	전세종합	수요공급종합	미분양	거래량 증가	주변입주량	추천 순위	과거결과 순위
강원 원주시	35.00	149.96	27.92	-40.00	0.60	-5	52	27
강원 속초시	7.00	205.00	29.26	30.00	-18.90	10	57	48
강원 홍천군	49.00	156.17	58.79	20.00	30.00	-5	63	70
강원 강릉시	35.00	193.40	29.00	-40.00	-9.60	7	72	32
강원 삼척시	63.00	124.89	16.72	60.00	2.70	7	107	145
강원 춘천시	42.00	153.89	36.65	-40.00	-15.90	5	117	136
강원 태백시	-7.00	152.72	61.55	-80.00	30.00	7	133	120
강원 영월군	28.00	119.83	55.32	30.00	-26.40	-5	145	146
강원 동해시	21.00	128.11	-59.50	-80.00	-3.00	7	156	119

| 2014년 강원 지역의 투자 예측 결과 및 데이터 항목 |

지역	가구증가	전세종합	수요공급종합	미분양	거래량 증가	주변입주량	추천 순위	과거결과 순위
강원 원주시	35.00	195.30	-61.82	50.00	30.00	-5	41	28
강원 춘천시	42.00	181.73	-42.23	30.00	-5.40	2	59	137
강원 강릉시	14.00	247.40	18.80	30.00	30.00	5	70	37
강원 속초시	0.00	230.20	22.35	30.00	30.00	7	85	31
강원 홍천군	42.00	179.50	52.27	60.00	-14.10	-5	93	100
강원 태백시	0.00	155.48	68.13	-40.00	-23.10	10	133	134
강원 동해시	35.00	142.83	22.09	30.00	18.90	10	134	86
강원 삼척시	42.00	143.98	-68.79	60.00	0.00	10	143	155
강원 영월군	42.00	123.51	51.02	30.00	-14.10	2	150	144

| 2015년 강원 지역의 투자 예측 결과 및 데이터 항목 |

지역	가구증가	전세종합	수요공급종합	미분양	거래량 증가	주변입주량	추천 순위	과거결과 순위
강원 춘천시	35.00	183.30	36.82	30.00	17.10	5	28	18
강원 원주시	42.00	218.50	-0.40	-40.00	2.70	-5	35	9
강원 속초시	0.00	222.70	13.80	60.00	1.20	10	99	23
강원 강릉시	7.00	242.70	15.01	20.00	5.10	0	106	31
강원 홍천군	14.00	183.20	-44.20	60.00	9.00	-5	130	86
강원 태백시	0.00	155.48	69.33	30.00	30.00	10	133	122
강원 삼척시	-21.00	154.56	15.92	50.00	9.90	5	137	102
강원 횡성군	42.00	132.71	49.89	60.00	19.20	-5	147	159
강원 동해시	0.00	144.21	25.75	-40.00	4.80	5	151	82
강원 영월군	42.00	138.23	-56.13	30.00	13.20	-5	158	129

| 2016년 강원 지역의 투자 예측 결과 및 데이터 항목 |

지역	가구증가	전세종합	수요공급종합	미분양	거래량 증가	주변입주량	추천 순위	과거결과 순위
강원 원주시	49.00	227.20	-4.05	-40.00	8.70	-5	33	33
강원 춘천시	7.00	223.90	36.08	-20.00	30.00	-5	40	21
강원 강릉시	21.00	243.40	11.60	-20.00	2.70	0	110	40
강원 속초시	0.00	253.20	-63.95	60.00	30.00	0	112	38
강원 평창군	21.00	143.52	48.42	60.00	15.90	-5	132	88
강원 태백시	-7.00	157.55	67.30	30.00	10.50	-5	136	153
강원 홍천군	21.00	173.60	-48.85	50.00	-12.00	-5	137	144
강원 삼척시	-21.00	170.00	-61.79	50.00	6.30	-5	144	128
강원 횡성군	42.00	130.87	42.75	60.00	-21.00	-5	150	130
강원 동해시	0.00	146.74	-58.82	60.00	-3.00	-5	152	73
강원 영월군	35.00	123.97	-59.88	60.00	4.50	-5	160	129

| 강원 지역 주요 차트 |

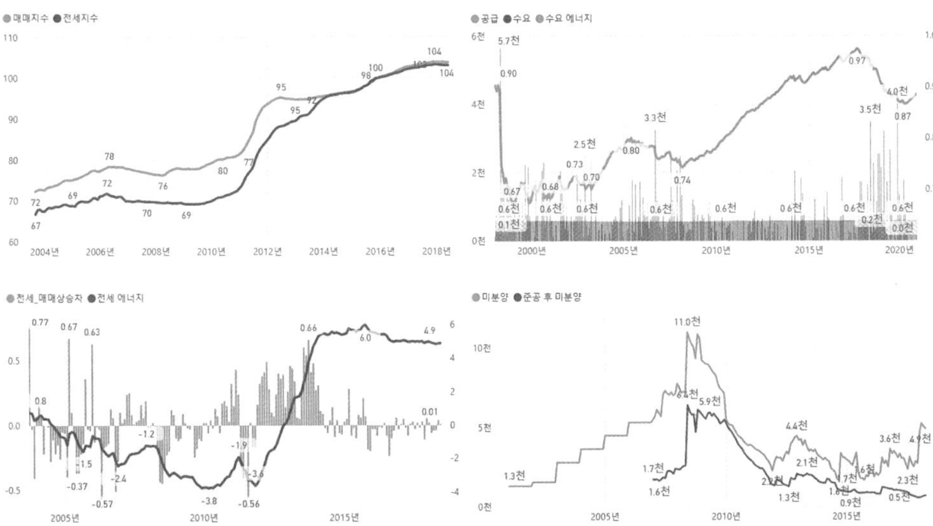

차트를 통해 에너지의 흐름을 살펴보면 다른 지방(수도권, 광역시 외의 지역)처럼 매매와 전세의 흐름이 비슷하게 이어지고 있다. 전세

에너지는 2011년 말부터 2014년 3월까지 상승하다 현재까지 조금씩 떨어지고 있지만 그래도 아주 높은 수준이다. 수요 에너지는 2008년부터 2017년 말까지 거의 10년 가까이 오르고 있다. 10년 가까이 공급이 부족했다는 뜻이다. 강원도는 미분양 상태도 좋고, 모든 차트의 흐름이 좋다.

2015년에는 강원도에 투자하는 것을 고민했어야 한다. 서울, 수도권 외의 투자 지역 중에서는 광주의 추천 순위가 제일 높으니 순위가 조금 미심쩍은 강원도보다 광주 지역을 선택하는 게 나았을 것이다. 연구 차원에서 강원도의 데이터도 확인해 보자. 먼저 수익률 결과를 살펴보자.

강원도는 2015년의 경우 광주 지역보다 수익률이 낮기는 하지만 경기도와 비슷한 수치로 투자하기 괜찮은 편이다. 하지만 2016년에는 수요 · 공급 관련 항목(주황색 칼라 배경)이 안 좋아졌고 결과도 안 좋았다. 공교롭게도 강원도는 아파트 단지수가 많은 지역이 전부 수익률이 좋다.

| 2015년 강원 지역의 투자 예측 결과 및 지역 내 추천 아파트 통계 |

82.87					전체(평균)			전세가율70%(평균)			공격적 단지(평균)					보수적 단지(평균)				
SIDO	GUSI	최종순위	결과순위	물건수	전세가율	투자갭	수익률	70%단지수	투자갭	수익률	공격적 단지수	투자갭	수익률	best단지수	worst수	보수적 단지수	투자갭	수익률	best단지수	worst수
강원도	춘천시	28	18	173	70.50	4,574	84.00	100	3,222	113.60	34	2,853	137.70	23	2	16	2,213	151.80	12	
강원도	원주시	35	9	305	72.70	3,181	74.30	215	2,696	85.60	68	2,269	104.20	36	7	46	1,916	109.80	27	3
강원도	속초시	99	23	71	74.40	2,997	139.80	51	2,149	161.90	10	2,185	179.50	9		4	1,338	208.50	3	
강원도	강릉시	106	31	129	76.10	2,848	85.90	101	2,524	95.00	30	2,188	115.80	17	1	20	1,625	110.30	10	1
강원도	홍천군	130	86	22	71.90	2,966	68.10	13	2,019	83.20	5	1,490	101.50	2		3	1,367	129.80	2	
강원도	태백시	133	122	18	67.60	2,906	4.30	5	2,120	11.00	2	2,500	16.00		2	2	2,500	16.00		2
강원도	삼척시	137	102	31	67.20	2,661	47.10	14	2,246	62.90	8	1,944	57.40	1	2	5	1,340	56.50	1	1
강원도	횡성군	147	159	16	57.70	3,225	45.40													
강원도	동해시	151	82	69	62.70	3,398	53.70	17	2,382	78.00	8	2,013	107.50	4		4	1,500	130.00	2	
강원도	영월군	158	129	18	60.10	2,133	63.90													
합계				852	68.09		66.65	516		86.40	165		102.45	92	14	100		114.09	57	7

| 2016년 강원 지역의 투자 예측 결과 및 지역 내 추천 아파트 통계 |

85.21

				전체(평균)				전세가율70%(평균)			공격적 단지(평균)					보수적 단지(평균)				
SIDO	GUSI	최종순위	결과순위	물건수	전세가율	투자갭	수익률	70%단지수	투자갭	수익률	공격적 단지수	투자갭	수익률	best단지수	worst수	보수적 단지수	투자갭	수익률	best단지수	worst수
강원도	원주시	33	33	337	73.80	3,332	50.40	247	2,942	57.00	74	2,649	66.00	14	19	37	1,991	78.80	12	5
강원도	춘천시	40	21	198	74.30	4,191	88.00	143	3,595	106.40	36	2,878	143.30	23	1	17	1,924	189.50	16	
강원도	강릉시	110	40	135	76.80	2,942	59.90	106	2,495	67.40	33	2,055	75.40	11	8	25	1,686	75.60	9	7
강원도	속초시	112	38	71	75.60	3,161	106.40	58	2,774	119.80	11	2,145	173.20	8		8	1,656	197.60	6	
강원도	평창군	132	88	17	62.40	3,256	30.20	4	1,825	54.60	3	1,800	58.80	1	1	3	1,800	58.80	1	1
강원도	태백시	136	153	24	68.50	3,617	16.90	7	2,557	18.90	2	3,600	0.00		2	1	2,200	0.00		1
강원도	홍천군	137	144	25	69.40	3,366	35.10	14	3,357	38.50	1	2,000	30.00		1	1	2,000	30.00		1
강원도	삼척시	144	128	31	71.60	2,568	22.50	17	2,235	26.20	5	1,780	32.90		3	3	633	23.80		2
강원도	횡성군	150	130	20	56.90	3,838	27.10													
강원도	동해시	152	73	75	63.80	3,487	48.30	23	2,452	66.00	9	1,978	59.80	2	4	5	1,460	66.70	2	2
강원도	영월군	160	129	18	53.90	2,767	25.30													
합계				951	67.91		46.37	619		61.64	174		71.04	59	39	100		80.09	46	19

강원도의 시 · 구 단위 차트를 지역별로 확인해 보자.

원주시는 2017년 9월부터 수요 에너지의 흐름이 좋지 않다. 하지만 수치를 보면 0.1 정도 떨어진 것으로, 사실상 수요 에너지가 급격하게 떨어진 것은 아니지만, 어쨌거나 우상향하는 춘천보다 투자 환경이 좋지는 않다. 2016년 수익률 결과에서 추천 순위는 춘천보다 원주가 더 높지만, 결과는 더 나쁜 원인(수요 에너지)인 듯하다.

춘천, 원주 외에는 매매와 전세의 흐름을 제공하지 않는다. 두 지역 다 수요 에너지의 흐름이 좋지 않지만 2016년까지 속초시는 좋았고, 강릉시도 2018년 9월까지는 좋아 보인다.

| 강원도 춘천시 주요 차트 |

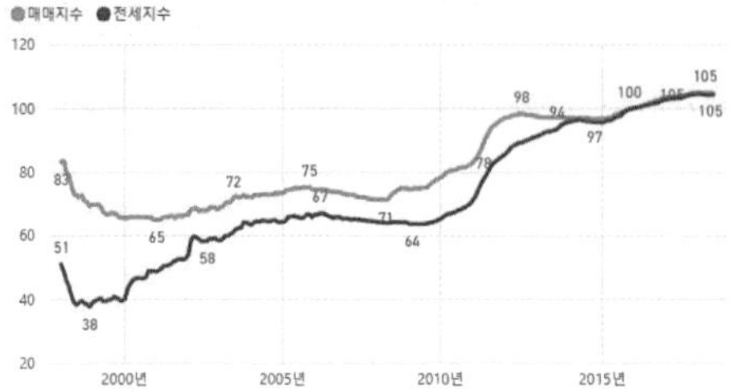

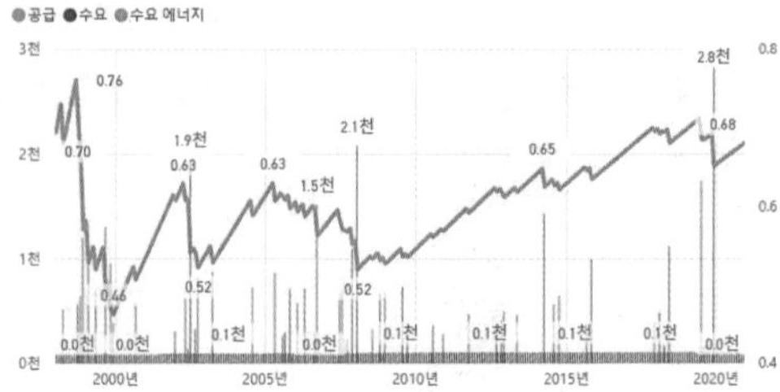

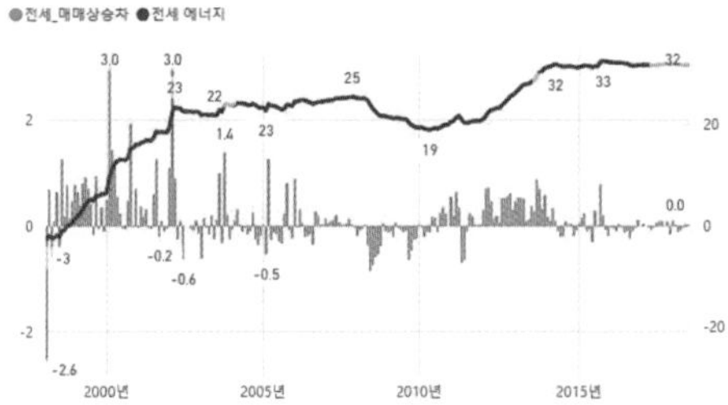

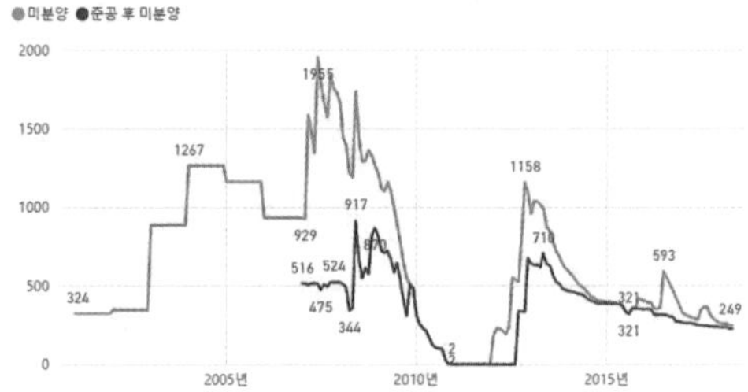

| 강원도 원주시 주요 차트 |

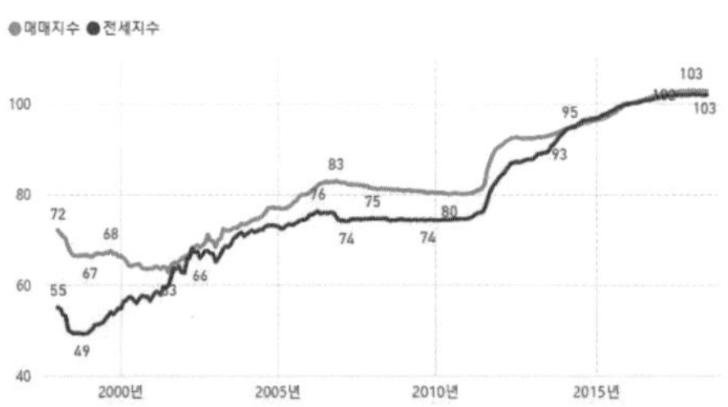

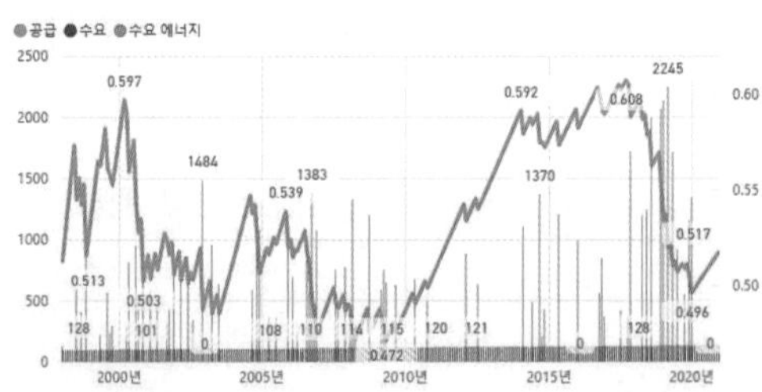

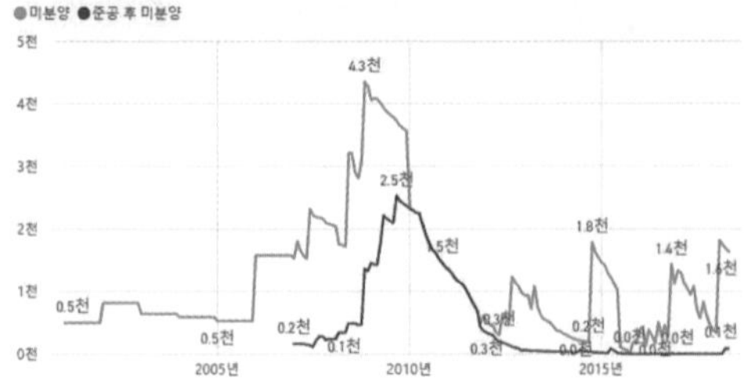

| 강원도 속초시 주요 차트 |

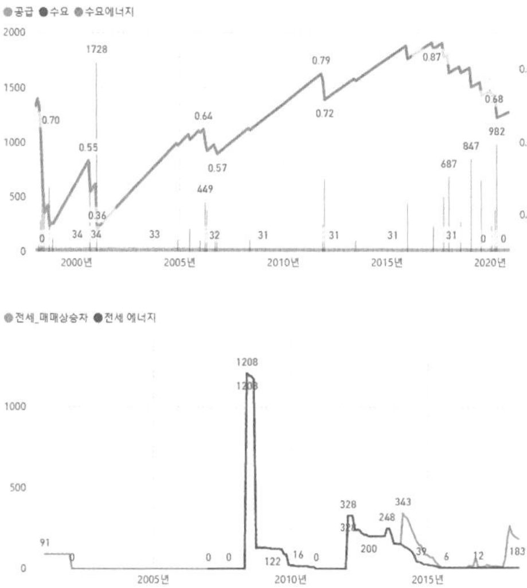

| 강원도 강릉시 주요 차트 |

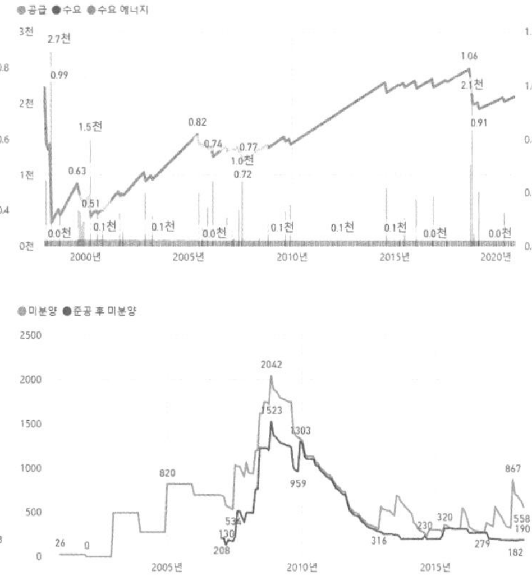

지금까지 2015년도 투자 시장을 분석하며 서울, 부산, 인천, 강원도 지역을 자세히 살펴봤다. 2015년에는 투자 환경이 어려웠다. 광주와 강원도 외의 지방 시장이 거의 죽어가고 있었고(부산같이 애매한 지역도 있지만), 수도권 투자가 서서히 시작되고 있었다. 하지만 이건 어디까지나 2년 전세 갭투자만을 생각했을 때의 흐름이다.

광주광역시 역시 2016년부터 투자 환경이 좋지 않았다. 사실 투자는 2년만 생각하면서 사고 파는 것보다 4년 이상 쭉 가지고 가는 게 좋다. 2년 전세 갭투자는 대부분 총투자금 5천만 원 전후로 힘들게 시작하는 투자자에 해당한다.(그보다 더 투자금이 적으면 빌라 등을 이용한 '무피 투자'도 생각해 봐야 한다.)

2013년부터 시작해서 투자금을 불린 투자자는 2015년까지만 수익률을 내기 좋은 광주보다 4년 이상의 시간을 염두에 두고 서울이나 수도권에 투자하는 게 맞다. 수도권에 거주하는 사람의 경우 지방으로의 이동 시간을 생각하면 확실히 수도권이 낫다.

더구나 2015년 전세가율 70% 이상 아파트의 경우 평균수익률이 광주광역시는 94%, 서울은 67.14%였지만 보수적 조건의 단지 같은 경우 둘 다 140%의 비슷한 수익률을 보였다. 그 말은 지역 내의 투자 아파트를 잘 선택할 줄 아는 실력이 있으면 힘들게 지방까지 가지 않아도 수익을 거둔다는 말이다. 물론 그런 실력을 쌓는다는 게 쉽지 않은 일이긴 하지만 말이다.

12

2016년 인공지능은 어디를 추천했는가?

2016년도는 본격적인 수도권 상승장이었다. 2015년도와 마찬가지로 추천 순위 50위권까지 살펴보자.

시 · 도 단위의 지역으로 정리해 보면 서울시가 압도적으로 많다. 25개 구에서 송파구, 은평구, 강남구, 금천구, 영등포구, 강동구, 서초구, 용산구, 종로구 등 9개 구가 50위권 밖이었고, 나머지 16개 지역은 50위권 이내였다. 해당 지역에서도 70위권 이상은 강동구, 서초구, 용산구, 종로구이며 전세 갭투자용 인공지능 프로그램 특성상 선호도가 높은 강남 4구가 제외된다고 하면 대부분 투자 대상 지역이라고 해도 과언이 아니다. 경기도 역시 2015년에 군포, 수원, 이천, 화성, 고양, 용인, 광명 등 7개 지역이었다가 성남, 의정부, 구리, 부천, 남양주, 파주, 안양이 더해져 14개 지역으로 더 많아졌다.

| 2016년 투자 예측 결과 및 데이터 항목 |

AII LAB

투자예측b

85.21

투자 알고리즘 ...

일자

- ☐ 2007-01-01
- ☐ 2008-01-01
- ☐ 2009-01-01
- ☐ 2010-01-01
- ☐ 2011-01-01
- ☐ 2012-01-01
- ☐ 2013-01-01
- ☐ 2014-01-01
- ☐ 2015-01-01
- ■ 2016-01-01
- ☐ 2018-04-01

시도

- ☐ 강원도
- ☐ 경기도
- ☐ 경상남도
- ☐ 경상북도
- ☐ 광주광역시
- ☐ 대구광역시
- ☐ 대전광역시
- ☐ 부산광역시
- ☐ 서울특별시
- ☐ 울산광역시
- ☐ 인천광역시
- ☐ 전라남도
- ☐ 전라북도

지역	가구증가	전세종합	수요공급종합	미분양	거래량 증가	주변입주량	추천 순위 ▲	과거결과 순위
서울 중구	63.00	310.00	-28.78	60.00	14.70	-5	1	50
전남 목포시	7.00	286.80	54.64	50.00	15.30	2	2	39
경남 진주시	56.00	261.90	-2.05	60.00	15.00	-5	3	19
서울 관악구	14.00	279.20	55.15	60.00	-5.40	2	4	27
서울 동작구	0.00	284.10	51.07	60.00	-5.70	0	5	7
전남 순천시	35.00	277.60	-2.87	30.00	-1.20	-5	6	22
경기 군포시	-21.00	284.90	73.36	60.00	-13.20	0	7	64
서울 마포구	-7.00	278.50	53.87	60.00	0.90	0	8	14
서울 구로구	49.00	259.30	27.24	60.00	-8.40	-5	9	10
서울 도봉구	-7.00	271.00	61.73	60.00	-1.80	-5	10	23
서울 강서구	63.00	280.40	-33.43	60.00	-1.80	-5	11	2
서울 성북구	-21.00	290.20	32.93	60.00	-8.70	0	12	20
서울 동대문구	-7.00	269.80	58.68	60.00	-9.60	-5	13	25
전북 전주시	28.00	276.10	9.27	60.00	-8.10	-5	14	52
인천 연수구	56.00	268.90	-14.79	40.00	30.00	-5	15	32
경기 고양시	49.00	279.30	35.30	-40.00	-9.90	-5	16	11
경기 성남시	14.00	266.30	-4.27	60.00	30.00	-5	17	1
서울 광진구	-7.00	248.00	50.11	60.00	-1.20	-5	18	17
대전 유성구	63.00	241.60	-5.81	-40.00	-0.60	0	19	158
경기 수원시	35.00	247.20	10.70	60.00	-7.20	-5	20	66
경기 광명시	-14.00	260.10	63.55	60.00	6.90	0	21	30
서울 노원구	-14.00	258.80	41.75	60.00	-5.10	-5	22	12
서울 강북구	-7.00	238.50	43.75	60.00	-11.10	7	23	68
부산 북구	42.00	209.30	49.99	60.00	16.80	-5	24	29
광주 광산구	49.00	280.30	-2.95	60.00	-12.30	2	25	67
인천 부평구	0.00	223.80	40.24	60.00	-10.50	-5	26	28
경기 용인시	42.00	272.80	18.26	-40.00	-10.80	-5	27	80
서울 서대문구	14.00	259.30	-51.88	60.00	16.50	0	28	18
전남 여수시	21.00	183.41	66.24	60.00	-7.50	-5	29	35
인천 남동구	49.00	188.33	-1.11	-20.00	-11.40	-5	30	60
경기 의정부시	35.00	264.80	-62.79	60.00	-7.20	-5	31	71
경기 화성시	63.00	287.10	-55.81	-40.00	5.10	-5	32	70
강원 원주시	49.00	227.20	-4.05	-40.00	8.70	-5	33	33
대전 동구	-14.00	192.20	59.22	60.00	-5.40	2	34	143
서울 양천구	-21.00	202.00	43.15	60.00	5.40	-5	35	16
경기 구리시	35.00	261.10	-61.73	60.00	-17.10	-5	36	43
경기 부천시	63.00	209.80	-18.36	60.00	-2.40	-5	37	26
경기 남양주시	49.00	217.50	-1.97	-40.00	-0.60	-5	38	61
경기 파주시	42.00	220.00	-2.06	-40.00	-17.70	-5	39	24
강원 춘천시	7.00	223.90	36.08	-20.00	30.00	-5	40	21
경북 포항시	21.00	237.50	-0.57	-40.00	24.60	-5	41	93
경기 안양시	0.00	267.20	-38.48	60.00	-8.70	-5	42	6
대구 수성구	0.00	254.20	59.45	60.00	-18.60	-5	43	45
경기 이천시	42.00	233.70	-56.78	60.00	-9.90	-5	44	155
대구 달서구	0.00	270.30	-0.43	60.00	-19.80	-5	45	103
전북 익산시	0.00	211.60	34.38	60.00	-8.70	-5	46	47
광주 남구	49.00	235.60	-12.19	60.00	-19.20	0	47	59
광주 서구	35.00	274.40	-60.69	60.00	-10.20	-5	48	74
서울 성동구	21.00	257.40	-53.77		-11.40	-5	49	5
서울 중랑구	0.00	263.10	-52.30	60.00	-8.40	-5	50	37

인천은 2015년도와 동일하게 연수구, 남동구, 부평구가 추천 순위 50위권 내에 포진되어 있으나, 나머지 지역의 순위가 많이 올랐다. 광주, 대구 지역은 2015년도에 비해 순위가 확 낮아졌다. 대전은 여전히 30위권이 유성구 하나뿐이다. 부산은 북구만 50위권 내에 남아 있다. 그 외 강원도의 원주가 33위, 춘천이 40위에 있고, 경남의 진주가 3위, 경북 포항이 41위, 전남 목포가 2위, 순천이 6위, 여수가 29위, 전북 전주가 14위, 익산이 46위에 있다. 충청도와 울산 지역은 50위권 내에 한 지역도 없다.

2016년의 투자유망 지역은 볼 것 없이 서울이다. 경기, 인천에 조금 관심을 둬야 하고, 나머지 지역은 수익률을 기대하기 어렵다고 볼 수 있다.

13

2016년 대전 상세 분석

지역별 자세한 설명은 앞에서 다했다. 2013년부터 세종시와 제주도를 제외하고 대전 지역에 대한 설명만 남았다. (제주도는 기존의 투자 지역이 아니라 자료 검증도 하지 않았고, 세종시는 신규 아파트 위주라 전세 갭투자용 인공지능 프로그램 버전에서는 예측 대상에서 제외되어 있다.) 참고로 대전은 지방 강세 시장이었던 2009년, 2010년, 2011년에 투자 환경이 좋았다. 그러므로 대전 지역은 2009년부터 살펴보도록 하자.

2009년에는 대전의 3개 지역이 추천 순위 30위권 내에 있었고, 그 밖에 서구 31위, 중구 36위로 투자하기 괜찮은 편이었다. 2010년에는 중구가 27위, 유성구가 30위였다. 2011년에는 유성구가 2위, 서구가 7위, 대덕구가 32위였다. 2014년에는 유성구가 18위, 동구가 23위, 2015년에는 유성구만 5위, 동구는 31위, 2016년에는 유성구만 19위에 랭크되어 있다. 2009년과 2011년을 빼고는 투자를 추천하기 애매한 결과다.

| 2009년 대전 지역의 투자 예측 결과및 데이터 항목 |

지역	가구증가	전세종합	수요공급종합	미분양	거래량 증가	주변입주량	추천 순위 ▲	과거결과 순위
대전 대덕구	-21.00	152.26	57.34	40.00	-13.20	0	23	15
대전 동구	14.00	149.04	-0.55	60.00	12.00	2	25	34
대전 유성구	49.00	149.27	-9.72	30.00	-20.10	0	27	16
대전 서구	0.00	146.74	53.90	-20.00	-11.70	0	31	9
대전 중구	-7.00	147.20	71.74	30.00	-12.90	0	36	24

| 2010년 대전 지역의 투자 예측 결과 및 데이터 항목 |

지역	가구증가	전세종합	수요공급종합	미분양	거래량 증가	주변입주량	추천 순위 ▲	과거결과 순위
대전 중구	0.00	149.04	65.02	50.00	25.50	-5	27	29
대전 유성구	63.00	151.80	-14.49	50.00	21.90	-5	30	30
대전 서구	0.00	155.48	43.37	-80.00	27.60	-5	43	12
대전 대덕구	-21.00	-190.00	-38.68	50.00	23.70	-5	131	24
대전 동구	28.00	-190.00	-6.86	-40.00	-14.10	0	134	42

| 2011년 대전 지역의 투자 예측 결과 및 데이터 항목 |

지역	가구증가	전세종합	수요공급종합	미분양	거래량 증가	주변입주량	추천 순위 ▲	과거결과 순위
대전 유성구	63.00	202.10	-4.83	40.00	17.10	7	2	36
대전 서구	7.00	179.80	42.16	40.00	10.20	7	7	25
대전 대덕구	0.00	174.80	-42.58	50.00	16.80	5	32	40
대전 중구	14.00	155.02	63.02	-80.00	11.40	2	52	39
대전 동구	42.00	-190.00	-9.39	-80.00	12.30	5	140	44

| 2012년 대전 지역의 투자 예측 결과 및 데이터 항목 |

지역	가구증가	전세종합	수요공급종합	미분양	거래량 증가	주변입주량	추천 순위 ▲	과거결과 순위
대전 동구	42.00	150.42	77.24	60.00	30.00	5	33	79
대전 유성구	63.00	155.71	-8.52	-40.00	19.20	-5	35	89
대전 중구	14.00	150.19	58.01	-20.00	-18.90	-5	46	139
대전 서구	28.00	152.95	35.01	-40.00	-13.20	-5	54	80
대전 대덕구	21.00	151.57	57.80	-80.00	-4.20	-5	60	51

| 2013년 대전 지역의 투자 예측 결과 및 데이터 항목 |

지역	가구증가	전세종합	수요공급종합	미분양	거래량 증가	주변입주량	추천 순위 ▲	과거결과 순위
대전 유성구	63.00	190.40	-17.16	30.00	-25.20	0	36	52
대전 대덕구	28.00	152.72	54.11	30.00	-10.80	2	40	47
대전 동구	14.00	150.65	72.74	60.00	-26.40	10	49	84
대전 중구	21.00	150.65	57.88	50.00	-9.30	0	50	44
대전 서구	28.00	154.56	-54.88	50.00	-11.10	0	79	69

| 2014년 대전 지역의 투자 예측 결과 및 데이터 항목 |

지역	가구증가	전세종합	수요공급종합	미분양	거래량 증가	주변입주량	추천 순위 ▲	과거결과 순위
대전 유성구	63.00	239.80	-25.03	30.00	30.00	0	18	125
대전 동구	-7.00	165.38	74.16	60.00	30.00	10	23	143
대전 서구	28.00	179.50	-58.25	60.00	30.00	0	48	95
대전 중구	7.00	155.25	62.21	60.00	30.00	0	52	133
대전 대덕구	0.00	154.79	51.36	60.00	5.10	5	68	94

| 2015년 대전 지역의 투자 예측 결과 및 데이터 항목 |

지역	가구증가	전세종합	수요공급종합	미분양	거래량 증가	주변입주량	추천 순위 ▲	과거결과 순위
대전 유성구	63.00	231.30	-7.13	60.00	0.00	-5	5	120
대전 동구	-21.00	188.69	67.62	60.00	13.50	7	31	109
대전 서구	14.00	172.30	31.32	60.00	20.10	-5	44	106
대전 대덕구	-14.00	178.40	49.26	60.00	0.30	-5	67	157
대전 중구	-14.00	157.55	56.99	30.00	-0.60	-5	92	144

| 2016년 대전 지역의 투자 예측 결과 및 데이터 항목 |

지역	가구증가	전세종합	수요공급종합	미분양	거래량 증가	주변입주량	추천 순위	과거결과 순위
대전 유성구	63.00	241.60	-5.81	-40.00	-0.60	0	19	158
대전 동구	-14.00	192.20	59.22	60.00	-5.40	2	34	143
대전 서구	28.00	213.80	-57.54	60.00	-16.50	0	66	97
대전 중구	0.00	160.08	52.54	50.00	-6.60	0	72	159
대전 대덕구	-14.00	160.50	38.55	60.00	5.70	0	78	152

대전 지역 투자 예측 결과 및 지역 내 추천 아파트 통계를 보면 추천 순위가 낮은 2010년에 오히려 수익률이 높은 것을 알 수 있다.

| 2009년 대전 지역의 투자 예측 결과 및 지역 내 추천 아파트 통계 |

85.07				전체(평균)				전세가율70%(평균)			공격적 단지(평균)					보수적 단지(평균)				
SIDO	GUSI	최종순위	결과순위	물건수	전세가율	투자갭	수익률	70%단지수	투자갭	수익률	공격적 단지수	투자갭	수익률	best단지수	worst수	보수적 단지수	투자갭	수익률	best단지수	worst수
대전광역시	대덕구	23	15	130	66.20	3,299	62.50	58	2,045	96.50	15	1,745	91.90	7	3	12	1,873	102.20	6	1
대전광역시	동구	25	34	82	64.80	2,901	48.20	23	1,682	66.50	6	1,950	81.70	1		5	1,640	88.90	1	
대전광역시	유성구	27	16	96	64.90	6,402	70.00	34	2,390	141.40	15	2,010	173.30	11	1	10	1,555	206.20	8	1
대전광역시	서구	31	9	240	63.80	6,304	77.80	76	2,271	139.40	28	1,920	185.10	22		21	1,648	184.30	16	
대전광역시	중구	36	24	115	64.00	4,539	48.40	38	2,140	77.10	6	2,100	93.60	2	2	5	1,870	106.20	2	1
합계				663	64.74		61.38	229		104.18	70		125.12	43	6	53		137.56	33	3

| 2010년 대전 지역의 투자 예측 결과 및 지역 내 추천 아파트 통계 |

88.80				전체(평균)				전세가율70%(평균)			공격적 단지(평균)					보수적 단지(평균)				
SIDO	GUSI	최종순위	결과순위	물건수	전세가율	투자갭	수익률	70%단지수	투자갭	수익률	공격적 단지수	투자갭	수익률	best단지수	worst수	보수적 단지수	투자갭	수익률	best단지수	worst수
대전광역시	중구	27	29	129	64.80	4,974	115.00	41	2,173	193.30	8	2,594	161.90	7		7	2,179	172.30	7	
대전광역시	유성구	30	30	105	66.00	6,824	128.80	41	2,654	227.20	15	2,100	279.40	15		11	1,636	315.80	11	
대전광역시	서구	43	12	246	67.60	5,908	122.60	113	2,810	181.50	26	2,276	230.70	26		17	1,957	252.90	17	
대전광역시	대덕구	131	24	132	65.70	3,534	119.80	52	2,045	180.40	11	1,311	233.10	11		9	1,381	262.10	9	
대전광역시	동구	134	42	84	64.70	3,022	96.70	24	1,961	146.50	4	1,575	172.10	4		3	1,650	182.50	3	
합계				696	65.76		116.58	271		185.78	64		215.44	63		47		237.12	47	

| 2011년 대전 지역의 투자 예측 결과및 지역 내 추천 아파트 통계 |

88.64				전체(평균)				전세가율70%(평균)			공격적 단지(평균)					보수적 단지(평균)				
SIDO	GUSI	최종순위	결과순위	물건수	전세가율	투자갭	수익률	70%단지수	투자갭	수익률	공격적 단지수	투자갭	수익률	best단지수	worst수	보수적 단지수	투자갭	수익률	best단지수	worst수
대전광역시	유성구	2	36	112	72.20	6,250	73.30	73	3,258	96.90	20	2,383	137.20	15	1	11	1,700	172.00	10	
대전광역시	서구	7	25	250	71.40	5,455	64.50	145	3,394	88.90	33	2,547	120.60	18	1	17	2,029	144.80	12	
대전광역시	대덕구	32	40	133	67.70	3,587	74.00	75	2,636	95.20	18	2,411	103.40	6	2	13	1,850	117.50	6	2
대전광역시	중구	52	39	139	67.40	4,959	75.30	50	3,104	108.70	9	2,464	140.20	5	1	6	1,729	180.70	5	1
대전광역시	동구	140	44	96	67.80	3,144	74.40	39	2,310	100.50	9	2,294	94.90	3		6	2,358	94.10	2	
합계				732	69.30		72.30	382		98.04	89		119.26	47	5	53		141.82	35	3

2012년 대전 지역의 투자 예측 결과 및 지역 내 추천 아파트 통계

83.59

				전체(평균)				전세가율70%(평균)			공격적 단지(평균)					보수적 단지(평균)				
SIDO	GUSI	최종순위 ▲	결과순위	물건수	전세가율	투자갭	수익률	70%단지수	투자갭	수익률	공격적 단지수	투자갭	수익률	best단지수	worst수	보수적 단지수	투자갭	수익률	best단지수	worst수
대전광역시	동구	33	79	104	65.40	3,915	13.50	19	2,616	15.30	6	2,975	22.00		4	3	2,417	14.10		2
대전광역시	유성구	35	89	123	67.70	7,892	-0.70	53	4,737	1.90	8	3,388	13.30		7	5	2,220	29.40		4
대전광역시	중구	46	139	145	65.30	6,403	2.00	36	4,104	9.50	9	3,278	24.40		6	2	2,250	54.20		
대전광역시	서구	54	80	273	66.50	7,092	-1.60	74	3,530	8.80	16	2,216	16.90		13	13	1,835	19.10		10
대전광역시	대덕구	60	51	133	65.90	4,503	9.90	47	3,357	17.60	16	2,656	29.20	2	13	10	2,330	26.70	1	8
합계				778	66.16		4.62	229		10.62	55		21.16	2	43	33		28.70	1	24

2013년 대전 지역의 투자 예측 결과 및 지역 내 추천 아파트 통계

86.65

				전체(평균)				전세가율70%(평균)			공격적 단지(평균)					보수적 단지(평균)				
SIDO	GUSI	최종순위 ▲	결과순위	물건수	전세가율	투자갭	수익률	70%단지수	투자갭	수익률	공격적 단지수	투자갭	수익률	best단지수	worst수	보수적 단지수	투자갭	수익률	best단지수	worst수
대전광역시	유성구	36	52	140	70.70	7,329	6.50	86	4,824	10.20	17	3,429	24.20	1	15	7	2,171	38.50	1	5
대전광역시	대덕구	40	47	133	66.40	4,374	18.90	57	3,671	30.00	17	2,822	50.10	2	9	7	2,250	59.80	1	3
대전광역시	동구	49	84	105	65.50	3,948	12.30	30	2,753	11.50	12	2,775	13.70		12	7	2,243	5.80		7
대전광역시	중구	50	44	153	65.50	6,549	6.90	37	3,978	20.80	13	3,138	41.20	2	9	5	2,590	91.80	2	1
대전광역시	서구	79	69	278	67.20	6,781	4.10	100	3,958	11.60	32	3,127	20.80		28	13	1,992	22.00		11
합계				809	67.06		9.74	310		16.82	91		30.00	5	73	39		43.58	4	27

2014년 대전 지역의 투자 예측 결과 및 지역 내 추천 아파트 통계

81.50

				전체(평균)				전세가율70%(평균)			공격적 단지(평균)					보수적 단지(평균)				
SIDO	GUSI	최종순위 ▲	결과순위	물건수	전세가율	투자갭	수익률	70%단지수	투자갭	수익률	공격적 단지수	투자갭	수익률	best단지수	worst수	보수적 단지수	투자갭	수익률	best단지수	worst수
대전광역시	유성구	18	125	181	76.80	6,149	-0.30	140	4,468	0.40	40	3,594	5.10		37	13	1,692	19.70		10
대전광역시	동구	23	143	115	69.30	3,565	15.30	59	3,117	22.20	19	3,032	22.20		17	10	2,285	20.40		9
대전광역시	서구	48	95	304	71.10	5,939	1.40	176	4,235	4.20	34	2,703	10.30	1	31	17	1,982	20.90	1	15
대전광역시	중구	52	133	169	67.50	5,998	6.80	54	4,376	11.50	16	3,522	18.80		14	4	2,188	23.30		3
대전광역시	대덕구	68	94	139	67.30	4,357	17.80	64	3,979	24.50	22	3,391	32.50	1	16	7	2,271	52.80	1	4
합계				908	70.40		8.20	493		12.56	131		17.78	2	115	51		27.42	2	41

2015년 대전 지역의 투자 예측 결과 및 지역 내 추천 아파트 통계

82.87

				전체(평균)				전세가율70%(평균)			공격적 단지(평균)					보수적 단지(평균)				
SIDO	GUSI	최종순위 ▲	결과순위	물건수	전세가율	투자갭	수익률	70%단지수	투자갭	수익률	공격적 단지수	투자갭	수익률	best단지수	worst수	보수적 단지수	투자갭	수익률	best단지수	worst수
대전광역시	유성구	5	120	193	74.40	6,704	-2.00	144	5,087	-1.40	34	3,722	2.80		34	10	1,905	5.60		10
대전광역시	동구	31	109	137	69.90	4,057	21.00	73	3,703	27.90	20	2,980	34.20	1	12	11	2,077	41.30	1	5
대전광역시	서구	44	106	304	71.00	5,969	4.00	169	4,371	7.90	34	2,796	13.10	1	32	18	1,975	17.10	1	16
대전광역시	대덕구	67	157	139	69.00	4,215	14.50	80	3,880	17.60	22	3,145	19.60		19	9	2,572	25.70		7
대전광역시	중구	92	144	176	68.50	6,051	9.60	73	4,531	14.50	13	3,646	22.20		12	4	2,163	24.10		4
합계				951	70.56		9.42	539		13.30	123		18.38	2	109	52		22.76	2	42

| 2016년 대전 지역의 투자 예측 결과 및 지역 내 추천 아파트 통계 |

85.21				전체(평균)				전세가율70%(평균)			공격적 단지(평균)					보수적 단지(평균)				
SIDO	GUSI	최종순위 ▲	결과순위	물건수	전세가율	투자갭	수익률	70%단지수	투자갭	수익률	공격적 단지수	투자갭	수익률	best단지수	worst수	보수적 단지수	투자갭	수익률	best단지수	worst수
대전광역시	유성구	19	158	204	75.90	6,753	4.30	159	4,853	5.80	42	3,632	12.50		38	11	1,827	21.00		9
대전광역시	동구	34	143	150	70.70	4,186	18.00	93	4,044	20.90	20	3,578	27.10		17	8	2,025	31.30		6
대전광역시	서구	66	97	306	72.60	5,454	14.00	211	4,585	18.10	36	2,681	20.80		26	17	2,032	18.40		12
대전광역시	중구	72	159	184	69.60	5,855	13.80	94	5,035	16.30	19	4,245	24.80		17	3	2,467	27.40		2
대전광역시	대덕구	78	152	141	68.60	4,361	16.30	73	4,173	16.80	15	3,150	15.90		15	8	2,413	17.80		8
합계				985	71.48		13.28	630		15.58	132		20.22		113	47		23.18		37

대전 지역은 2009년에 전반적으로 투자 추천 순위가 높았는데, 수익률은 2010년에 제일 높았다. 2010년 당시 전세가율 70% 이상의 아파트 평균수익률은 부산광역시가 229%로 제일 높았고, 그 다음이 대전 185%, 울산 182%, 광주광역시 137%, 전남 102%, 전북 101% 순이었다. 참고로 인공지능 프로그램의 2010년 추천 순위다.

대전 전체 차트를 보면, 대전은 2009년 5월쯤부터 2011년 말까지 부동산 가격이 상승했다는 것을 알 수 있다. 당시 전세 에너지는 2006년 4월부터 꾸준히 쌓여 2011년 3월까지 상승하다가 2012년까지 하락했고, 그 이후 2014년 1월까지 상승하다가 약간 상승 · 보합세를 유지하고 있다. 상승장의 시작 시점이었던 2009년 5월쯤은 아직 에너지가 많이 쌓여 있는 상태가 아니라고 할 수 있다. 대전은 상승장에서 전세가가 더 많이 상승하면서 전세 에너지를 끌어당겼다.

수요 에너지를 보면 2007년 1월 상승장이 하락하다가 2009년 5월쯤에는 이전 상승분의 80% 수준까지 올랐다. 하지만 그 이후 지속적인 공급 부족으로 수요 에너지가 꾸준히 쌓이고 있다.

| 투자 예측(결과) 및 데이터 항목 프로그램(2010년 1월) |

AI LAB

투자예측

88.80

투자 알고리즘 ...

일자
- ☐ 2007-01-01
- ☐ 2008-01-01
- ☐ 2009-01-01
- ■ 2010-01-01
- ☐ 2011-01-01
- ☐ 2012-01-01
- ☐ 2013-01-01
- ☐ 2014-01-01
- ☐ 2015-01-01
- ☐ 2016-01-01
- ☐ 2018-04-01

시도
- ☐ 강원도
- ☐ 경기도
- ☐ 경상남도
- ☐ 경상북도
- ☐ 광주광역시
- ☐ 대구광역시
- ☐ 대전광역시
- ☐ 부산광역시
- ☐ 서울특별시
- ☐ 울산광역시
- ☐ 인천광역시
- ☐ 전라남도
- ☐ 전라북도

지역	가구증가	전세종합	수요공급종합	미분양	거래량 증가	주변입주량	추천 순위 ▲	과거결과 순위
광주 광산구	63.00	248.40	-10.13	60.00	-10.50	0	1	14
전북 전주시	28.00	227.10	42.69	30.00	24.30	0	2	1
부산 사하구	-7.00	182.40	72.58	40.00	30.00	5	3	3
전남 목포시	0.00	174.34	78.25	30.00	30.00	10	4	22
부산 기장군	63.00	173.60	-33.02	50.00	30.00	-5	5	44
부산 북구	-21.00	170.90	56.08	60.00	30.00	-5	6	9
부산 사상구	7.00	208.00	-41.31	60.00	18.00	2	7	5
경북 구미시	35.00	214.90	-1.27	20.00	-19.80	0	8	27
경북 포항시	28.00	205.80	33.64	10.00	11.40	2	9	45
경남 창원시	63.00	152.95	68.27	50.00		-5	10	4
부산 남구	7.00	169.50	71.91	40.00	1.80	10	11	11
전북 익산시	7.00	175.98	39.91	60.00	-4.50	-5	12	28
제주도 제주시	21.00	179.65	53.60	30.00	8.70	10	13	43
충북 충주시	21.00	154.27	67.32	30.00	0.30	5	14	35
부산 서구	14.00	153.64	64.81	50.00	30.00	10	15	46
대구 중구	14.00	206.70	80.31	20.00	-15.60	10	16	69
광주 서구	0.00	235.20	41.31	-40.00	0.60	2	17	13
광주 북구	-28.00	238.80	36.08	0.00	15.90	0	18	2
울산 동구	-35.00	223.00	-57.39	40.00	30.00	-5	19	33
제주도 서귀포시	21.00	179.65	78.71	30.00	-3.90	10	20	70
경남 김해시	63.00	149.04	60.83	60.00	-0.30	0	21	23
대구 북구	-28.00	214.50	-3.28	50.00	6.00	0	22	10
부산 연제구	21.00	153.18	39.39	60.00	30.00	2	23	20
강원 속초시	0.00	184.80	30.53	60.00	30.00	2	24	37
부산 부산진구	0.00	157.78	62.48	40.00	6.30	2	25	6
전남 순천시	28.00	164.30	48.15	-80.00	30.00	5	26	40
대전 중구	0.00	149.04	65.02	50.00	25.50	-5	27	29
대구 남구	-7.00	195.00	68.29	-20.00	15.60	10	28	75
전북 군산시	49.00	155.94	-3.18	30.00	-13.50	2	29	39
대전 유성구	63.00	151.80	-14.49	50.00	21.90	-5	30	30

대전은 2009년~2011년에 전세 및 수요 에너지 그리고 미분양까지 시장의 에너지와 흐름에 비해 약간 과하게 상승했다. 에너지 등의 투자 환경이 그리 높지 않은 상황에서 어떤 요인에 의해 무리하게 많이 상승한 것 같다. 그래서 대전은 지금 전세 에너지, 수요 에너지가 충분히 쌓여 있음에도 상승을 못하고 있는 것으로 판단된다.

2010년에는 부산, 울산, 전라도 등과 2016년에는 서울 지역과 비교가 되어 에너지의 절대값은 좋지만, 상대적인 수치가 부족해서 추천 순위에 들지 못했다. 대전은 상대적인 에너지 부족으로 불운의 지역인 듯도 하다. 그리고 일시적으로 공급량이 많아 수요 에너지가 잠깐 하락했던 2011년 8월부터 2012년 8월까지 전세지수가 많이 하락했다. 이 역시 에너지가 부족한 상태에서 과하게 상승한 결과인 듯싶다.

| 대전 지역 주요 차트 |

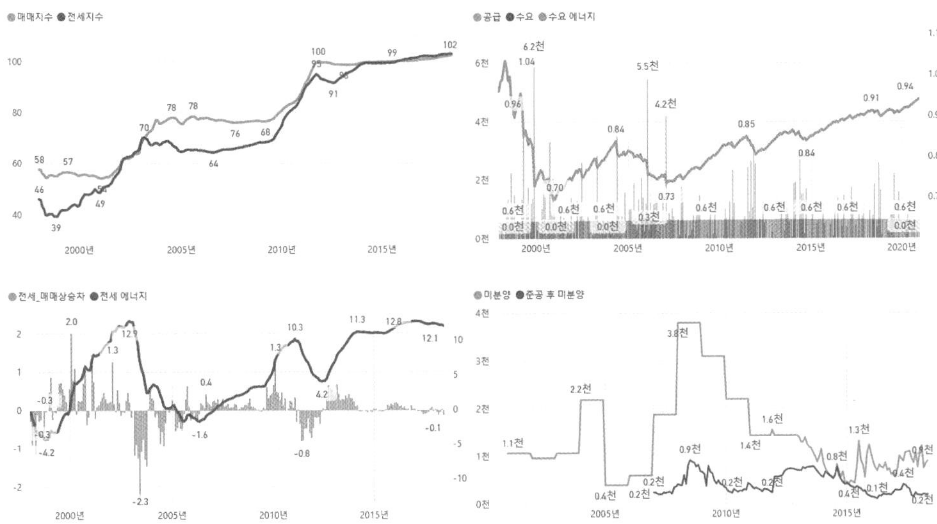

마지막으로 대전의 지역별 차트를 살펴보자. 대전 서구 지역만 수요 에너지가 미미하게 보합 상승 중이고, 동구에서 2018년 하반기에 공급이 조금 있을 것으로 보이고, 나머지 지역은 대전 전체 차트와 흐름이 비슷하다.

| 대전 대덕구 주요 차트 |

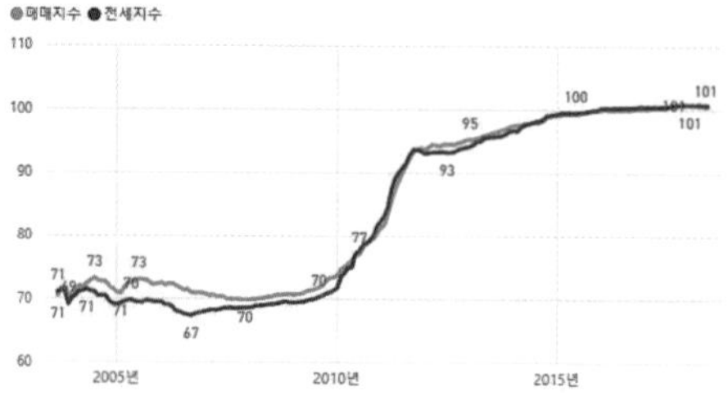

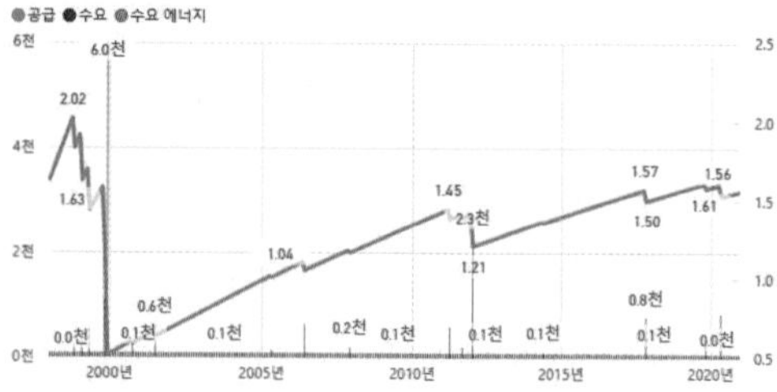

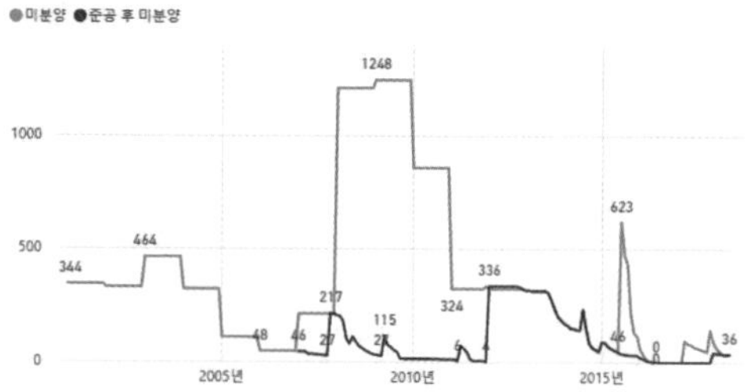

| 대전 동구 주요 차트 |

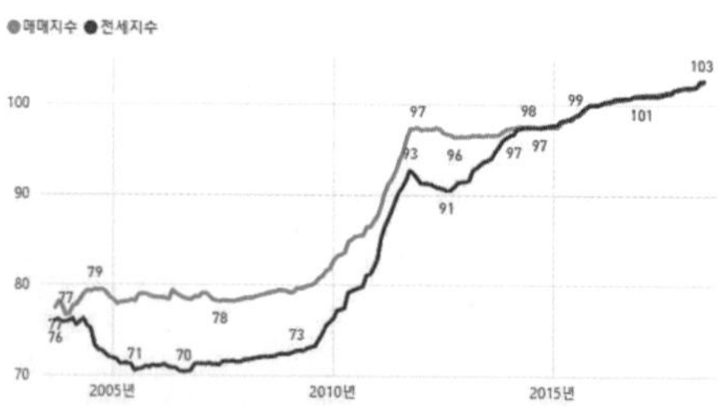

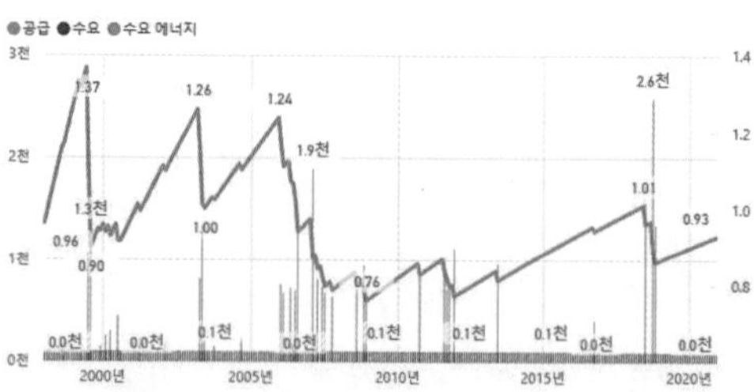

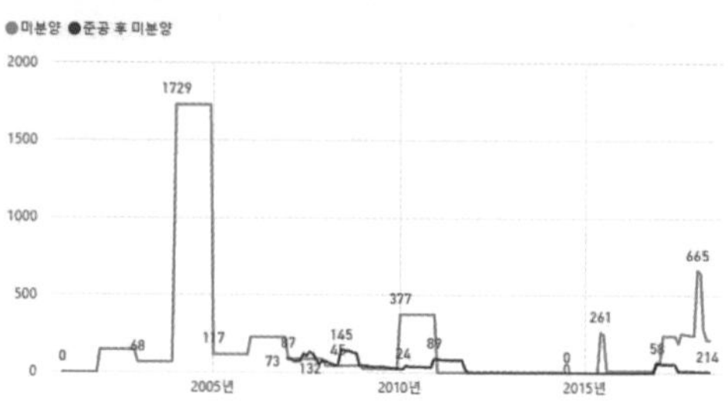

| 대전 서구 주요 차트 |

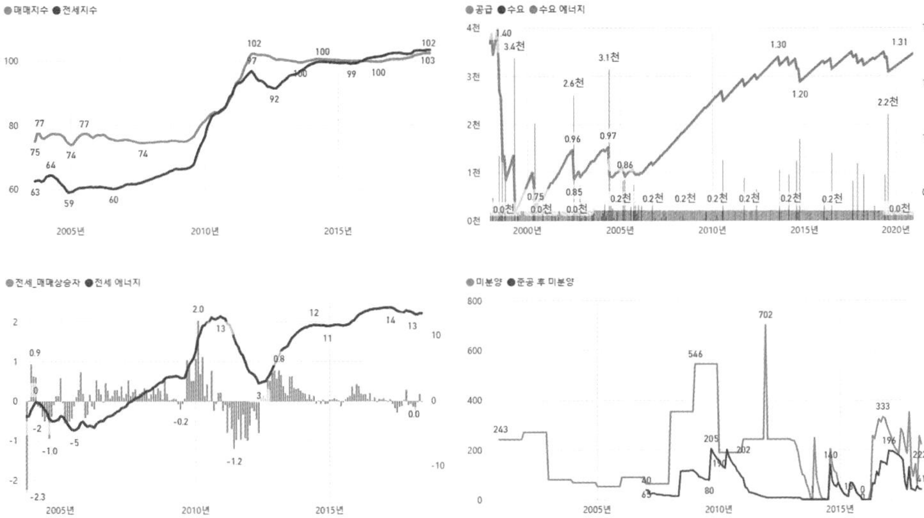

| 대전 유성구 주요 차트 |

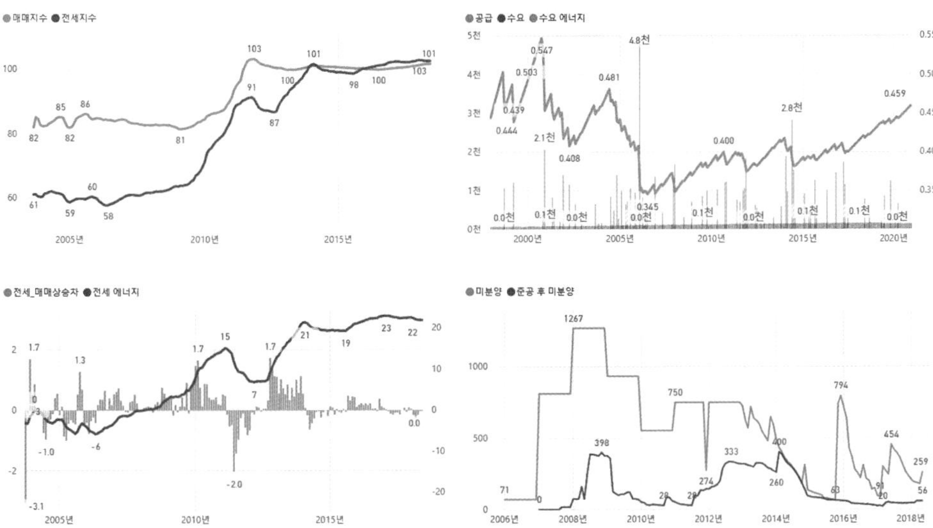

| 대전 중구 주요 차트 |

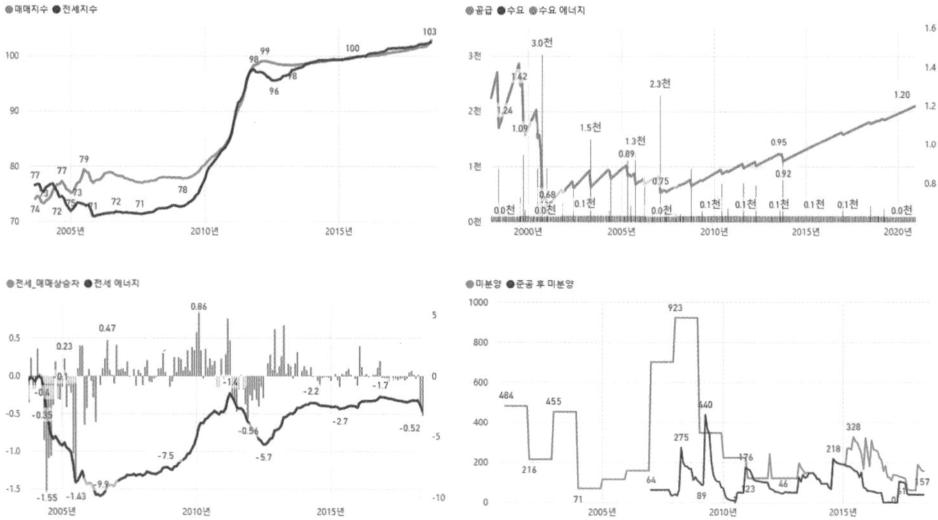

지금까지 2013년부터 2016년까지 세종시와 제주도를 제외한 모든 지역을 살펴보았다.

CHAPTER 4

악마는 디테일에 숨어 있다. 디테일한 세부조건으로 투자를 완성하자

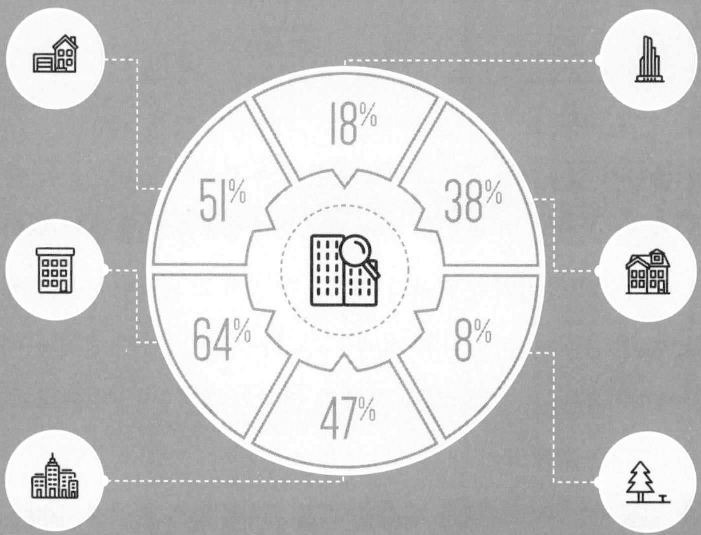

01

기본 조건 1 세대수

지금까지 인공지능 프로그램을 이용해 투자 지역을 선택하는 방식에 대해 알아봤다. 먼저 인공지능 프로그램에서 추천해 주는 지역을 차트나 시 · 도 단위의 분위기와 흐름을 보면서 자신이 다시 판단해야 한다. 그 다음으로 추천 지역 내에서 투자할 아파트에 대해 연구해야 한다. 그 이유는 우선 KB 시세 자체가 현재의 매물 가격이 아니기 때문이다. 이를 통해 그저 대체적인 흐름을 감지할 수 있을 뿐이다.

또 인공지능 프로그램은 투자를 조금 도와주는 수준이지, 100% 정답을 제공하는 것은 아니다. 다만 어떤 데이터를 통해 통계를 내보고 전반적으로 수익률이 높은 단지를 제시할 뿐이다. 투자자는 그 데이터를 실제로 조사해서 현명한 선택을 해야 한다.

이제부터 추천 지역 내 아파트에서 투자 결과가 좋은 아파트와 좋지 않은 아파트를 구분하는 방법을 몇 가지 살펴보도록 하자.

가장 먼저 판단해야 하는 것이 세대수 조건이다. 세대수가 적은 단지의 경우 간혹 좋지 않은 수익률을 낼 수 있다. 단, 서울같이 소규모 단지가 많은 지역은 해당되지 않는다. 또한 대세 상승 시기도 해당되지 않는데, 예를 들면 상승 초기나 추천하기 애매한데 조금씩 꾸준히 상승하는 장에서는 수익률이 높은 경우가 종종 있다.

예를 들어 2015년도 경기도 지역을 살펴보자. '2015년 경기도 내 보수적 추천 아파트의 평균수익률' 표는 경기도에서 추천 순위 30위 이내 시 · 군 단위의 지역이며, 지역 내 보수적 투자 아파트의 평균수익률이다. 2년 전세 갭투자의 평균수익률이 146.79%로 괜찮은 편이다.(참고로 지역 내 전세가율 70% 아파트의 평균수익률은 57.45%다.)

경기도 내에서 추천된 지역은 고양, 군포, 수원, 이천, 화성 5개 지역이다. 추천된 총 아파트 단지(평형)는 82개이며, 세대수는 15,618세대로 아파트(평형) 평균 세대수는 190세대 정도다.('2015년 경기도 내 보수적 추천 아파트의 평균수익률'의 상단 왼쪽 '단지 리스트' 아래 해당 내용 표시 참조)

| 2015년 경기도 내 보수적 추천 아파트의 평균수익률 |

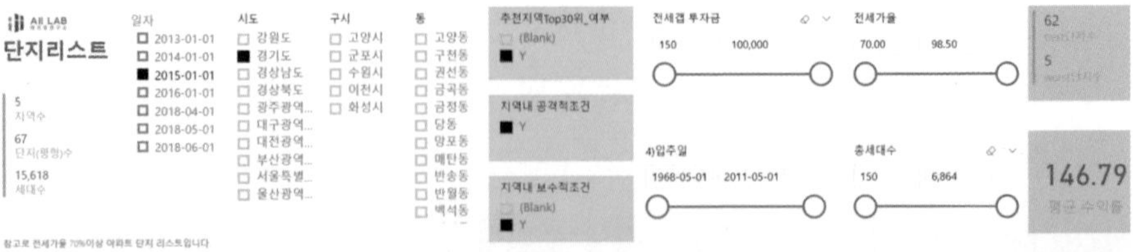

참고로 전세가율 70%이상 아파트 단지 리스트입니다

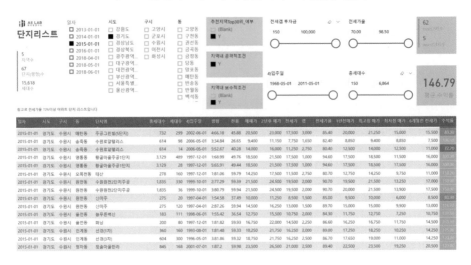

일자	시도	구시	동	단지명	총세대수	세대수	4)입주일	평형	전용	매매가	2년후 매가	전세가	갭	전세가율	1년전매가	최고점 매가	최저점 매가	6개월전 전세가	수익률
2015-01-01	경기도	수원시	매탄동	주공그린빌(5단지)	732	299	2002-06-01	4:66.18	45.88	20,500	23,000	17,500	3,000	85.40	20,000	21,250	15,000	15,500	83.30
2015-01-01	경기도	수원시	송죽동	수원로얄팰리스	614	98	2006-05-01	3:34.84	26.65	9,400	11,150	7,750	1,650	82.40	8,850	9,400	8,850	7,500	[illegible]
2015-01-01	경기도	수원시	송죽동	수원로얄팰리스	614	14	2006-05-01	5:52.67	40.28	14,000	16,000	11,250	2,750	80.40	12,500	14,000	12,500	11,000	72.70
2015-01-01	경기도	수원시	영통동	황골마을주공1단지	3,129	489	1997-12-01	1:68.99	49.76	18,500	21,500	17,500	1,000	94.60	17,500	18,500	11,500	16,000	[illegible]
2015-01-01	경기도	수원시	영통동	황골마을주공1단지	3,129	28	1997-12-01	5:65.91	49.44	18,500	21,500	17,500	1,000	94.60	17,500	18,500	17,500	16,000	[illegible]
2015-01-01	경기도	수원시	오목천동	태산	278	160	1997-12-01	1:81.06	59.79	14,250	17,500	11,500	2,750	80.70	12,750	14,250	9,750	11,000	[illegible]
2015-01-01	경기도	수원시	원천동	수원원천2단지주공	1,835	330	1999-10-01	2:77.29	59.39	21,500	24,500	19,500	2,000	90.70	19,500	21,500	13,250	17,000	[illegible]
2015-01-01	경기도	수원시	원천동	수원원천2단지주공	1,835	36	1999-10-01	3:80.79	59.94	21,500	24,500	19,500	2,000	90.70	20,000	21,500	13,900	17,500	[illegible]
2015-01-01	경기도	수원시	원천동	신미주	275	20	1997-04-01	1:54.58	37.49	10,000	11,250	8,500	1,500	85.00	9,500	10,000	6,000	8,500	83.30
2015-01-01	경기도	수원시	원천동	신미주	275	120	1997-04-01	2:87.26	59.94	14,500	16,250	13,000	1,500	89.70	15,000	15,000	9,900	13,000	[illegible]
2015-01-01	경기도	수원시	율전동	늘푸른벽산	183	111	1998-06-01	1:55.42	36.54	12,750	15,500	10,750	2,000	84.30	11,750	12,750	7,250	10,750	[illegible]
2015-01-01	경기도	수원시	율전동	화남	200	80	1997-12-01	1:81.82	59.93	16,750	22,000	14,500	2,250	86.60	16,250	16,750	11,750	14,500	[illegible]
2015-01-01	경기도	수원시	인계동	선경(1차)	360	160	1993-08-01	1:81.48	59.33	18,250	21,750	16,250	2,000	89.00	17,250	18,250	10,250	14,250	[illegible]
2015-01-01	경기도	수원시	인계동	선경(3차)	604	300	1996-05-01	3:81.86	59.32	18,750	21,750	16,250	2,500	86.70	17,650	19,000	11,000	14,250	[illegible]
2015-01-01	경기도	수원시	정자동	청솔마을한라	845	168	2001-07-01	1:87.2	59.98	23,500	26,500	21,000	2,500	89.40	22,500	23,500	19,250	20,500	[illegible]

베스트 단지(수익률이 100% 이상인 아파트 평형)는 62개, 워스트 단지(수익률이 40% 이하인 아파트 평형)는 5개다. 여기에서 조건을 1천 세대 이상의 아파트로 제한해 보자.(다음 '2015년 경기도 내 보수적 추천 아파트의 평균수익률 _ 1천 세대 이상 아파트 조건' 참고)

수익률도 높아졌지만, 워스트 단지 아파트 수가 0이 된 부분이 더 중요하다. 그 이유는 시장 초입에서 선호도가 높은 지역의 A급 아파트가 상승하는 경우가 많기 때문이다. 이러한 현상은 데이터를 통해서만 확인할 수 있다. 하지만 시장이 활성화되거나 본격 상승장이 지나면 상황이 달라질 수 있다. 2016년의 경기도가 바로 그런 경우다. 2015년과 동일한 조건에서 연도만 바꿔본 결과 세대수 조건이 없을 때에는 워스트 단지수가 30개, 평균수익률은 100% 정도로 나타났다.

| 2015년 경기도 내 보수적 추천 아파트의 평균수익률 |

(1천 세대 이상 아파트 조건)

AII LAB

단지리스트

4 지역수
13 단지(평형)수
4,849 세대수

일자: ☐ 2013-01-01 ☐ 2014-01-01 ■ 2015-01-01 ☐ 2016-01-01 ☐ 2018-04-01 ☐ 2018-05-01 ☐ 2018-06-01

시도: ☐ 강원도 ■ 경기도 ☐ 경상남도 ☐ 경상북도 ☐ 광주광역... ☐ 대구광역... ☐ 대전광역... ☐ 부산광역... ☐ 서울특별... ☐ 울산광역...

구시: ☐ 고양시 ☐ 군포시 ☐ 수원시 ☐ 화성시

동: ☐ 권선동 ☐ 금정동 ☐ 당동 ☐ 망포동 ☐ 병점동 ☐ 산본동 ☐ 영통동 ☐ 원천동 ☐ 조원동 ☐ 행신동

추천지역Top30위_여부: ☐ (공백) ■ Y

지역내 공격적조건: ■ Y

지역내 보수적조건: ☐ (공백) ■ Y

전세겹 투자금: 150 – 100.000

전세가율: 70.00 – 98.50

4)입주일: 1968-05-01 – 2011-05-01

총세대수: 1.000 – 6.864

14 best단지수
(공백) worst단지수

182.86 평균 수익률

참고로 전세가율 70%이상 아파트 단지 리스트입니다

일자	시도	구시	동	단지명	총세대수	세대수	4)입주일	평형	전용	매매가	2년후 매가	전세가	갭	전세가율	1년전매가	최고점 매가	최저점 매가	6개월전 전세가	과거 수익률
2015-01-01	경기도	고양시	행신동	햇빛(주공20단지)	1,713	89	1997-06-01	2:67.52	49.97	17,000	22,000	15,000	2,000	88.20	16,500	17,250	10,400	13,500	250.00
2015-01-01	경기도	군포시	금정동	주공1단지	1,329	120	1992-04-01	4:83.11	59.97	23,500	28,750	21,000	2,500	89.40	23,500	25,250	14,850	20,000	210.00
2015-01-01	경기도	군포시	금정동	퇴계주공(3단지)	1,992	476	1993-06-01	3:57.9	39.87	14,900	18,000	12,400	2,500	83.20	14,800	14,900	8,200	12,150	124.00
2015-01-01	경기도	군포시	당동	주공(2단지)	1,000	600	1997-07-01	1:71.33	49.59	18,750	23,500	16,250	2,500	86.70	17,750	18,750	10,700	15,750	190.00
2015-01-01	경기도	군포시	산본동	설악(8단지)	1,471	126	1996-07-01	1:52.88	36.96	13,400	16,950	11,350	2,050	84.70	13,250	13,400	7,750	10,500	173.20
2015-01-01	경기도	군포시	산본동	주공4단지(한라)	1,248	180	1992-11-01	3:70.7	51.66	18,650	23,750	16,500	2,150	88.50	18,250	19,500	10,500	15,000	237.20
2015-01-01	경기도	군포시	산본동	주공개나리(13단지)	1,778	522	1995-11-01	1:67.52	49.67	18,400	22,500	16,250	2,150	88.30	17,350	18,400	10,750	15,500	190.70
2015-01-01	경기도	수원시	권선동	신동아,대원	1,020	1,020	1996-05-01	1:80.78	59.88	19,000	21,300	17,000	2,000	89.50	17,800	19,000	10,750	16,500	115.00
2015-01-01	경기도	수원시	망포동	늘푸른벽산	1,380	319	2000-06-01	1:80.95	59.88	21,000	22,500	19,000	2,000	90.50	20,500	21,000	16,875	17,700	75.00
2015-01-01	경기도	수원시	영통동	황골마을주공1단지	3,129	489	1997-12-01	1:68.99	49.76	18,500	21,500	17,500	1,000	94.60	17,500	18,500	11,500	16,000	300.00
2015-01-01	경기도	수원시	영통동	황골마을주공1단지	3,129	28	1997-12-01	5:65.91	49.44	18,500	21,500	17,500	1,000	94.60	17,500	18,500	17,500	16,000	300.00
2015-01-01	경기도	수원시	원천동	수원원천2단지주공	1,835	330	1999-10-01	2:77.29	59.39	21,500	24,500	19,500	2,000	90.70	19,500	21,500	13,250	17,000	150.00
2015-01-01	경기도	수원시	원천동	수원원천2단지주공	1,835	36	1999-10-01	3:80.79	59.94	21,500	24,500	19,500	2,000	90.70	20,000	21,500	13,900	17,500	150.00
2015-01-01	경기도	수원시	조원동	주공뉴타운(2단지)	1,586	38	2001-12-01	1:67.28	49.55	17,000	21,000	14,750	2,250	86.80	15,250	17,000	13,750	13,750	177.80
2015-01-01	경기도	화성시	병점동	한신	1,106	476	1998-10-01	1:76.34	59.80	17,750	18,750	16,750	1,000	94.40	16,500	17,750	11,250	15,500	100.00

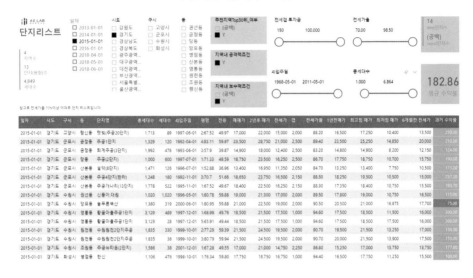

| 2016년 경기도 내 보수적 추천 아파트의 평균수익률 |

AII LAB

단지리스트

6 지역수
78 단지(평형)수
23.609 세대수

일자: ☐ 2013-01-01 ☐ 2014-01-01 ☐ 2015-01-01 ■ 2016-01-01 ☐ 2018-04-01 ☐ 2018-05-01 ☐ 2018-06-01

시도: ■ 경기도 ☐ 경상남도 ☐ 광주광역... ☐ 대전광역... ☐ 부산광역... ☐ 서울특별... ☐ 인천광역... ☐ 전라남도 ☐ 전라북도

구시: ☐ 고양시 ☐ 광명시 ☐ 군포시 ☐ 성남시 ☐ 수원시 ☐ 용인시

동: ☐ 고림동 ☐ 고색동 ☐ 고양동 ☐ 관산동 ☐ 구미동 ☐ 구천동 ☐ 권선동 ☐ 금곡동 ☐ 금정동 ☐ 당동 ☐ 당수동

추천지역Top30위_여부: ☐ (공백) ■ Y

지역내 공격적조건: ■ Y

지역내 보수적조건: ☐ (공백) ■ Y

전세겹 투자금: 150 – 100.000

전세가율: 70.00 – 98.50

4)입주일: 1968-05-01 – 2011-05-01

총세대수: 150 – 6.864

42 best단지수
30 worst단지수

100.85 평균 수익률

참고로 전세가율 70%이상 아파트 단지 리스트입니다

일자	시도	구시	동	단지명	총세대수	세대수	4)입주일	평형	전용	매매가	2년후 매가	전세가	갭	전세가율	1년전매가	최고점 매가	최저점 매가	6개월전 전세가	과거 수익률
2016-01-01	경기도	고양시	관산동	주공그린빌	1,192	3	2003-11-01	1:75.12	57.77	16,050	18,250	13,250	2,800	82.60	15,500	16,050	13,750	12,000	78.60
2016-01-01	경기도	고양시	대화동	장성마을(2단지대명)	591	300	1995-11-01	1:80.7	59.04	24,750	32,000	22,000	2,750	88.90	22,150	24,750	13,750	18,100	263.60
2016-01-01	경기도	고양시	대화동	장성마을(동부)	410	138	1995-11-01	1:75.18	52.05	22,750	28,000	20,500	2,250	90.10	20,750	22,750	11,900	17,500	233.30
2016-01-01	경기도	고양시	마두동	백마(쌍용)	576	140	1994-11-01	1:72.72	50.16	21,250	26,000	19,750	1,500	92.90	18,500	21,250	11,400	17,500	316.70
2016-01-01	경기도	고양시	백석동	백송(9단지두산)	462	140	1994-08-01	1:80.02	59.76	23,750	26,250	22,500	1,250	94.70	20,000	23,750	13,050	19,500	200.00
2016-01-01	경기도	고양시	백석동	백송마을(8단지선경,코오롱)	604	200	1994-10-01	1:71.67	51.03	20,000	23,000	18,750	1,250	93.80	17,000	20,150	11,000	17,250	240.00
2016-01-01	경기도	고양시	백석동	백송마을(한신)	436	180	1992-09-01	1:49.32	39.93	15,500	18,500	13,250	2,250	85.50	13,750	15,500	7,400	12,750	133.30
2016-01-01	경기도	고양시	성사동	신원당마을동신(2차)	495	255	1992-11-01	1:78.76	57.00	17,250	20,000	16,000	1,250	92.80	16,250	18,250	10,750	14,000	220.00
2016-01-01	경기도	고양시	일산동	에이스(11차)	272	113	1996-11-01	1:81.1	59.97	17,750	18,000	16,000	1,750	90.10	15,000	17,750	9,775	14,250	14.30
2016-01-01	경기도	고양시	일산동	일산동문	586	238	1996-10-01	2:79.85	59.40	17,500	19,000	16,000	1,500	91.40	15,000	17,500	9,500	15,000	100.00
2016-01-01	경기도	고양시	일산동	일산메가시티	178	10	2003-05-01	1:35.94	23.67	6,500	7,150	4,650	1,850	71.50	6,050	6,500	6,050	4,650	35.10
2016-01-01	경기도	고양시	일산동	한현1차주은	228	86	1999-12-01	1:86.99	59.58	16,500	19,500	14,900	1,600	90.30	15,500	17,000	14,500	13,000	187.50
2016-01-01	경기도	고양시	주엽동	강선(8단지럭키롯데)	966		1993-11-01	1:77.98	60.00	27,500	32,000	24,500	3,000	89.10	24,500	27,500	16,000	20,500	150.00
2016-01-01	경기도	고양시	주엽동	문촌(8단지동아)	738		1994-07-01	1:74.63A	59.92	24,250	28,500	21,250	3,000	87.60	21,750	24,250	14,800	19,500	141.70
2016-01-01	경기도	고양시	주엽동	문촌(8단지동아)	738		1994-07-01	4:73.84B	59.28	24,250	28,500	21,250	3,000	87.60	21,750	24,250	14,750	19,500	141.70
2016-01-01	경기도	고양시	중산동	중산마을1단지두산	888	600	1995-10-01	2:78.42	59.97	19,250	22,000	17,400	1,850	90.40	17,600	19,250	10,750	16,000	148.60
2016-01-01	경기도	고양시	중산동	중산마을2단지코오롱	978	258	1995-10-01	2:78.37	59.93	19,250	21,500	17,400	1,850	90.40	17,350	19,250	10,400	15,250	121.60
2016-01-01	경기도	고양시	중산동	중산마을3단지일신	552		1995-12-01	1:78.61A	59.84	19,250	22,000	17,400	1,850	90.40	17,600	19,250	10,750	15,500	148.60

하지만 세대수 조건을 추가하자 워스트 단지가 5개 비율로 보면 32.7%(=30/89) 수준에서 31.25%(=5/16) 수준으로 줄었다. 수익률은 87%로 낮아졌다.

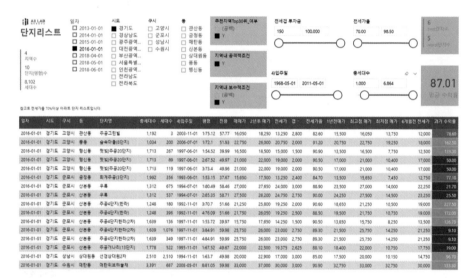

| 2016년 경기도 내 보수적 추천 아파트의 평균수익률 |

(1천 세대 이상 아파트 조건)

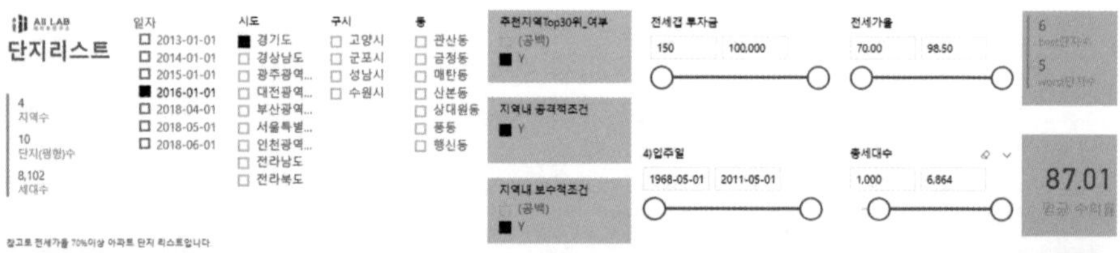

일자	시도	구시	동	단지명	총세대수	세대수	4)입주일	평형	전용	매매가	2년후 매가	전세가	갭	전세가율	1년전매가	최고점 매가	최저점 매가	6개월전 전세가	과거 수익률
2016-01-01	경기도	고양시	관산동	주공그린빌	1,192	3	2003-11-01	1:75.12	57.77	16,050	18,250	13,250	2,800	82.60	15,500	16,050	13,750	12,000	78.60
2016-01-01	경기도	고양시	풍동	숲속마을(8단지)	1,034	200	2006-07-01	1:72.1	51.93	22,750	26,000	20,750	2,000	91.20	20,750	22,750	19,250	18,000	162.50
2016-01-01	경기도	고양시	행신동	햇빛(주공20단지)	1,713	267	1997-06-01	1:54.52	39.99	16,500	18,500	15,000	1,500	90.90	13,500	16,500	7,750	12,500	133.30
2016-01-01	경기도	고양시	행신동	햇빛(주공20단지)	1,713	89	1997-06-01	2:67.52	49.97	21,000	22,000	19,000	2,000	90.50	17,000	21,000	10,400	17,000	50.00
2016-01-01	경기도	고양시	행신동	햇빛(주공20단지)	1,713	119	1997-06-01	3:73.4	49.96	21,000	22,000	19,000	2,000	90.50	17,000	21,000	10,400	17,000	50.00
2016-01-01	경기도	군포시	금정동	퇴계주공(3단지)	1,992	356	1993-06-01	1:53.15	37.67	15,650	17,500	13,250	2,400	84.70	13,500	15,650	7,450	12,750	77.10
2016-01-01	경기도	군포시	산본동	우륵	1,312	675	1994-07-01	1:80.49	58.46	27,000	27,650	24,000	3,000	88.90	23,500	27,000	14,000	22,250	21.70
2016-01-01	경기도	군포시	산본동	우륵	1,312	537	1994-07-01	2:85.35	58.71	27,500	28,200	24,750	2,750	90.00	24,250	27,500	14,500	23,250	25.50
2016-01-01	경기도	군포시	산본동	주공4단지(한라)	1,248	180	1992-11-01	3:70.7	51.66	21,250	25,800	19,250	2,000	90.60	18,650	21,250	10,500	19,000	227.50
2016-01-01	경기도	군포시	산본동	주공4단지(한라)	1,248	396	1992-11-01	4:76.09	51.66	21,750	26,050	19,250	2,500	88.50	19,500	21,750	10,750	19,000	172.00
2016-01-01	경기도	군포시	산본동	주공4단지한라(2차)	1,639	136	1997-11-01	1:53.72	39.97	15,750	17,650	14,250	1,500	90.50	13,850	15,750	8,250	13,500	126.70
2016-01-01	경기도	군포시	산본동	주공4단지한라(2차)	1,639	1,076	1997-11-01	3:84.91	59.98	25,750	26,000	23,000	2,750	89.30	21,500	25,750	14,250	21,250	9.10
2016-01-01	경기도	군포시	산본동	주공4단지한라(2차)	1,639	349	1997-11-01	4:84.91	59.99	25,750	26,000	23,000	2,750	89.30	21,500	25,750	14,250	21,250	9.10
2016-01-01	경기도	군포시	산본동	주공개나리(13단지)	1,778	522	1995-11-01	1:67.52	49.67	22,000	22,500	19,375	2,625	88.10	18,400	22,000	10,750	17,750	19.00
2016-01-01	경기도	성남시	상대원동	선경상대원2차	2,510	2,510	1994-11-01	1:63.7	49.98	20,000	22,900	17,000	3,000	85.00	17,500	20,000	10,150	14,750	96.70
2016-01-01	경기도	수원시	매탄동	매탄위브하늘채	3,391	687	2008-05-01	8:81.05	59.98	33,000	37,000	30,000	3,000	90.90	32,750	33,000	32,750	30,000	133.30

마찬가지로 2013년 상승 시장 초입으로 보이는 광주 지역에서도 이러한 현상을 확인할 수 있다.

| 2013년 광주 내 보수적 추천 아파트의 평균수익률 |

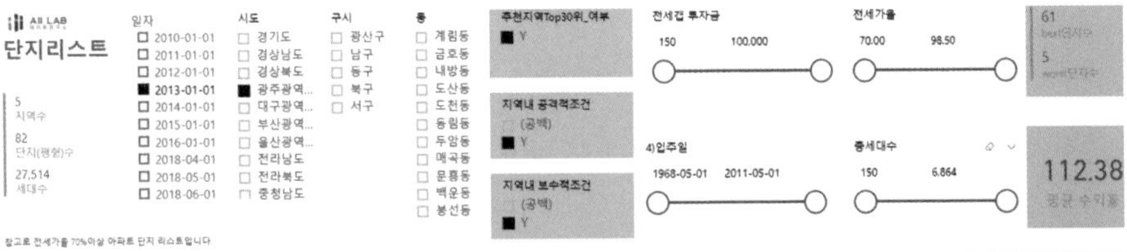

참고로 전세가율 70%이상 아파트 단지 리스트입니다

일자	시도	구시	동	단지명	총세대수	세대수	4)입주일	평형	전용	매매가	2년후 매가	전세가	갭	전세가율	1년전매가	최고점 매가	최저점 매가	6개월전 전세가	과거 수익률
2013-01-01	광주광역시	광산구	도산동	우미	348	348	1995-07-01	1:80.86	60.00	8,000	8,500	6,500	1,500	81.30	8,000	8,000	4,300	6,500	33.30
2013-01-01	광주광역시	광산구	도산동	호반(1차)	338	338	1995-05-01	1:81.29	59.95	8,150	8,500	6,650	1,500	81.60	8,000	8,250	4,100	6,650	23.30
2013-01-01	광주광역시	광산구	도천동	중흥2단지	648	648	1995-12-01	1:81.98	59.76	7,250	7,950	5,800	1,450	80.00	6,750	7,250	4,000	5,800	48.30
2013-01-01	광주광역시	광산구	산월동	부영(1차)	1,198	1,198	2003-11-01	1:104.49	84.97	15,200	17,500	13,500	1,700	88.80	15,250	15,250	12,000	13,500	135.30
2013-01-01	광주광역시	광산구	산월동	부영(2차)	600	600	2004-06-01	1:104.44	84.78	15,200	17,500	13,500	1,700	88.80	15,250	15,250	14,000	13,250	135.30
2013-01-01	광주광역시	광산구	산월동	부영(3차)	492	492	2005-05-01	1:104.74	84.78	15,200	17,500	13,500	1,700	88.80	15,250	15,250	15,050	13,250	135.30
2013-01-01	광주광역시	광산구	산정동	산정동대덕훼미리	223	96	1994-04-01	2:70.75	49.77	5,500	6,500	4,200	1,300	76.40	4,300	5,500	3,500	2,900	76.90
2013-01-01	광주광역시	광산구	소촌동	금호훼밀리파크	200	18	1992-12-01	1:92.7	74.47	8,900	9,500	7,700	1,200	86.50	7,700	8,900	5,700	7,700	50.00
2013-01-01	광주광역시	광산구	소촌동	대덕무지개	254	9	1993-12-01	1:61.9	45.63	4,500	4,800	4,000	500	88.90	4,500	4,500	3,000	4,000	60.00
2013-01-01	광주광역시	광산구	소촌동	송광파크맨션(2차)	217	86	1995-05-01	1:68.64	50.84	5,000	6,000	4,500	500	90.00	5,000	5,000	3,300	4,500	200.00
2013-01-01	광주광역시	광산구	송정동	대덕9차	237	85	1995-06-01	1:72.32	50.80	6,000	7,150	5,250	750	87.50	6,000	6,000	3,800	5,250	153.30
2013-01-01	광주광역시	광산구	송정동	송정2차라인	486	100	1997-06-01	3:98.31	77.15	11,250	13,250	9,000	2,250	80.00	9,000	11,250	6,650	7,250	88.90
2013-01-01	광주광역시	광산구	송정동	신한화	173	147	1997-07-01	2:79.1	59.88	8,500	9,000	7,500	1,000	88.20	8,300	8,500	8,300	7,500	50.00
2013-01-01	광주광역시	광산구	신가동	우미이노스빌	446	146	2002-06-01	1:88.3A	59.85	13,750	15,500	11,250	2,500	81.80	14,000	14,000	9,200	11,250	70.00
2013-01-01	광주광역시	광산구	신가동	우미이노스빌	446	150	2002-06-01	2:87.718	59.82	13,750	15,500	11,250	2,500	81.80	14,000	14,000	9,200	11,250	70.00
2013-01-01	광주광역시	광산구	신가동	우미이노스빌	446	150	2002-06-01	3:86.07C	59.67	13,750	15,500	11,250	2,500	81.80	14,000	14,000	9,200	11,250	70.00
2013-01-01	광주광역시	광산구	운남동	삼성	1,956	306	1996-12-01	2:67.35	49.54	8,150	9,500	7,000	1,150	85.90	7,250	8,150	4,400	6,500	117.40
2013-01-01	광주광역시	광산구	운남동	삼성	1,956	537	1996-12-01	4:90.76	70.97	11,000	13,000	9,500	1,500	86.40	10,250	11,000	6,200	9,500	133.30

| 2013년 광주 내 보수적 추천 아파트의 평균수익률 |

(1천 세대 이상 아파트 조건)

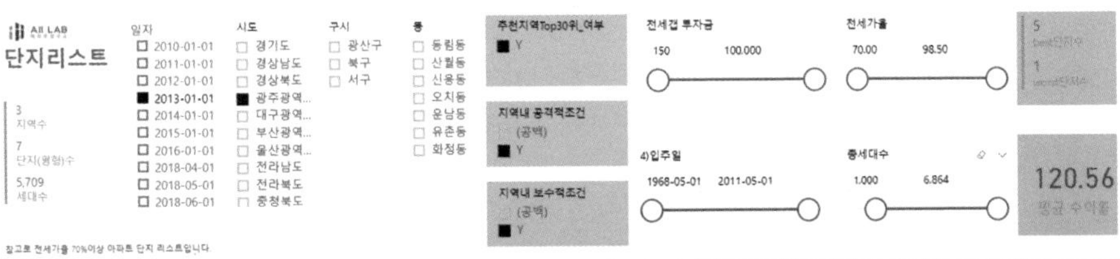

참고로 전세가율 70%이상 아파트 단지 리스트입니다

일자	시도	구시	동	단지명	총세대수	세대수	4)입주일	평형	전용	매매가	2년후 매가	전세가	갭	전세가율	1년전매가	최고점 매가	최저점 매가	6개월전 전세가	과거 수익률
2013-01-01	광주광역시	광산구	산월동	부영(1차)	1,198	1,198	2003-11-01	1:104.49	84.97	15,200	17,500	13,500	1,700	88.80	15,250	15,250	12,000	13,500	135.30
2013-01-01	광주광역시	광산구	운남동	삼성	1,956	306	1996-12-01	2:67.35	49.54	8,150	9,500	7,000	1,150	85.90	7,250	8,150	4,400	6,500	117.40
2013-01-01	광주광역시	광산구	운남동	삼성	1,956	537	1996-12-01	4:90.76	70.97	11,000	13,000	9,500	1,500	86.40	10,250	11,000	6,200	9,500	133.30
2013-01-01	광주광역시	북구	동림동	동림푸른마을주공3단지	1,514	1,400	1997-12-01	2:81.58	59.99	10,350	12,750	9,400	950	90.80	10,000	10,350	6,350	9,400	252.60
2013-01-01	광주광역시	북구	신용동	용두주공	1,795	100	1998-09-01	2:80.83	59.99	9,650	11,000	8,250	1,400	85.50	9,450	9,650	5,900	8,250	96.40
2013-01-01	광주광역시	북구	오치동	오치주공(2단지)	1,170	756	1992-09-01	2:58.61	44.94	5,700	6,000	4,700	1,000	82.50	5,250	5,700	3,100	4,500	30.00
2013-01-01	광주광역시	서구	유촌동	상무버들마을2주공	1,298	1,098	1997-07-01	1:80.84	59.97	12,050	15,000	10,000	2,050	83.00	11,000	12,500	7,450	9,400	143.90
2013-01-01	광주광역시	서구	화정동	라인동산	1,060	314	1992-11-01	1:78.65	59.85	9,750	10,500	8,400	1,350	86.20	9,150	9,750	5,425	8,000	55.60

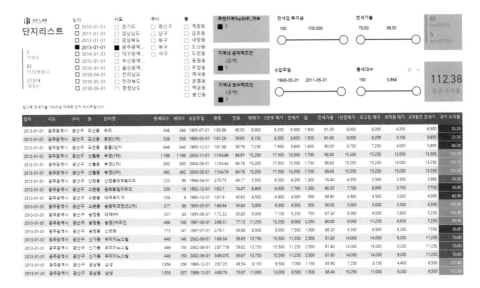

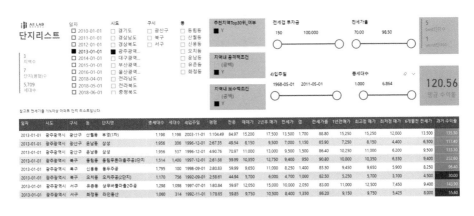

수익률 데이터를 보고 본격 상승장에서 투자하는 것도 좋지만, 뒤이어 올 하락기를 생각하면 초기 상승장에서 4년까지 보고 투자하는 게 낫다. 랜드마크 격인 지역 내 제일 큰 단지에서 투자 갭이 적은 아파트를 찾기는 매우 어렵다. 대신 랜드마크 격인 아파트와 비슷한 입지의 아파트를 찾는 게 좋다.

02

기본 조건 2 평형

다음으로 평형 조건을 살펴보자. '추천 단지 리스트 프로그램(2016년 1월 경기도 군포시 산본동)'에서 2016년 1월 경기도 군포시 산본동의 보수적 추천 아파트 중 한라마을 주공4단지(2차)의 경우를 보자.

소형 평수와 중형평수로 나눠보면 소형 평수는 1,500만 원으로 갭투자를 했을 때 집값이 15,750만 원에서 2년 후 17,650만 원으로 1,900만 원 정도가 상승했다. 하지만 중형 평수는 2,750만 원으로 갭투자를 했을 때 집값이 25,750만 원에서 2만6천만 원으로 겨우 250만 원 상승했다. 같은 아파트 내에서도 평형에 따라 수익률 차이가 이렇게 클 수도 있다.

| 추천 단지 리스트 프로그램(2016년 1월 경기도 군포시 산본동) |

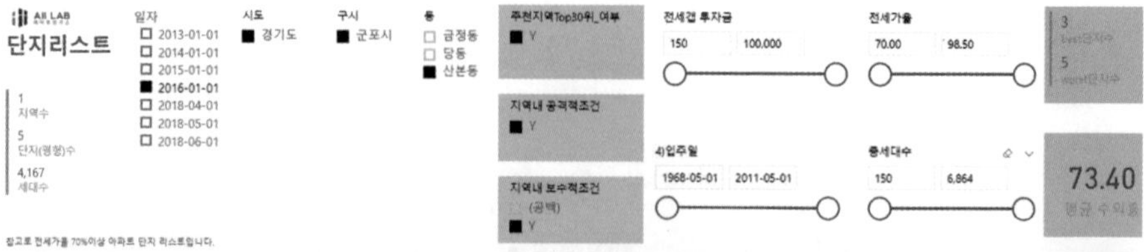

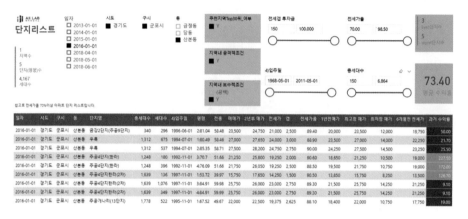

일자	시도	구시	동	단지명	총세대수	세대수	4)입주월	평형	전용	매매가	2년후 매가	전세가	갭	전세가율	1년전매가	최고점 매가	최저점 매가	6개월전 전세가	과거 수익률
2016-01-01	경기도	군포시	산본동	금강2단지(주공9단지)	340	296	1996-06-01	2:81.04	58.48	23,500	24,750	21,000	2,500	89.40	20,000	23,500	12,000	19,750	50.00
2016-01-01	경기도	군포시	산본동	우륵	1,312	675	1994-07-01	1:80.49	58.46	27,000	27,650	24,000	3,000	88.90	23,500	27,000	14,000	22,250	21.70
2016-01-01	경기도	군포시	산본동	우륵	1,312	537	1994-07-01	2:85.35	58.71	27,500	28,200	24,750	2,750	90.00	24,250	27,500	14,500	23,250	25.50
2016-01-01	경기도	군포시	산본동	주공4단지(한라)	1,248	180	1992-11-01	3:70.7	51.66	21,250	25,800	19,250	2,000	90.60	18,650	21,250	10,500	19,000	227.50
2016-01-01	경기도	군포시	산본동	주공4단지(한라)	1,248	396	1992-11-01	4:76.09	51.66	21,750	26,050	19,250	2,500	88.50	19,500	21,750	10,750	19,000	172.00
2016-01-01	경기도	군포시	산본동	주공4단지한라(2차)	1,639	136	1997-11-01	1:53.72	39.97	15,750	17,650	14,250	1,500	90.50	13,850	15,750	8,250	13,500	126.70
2016-01-01	경기도	군포시	산본동	주공4단지한라(2차)	1,639	1,076	1997-11-01	3:84.91	59.98	25,750	26,000	23,000	2,750	89.30	21,500	25,750	14,250	21,250	9.10
2016-01-01	경기도	군포시	산본동	주공4단지한라(2차)	1,639	349	1997-11-01	4:84.91	59.99	25,750	26,000	23,000	2,750	89.30	21,500	25,750	14,250	21,250	9.10
2016-01-01	경기도	군포시	산본동	주공개나리(13단지)	1,778	522	1995-11-01	1:67.52	49.67	22,000	22,500	19,375	2,625	88.10	18,400	22,000	10,750	17,750	19.00

2014년 수도권 지역에 투자할 때 소형 평수는 집값이 많이 올라서 사상 최고치를 달성한 아파트가 많았다. 과거의 흐름을 보면 전세가율이 높은 소형 아파트의 가격이 어느 정도 오르면 그 다음 중형, 그 다음 대형으로 상승이 옮겨가는 경향이 있었다.

당시 많은 고수들도 그런 방식의 투자를 추천했고 나와 주변 사람들도 그런 식으로 투자를 했다. 일부는 나처럼 중대형 아파트에 투자한 경우도 있었다.(대형을 추천하지는 않았다.)

2016년, 2017년의 투자 결과를 보면 여전히 소형 아파트가 상승을 주도했다. 2017년에 중대형으로 에너지가 옮겨갈 듯하다가 정부의 강도 높은 규제책으로 그 에너지가 꺼졌던 씁쓸한 기억이 있다. 하지만 최근 수도권의 상승장은 소형, 중소형 아파트가 주도를 하고 있기는 해도 나중에 또 어떻게 바뀔지 모른다.

최근의 상승장에서도 시기별, 지역별로 다른 케이스는 얼마든지 확인할 수 있다. 2016년 수원시 매탄동의 경우를 보자. 보수적 추천 아파트 조건으로 매탄동 매탄위브하늘채와 주공그린빌(5단지)이 추천되었다. 둘 다 투자 금액은 3천만 원이고 초등학교, 중학교가 인접한 아파트다. 다만 매탄주공그린빌은 역세권이다. 또한 매탄위브하늘채는 2000년 후반에 건축되었고, 대단지에 주변에는 공원도 있어서 인기가 많은 A급 아파트 단지에 속한다.

| 추천 단지 리스트 프로그램(2016년 1월 경기도 수원시 매탄동) |

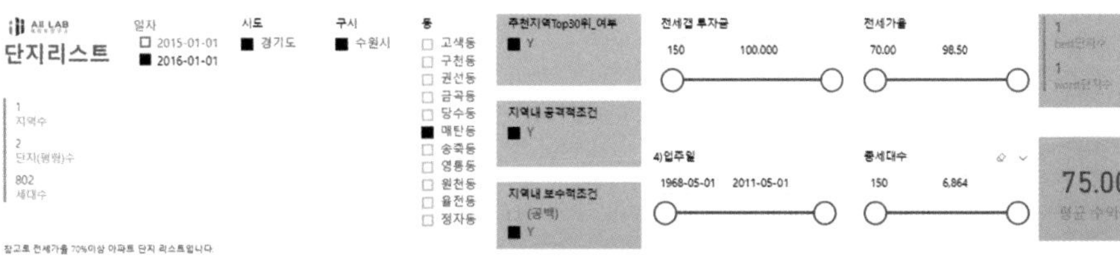

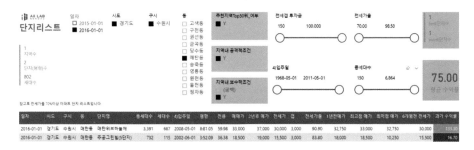

일자	시도	구시	동	단지명	총세대수	세대수	4)입주일	평형	전용	매매가	2년후 매가	전세가	갭	전세가율	1년전매가	최고점 매가	최저점 매가	6개월전 전세가	과거 수익률
2016-01-01	경기도	수원시	매탄동	매탄위브하늘채	3,391	687	2008-05-01	8:81.05	59.98	33,000	37,000	30,000	3,000	90.90	32,750	33,000	32,750	30,000	133.30
2016-01-01	경기도	수원시	매탄동	주공그린빌(5단지)	732	115	2002-06-01	3:52.09	36.38	18,500	19,000	15,500	3,000	83.80	18,000	18,500	10,250	15,500	16.70

| 매탄주공그린빌과 매탄위브하늘채 위치 |

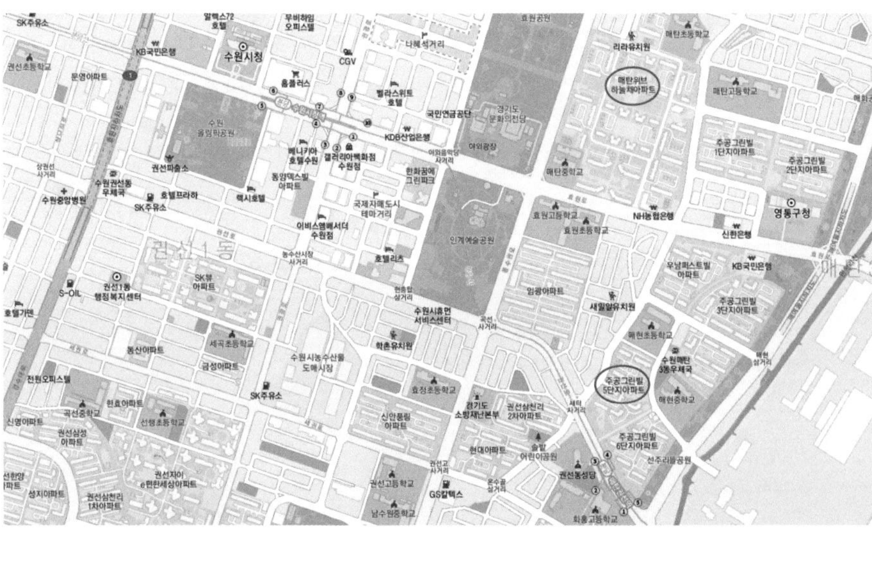

| 수원시 매탄동 평형 및 연식 통계 |

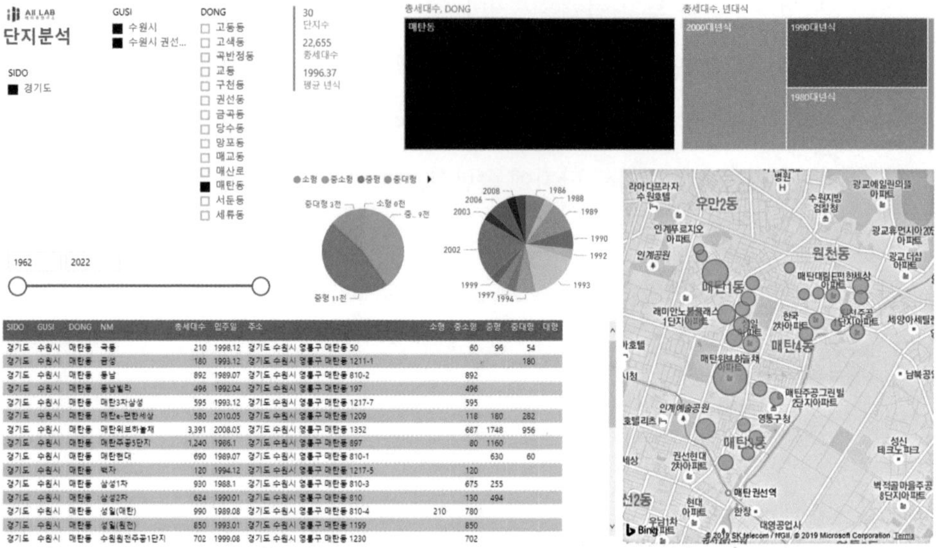

두 개의 아파트 중 하나에 투자한다면 역세권 소형을 선택할지, A급 대단지 중형을 선택할지 투자자가 판단해서 결정해야 한다. 이런 경우는 부동산 중개업소 등 현장의 분위기도 중요하다. 예를 들어 앞의 산본 같은 경우 해당 지역은 신혼부부의 수요가 많은 곳이라 소형 아파트가 인기다. 반면 수원의 매탄동은 인근 삼성전자 근로자의 수요가 많은 곳이다. 국내 최고의 대기업 근로자들의 수요가 탄탄한 지역이라면 A급 중형 아파트에 투자하는 게 좋지 않을까 싶다.

03

기본 조건 3
연식

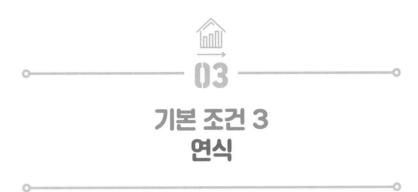

추천 지역 내 아파트 선정의 또 다른 조건으로 연식을 체크해 볼 수 있다. 2016년 경기도 수원시 율전동의 추천 아파트를 보자.

| 추천 단지 리스트 프로그램(2016년 1월 경기도 수원시 율전동) |

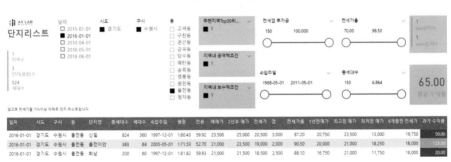

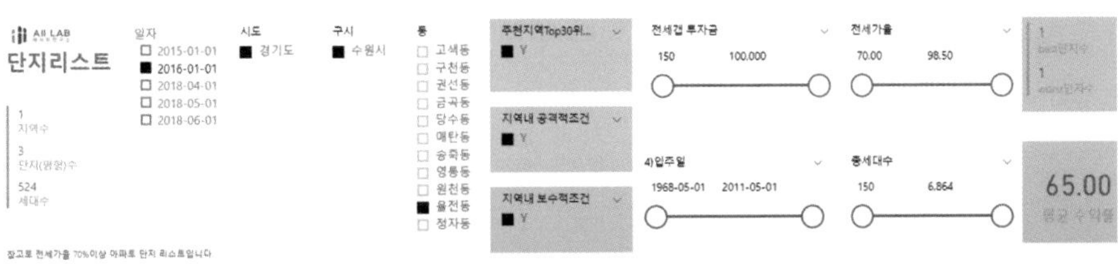

일자	시도	구시	동	단지명	총세대수	세대수	4)입주일	평형	전용	매매가	2년후 매가	전세가	갭	전세가율	1년전매가	최고점 매가	최저점 매가	6개월전 전세가	과거 수익률
2016-01-01	경기도	수원시	율전동	신일	824	360	1997-12-01	1:80.43	59.92	23,500	25,000	20,500	3,000	87.20	20,750	23,500	13,000	19,750	50.00
2016-01-01	경기도	수원시	율전동	율전이안	383	84	2005-05-01	1:71.53	52.70	21,000	23,500	19,000	2,000	90.50	20,000	21,000	18,250	18,000	125.00
2016-01-01	경기도	수원시	율전동	화남	200	80	1997-12-01	1:81.82	59.93	21,000	21,500	18,500	2,500	88.10	16,750	21,000	11,750	18,000	20.00

2016년 1월 율전이안아파트는 2천만 원 전세 갭투자금으로 매매가가 2억 1천만 원에서 2년 뒤 2억 3,500만 원으로 2,500만 원이 상승했지만, 신일아파트는 3천만 원, 화남아파트는 2,500만 원 갭투자금으로 둘 다 1,500만 원 상승했다.

율전이안아파트보다 신일아파트가 오히려 세대수는 더 많다. 세 개의 아파트 전부 역에서 가깝다. 역에서는 율전이안아파트가 더 멀다. 그런데 신일과 화남아파트는 역에서 가깝기는 해도 경부선 철도 옆이고 도로도 있다. 소음방지시설이 있어도 선호도가 떨어질 수 있다.

또 차이 나는 건 율전이안아파트가 비교적 새 아파트라는 점이다. 수원시 율전동의 전체 평균 연식은 1997년이다. 다음 '지역 내 아파트 단지 분석 프로그램(경기도 수원시 율전동)'에서 확인할 수 있듯이 전체 40% 이상이 2000년 이전에 지어졌다. 가장 연식이 짧은 아파트가 2011년식이다.

물론 연식보다 투자금과 입지의 차이로 인해 나타난 결과일 가능성이 더 높다. 보통 새 아파트를 선호하므로 연식의 영향이 클 것 같지만, 전세 갭투자의 경우 연식이 좋아서 가격이 더 많이 상승하는 경우는 드물다.

| 경기도 수원시 율전이안, 신일, 화남아파트 위치도 |

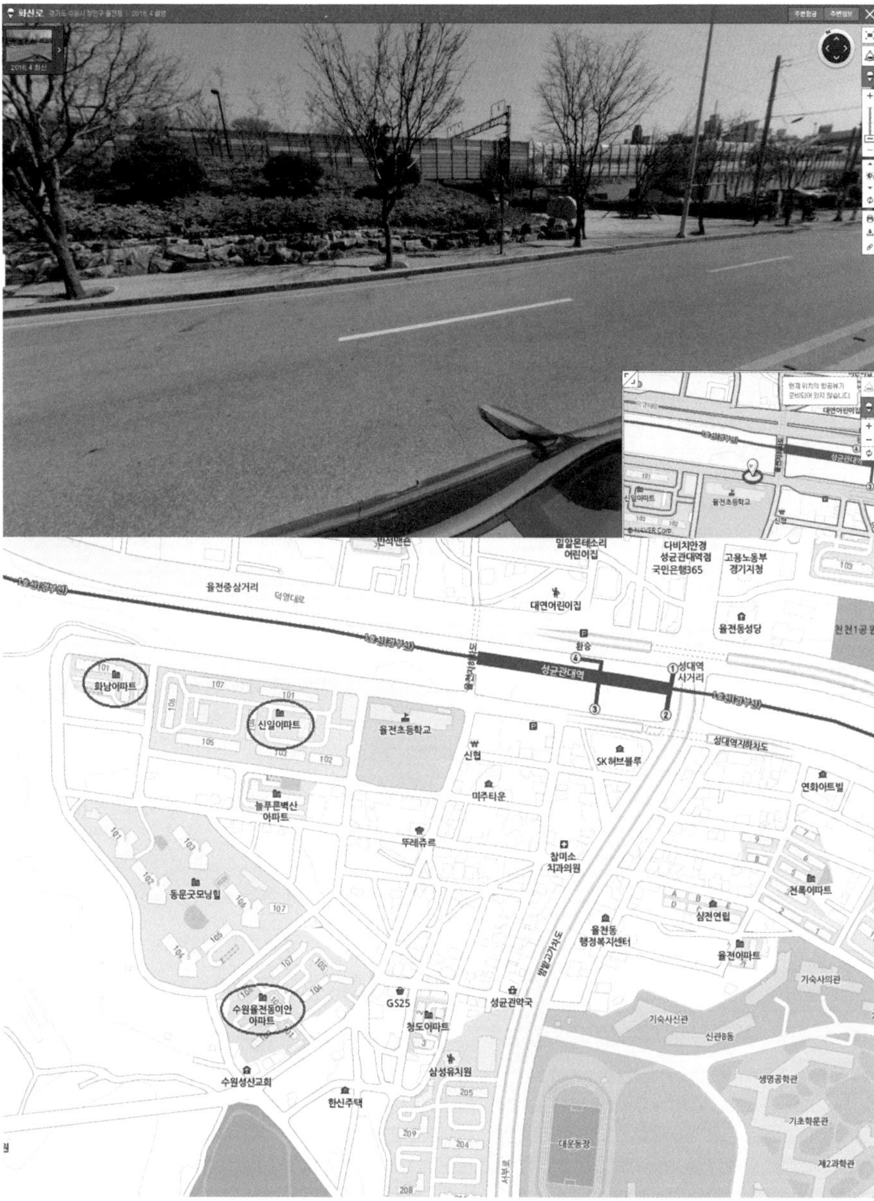

| 지역 내 아파트 단지 분석 프로그램(경기도 수원시 율전동) |

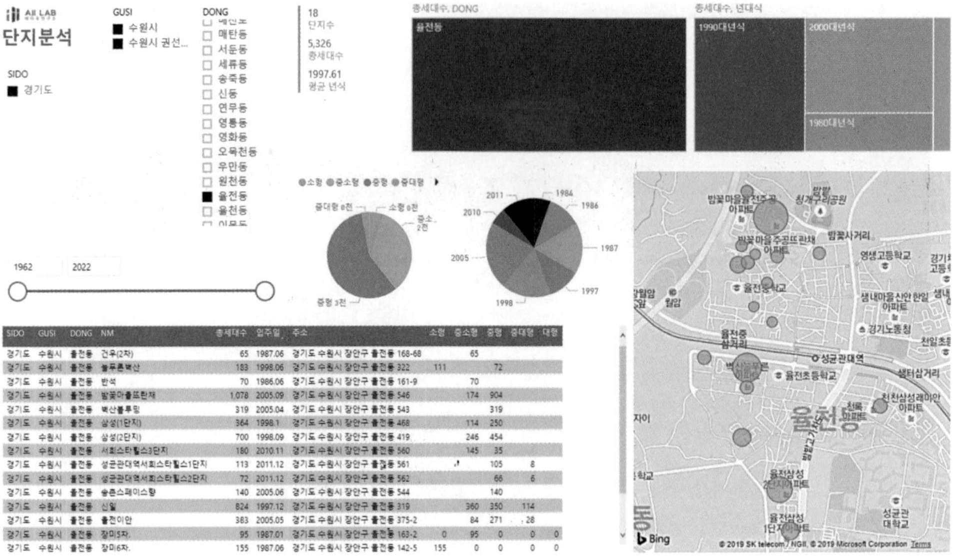

'추천 단지 리스트 프로그램(2016년 1월 경기도 추천 Top30 지역 조건)'을 보면 경기도 내 추천 순위 30위권 지역에서 전세가율 70% 이상 아파트들의 평균수익률은 45.91%다.

그런데 같은 조건에서 연식을 2005년식 이후로 필터링하면 다음 이미지와 같이 평균수익률이 22%로 더 떨어진다.

| 추천 단지 리스트 프로그램 |

(2016년 1월 경기도 추천 Top30 지역 조건)

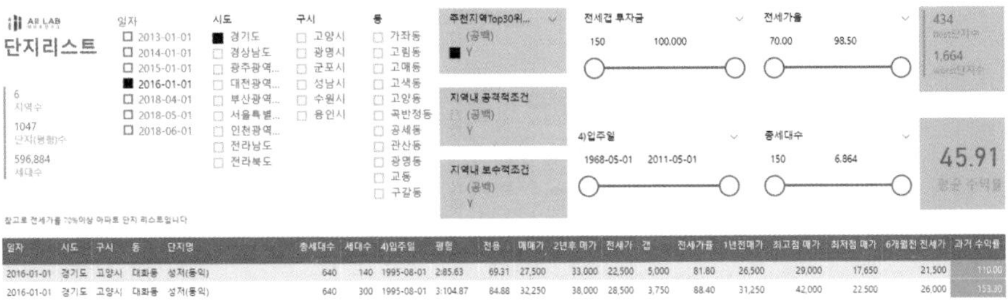

| 추천 단지 리스트 프로그램 |

|(2016년 1월 경기도 추천 Top30 지역 조건+2005년 이후 아파트 조건)

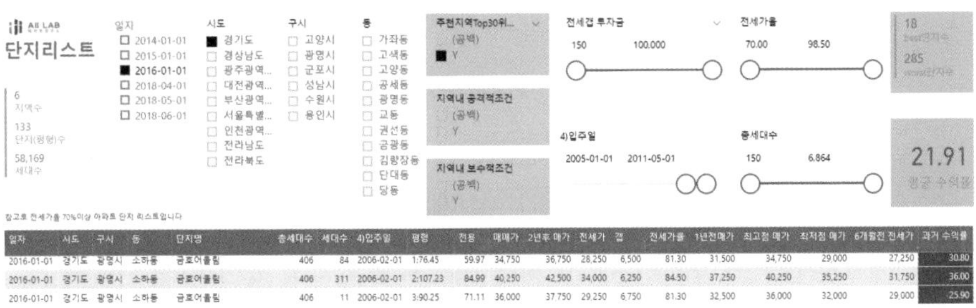

같은 조건을 전국으로 확대해서 봐도 이상하게 가격이 떨어진다. 2015년도에도 가격이 조금 더 떨어진다. 앞의 경기도 수원시 율전동 같이 특정 지역에서만 발생된 사례일 수 있다. 사실 연식 조건은 입지, 세대수, 평형, 투자금 조건보다 중요도는 떨어진다. 하지만 위 조건들이 비슷하다면 새 아파트에 투자하는 게 더 좋다.

04

기본 조건 4
전세가율

사실 많은 갭투자자들이 대부분 단순하게 투자한다. 먼저 수요 · 공급, 갭 매우기, 전세가율, 미분양, 개발 호재 등 투자할 만한 지역의 정보를 얻는다. 다음으로 그 지역 내에서 투자금이 제일 적게 들어가는 아파트, 즉 전세가율이 높은 아파트를 찾아 투자하는 식이다. 물론 확률적으로 보면 시간을 적게 들일 수 있는 괜찮은 투자 방법이다.

이제 전세가율의 조건을 살펴보자. 먼저 2016년 1월 전국에서 전세가율 70% 이상 아파트의 평균수익률을 살펴보자.

'2016년 1월 전국 전세가율 70% 아파트의 평균수익률'을 보면 알 수 있듯이 평균 41%다. 그럼 70%보다 높은 80% 이상 전세가율의 평균수익률은 어떨까? 58%다.

전세가율을 더 높여 보면 어떨까? 90%의 평균수익률은 놀랍게도 124%다. 수익률이 확실히 좋아졌다. 95% 이상의 평균수익률도 330%로 엄청나게 좋아졌다. 하지만 세 가지 문제가 있다.

첫 번째 문제는 수익률이 좋다고 무조건 투자하기 좋은 곳은 아니라는 사실이다. 예를 들어 전세가율 95% 이상의 아파트 중 광주광역시 북구 오치동의 공간아파트를 살펴보자.

'광주광역시 북구 오치동 공간아파트의 투자정보'를 보면 매매가와 전세가의 차이가 200만 원밖에 나지 않는다. 2016년 1월 당시 매매가가 9,700만 원이었는데 2년 뒤 1억500만 원이 되어 800만 원이 올랐다. 200만 원을 투자했는데 800만 원이 올랐으니 2년간 수익률이 400%가 되었다. 물론 성공적인 투자이고 수익률도 매우 높다. 하지만 실제 수익금은 800만 원이다. 투자금 1천만 원으로 2천만 원을 벌면 수익률은 200%로 낮지만, 실제 수익금은 2천만 원인 것이다.

| 2016년 1월 전국 전세가율 70% 아파트의 평균수익률 |

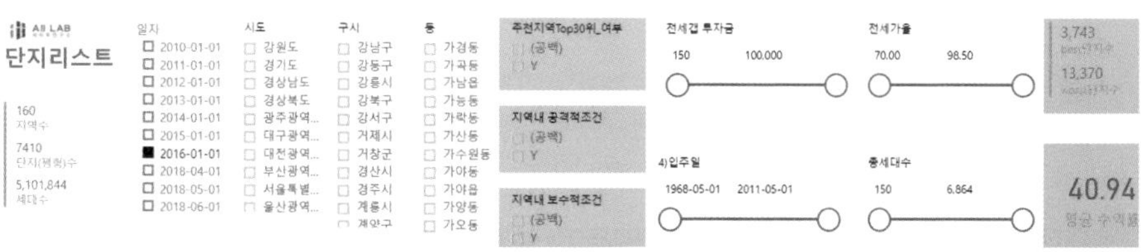

| 2016년 1월 전국 전세가율 80% 아파트의 평균수익률 |

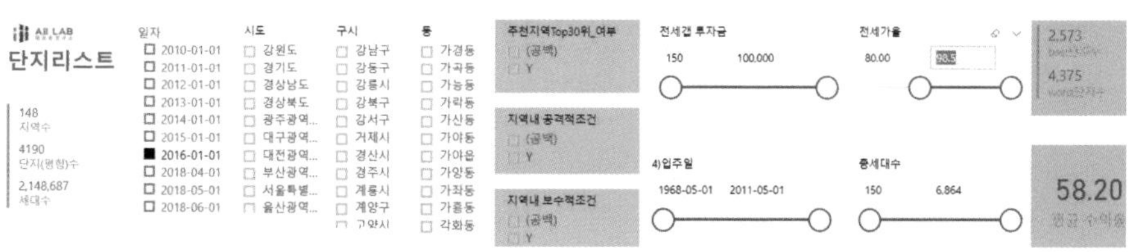

| 2016년 1월 전국 전세가율 90% 아파트의 평균수익률 |

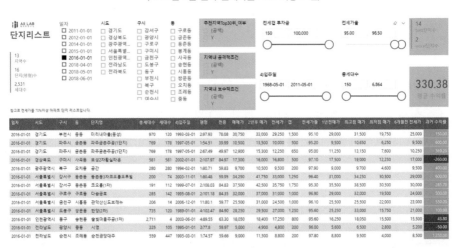

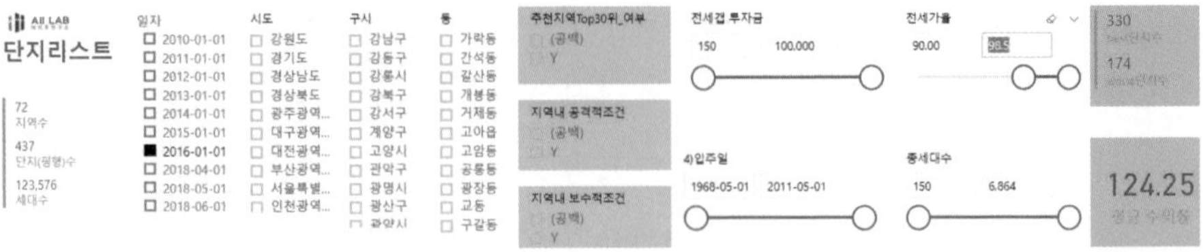

| 추천 단지 리스트 프로그램 |

(2016년 1월 전국 전세가율 95% 이상 조건)

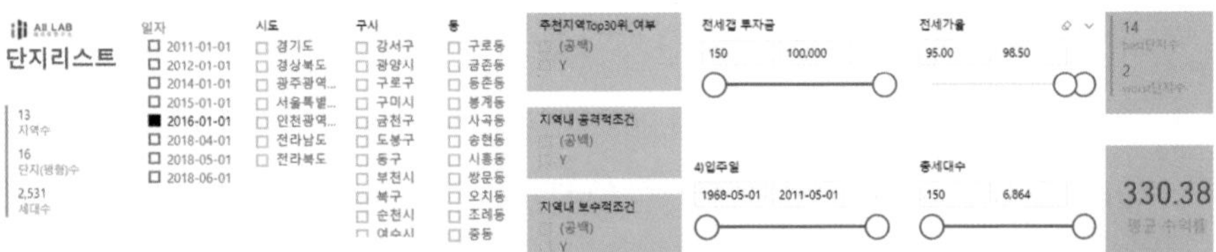

참고로 전세가율 70%이상 아파트 단지 리스트입니다.

일자	시도	구시	동	단지명	총세대수	세대수	4)입주일	평형	전용	매매가	2년후 매가	전세가	갭	전세가율	1년전매가	최고점 매가	최저점 매가	6개월전 전세가	과거 수익률
2016-01-01	경기도	부천시	중동	미리내마을(동성)	970	120	1993-03-01	2:97.93	78.08	30,750	33,000	29,250	1,500	95.10	29,000	31,500	19,750	25,000	150.00
2016-01-01	경기도	파주시	금촌동	파주금촌주공(1단지)	769	178	1997-05-01	1:54.51	39.99	10,500	13,500	10,000	500	95.20	9,500	10,650	6,250	9,500	600.00
2016-01-01	경기도	파주시	금촌동	파주금촌주공(1단지)	769	178	1997-05-01	2:67.49	49.97	12,900	15,300	12,250	650	95.00	11,250	13,150	7,600	10,250	369.20
2016-01-01	경상북도	구미시	사곡동	보성2차황실타운	581	581	2002-01-01	2:107.97	84.97	17,300	16,000	16,800	500	97.10	17,500	19,000	12,250	17,000	-260.00
2016-01-01	광주광역시	북구	오치동	공간	280	280	1994-02-01	1:80.71	59.83	9,700	10,500	9,500	200	97.90	9,000	9,700	4,600	9,500	400.00
2016-01-01	서울특별시	강서구	등촌동	등촌동3차코오롱오투빌	200	74	2003-11-01	1:80.48	59.95	34,250	41,750	33,000	1,250	96.40	31,000	34,250	30,500	29,000	600.00
2016-01-01	서울특별시	강서구	등촌동	코오롱(1차)	191	112	1999-07-01	2:108.03	84.83	37,500	42,500	35,750	1,750	95.30	35,500	38,500	30,500	30,000	285.70
2016-01-01	서울특별시	구로구	구로동	다솜큐브	285	142	1995-08-01	2:101.18	84.35	32,000	37,000	31,000	1,000	96.90	29,000	32,000	19,500	24,000	500.00
2016-01-01	서울특별시	금천구	시흥동	관악산신도브래뉴	206	14	2006-12-01	11:80.1	59.77	25,500	31,000	24,500	1,000	96.10	25,500	25,500	22,000	23,000	550.00
2016-01-01	서울특별시	도봉구	쌍문동	한양(2차)	735	120	1989-01-01	4:102.47	84.90	28,250	29,500	27,000	1,250	95.60	25,250	33,000	15,750	21,000	100.00
2016-01-01	인천광역시	동구	송현동	솔빛마을주공(1차)	2,711	4	2003-06-01	4:89.55	63.30	18,050	18,400	17,250	800	95.60	16,250	18,050	15,500	15,500	43.80
2016-01-01	전라남도	광양시	중동	시영	225	105	1995-01-01	2:77.8	59.97	5,000	4,900	4,800	200	96.00	5,600	6,500	2,800	5,200	-50.00
2016-01-01	전라남도	순천시	조례동	순천금당대주	559	447	1995-03-01	1:74.57	59.66	9,000	11,500	8,800	200	97.80	8,800	9,500	4,000	8,500	1,250.00

투자금 200만 원, 수익률 400%, 수익금 800만 원의 A경우와 투자금 1천만 원, 수익률 200%, 수익금 2천만 원의 B경우가 있다면 A와 B 중 어떤 게 나을지는 투자자마다 다르게 생각할 수 있다. 더구나 수도권에 거주하는 사람이 광주로 가서 투자를 하려고 한다면 B의 경우가 더 나을 수 있다. 물론 적은 투자금으로 시작하는 사람이라면 A를 선택해야 한다. 사람에 따라, 경우에 따라 반드시 A가 낫다고 할 수는

없다. 물론 투자금이 많은 사람도 지방 투자를 할 때 소액으로 여러 채를 한꺼번에 매입하는 경우도 있다.

| 광주광역시 북구 오치동 공간아파트의 투자정보 |

일자	시도	구시	동	단지명	총세대수	세대수	4)입주일	평형	전용	매매가	2년후 매가	전세가	갭	전세가율	1년전매가	최고점 매가	최저점 매가	6개월전 전세가	과거 수익률
[illegible]	[illegible]	[illegible]	[illegible]	[illegible]	[illegible]	[illegible]	[illegible]	[illegible]	[illegible]	[illegible]	[illegible]	[illegible]	[illegible]	[illegible]	[illegible]	[illegible]	[illegible]	[illegible]	150.00
2016-01-01	경기도	[illegible]	[illegible]	[illegible]	[illegible]	178	1997-05-01	1:54.51	59.96	10,500	[illegible]	10,000	500	[illegible]	9,500	10,650	[illegible]	9,500	600.00
[illegible]	[illegible]	[illegible]	[illegible]	[illegible]	[illegible]	[illegible]	[illegible]	[illegible]	[illegible]	[illegible]	[illegible]	[illegible]	[illegible]	[illegible]	[illegible]	[illegible]	[illegible]	[illegible]	[illegible]
2016-01-01	경상북도	구미시	[illegible]	[illegible]	581	581	[illegible]	[illegible]	[illegible]	[illegible]	16,000	[illegible]	500	97.10	17,500	19,000	[illegible]	17,000	-260.00
2016-01-01	광주광역시	북구	오치동	공간	280	280	1994-02-01	1:80.71	59.83	9,700	10,500	9,500	200	97.90	9,000	9,700	4,600	9,500	400.00

두 번째 문제는 2016년 전세가율 95% 이상의 아파트 리스트에서 수익률 40% 미만의 워스트 단지다. 워스트 단지는 추천 아파트 리스트에서 제일 우측의 배경색이 초록색이 아닌 빨간색 부분이다. 전세가율이 높다는 것은 교통 등의 이유로 실수요 선호가 높은 것일 뿐 오히려 미래 가치를 보고 투자를 겸하는 투자 수요는 낮은 경우도 많다. 실수요가 많다는 것은 투자 대상으로 비교적 괜찮은 편이기는 해도 무조건 좋다고 말할 수는 없다. 지역도 중요하고, 지역 내에서 아파트의 입지도 중요하다.

예를 들어 앞의 전세가율 95% 이상 아파트의 평균수익률에서 나왔던 워스트 단지에서 추천 지역을 선택하게 되면 다음 '추천 단지 리스트 프로그램(2016년 1월 전국 전세가율 95% 이상 조건 + 추천 Top30 지역 조건 추가)'에서와 같이 빨간색 배경이었던 3개의 아파트가 깔끔하게 사라진다.(모든 경우가 그렇다는 것은 아니다. 그렇다면 100% 예측이 성공한다는 것인데, 물론 평생의 목표가 될 수 있겠지만 남은 생애 동안 100% 예측 성공을 달성하기는 어려울 것 같다. 세대를 이어서 가업으로 한다고 해도 어려울 것 같다.) 그래서 지역을 선정하는 것이 중요한 것이다.

| 추천 단지 리스트 프로그램 |

(2016년 1월 전국 전세가율 95% 이상 조건 + 추천 Top30 지역 조건 추가)

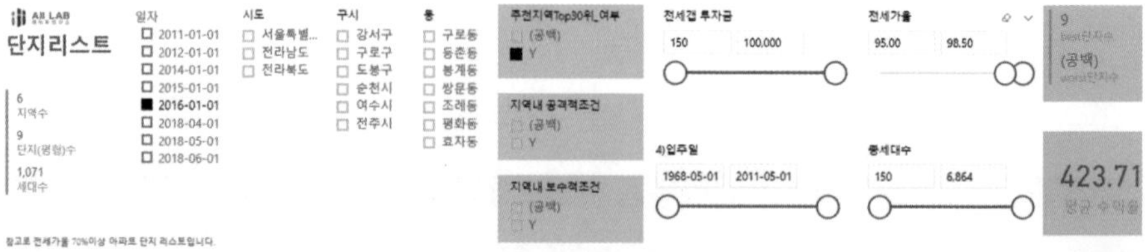

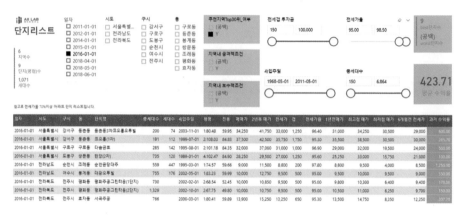

일자	시도	구시	동	단지명	총세대수	세대수	4)입주일	평형	전용	매매가	2년후 매가	전세가	갭	전세가율	1년전매가	최고점 매가	최저점 매가	6개월전 전세가	과거 수익률
2016-01-01	서울특별시	강서구	등촌동	등촌동3차코오롱오투빌	200	74	2003-11-01	1:80.48	59.95	34,250	41,750	33,000	1,250	96.40	31,000	34,250	30,500	29,000	600.00
2016-01-01	서울특별시	강서구	등촌동	코오롱(1차)	191	112	1999-07-01	2:108.03	84.83	37,500	42,500	35,750	1,750	95.30	35,500	38,500	30,500	30,000	285.70
2016-01-01	서울특별시	구로구	구로동	다솜금호	285	142	1995-08-01	2:101.18	84.35	32,000	37,000	31,000	1,000	96.90	29,000	32,000	19,500	24,000	500.00
2016-01-01	서울특별시	도봉구	쌍문동	한양(2차)	735	120	1989-01-01	4:102.47	84.90	28,250	29,500	27,000	1,250	95.60	25,250	33,000	15,750	21,000	100.00
2016-01-01	전라남도	순천시	조례동	순천금당대주	559	447	1995-03-01	1:74.57	59.66	9,000	11,500	8,800	200	97.80	8,800	9,500	4,000	8,500	1,250.00
2016-01-01	전라남도	여수시	봉계동	대광오투빌	755	176	2002-05-01	1:83.23	59.99	10,000	12,750	9,500	500	95.00	9,500	10,000	9,500	9,000	550.00
2016-01-01	전라북도	전주시	평화동	평화주공그린타운(1단지)	730		2002-02-01	2:68.54	52.45	10,000	10,850	9,500	500	95.00	9,800	10,300	6,400	9,400	170.00
2016-01-01	전라북도	전주시	평화동	평화주공그린타운(2단지)	1,329		2002-10-01	2:67.75	49.80	10,000	10,750	9,500	500	95.00	10,500	11,000	6,250	9,700	150.00
2016-01-01	전라북도	전주시	효자동	서곡주공	766		2000-03-01	1:80.41	59.89	13,900	15,250	13,250	650	95.30	13,500	14,750	8,350	12,250	207.70

마지막 세 번째 문제는 2016년 1월 당시 전세가율 95% 이상의 아파트가 전국에서 17개 단지로 너무 적었다는 점이다. 실제 매물이 없었을 수도 있고, KB 시세라서 실제 시세와 다를 수도 있다. 전세가율 95%이면 투자금이 적어 매매가와 전세가의 차이가 200~300만 원 정도밖에 나지 않을 수도 있는데, 그 정도는 부동산 현장에서 급매나 매도자 협상으로도 쉽게 변할 수 있는 가격이다.

앞의 전세가율 70%, 80%, 90% 프로그램에서 지역을 선택하는 조건과 지역 내에서 공격적, 보수적 조건 아파트의 평균수익률이 어떻게 나오는지를 확인하고 마무리하겠다.

전세가율 70% 이상의 조건에서 30개 추천 지역 조건일 경우 40.94%에서 63.1%로 높아졌다. 여기에서 지역 내 공격적 조건 아파트의 경우 평균수익률이 104.25%로 높아졌다. 하지만 282개의 워스트 단지가 있다는 것도 염두에 두자. 보수적 조건을 추가하니 수익률도 114.82%로 높아졌고, 워스트 단지도 125개로 낮아졌다.

| 전세가율 70% 이상의 추천 Top30 이내 지역 조건, 추천 30위 이내 지역 조건 |
+ 지역 내 공격적 추천 조건, 30위 이내 지역 조건 + 지역 내 보수적 추천 조건 아파트 평균수익률

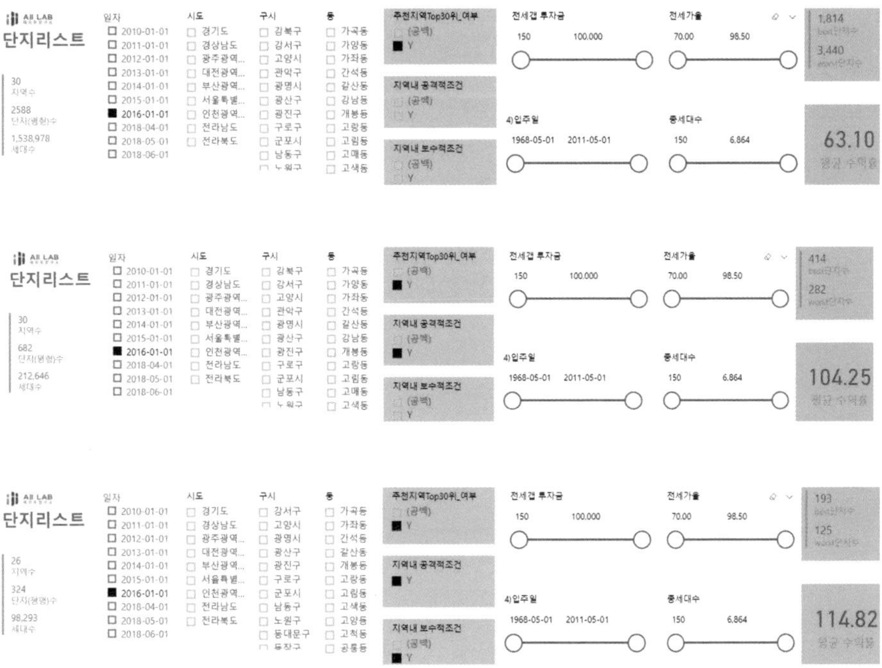

전세가율 80% 이상 아파트의 2년 평균수익률은 58.2%다. 추천 지역을 조건으로 넣으면 77.73%이고, 지역 내 공격적 조건의 경우 111.97%, 보수적 조건의 경우 120.91%로 변했다.

| 전세가율 80% 이상의 추천 Top30 이내 지역 조건, 추천 30위 이내 지역 조건 |

+ 지역 내 공격적 추천 조건, 30위 이내 지역 조건 + 지역 내 보수적 추천 조건 아파트 평균수익률

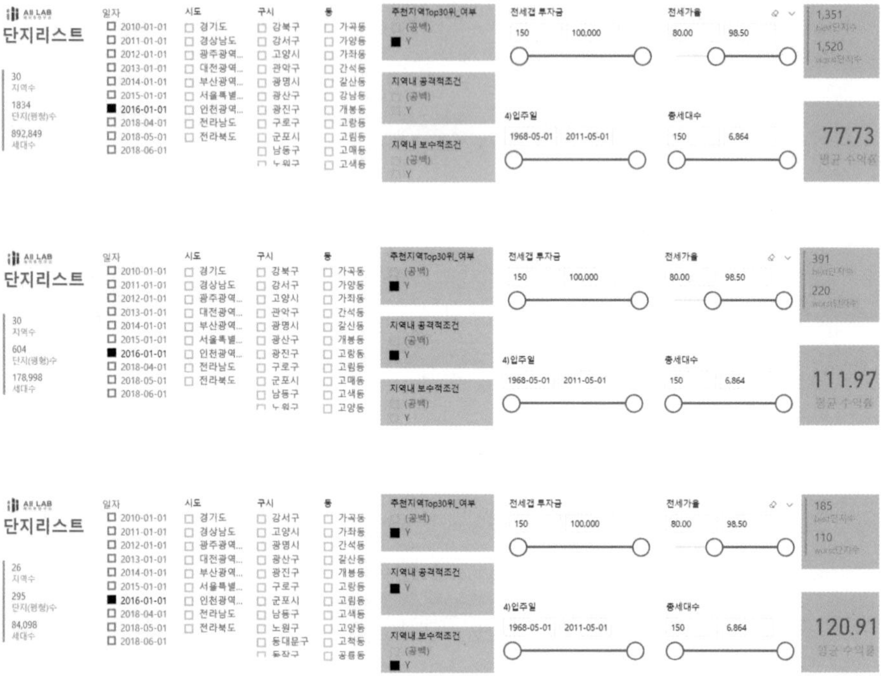

전세가율 90% 이상 아파트의 2년 평균수익률은 124.25%다. 추천 지역을 조건으로 넣으면 162.71%이고, 지역 내 공격적 조건의 경우 191.32%, 보수적 조건의 경우 184.92%로 변했다. 이를 통해 보수적 조건이라고 해서 무조건 수익률이 높아지지는 않는다는 것을 알 수 있다.

원래 보수적 조건은 워스트 단지의 숫자를 줄이는 데 목적이 있다. 앞의 경우 공격적 조건에서는 20개였다가 보수적 조건의 경우 19개로 겨우 하나 줄어서 프로그램에 보수적 조건을 추가한 의미가 크게 없

는 사례이기는 하다.

| 전세가율 90% 이상의 추천 Top30 이내 지역 조건, 추천 30위 이내 지역 조건 |

+ 지역 내 공격적 추천 조건, 30위 이내 지역 조건 + 지역 내 보수적 추천 조건 아파트 평균수익률

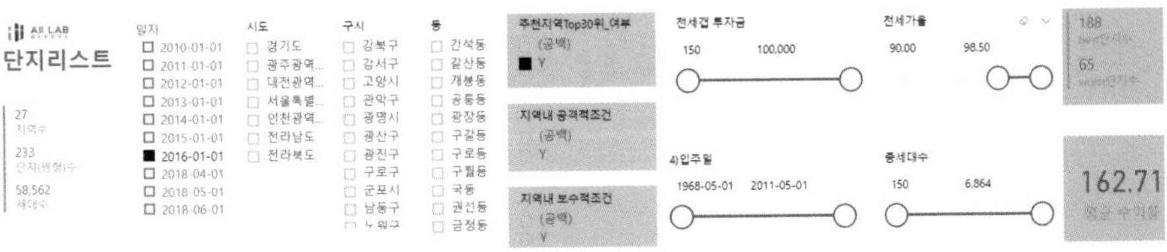

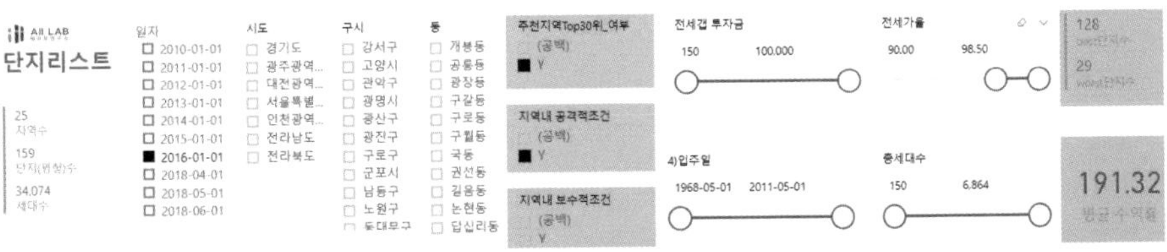

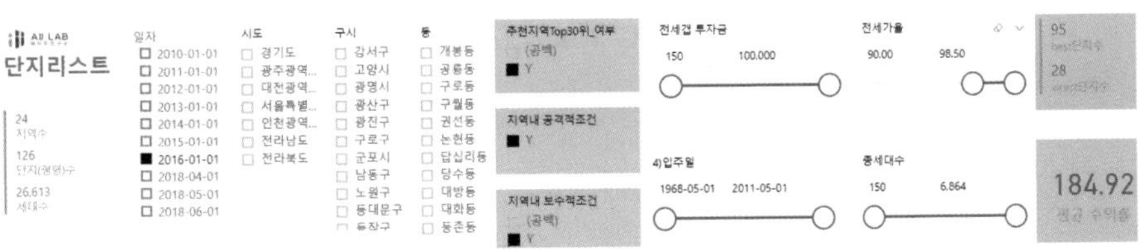

05

기본 조건 5 투자 금액

마지막 기본 조건으로 투자 금액(갭)에 대해 살펴보자. 전세가율이 높으면 투자 금액이 낮아져 전세가율과 비슷해진다. 앞에서 200만 원의 투자금으로 800만 원을 벌어 400%의 큰 수익률을 낸 것은 투자 운영자금이 어느 정도 되는 사람(1억 이상)에게는 좋은 투자가 아닐 수도 있다고 했다. 반대로 투자 금액이 적은 초급자는 투자 금액이 낮은 아파트를 찾아서 실제 수익금은 적더라도 시간을 많이 투자하는 노력을 해야 한다. 어느 정도 투자금이 쌓일 때까지(1억~2억) 최소 2~3년 정도는 고생을 해야 한다.

투자 금액 조건은 앞의 전세가율과 비슷하다. 낮으면 낮을수록 일단 평균수익률은 올라간다.

2016년 1월 전국에서 전세가율 70% 이상의 아파트 평균수익률은

40.94%다. 투자 금액 조건을 보면 150만 원에서 10억까지다. 참고로 매매가와 전세가의 차이가 10억 이상 되는 아파트는 2018년 3월 시점에 서울 서초구 반포동 래미안퍼스트지 아파트 80평형의 대형 아파트로 시세는 35억, 전세가는 25억 정도였다.(그래도 전세가율은 70%다.)

2016년 1월, 투자 금액이 5억 이상인 아파트 리스트를 살펴보면 예상대로 서울 강남구와 서초구가 포함되어 있다. 당시 수익률도 낮았다. 이런 아파트는 갭투자 대상이 아니다.

| 2016년 1월 전국에서 전세가율 70% 넘는 아파트의 평균수익률 |

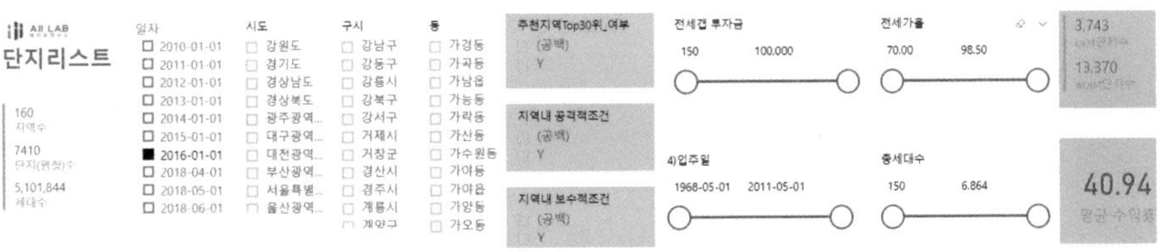

| 추천 단지 리스트 프로그램 |

(2016년 1월 전국 전세가율 70% 이상 아파트 중 투자금 5억 이상 조건 추가)

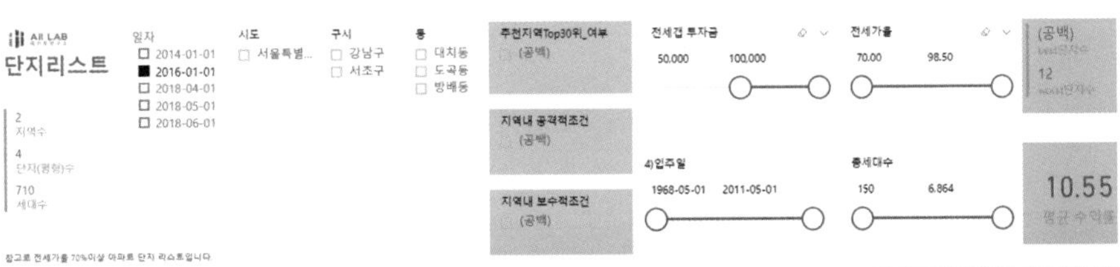

참고로 전세가율 70%이상 아파트 단지 리스트입니다

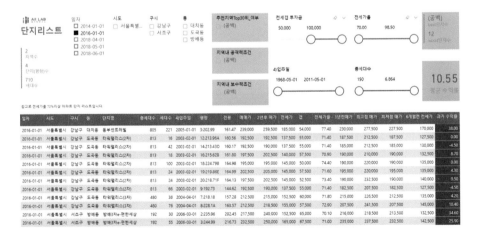

일자	시도	구시	동	단지명	총세대수	세대수	4)입주일	평형	전용	매매가	2년후 매가	전세가	갭	전세가율	1년전매가	최고점 매가	최저점 매가	6개월전 전세가	과거 수익률
2016-01-01	서울특별시	강남구	대치동	동부센트레빌	805	221	2005-01-01	3:202.99	161.47	239,000	259,500	185,000	54,000	77.40	230,000	277,500	227,500	170,000	38.00
2016-01-01	서울특별시	강남구	도곡동	타워팰리스(2차)	813	16	2003-02-01	12:213.96A	160.56	192,500	192,500	137,500	55,000	71.40	187,500	212,500	187,500	127,500	0.00
2016-01-01	서울특별시	강남구	도곡동	타워팰리스(2차)	813	42	2003-02-01	14:213.43D	160.17	192,500	190,000	137,500	55,000	71.40	185,000	212,500	185,000	130,000	-4.50
2016-01-01	서울특별시	강남구	도곡동	타워팰리스(2차)	813	18	2003-02-01	16:215.62B	161.80	197,500	202,500	140,000	57,500	70.90	190,000	210,000	190,000	132,500	8.70
2016-01-01	서울특별시	강남구	도곡동	타워팰리스(2차)	813	100	2003-02-01	18:224.79B	164.98	195,000	195,000	145,000	50,000	74.40	190,000	220,000	190,000	135,000	0.00
2016-01-01	서울특별시	강남구	도곡동	타워팰리스(2차)	813	24	2003-02-01	19:219.86E	164.99	202,500	205,000	145,000	57,500	71.60	195,000	220,000	195,000	135,000	4.30
2016-01-01	서울특별시	강남구	도곡동	타워팰리스(2차)	813	24	2003-02-01	20:218.71F	164.13	197,500	202,500	145,000	52,500	73.40	190,000	232,500	190,000	140,000	9.50
2016-01-01	서울특별시	강남구	도곡동	타워팰리스(2차)	813	66	2003-02-01	9:192.73	144.62	192,500	190,000	137,500	55,000	71.40	182,500	207,500	182,500	127,500	-4.50
2016-01-01	서울특별시	강남구	도곡동	타워팰리스(3차)	480	38	2004-04-01	7:218.18	157.28	212,500	215,000	152,500	60,000	71.80	215,000	226,500	212,500	135,000	4.20
2016-01-01	서울특별시	강남구	도곡동	타워팰리스(3차)	480	76	2004-04-01	8:228.1A	163.57	212,500	218,500	155,000	57,500	72.90	207,500	241,500	207,500	145,000	10.40
2016-01-01	서울특별시	서초구	방배동	방배3차e-편한세상	192	30	2006-03-01	2:235.96	202.45	217,500	240,000	152,500	65,000	70.10	216,000	218,500	213,500	132,500	34.60
2016-01-01	서울특별시	서초구	방배동	방배3차e-편한세상	192	55	2006-03-01	3:244.99	216.73	232,500	250,000	165,000	67,500	71.00	235,000	237,500	232,500	142,500	25.90

투자금 3천만 원 미만 조건의 아파트를 검색해 보자. 평균수익률이 34.77%로 오히려 더 낮아졌다. 참고로 2016년 1월만 그렇다. 다른 연도는 대부분 평균수익률이 조금이라도 올랐다.

| 2016년 1월 투자금 3천만 원 미만 조건 아파트의 평균수익률 |

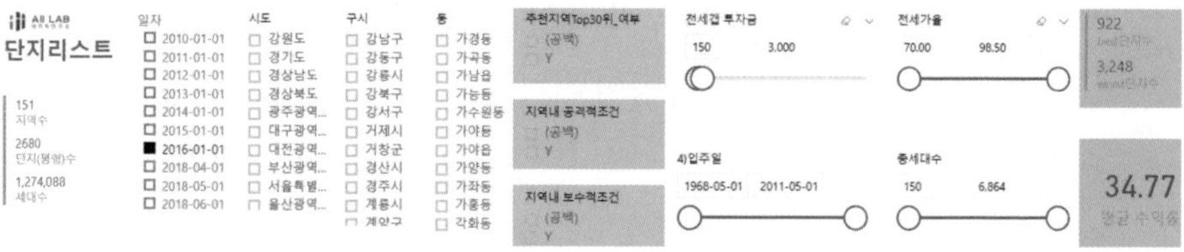

역시 투자 금액이 중요한 게 아니라 지역 선정이 중요하고, 지역 내 아파트 선정 조건이 더 중요하다는 것을 알 수 있다. 이를 자세히 확인해 보자.

선정된 30개 지역의 평균수익률은 79.35%로, 선정된 30개 지역 내에서 공격적 조건 아파트의 평균수익률은 106.53%, 보수적 조건 아파트의 평균수익률은 114.82%다.

| 2016년 1월 투자금 3천만 원 미만 조건에서 추천 Top30 이내 지역 조건 |

추천 30위 이내 지역 조건 + 지역 내 공격적 추천 조건, 30위 이내 지역 조건 +
지역 내 보수적 추천 조건 아파트 평균수익률

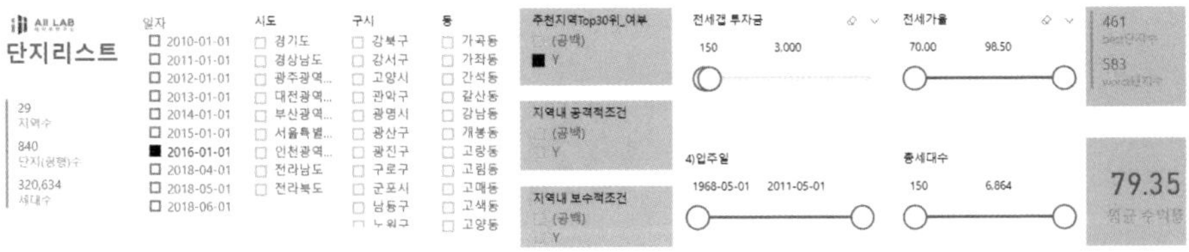

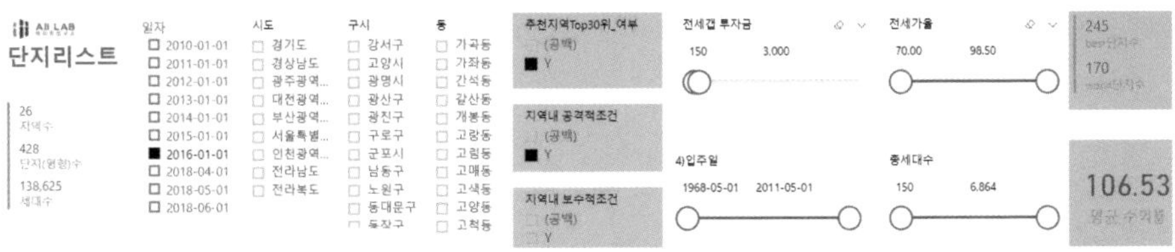

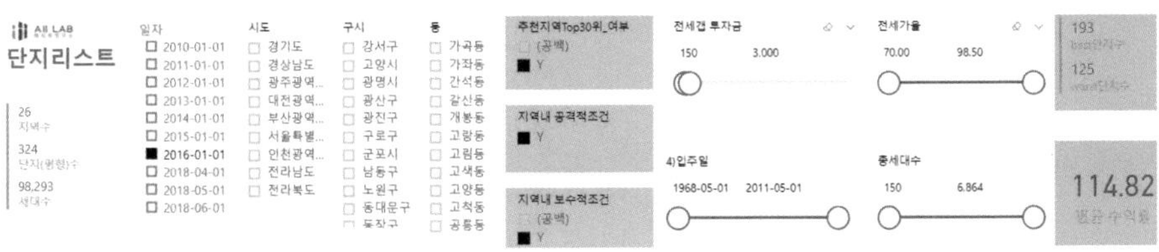

지금까지 인공지능 프로그램에서 가장 기본이 되는 세대수, 평형, 연식, 전세가율, 투자 금액 조건을 살펴보았다. 지역에 따라서, 투자자금 등 개인의 상황에 따라서 적절한 조건을 찾아야 할 것이다.

다음 섹션에서는 입지 등 좀 더 복잡한 방식의 심화 조건을 사례를 통해 살펴보도록 하겠다. 투자 공부는 언제나 재미있다.

06

심화 조건 1
입지

입지는 사실 제일 중요한 조건이다.

2016년 1월 경기도 고양시 행신동의 경우를 보자. '2016년 행신동의 보수적 조건 결과'와 같이 지역 내 보수적 조건으로 필터링을 했음에도 햇빛마을 주공 20단지는 수익률이 낮은 것을 볼 수 있다. 소만마을 부영 1단지나 부영 9단지의 경우 1억8천만 원에서 2억 원으로 2천만 원이 상승했지만, 햇빛마을 주공 20단지는 2억1천만 원에서 2억2천만 원으로 1천만 원만 상승했다. 더구나 투자금은 2천만 원으로 부영에 비해 500만 원이 더 많다. 인공지능 프로그램은 단지별 여러 데이터 항목을 필터링해서 투자할 만한 곳을 추천한다. 하지만 100% 맞출 수는 없다. 이럴 때 투자자의 안목이 필요한 것이다.

| 2016년 행신동의 보수적 조건 결과 |

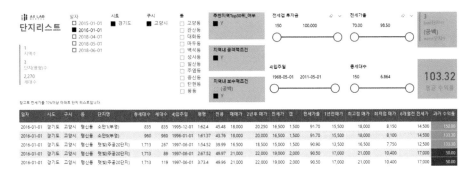

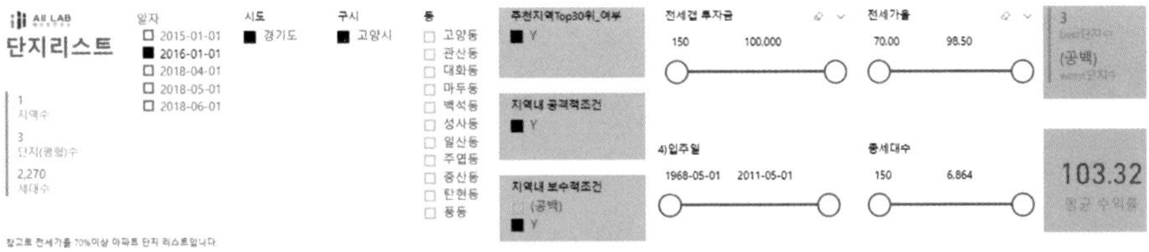

일자	시도	구시	동	단지명	총세대수	세대수	4)입주일	평형	전용	매매가	2년후 매가	전세가	갭	전세가율	1년전매가	최고점 매가	최저점 매가	6개월전 전세가	과거 수익률
2016-01-01	경기도	고양시	행신동	소만1(부영)	835	835	1995-12-01	1:62.4	45.48	18,000	20,250	16,500	1,500	91.70	15,500	18,000	8,150	14,500	150.00
2016-01-01	경기도	고양시	행신동	소만9(부영)	960	960	1996-01-01	1:61.37	43.76	18,000	20,000	16,500	1,500	91.70	15,500	18,000	8,100	14,500	133.30
2016-01-01	경기도	고양시	행신동	햇빛(주공20단지)	1,713	267	1997-06-01	1:54.52	39.99	16,500	18,500	15,000	1,500	90.90	13,500	16,500	7,750	12,500	133.30
2016-01-01	경기도	고양시	행신동	햇빛(주공20단지)	1,713	89	1997-06-01	2:67.52	49.97	21,000	22,000	19,000	2,000	90.50	17,000	21,000	10,400	17,000	50.00
2016-01-01	경기도	고양시	행신동	햇빛(주공20단지)	1,713	119	1997-06-01	3:73.4	49.96	21,000	22,000	19,000	2,000	90.50	17,000	21,000	10,400	17,000	50.00

이 경우 지도를 통해 아파트의 입지를 보면 쉽게 이해할 수 있다.

| 햇빛마을 주공 20단지, 소만마을 부영 1단지와 9단지 위치 |

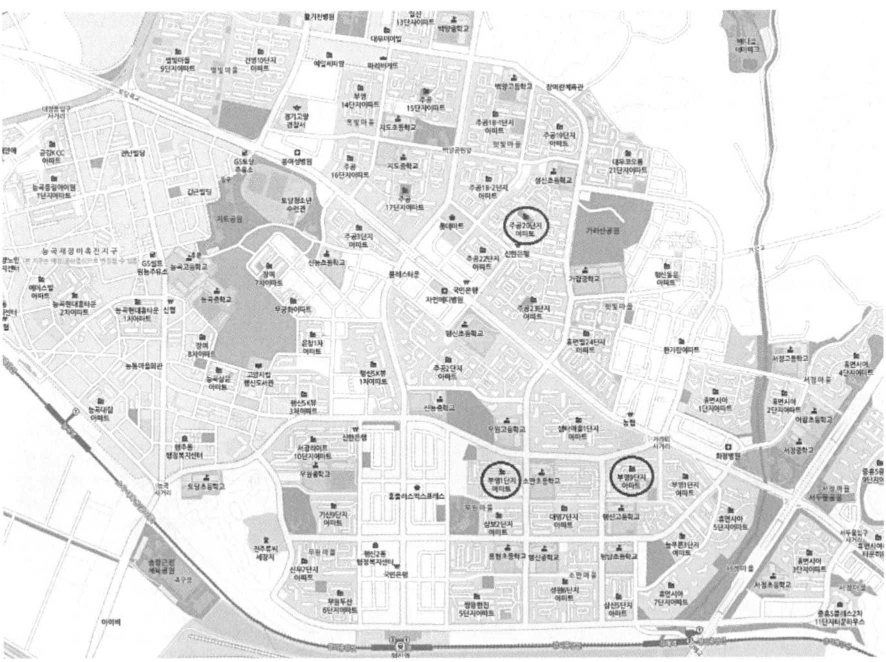

부영 1단지와 9단지는 경의중앙선 강매역에서 500미터 거리에 위치한 역세권 아파트다. 하지만 햇빛마을 주공 20단지는 경의중앙선 강매역에서도 멀고, 3호선 화정역에서도 멀다. 물론 투자 갭 2천만 원과 1,500만 원도 선택의 큰 요소이고, 평형의 선택도 있었을 것이다. 소형 아파트의 상승세가 컸던 2016년 부동산 시장에서 햇빛마을 주공 20단지 내의 수익률 차이를 보면 더욱 그렇다.

2016년 1월 당시 경기도 고양시 행신동에서 전세가율 70% 이상의 아파트 단지는 40개였다.

| 추천 단지 리스트 프로그램 |
(2016년 1월 경기도 고양시 행신동 전세가율 70% 이상 아파트의 평균수익률)

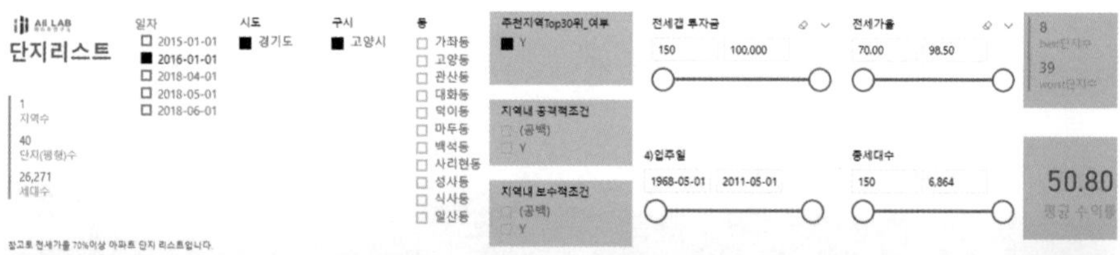

일자	시도	구시	동	단지명	총세대수	세대수	4)입주일	평형	전용	매매가	2년후 매가	전세가	갭	전세가율	1년전매가	최고점 매가	최저점 매가	6개월전 전세가	과거 수익률
2016-01-01	경기도	고양시	행신동	무원8(신안)	328	15	1994-12-01	2:138.93	118.00	34,500	35,250	30,000	4,500	87.00	33,000	45,250	25,500	25,500	16.70
2016-01-01	경기도	고양시	행신동	무원8(신안)	328	15	1994-12-01	3:149.71	127.16	35,500	37,000	30,500	5,000	85.90	34,000	47,500	27,000	26,000	30.00
2016-01-01	경기도	고양시	행신동	무원8(신안)	328	148	1994-12-01	4:158.6	134.71	38,000	40,250	32,000	6,000	84.20	35,000	55,000	31,500	28,000	37.50
2016-01-01	경기도	고양시	행신동	무원9(기산)	396	194	1994-11-01	1:123.45	101.91	33,500	36,000	29,500	4,000	88.10	30,000	42,500	28,000	25,000	62.50
2016-01-01	경기도	고양시	행신동	무원9(기산)	396	202	1994-11-01	2:158.38	134.91	38,000	39,000	32,000	6,000	84.20	35,000	57,500	33,500	28,000	16.70
2016-01-01	경기도	고양시	행신동	벽산	214	65	2000-01-01	1:85.68	59.43	20,000	21,500	18,000	2,000	90.00	16,000	20,000	13,250	14,750	75.00
2016-01-01	경기도	고양시	행신동	벽산	214	149	2000-01-01	2:107.54	84.85	26,500	27,500	20,500	6,000	77.40	24,500	27,000	24,000	19,250	16.70
2016-01-01	경기도	고양시	행신동	샘터(1단지동신)	822	342	1997-09-01	1:128.92	101.80	34,250	36,000	30,500	3,750	89.10	33,250	45,250	26,000	28,500	46.70
2016-01-01	경기도	고양시	행신동	샘터(1단지동신)	822	480	1997-09-01	2:165.29	134.88	38,000	40,000	32,500	5,500	85.50	37,750	59,500	34,500	30,500	36.40
2016-01-01	경기도	고양시	행신동	샘터(1단지화성)	822	342	1997-09-01	1:128.92	101.80	34,250	36,000	30,500	3,750	89.10	33,250	45,250	32,000	28,500	46.70
2016-01-01	경기도	고양시	행신동	샘터(1단지화성)	822	480	1997-09-01	2:165.29	134.88	38,000	40,000	32,500	5,500	85.50	37,750	59,500	35,750	30,500	36.40
2016-01-01	경기도	고양시	행신동	샘터(1단지효성)	822	342	1997-09-01	1:128.92	101.80	34,250	36,000	30,500	3,750	89.10	33,250	45,250	32,000	28,500	46.70
2016-01-01	경기도	고양시	행신동	샘터(1단지효성)	822	480	1997-09-01	2:165.29	134.88	38,000	40,000	32,500	5,500	85.50	37,750	59,500	35,750	30,500	36.40
2016-01-01	경기도	고양시	행신동	샘터(2단지)	2,920	709	1996-09-01	1:54.53	39.99	16,500	18,500	13,500	3,000	81.80	13,750	16,500	7,800	12,750	66.70
2016-01-01	경기도	고양시	행신동	샘터(2단지)	2,920	89	1996-09-01	2:67.52	49.97	20,750	23,000	18,250	2,500	88.00	17,500	20,750	10,450	17,000	90.00
2016-01-01	경기도	고양시	행신동	샘터(2단지)	2,920	357	1996-09-01	3:73.4	49.96	20,750	23,000	18,250	2,500	88.00	17,500	20,750	10,450	17,000	90.00
2016-01-01	경기도	고양시	행신동	샘터(2단지)	2,920		1996-09-01	4:80.55A	59.98	23,000	25,000	20,500	2,500	89.10	19,000	23,000	11,100	20,250	80.00
2016-01-01	경기도	고양시	행신동	샘터(2단지)	2,920	760	1996-09-01	5:83.38AB	59.93	23,250	26,000	20,500	2,750	88.20	19,250	23,250	12,100	20,250	100.00

지역 내 아파트 추출 조건 중 약간 더 공격적인 조건의 경우는 '추천 단지 리스트 프로그램(2016년 1월 경기도 고양시 행신동 내 공격적 vs 보수적 추천 아파트의 평균수익률)'과 같이 5개 단지(평형)다.

보수적 조건에서 수익률 좋은 3개 단지(평형)는 남기고 3개의 나쁘거나 조금 덜 좋은 단지를 마저 필터링했다. 뿌듯하다.(하지만 반대인 경우도 많으니 맹신해서는 안 된다.)

| 추천 단지 리스트 프로그램 |

(2016년 1월 경기도 고양시 행신동 내 공격적 vs 보수적 추천 아파트의 평균수익률)

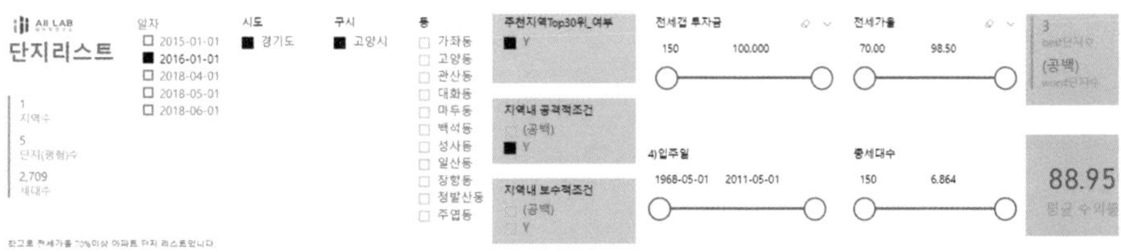

일자	시도	구시	동	단지명	총세대수	세대수	4)입주일	평형	전용	매매가	2년후 매가	전세가	갭	전세가율	1년전매가	최고점 매가	최저점 매가	6개월전 전세가	과거 수익률
2016-01-01	경기도	고양시	행신동	벽산	214	65	2000-01-01	1:85.68	59.43	20,000	21,500	18,000	2,000	90.00	16,000	20,000	13,250	14,750	75.00
2016-01-01	경기도	고양시	행신동	샘터(2단지)	2,920		1996-09-01	4:80.55A	59.98	23,000	25,000	20,500	2,500	89.10	19,000	23,000	11,100	20,250	80.00
2016-01-01	경기도	고양시	행신동	소만1(부영)	835	835	1995-12-01	1:62.4	45.48	18,000	20,250	16,500	1,500	91.70	15,500	18,000	8,150	14,500	150.00
2016-01-01	경기도	고양시	행신동	소만9(부영)	960	960	1996-01-01	1:61.37	43.76	18,000	20,000	16,500	1,500	91.70	15,500	18,000	8,100	14,500	133.30
2016-01-01	경기도	고양시	행신동	햇빛(주공20단지)	1,713	267	1997-06-01	1:54.52	39.99	16,500	18,500	15,000	1,500	90.90	13,500	16,500	7,750	12,500	133.30
2016-01-01	경기도	고양시	행신동	햇빛(주공20단지)	1,713	89	1997-06-01	2:67.52	49.97	21,000	22,000	19,000	2,000	90.50	17,000	21,000	10,400	17,000	50.00
2016-01-01	경기도	고양시	행신동	햇빛(주공20단지)	1,713	119	1997-06-01	3:73.4	49.96	21,000	22,000	19,000	2,000	90.50	17,000	21,000	10,400	17,000	50.00
2016-01-01	경기도	고양시	행신동	햇빛(주공20단지)	1,713	374	1997-06-01	4:79.62	59.98	23,000	24,000	20,500	2,500	89.10	19,000	23,000	12,500	19,500	40.00

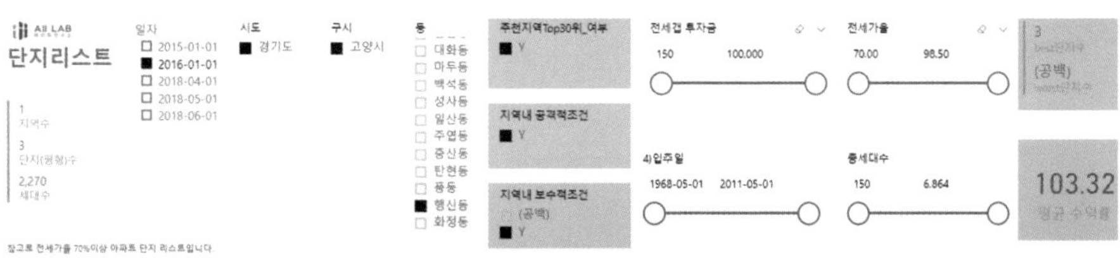

일자	시도	구시	동	단지명	총세대수	세대수	4)입주일	평형	전용	매매가	2년후 매가	전세가	갭	전세가율	1년전매가	최고점 매가	최저점 매가	6개월전 전세가	과거 수익률
2016-01-01	경기도	고양시	행신동	소만1(부영)	835	835	1995-12-01	1:62.4	45.48	18,000	20,250	16,500	1,500	91.70	15,500	18,000	8,150	14,500	150.00
2016-01-01	경기도	고양시	행신동	소만9(부영)	960	960	1996-01-01	1:61.37	43.76	18,000	20,000	16,500	1,500	91.70	15,500	18,000	8,100	14,500	133.30
2016-01-01	경기도	고양시	행신동	햇빛(주공20단지)	1,713	267	1997-06-01	1:54.52	39.99	16,500	18,500	15,000	1,500	90.90	13,500	16,500	7,750	12,500	133.30
2016-01-01	경기도	고양시	행신동	햇빛(주공20단지)	1,713	89	1997-06-01	2:67.52	49.97	21,000	22,000	19,000	2,000	90.50	17,000	21,000	10,400	17,000	50.00
2016-01-01	경기도	고양시	행신동	햇빛(주공20단지)	1,713	119	1997-06-01	3:73.4	49.96	21,000	22,000	19,000	2,000	90.50	17,000	21,000	10,400	17,000	50.00

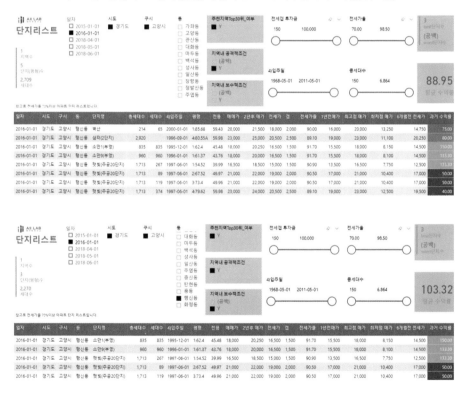

보수적 조건이 무조건 더 좋은 것은 아니다. 우선 추천 아파트(단지)가 너무 적어진다. 그러므로 실력과 안목을 키워 공격적 조건의 투자 추천 아파트 중에서 선별하는 눈을 키우는 편이 더 좋을 것이다.

07

심화 조건 2 타이밍

타이밍은 설명하기가 조금 어렵다. 2016년 1월, 경기도 고양시 일산동에서 보수적 조건으로 선정한 4개의 아파트 평균수익률을 살펴보자. 4개의 아파트 중에서 선택을 한다면 그래도 세대수가 많은 일산동문을 일반적으로 선택할 것이다.

| 2016년 1월 경기도 고양시 일산동의 보수적 조건 4개 아파트의 평균수익률 |

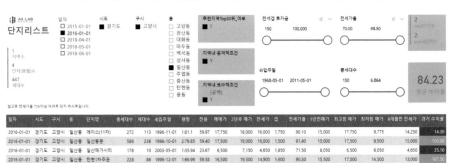

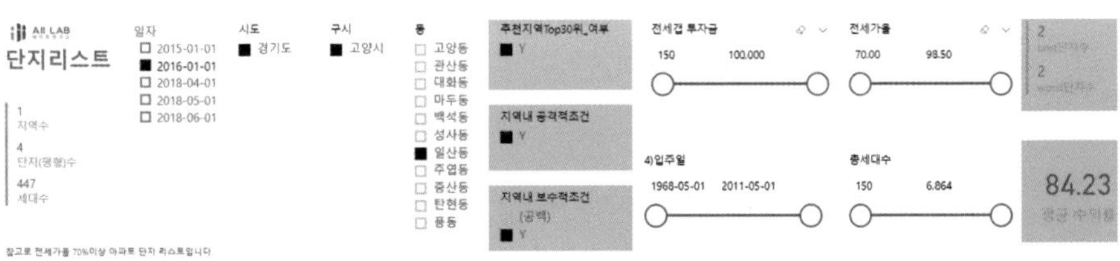

일자	시도	구시	동	단지명	총세대수	세대수	4)입주일	평형	전용	매매가	2년후 매가	전세가	갭	전세가율	1년전매가	최고점 매가	최저점 매가	6개월전 전세가	과거 수익률
2016-01-01	경기도	고양시	일산동	에이스(11차)	272	113	1996-11-01	1:81.1	59.97	17,750	18,000	16,000	1,750	90.10	15,000	17,750	9,775	14,250	14.30
2016-01-01	경기도	고양시	일산동	일산동문	586	238	1996-10-01	2:79.85	59.40	17,500	19,000	16,000	1,500	91.40	15,000	17,500	9,500	15,000	100.00
2016-01-01	경기도	고양시	일산동	일산메가시티	178	10	2003-05-01	1:35.94	23.67	6,500	7,150	4,650	1,850	71.50	6,050	6,500	6,050	4,650	35.10
2016-01-01	경기도	고양시	일산동	탄현1차주은	228	86	1999-12-01	1:86.99	59.58	16,500	19,500	14,900	1,600	90.30	15,500	17,000	14,500	13,000	187.50

공부와 재미 차원에서 에이스 11차 아파트와 탄현 1차 주은아파트를 살펴보자. 둘 다 연식도 비슷하고, 평형도 비슷하다. 먼저 입지를 살펴보자.

역에서는 에이스 11차 아파트가 더 가깝다. 하지만 역에서 직선거리 750미터로 거리가 좀 있다. 통상적으로 역세권 아파트는 역에서 500미터 이내를 말하니 둘 다 역세권 아파트는 아니다. 버스 노선도 에이스 11차 아파트가 더 좋아 보인다.

매매 가격 자체도 에이스 11차 아파트가 1,250만 원 정도 높다. 선호도가 좋다고 봐야 한다. 하지만 이 매매 가격은 계속 변하는 유동적인 가격이다. 이때 중요한 것이 타이밍이다.

각 아파트의 시세흐름을 살펴보자. 먼저 에이스 11차 아파트를 보자.

에이스 11차 아파트는 2015년 8월쯤 매매가와 전세가가 동시에 올랐다. 그전의 흐름으로 보면 전세 가격이 계속 오르니까, 즉 전세가율이 최고조에 이른 시점에 매매 가격이 마지못해 오른 형국이다. 이때 투자 갭은 1,250만 원 정도였다.(일반적으로 전세 가격이 매매 가격보다 높을 수는 없다고 생각한다.) 이는 공급량이 부족해 전세 가격이 계속 상승하는 시기에 전형적으로 나타나는 현상이다.

문제는 2015년 8월쯤 이미 한 번 올라간 이후 2016년 1월 투자 시점까지 계속 오르지 않았다. 세대수나 역세권 여부, 연식 등 여러 측면에서 사람들이 선호하는 아파트가 아닐 경우 말 그대로 불편해도 저렴하니까 사는 것이다.

| 에이스 11차 아파트와 탄현 1차 주은아파트의 위치 |

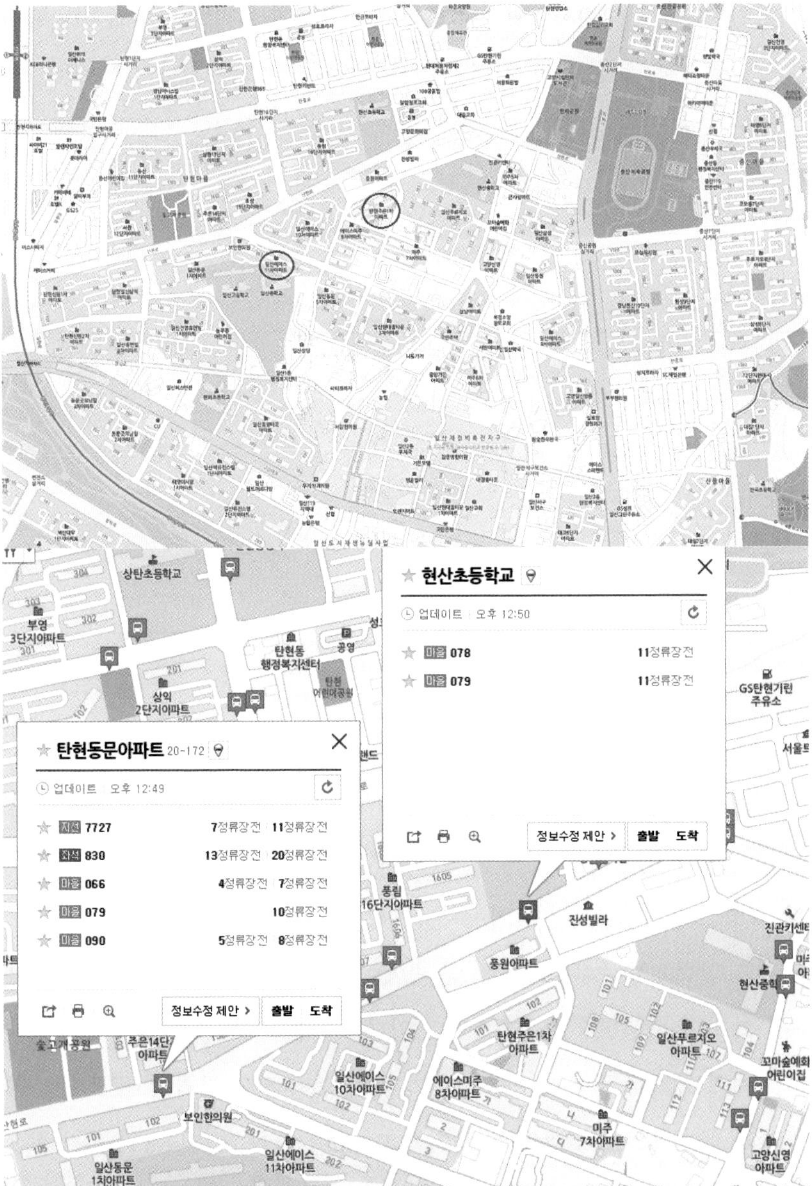

하지만 싼 아파트라고 해서 가격이 안 오르는 것은 아니다. 저렴한 아파트는 그에 맞는 수요가 있고, 그 역시 수요 · 공급의 법칙에 따라 움직인다. 일단 전세 가격이 계속 오른다는 것은 공급이 부족하다는 신호다.

| 에이스 11차 아파트 시세 흐름 |

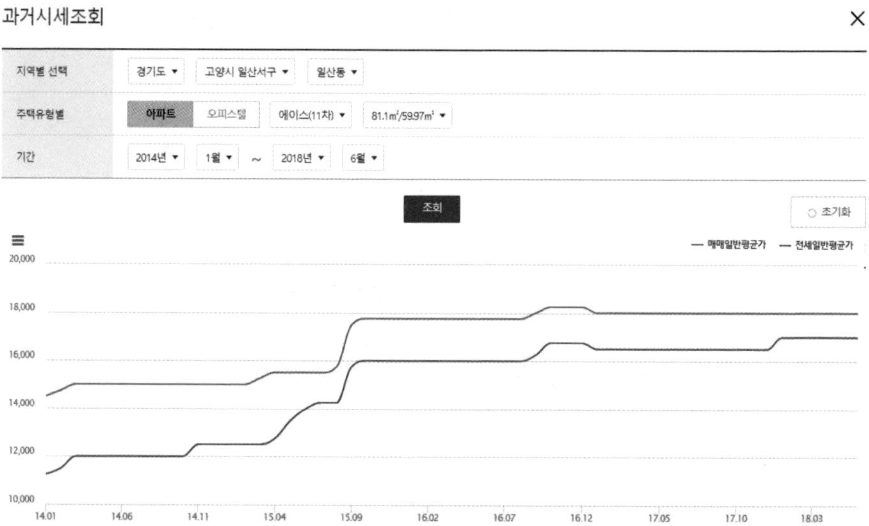

다음으로 탄현 1차 주은아파트의 시세 흐름을 살펴보자.

탄현 1차 주은아파트는 앞의 에이스 11차 아파트와 비슷하게 전세 가격이 2015년 8월부터 오르고 있다. 에이스 11차 아파트는 그전부터 매매 가격과 전세 가격의 차이가 별로 없어 전세 가격이 어느 정도 올라 매매가와 전세가의 갭 차이가 1,250만 원인 2015년 8월 시점에 상승했다. 하지만 주은아파트는 2015년 8월 시점에도 2,300만 원의 갭이 있었다. 에이스는 매매 가격이 변동하지 않고 있었는데, 주은아파트는 매매 가격이 조금씩 올라가면서 그래도 갭 차이를 유지하고 있었다. 그러다가 2016년 1월 갭이 1,600만 원으로 제일 적게 되는 순간을 버티고 버티다가 2017년 1월쯤 2천만 원 가까이 상승해 버렸다.

| 탄현 1차 주은아파트의 시세 흐름 |

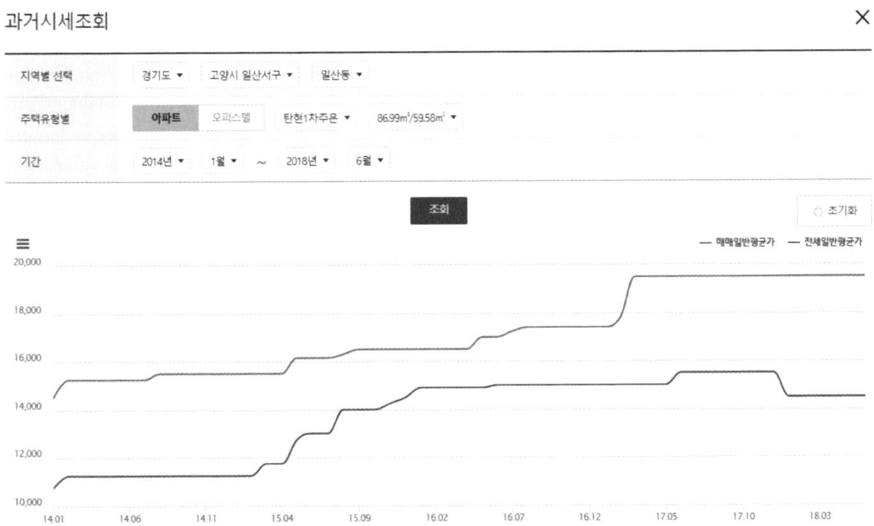

결과적으로 에이스 11차 아파트는 갭이 제일 적은 시점인 2015년 8월 시점에 투자해야 했고, 주은아파트는 2016년 1월 시점에 투자해야 했다. 이처럼 매매 가격의 변화 흐름을 잘 살펴봐야 한다. 두 아파트는 지역 내에서 선호도가 낮은 아파트로 전세가의 흐름과 전세가율, 갭이 중요한 요소인 셈이다. 선호도가 낮은 아파트는 전세가에 의해 움직이기 때문에 투자 타이밍을 잡기가 좀 더 쉽다.

EPILOGUE

인공지능은 내게 정말 필요한 것이었다

필자는 가끔 마음이 복잡할 때 법륜스님의 팟캐스트 〈즉문즉설〉을 듣는다. 전반적인 내용은 '사람은 누구나 행복해질 수 있다'는 것이다. 그리고 행복은 마냥 기쁘고 즐거운 일만 넘치는 게 아니라 불행하지 않은 상태라고 말한다. 행복하다고 생각할 수 있는 첫 번째 방법은 내가 어떤 사람인지를 알아차리는 것이라고 한다.

어렸을 때 미국으로 이민을 간 어떤 사람이 미국에서는 동양인이라고 차별해서 적응을 못하고, 한국에서는 한국말을 잘 못하는 사람이라고 무시해서 적응을 못하고 있다며 "저의 정체성은 한국인인가요? 미국인인가요?"라고 즉문을 했다.

법률 스님의 즉답은 이랬다.

"당신의 정체성은 한국인도 아니고, 미국인도 아닌 한국 태생의 미국인입니다."

정체성을 한국인이라고 한다면 한국인과 비교해서 한국말을 못하는 못난 사람이 되고, 정체성을 미국인이라고 한다면 미국인과 비교해서 영어를 못하는 사람이 되는데 이런 식으로 규정해서는 안 된다는 것이다. 그러면서 그에게 한국 사람과 비교하면 영어를 잘하는 한국 태생의 미국인이고, 미국 사람과 비교하면 한국말을 잘하고 동양문화를 잘 알고 있는 한국 태생의 미국인이라고 했다.

필자는 엔지니어형 사업가다. 엔지니어로서 창의성은 좋은 편이다. 하지만 계속 앉아서 프로그래밍을 하는 것보다 사람 만나는 것을 좋아한다. 만나서 이야기를 하면서 그 사람을 알게 되는 과정이 너무 재미있다. 그런데 말주변이 좋고 재미있는 사람은 아니라서 70~80%는 일에 대해 이야기하면서 간간히 살아가는 이야기도 한다. 그런 대화를 나누는 게 즐거운 시간이다.

필자는 다른 엔지니어에 비해 진득하게 앉아 한 가지 일에만 집중하지 못하는 단점이 있다. 인공지능 프로그램은 나같이 진득하게 앉아 있지 못하는 엔지니어에게 정말 구세주 같은 존재다. 과거에는 창의적인 생각을 하고 난 뒤, 결과를 보기 위해 진득하게 앉아서 프로그램으로 구현해야 했다. 진득하게 앉아 있는 고역의 시간을 보내야 했다. 하지만 인공지능 프로그램 덕분에 한결 편안해졌다. 이제 여러 가지를 생각해 보고, 그 생각을 인공지능 프로그램에 던지기만 하면 된다. 그러면 인공지능 프로그램이 쭉 돌려보고 필자가 생각했던 것의 결과가 좋은지, 안 좋은지 알려준다.

어쩌다가 수요 에너지, 전세 에너지의 개념을 생각해내 매매가의 흐름과 비슷한 패턴을 발견했다. 하지만 투자 경험이 많지 않다 보니 비슷한 패턴만 보였다. 이것만으로는 부족하다는 생각이 들었다. 그 패턴을 이용해 투자를 해보고 수년간 경험을 쌓으면 가능할 것 같았다.

입찰예정	22.22			현천허	고인중	차기입찰예정	입찰예정	총 4개/18개중 22.22%				백						낙찰전인	
사건번호	낙찰일	일	법정	시도	구/시	동	번지	상세	방향	토임	학군 8%	세대 6%	건물 면적	순위계산(판매전)	순위계산 (판매후)	예상입찰가	평균예상 낙찰률	찰율/실	낙찰전입찰 /실낙찰가
15-001	5/1		중앙	서울	성북구	삼선동4가	73	코오롱 103동 7층 (길건너 초등)	↓		0.3	0.4	84.9	-57,600	85,227	440,000	100.0	100.00	440,000
15-002	5/1		중앙	서울	성북구	종암동	80	래미안1차 116동 5층	→	O	1	1.16	60.0	-48,000	47,003	325,000	100.0	100.00	325,000
15-003	5/1		수원	경기	용인시	수지구 죽전동	89-1	현대(참우현대) 104동 2층	→		0.7	0.7	59.9	-30,200	47,758	255,000	100.0	100.00	255,000
15-003	5/1		수원	경기	용인시	수지구 죽전동	89-1	현대(참우현대) 104동 502호	→		0.7	0.7	59.9	-40,600	40,824	265,000	100.0	100.00	265,000
14-57517	4/8		수원	경기	용인시	수지구 죽전동	89-1	현대(참우현대) 107동 1802호	↓		0.7	0.7	85.0	-32,892	58,632	358,550	101.0	101.00	358,550
15-004	5/1		수원	경기	용인시	수지구 죽전동	172-1	용인죽전동부센트레빌 102동 1403호	↓		0.8	0.57	60.0	-36,600	57,847	290,000	100.0	100.00	290,000
15-005	5/1		수원	경기	용인시	수지구 죽전동	883-1	죽전아이뷰(대진2차)	↓		0.5	0.43	59.9	-36,600	31,663	290,000	100.0	100.00	290,000
15-006	5/1		수원	경기	용인시	수지구 죽전동	1262	도담마을한양수자인	↓		0.8	0.33	60.0	-47,400	24,230	310,000	100.0	100.00	310,000
15-007	5/1		수원	경기	용인시	수지구 죽전동	501	동성(1차)	↓		0.8	0.68	60.0	-62,400	59,479	310,000	100.0	100.00	310,000
15-008	5/1		수원	경기	용인시	수지구 죽전동	331	도담마을아이파크(산내들현대)	↓		0.8	0.36	59.9	-51,200	37,872	280,000	100.0	100.00	280,000
15-017	5/1		수원	경기	용인시	수지구 죽전동	1115	도담마을롯데캐슬	↓		0.8	0.33	84.9	-44,800	84,194	370,000	100.0	100.00	370,000
14-25299	3/19		수원	경기	용인시	수지구 죽전동	1115	도담마을롯데캐슬	→		0.9	0.23	84.9	-40,644	99,771	366,004	98.9	98.92	366,004
15-009	5/1		안양	경기	의왕시	오전동	104	매화	↓		0.8	0.25	59.7	-29,200	3,004	230,000	100.0	100.00	230,000
15-010	5/1		안양	경기	의왕시	오전동	27-1	한진로즈힐	↓		0.8	0.99	59.9	-36,600	2,851	290,000	100.0	100.00	290,000
15-011	5/1		안양	경기	의왕시	오전동	838-3	국화	↘		0.8	0.13	49.5	-19,425	22,569	175,000	100.0	100.00	175,000
15-012	5/1		안양	경기	의왕시	오전동	358-19	모란	↘		0.8	0.13	49.5	-19,425	22,569	175,000	100.0	100.00	175,000
15-013	5/1		안양	경기	의왕시	오전동	216-1	신안	↘		0.8	0.57	63.7	-27,008	23,876	182,500	100.0	100.00	182,500
15-014	5/1		안양	경기	의왕시	오전동	216-1	신안	↘		0.8	0.57	66.8	-29,800	8,960	182,500	100.0	100.00	182,500
15-014	5/1		안양	경기	의왕시	오전동	216-1	신안	↘		0.8	0.57	84.9	-24,400	3,922	235,000	100.0	100.00	235,000
15-015	5/1		안양	경기	의왕시	오전동	24	신원수선화	↘		1	0.44	84.7	-35,580	51,220	280,000	100.0	100.00	280,000
15-016	5/1		안양	경기	의왕시	오전동	104	매화	↓		0.8	0.25	84.8	-35,250	30,742	250,000	100.0	100.00	250,000
14-74096	4/28	화	인천	인천	남동구	논현동	563-3	논현주공 204동 15층 1502호	↓		1	1.25	84.84	-38,800	53,684	220,000	100.0	100.00	220,000
14-47063	4/24	금	인천	인천	남동구	논현동	563-3	논현주공 201동 7층 704호	↓		1	1.25	59.23	-27,840	24,915	171,000	95.0	95.00	171,000
14-25131	4/17	금	인천	인천	남동구	논현동	577	소래마을 풍림 114동 19층 1903호	←		0.5	1.5	85	-28,800	44,145	220,000	100.0	100.00	220,000
14-40	4/15	수	인천	인천	계양구	작전동	580	현대 205동 12층 1205호	→		0.9	0.84	85	-33,712	38,346	195,300	93.0	93.00	195,300
14-23460	4/9	목	수원	경기	용인시	수지구 죽전동	1165	새터마을죽전힐스테이트 713동 1102호	↓		3	2	85.0	-69,344	28,593	393,600	96.0	96.00	393,600
14-73321	4/6	월	인천	인천	계양구	계산동	927-1	서경 나동 1층 108호	↓		0.3	0.08	57	-44,419	12,788	110,000	88.0	88.00	110,000
14-73321	4/2	목	인천	인천	계양구	작전동	580	현대 201동 6층 604호	→		0.9	0.84	85	-36,228	38,583	193,200	92.0	92.00	193,200
14-55996	3/31	화	인천	인천	계양구	작전동	707-5	현광 102동 19층 1905호	↓		0.1	0.39	59.34	-24,134	9,492	119,560	98.0	98.00	119,560
14-54962	3/31	화	인천	인천	계양구	작전동	858	한화 101동 2층 206호	↓		0.8	0.18	59.34	-29,288	19,732	144,440	92.0	92.00	144,440
14-3406	3/26	목	중앙	서울	성북구	동소문동7가	23	동소문2차한신휴플러스 121동 16층 160	←		0.8	0.43	60.0	-56,111	24,848	321,900	94.7	100.71	342,414
14-52376	3/25	수	수원	경기	수원시	영통구 매탄동	1230	원천1단지주공 106동 4층 403호	↙		1	0.7	60.0	-37,995	28,847	202,000	101.0	101.00	202,000
14-61007	3/24	화	인천	인천	계양구	작전동	864-17	팬더 1동 4층 402호	↓		0.8	0.09	55	81	23,206	80,250	75.0	75.00	80,250
14-22741	3/23	월	북부	서울	성북구	돈암동	524	일신건영휴먼빌 104동 5층 502호	↓		0.3	0.7	117	-149,165	216,627	470,351	96.0	95.99	470,351
14-32399	3/23	월	인천	인천(1)	남동구	도림동	666-12	리치캐슬 1동 4층 402호	←		0.8	0.5	82	-8,962	-30,483	127,500	75.0	75.00	127,500
14-79404	3/19	목	인천	인천(1)	계양구	작전동	580	현대 202동 7층 704호	↓		0.9	0.84	85	-34,128	39,633	193,200	92.0	92.00	193,200
14-65306	3/19	목	인천	인천	연수구	옥련동	632	서해 101동 6층 616호	↙		0.9	0.6	60.0	-15,198	31,854	175,000	100.0	100.00	175,000
14-46562	3/19	목	수원	경기	용인시	수지구 풍덕천	663-1	수지4차삼성아파트 103동 4층 408호	↓		3	1	59.8	109,647	186,219	220,800	96.0	96.00	220,800
14-42218	3/18	수	수원	경기	용인시	수지구 죽전동	172-1	용인죽전동부센트레빌 102동 3층 303호	↓		0.8	0.57	60.0	-27,022	1,985	267,570	99.1	99.10	267,570
14-23180	3/16	월	인천	인천	남동구	구월동	1181-20	골드맨션 2동 4층 401호			1	1	55.0	-10,302	5,000	115,830	81.0	81.00	115,830
14-66347	3/16	월	인천	인천(1)	남동구	간석동	159-3	우신 나동 1층 103호	←		0.4	0.5	45	-3,300	462	69,580	71.0	71.00	69,580
14-61229	3/16	월	인천	인천(1)	남동구	구월동	23	구월힐스테이트 1505동 22층 2204호	←		2	5	83.89	-47,079	63,378	300,000	100.0	100.00	300,000
14-63355	3/16	월	인천	인천	부평구	산곡동	191-3	무지개 1동 8층 812호	←		0.2	0.33	84.15	-25,765	22,438	180,000	100.0	100.00	180,000

발견한 패턴을 데이터베이스를 엔니지어의 직업병으로 수치화하는데 답이 나오지 않았다. 필자는 과거의 많은 강의를 들으면서 중요하다고 언급되는 많은 패턴, 데이터 역시 데이터화, 수치화했다.

아래 그림은 2015년 초순에 실제 투자할 물건을 찾을 때 나름 61개의 데이터를 종합 분석해서 예상 수익률을 만들어본 것이다.

					낙찰을 통한							2년거래건수			매매(20%) :1년치+2/2년치			전세(40%) : 3년	
세금등비용	명도비용	명도이자	명도 시기	판매 시기	판매금액	건영 지수	매도수익률(년)	고점 시기	고점금액	현매도시세	현KB시세	매매	전세	월세	매1년전↑	매매지수	매3년전↑	전1년전↑	전세지수
17,600	0	0	0	2017	585,440	1.29	110.97	2008	445,000	440,000	410,000	32	23		36,000	1.44	50,000	96,900	1.44
13,000	0	0	0	2017	408,504	1.09	73.44	2008	336,500	325,000	316,500	96	51		12,780	0.88	29,070	41,830	1.02
10,200		0	4	2017	336,836	0.94	118.60	2015	240,000	255,000	240,000	56	20	14	4,240	0.25	33,910	20,000	1.00
10,600		0	4	2017	336,836	0.94	75.41	2015	240,000	255,000	240,000	56	20	14	4,240	0.25	33,910	20,000	1.00
14,342		0	4	2017	460,841	1.30	133.69	2015	240,000	360,000	360,000				25,740	1.06	48,500	77,140	1.51
11,600			4	2017	388,371	1.06	118.54	2015	285,000	290,000	275,000	68	16	11	25,210	1.00	50,500	43,000	0.94
11,600			4	2017	349,094	1.08	64.88	2015	290,000	290,000	290,000	51	33	4	25,130	1.14	44,250	43,530	1.02
12,400			4	2017	358,745	1.02	38.34	2015	310,000	310,000	300,000	64	44	13	14,930	0.70	42,650	29,640	0.99
12,400			4	2017	411,619	1.06	71.49	2015	310,000	310,000	290,000	69	58	15	36,820	1.32	55,970	31,250	0.78
11,200			4	2017	348,009	0.86	55.48	2007	275,000	280,000	270,000	13	12	2	12,000	0.52	46,440	17,730	0.76
14,800			4	2017	511,090	1.61	140.95	2015	310,000	377,000	300,000	64	44	13	29,570	1.85	32,000	68,330	1.89
14,640		0	4	2017	530,301	1.97	184.11	2015	310,000	366,004	377,000	64	44	13	18,574	1.77	21,004	68,330	2.87
9,200			4	2017	243,706	0.84	7.72	2015	230,000	230,000	230,000	14	7	4	31,000	1.27	48,830	40,000	0.63
11,600			4	2017	305,876	1.02	5.84	2015	290,000	290,000	290,000	70	32	7	16,500	0.72	45,920	49,000	1.03
4,425			4	2017	213,278	2.45	87.14	2015	175,000	175,000	175,000	22	12	4	3,840	0.49	15,620	160,000	5.12
4,425			4	2017	213,278	2.45	87.14	2015	175,000	175,000	175,000	22	12	4	3,840	0.49	15,620	160,000	5.12
4,508			4	2017	222,822	1.94	66.30	2006	192,500	182,500	182,500	14	5	2	3,250	0.31	20,750	160,000	3.86
7,300			4	2017	203,239	1.20	22.55	2006	182,500	182,500	182,500	9	7	0	-750	-0.15	10,140	13,750	2.22
9,400			4	2017	250,283	1.23	12.05	2006	182,500	235,000	235,000				22,100	1.55	28,500	61,860	1.45
5,580			4	2017	362,410	1.49	107.97	2007	303,000	280,000	260,000	23	14	2	26,690	0.96	55,330	250,000	2.26
5,250			4	2017	301,363	2.66	65.41	2015	220,000	250,000	250,000	12	8	0	2,170	0.22	19,330	220,000	5.69
8,800		0	4	2016	309,326	1.20	103.77	2009	260,000	220,000	222,500	99	32	10	13,770	1.03	26,660	30,000	1.28
6,840		0	4	2016	215,212	0.80	67.12	2015	190,000	185,000	178,500	51	24	5	6,080	0.37	32,500	8,890	0.62
8,800		0	4	2017	317,090	1.49	153.28	2015	190,000	220,000	220,000	126	52	36	8,520	0.90	18,890	34,870	2.08
7,812		0	4	2017	280,404	1.06	113.75	2009	260,000	220,000	212,000	91	34	16	22,150	1.56	28,430	28,330	0.92
15,744		0	4	2017	452,234	1.55	30.93	2007	595,000	410,000	407,500	84	118	30	14,340	0.69	41,610	49,640	1.37
3,210	1,209	0	4	2017	139,996	0.99	28.79	2009	141,500	120,000	122,500	12	5	0	2,860	0.28	20,250	70,000	1.73
7,728		0	4	2017	278,394	1.02	106.50	2009	260,000	220,000	212,000	91	34	16	22,150	1.56	28,430	23,330	0.83
3,315	1,259	0	4	2017	143,116	4.00	39.33	2008	147,500	120,000	130,000	29	12	6	3,940	1.36	5,780	100,000	8.65
3,589	1,259	0	4	2017	188,751	2.29	67.37	2012	167,500	160,000	157,500	26	7	6	1,420	0.23	12,540	120,000	4.78
13,697		0	4	2017	393,382	1.17	33.21	2015	350,000	350,000	330,000	25	19	12	16,200	1.07	30,330	54,000	1.40
4,722	1,273	0	4	2017	251,265	2.42	56.94	2015	207,500	205,000	200,000	89	20	10	10,660	1.11	19,140	170,000	4.44
4,603	1,167	920	4	2016	121,748	0.67	635.33	2010	134,000	115,000	121,500	0	2	4	5,000	1.00	10,000	5,000	0.50
18,814		0	4	2017	814,105	1.15	108.92	2007	660,000	490,000	480,000	29	23	5	44,000	2.32	37,860	7,500	0.72
3,403	1,739	1,462	4	2016	88,380	0.84	-188.88	2011	185,000	80,000	82,500	3			5,000	1.00	10,000	5,000	0.50
4,125	1,803	0	4	2017	278,394	1.02	116.13	2009	260,000	220,000	212,000	91	34	16	22,150	1.56	28,430	23,330	0.83
3,925	1,273	0	2	2017	227,978	1.88	157.20	2015	167,500	180,000	175,000	76	23	10	10,160	0.80	25,500	165,000	3.24
8,285	1,268	0	4	2017	509,681	2.40	-127.38	2007	595,000	410,000	407,500	84	118	30	14,290	0.69	41,610	340,000	4.09
5,443	1,273	2,736	4	2017	280,000	0.97	5.51	2015	285,000	280,000	275,000	68	16	11	15,210	0.75	40,500	28,000	0.97
5,535	1,167	1,992	6	2017	134,524														
2,765	955	0	4	2017	74,224	0.21	14.00	2010	135,000	85,000	82,500	2	3	3	-31,000	1.19	-52,000	70,000	-0.67
5,300	1,779	0	4	2017	433,836	2.06	134.62	2010	340,000	310,000	302,500	167	193	70	20,290	0.68	60,000	260,000	2.17
3,980	1,785	0	4	2017	230,641	2.10	87.09	2008	225,000	190,000	191,000	23	7	4	8,960	0.93	19,330	160,000	4.14

그런데 결과가 납득이 안 되었다. 당시 3개 지역 아파트의 과거 데이터를 모두 종합하는 것은 엄두가 안 났고, 1년 정도의 데이터만 가지고 만들어봤는데 어쩐지 산으로 가는 느낌이었다.

결국 나름 분석한 3개의 후보 지역 중 고수분께 추천을 받아 투자를 했는데 성공적이지 않았다. 그러다 인공지능 프로그램을 알게 되었고, 어떤 게 통계적으로 중요한 데이터인지 프로그램이 알려주었다.

인공지능 프로그램은 전국의 모든 데이터와 과거의 모든 데이터를 분석해내서 추천을 한다. 처음에는 결과를 내는 데 3일 정도가 걸렸다. 하지만 지금은 결과를 내는 데 6시간 정도 소요된다. 만약 이런 작업을 하는 인공지능 프로그램이 없으면 투자할 곳을 찾기까지 얼마나 걸릴까? 최소 1년 이상은 걸릴 것이다. 아니, 답을 못 찾을 확률이 더 높을지도 모른다. 물론 인공지능 프로그램이 완벽한 건 절대 아니다. 더구나 부동산 투자는 알파고와 이세돌의 바둑 대전처럼 현재 이기고 지는 문제로 끝나는 것이 아니다. 인구 이동, 부동산 정책, 세금, 유동성(통화량), 경제성장률 등 여러 현상의 결과로 부동산 가격은 변하는데 그 모든 현상을 데이터화할 수는 없기 때문이다.

인공지능 프로그램이 추천하는 지역에서 자기만의 통찰력과 감각으로 다시 한 번 걸러내서 투자를 해야 한다. 그 실력도 나름 점점 커지고 있다. 사람의 통찰력에 의해 인공지능 프로그램도 더 발전되고 있다.

이세돌과 알파고의 대전 이후도 비슷한 것 같다. 알파고가 두는 창의적인 수를 프로 기사들이 연구하면서 바둑에 대한 연구가 다시 활발해지고 발전하고 있다고 한다. 인간과 인공지능은 서로 발전하는 관계다. 상호 발전하는 데 도움을 주고받는 관계임이 틀림없다.

감사의 글

처음엔 교육사업으로 시작했다. 탈고를 하고 몇몇 지인들에게 프로그램이랑 제본한 책을 보여주니 반응이 매우 좋았다. 요즘 제일 핫한 '인공지능'이라는 키워드에 누구나 관심 있어 하는 '부동산'이라는 키워드만 얘기해도 관심을 나타낸다. 그러다가 직접 프로그램을 보여주면 눈이 휘둥그레진다. 연도별 통계 정보에서 보여주는 수익률의 차이에서 놀라고, 추천단지 리스트 메뉴에서 과거에 추천 지역을 선택하고, 추천 지역 내 추천 아파트를 선택하면 수익률이 좋은 아파트들로 추려지면서 평균수익률이 바뀌는 것을 보면 절정에 다다른다.

그러면서 사업 성공 경험이 많은 몇몇 지인 분들이 사업에 적극적으로 참여하게 되어 3명의 이사진이 구성되었다. 그전까지 불과 20명 정도 만났을까, 2주 정도의 시간이 지났을 때쯤이었다. (그 이후 사람

만나는 것을 중단하고 다시 4개월째 사업 준비를 하고 있다.)

경험 많은 이사분들이 합류하면서 사업의 방향이 달라졌다. 홈페이지를 통해 온라인 플랫폼 사업과 오프라인 컨설팅 사업으로 바뀌었다. www.aiilab.co.kr 홈페이지를 준비중이다.

이 예측 인공지능 프로그램은 부동산에 국한된 것이 아니다. 기존 인공지능 머신 러닝과는 다른 알고리즘을 취하고 있고, 근본적인 접근 방식이 다르다. 투자 예측은 물론 다양한 분야에 적용할 수 있을 것 같다. 하지만 우리 프로그램은 인공지능을 이용해 복잡한 계산과 응용을 해주니, 사람은 관련 가능성 있는 데이터만 만들어 주면 된다.

생각나는 것은 스포츠 토토, 로또, 채권, 환율, 궁극적으로 주식이 있을 것이다.

참고로 로또의 경우 네이버에서 '로또 예측'을 검색하면 많은 회사가 나온다. 이중엔 코스닥 상장사도 있다.

회사가 어느 정도 성장해 여유가 되면 전문가의 조언을 받아 접근 쉬운 아이템부터 시도해 볼 생각이다. 그래서 특허 출원 신청을 마쳤다. 원래 제품이 아닌 프로그램은 BM(Business Method)특허를 받는데, 성공가능성이 10% 미만이라고 한다. 그런데 우리 특허는 약간의 보정만 하면 되는 걸로 긍정적인 보정명령서까지 받아냈다.

인공지능 프로그램은 계속 업그레이드를 하고 있다. 이 역시 처음엔 일주일이 지나도 1% 정도만 진행되었다. 예상 시간을 계산해 보니 3년 정도가 소요되었다. 하지만 프로그램 개선 과정을 거쳐 지금은

6시간 정도 지나면 결과를 내고 있다. 이미 핵심적인 알고리즘을 만들었으니 개선의 여지가 있다면, 더 다양한 인공지능 프로그램을 활용해 볼 예정이다. 그래서 더 다양한 데이터를 더 빠르게 분석할 수 있도록 개선할 예정이다.

이사 분 중 한 분의 친한 지인이 중국 쪽 부동산 시장을 잘 알고 있는데 중국쪽 부동산 시장에 적용할 수도 있을 것 같다고 한다. 얘기만 전달해 들은 거니 크게 염두를 두고 있지는 않지만, 어쩌면 글로벌 비즈니스가 될지도 모른다.

모든 상황은 좋다. 하지만 글로벌 사업성공 여부는 맘에 두지 않고 있다. 그건 운과 좋은 인연이 있어야 가능한 일이다.(그럴 가능성이 있어도 그에 걸맞는 사람이 대표로 있어야 할 것이다.)

요새 바뀐 생각 중에 하나는 과거 몇 년 동안처럼 자기개발, 동기부여 같은 거에 빠져 '생생하게 꿈을 꾸면 모든 게 이루어진다' 식으로 생각하지 않는다. 사람은 각자 가지고 있는 에너지도 다르고, 각자 외면, 내면의 복잡성은 이 우주의 별들 만큼이나 복잡하고 신묘한 무언가가 있는 것 같다. 인공지능이 아무리 발전해도 이런 복잡성은 어찌해 볼 수 있는 것 같지 않다.

앞서 얘기한 법륜 스님의 '모든 상황에서도 행복할 수 있고, 또 그럼 행복에 감사하는 마음을 갖는 것이 중요하다'고 생각이 바뀌었다.

그래서 만약 남들보다 뭔가가 잘되고 있다면 본인이 잘나서 그런 게 아니라 좋은 환경, 좋은 인연 덕분으로 감사하는 마음을 갖는 게 중요한 것 같다. 먹고 사는 데 문제 없는 수준 외의 것들은 감사한 마음으로 사회에 환원하는 게 맞는 것 같다.

사업 성공, 글로벌 사업 성공은 모르겠지만 잘 된다면 운과 인연이겠지만 그래도 어느 정도 몇몇 임직원 급여 정도의 수익은 가능하지 않을까 싶다. 벌써 좋은 인연으로 모인 이사분들의 역량만 보면 투자자들의 자금 회수와 어느 정도 수익 정도는 충분할 것 같다.

분위기가 너무 좋아, 지금 상황에서 살짝 무리해서 회사 로고도 만들었다.

AI INVESTMENT LAB
에 이 투 인 공 지 능 연 구 소

멋진 로고가 나왔지만 현시점에 로고에 투자하는 건 욕심이었다. 앞으론 절대 이런 욕심을 부리진 않을 생각이다. 욕심부리지 말고, 겸손하고 감사한 마음으로 사업에 임하고, 또 살아갈 예정이다.

우선 세 분 이사님께 감사하다. 10년 지기 오혁 형님, 중견기업 임직원으로 있으면서 또 새롭게 직원 60명 정도의 사업을 추진하고 있는 바쁜 와중에도 '재미있을 것 같다'는 순수함으로 적극 참여하고 있는 이사진 중 한 명인 완전 고수 사업가 기훈 씨(이 기훈 씨가 큰 형님 만나고 나서 본인보다 사업 고수라며, 이 사업 너무 잘 될 것 같다고 했다는 후문이 있다고……), 역시 동아닷컴 기자 출신으로 여러 언론 관련 사업 진행하고 있는 친구 광수. 이 세 분의 이사진들에게 제일 감사의 마음을 전해야 할 것이다.

늦은 나이에 못다한 교수의 꿈에 도전하는 친구 성식이, 어려운 와중에 이 사업에서 핵심부분인 인공지능 프로그램 개선작업에 많은 도움을 주고 있다. 2012년 핸드폰 제조사 근무 당시 음성인식 머신러닝을 적용했던 경험이 있는 친구다. 외모에서 풍기는 파워는 장군감이지만 의외로 머리 쓰는 프로그램 개발 작업을 정말 좋아하고 나보다 더 창의력 있는 친구다. 이 친구 덕분에 '인공지능연구소'를 표방하고 꿈을 꿀 수 있었다.

부동산을 알게 되고 나서, 다가구 건축 등의 공동투자 사업을 함께 하고 있는 마녀님, 바다님, 쪼쪼님에게 감사를 드린다. 투자금도 역량도 부족한 나에게 넓은 아량으로 배려를 해주고 있다. 특히 이 사업 준비하면서 기존 투자사업 역할에 소홀하게 된 것까지 이해해 주며 응원해 주고 있음에 무한 감사드린다.

2006년부터 부족한 녀석을 사업가로 키워보겠다고 몇 억 아낌없이 투자하셨고, 막판에 사고를 친 또 다른 녀석을("이건영 씨는 사업가론 부족할지 몰라도 어디서든 밥벌이할 수 있는 능력은 충분하다. 하지만 이 녀석은 안 된다. 내가 끝까지 책임져야 한다."며) 책임지는 멋진 모습을 보여준 내 영원한 멘토이자 스승이자 아버지 같은 모 사장님. 몇 백억 자산가이지만 이 분에게는 이 사업에 투자를 받을 생각이 없다. 통찰력으로선 신의 경지에 있는 이 분의 조언이 더 중요하다. 사업에 무관한

객관성 있는 통찰력 있는 조언자로서 말이다. 내 인생에 이 분과의 소중한 인연에 감사드린다.

손가락에 꼽히는 동기부여 강의 전문가인 송수용 대표님께도 감사드린다. 참으로 안 좋은 시기였던 작년 12월에 책쓰기 코칭 과정을 들으면서 최고의 동기부여받았다. 인공지능 프로그램에서 핵심적인 알고리즘 부분이 떠오른 것도 그쯤이었다. 동기부여를 받아서인지, 과정 후 매일 3~4시간 정도만 자면서 정말 신나게 일을 했다. 몇 년 동안의 해결의 기미가 보이지 않던 연구가 일시에 쫙 풀리는 전율을 느꼈다. 그러면서 몇 개월 만에 몇 년 동안의 미해결된 많은 연구들이 착착 해결이 되는 그 전율을…… 어떻게 표현할 수 있을까? 동기부여는 성공의 충분조건은 아니지만 필요조건이다. 사람에 따라 폭발적으로 에너지가 소요되기도 하고, 꾸준히 소요되기도 하는 것 같다.

사업 진행할 때도 직원들, 각자에 맞게 자기개발, 동기부여 프로그램이 꾸준히 진행되어야 할 것이다.

그밖에 사업준비에 많은 도움을 주신 의리의 양욱, 임경민 사장님, 부동산계의 전설 이영삼 박사님, 박은미님께도 감사드린다.

가능성만 믿고 도전하는 책을 출간해준 '이코노믹북스'출판사 유창언 사장님, 책의 디자인을 맡아준 김동광 실장님께도 감사드린다.

녹녹치 않은 세월을 말 없이 지켜보며 응원해준 아내와 가족들에게도 감사드린다. 특히 딸 키우는 데 보여준 모성애는 경외심이 느껴진다.

마지막으로 볼 때마다 '어쩜 이리도 예쁠까?'라고 말하게 되는 이 세상의 전부인 사랑스러운 딸, 다희. 인사를 잘해서인지 아파트 단지에서 유명하다고 하신 주민 분이 생각난다. 미국의 그랜드캐니언 같은 곳을 가면 경외로움에 전율한다고 한다. 내 품 안에 숨쉬는 작은 생명의 사랑스러움, 딸이 주는 행복은 표현할 수 없는 경외로움을 느낀다. 그전에 행복이라고 느꼈던 많은 것들과 차원이 다른 행복을 느끼게 해주는 소중한 딸이다.

또한 다희가 태어나면서 새롭게 집을 장만해야 할 때쯤 어머니께서 가져오신 경매 전단지로부터(많은 시행착오를 겪었지만……) 이 모든 게 시작되었다. 감사할 따름이다.